O LIVRO DOS
VALORES
JUDAICOS

Rabino Joseph Telushkin

O LIVRO DOS
VALORES
JUDAICOS

Um guia diário para
uma vida ética

O Livro dos Valores Judaicos

right © 2019 da Starlin Alta Editora e Consultoria Eireli. ISBN: 978-85-508-1054-6

lated from original The Book of Jewish Values. Copyright © 2000 by Rabbi Joseph Telushkin. All rights reserved. N 0-609-60330-2. This translation is published and sold by permission of Bell Tower, the owner of all rights to publish ell the same. PORTUGUESE language edition published by Starlin Alta Editora e Consultoria Eireli. Copyright © 9 by Starlin Alta Editora e Consultoria Eireli.

os direitos estão reservados e protegidos por Lei. Nenhuma parte deste livro, sem autorização prévia por escrito da a, poderá ser reproduzida ou transmitida. A violação dos Direitos Autorais é crime estabelecido na Lei nº 9.610/98 e com ão de acordo com o artigo 184 do Código Penal.

ora não se responsabiliza pelo conteúdo da obra, formulada exclusivamente pelo(s) autor(es).

as Registradas: Todos os termos mencionados e reconhecidos como Marca Registrada e/ou Comercial são de onsabilidade de seus proprietários. A editora informa não estar associada a nenhum produto e/ou fornecedor apresentado ro.

que seu livro com a Alta Books. Para mais informações envie um e-mail para autoria@altabooks.com.br

disponível para venda corporativa e/ou personalizada. Para mais informações, fale com projetos@altabooks.com.br

Revisão
Mariana Cardoso e Rosângela Barbosa

Projeto Gráfico
Neide Siqueira

Diagramação
Join Bureau

ução Editorial
itora Livros de Safra - 06.002.648/0001-83

atas e arquivos de apoio: No site da editora relatamos, com a devida correção, qualquer erro encontrado em nossos os, bem como disponibilizamos arquivos de apoio se aplicáveis à obra em questão.

sse o site www.altabooks.com.br e procure pelo título do livro desejado para ter acesso às erratas, aos arquivos de io e/ou a outros conteúdos aplicáveis à obra.

porte Técnico: A obra é comercializada na forma em que está, sem direito a suporte técnico ou orientação pessoal/ usiva ao leitor.

ditora não se responsabiliza pela manutenção, atualização e idioma dos sites referidos pelos autores nesta obra.

Telushkin, Joseph
   O livro dos valores judaicos : um guia diário para uma vida ética / Joseph Telushkin. – Rio de Janeiro : Alta Books, 2019.

   1. Judaísmo – Costume e práticas 2. Judaísmo – Doutrinas 3. Judaísmo – História 4. Tradição (Judaísmo) I. Título.

15-06633   CDD-296

Índices para catálogo sistemático:
1. Ensinamentos : Judaísmo   296

Rua Viúva Cláudio, 291 — Bairro Industrial do Jacaré

Para minha amada esposa e meus filhos
Dvorah,
Rebecca, Naomi, Shira e Benjamin.

Agradecimentos

Muitos colegas e amigos generosamente dedicaram seu tempo para ler os originais deste livro. Não apenas me encorajaram e deram conselhos editoriais e de estilo, mas também criticaram partes que julgaram não estar funcionando bem, o que me levou a rever muitos capítulos, expandir outros e cortar alguns. Sinto-me abençoado por Deus por ter amigos tão devotos e inteligentes, e me sinto particularmente feliz em agradecer publicamente a contribuição do Rabino Irwin Kula, Daniel Taub, Dr. Stephen Marmer, Rabino David Woznica, Rabino Hanoch Teller, Allen Estrin, Rabino Leonid Feldman, Larry Gellman e minha esposa tão amada e companheira como também escritora, Dvorah Telushkin. Também gostaria de agradecer o Rabino Israel Stein pela revisão e checagem de algumas centenas de fontes e citações e David Wade Smith pelo excelente trabalho de edição.

O Rabino Dr. Michael Berger, da Universidade Emory, um amigo e uma autoridade acadêmica de enorme conhecimento do judaísmo, leu *O livro dos valores judaicos* em sua totalidade. O fez desafiando meu pensamento e minhas conclusões quando as achou equivocadas ou exageradas, e sugeriu fontes que estavam minimizadas. Sou extremamente grato a ele por enriquecer o manuscrito, assim como fez em muitos dos meus outros livros.

David Szonyi editou meus últimos seis livros. A cada vez que eu o entrego as minhas páginas, fico surpreso e quase humilhado diante de tantas melhorias estilísticas e editoriais. Como já disse antes, David é uma benção para qualquer escritor.

Por volta de uns 12 entre mais de 300 curtos capítulos neste livro foram montados sobre o trabalho de outros escritores, muitos, amigos queridos. Eu agradeço muitíssimo Dennis Prager, Rabino Abraham Twerski, Dr. Yitta Halberstam Mandelbaum, Rabino Hanoch Teller e Rabino Jack Riemer por me permitirem utilizar citações de seus livros – trabalhos que me impactaram de forma profunda e espero que também agora esse os impacte. Sou também grato aos outros escritores e editores que me permitiram utilizar citações.

Sou particularmente grato a David Zerner por acreditar neste projeto e por seu generoso apoio a ele e a outro projeto que desenvolvo para estudar a ética judaica e sua aplicação no dia a dia. David é um homem de grande integridade ética, comprometido com o judaísmo, seus estudos e com a comunidade judaica. Orgulho-me de conhece-lo há mais de vinte anos. Também gostaria de agradecer ao apoio de sua esposa, Lilian, as filhas Donna e Sandra Zerner, o Rabino Tirzah Firestone e David Friedman.

Também sou muito grato a minha congregação, a Synagogue for the Performing Arts in Los Angeles, cujos queridos membros e maravilhosa e apoiadora liderança me beneficiaram com o fórum para desenvolver muitas das ideias deste livro, e ao CLAL, o National Jewish Center for Learning and Leadership, em que tenho atuado como Associado desde 1987. Agradeço de forma bastante alegre dois de seus líderes: Rabino Irwin Kula, o presidente, e Donna Rosenthal, a vice-chairman executiva, pela amizade e apoio. Por mais de duas décadas, o CLAL (fundado pelo Rabino Yitz Greenberg) e seu grupo de professores e funcionários desempenham um papel importantíssimo na educação e formação de lideranças e dos valores judaicos. Para mim, o impacto dessa organização ao estimular a qualidade intelectual e moral do judaísmo norte-americano continuará crescendo nos próximos anos.

Richard Pine tem sido meu agente também por mais de duas décadas e o meu respeito, minha admiração e minha afeição por ele só crescem. A cada ano e a cada livro.

Este foi o primeiro livro em que trabalhei com Toinette Lippe, minha editora na Bell Tower, a experiência foi muito divertida. Uma mulher cujo discernimento literário e editorial é imenso, ela deixou seu entusiasmo por este projeto aparente desse o início, ao ler a proposta pela primeira vez. Como todo escritor sabe, são poucas as coisas mais inspiradoras e motivadoras para um escritor do que ter um editor que acredita em você e na importância do seu projeto.

Escrever *O livro dos valores judaicos* foi muito importante para mim. Muitos dos meus livros anteriores foram para explicar o judaísmo para judeus e não judeus. Embora eu sempre escreva a partir de uma forte crença no judaísmo, meus outros livros eram amplamente descritivos, já esse é uma espécie de defesa, quer apresentar às pessoas centenas de lições extraídas de fontes judaicas que podem nos ensinar a sermos pessoas melhores. Durante a escrita deste livro fui bastante impactado e tive minha esperança elevada. Para mim foi um ato sagrado, uma tentativa de trazer um pouco da "perfeição do mundo sob as regras de Deus" pelo qual judeus oram diariamente. Se algumas lições contidas aqui vão influenciar você a praticar o bem e a bondade de forma mais ativa e mais imaginativa, eu me sentirei muito recompensado. De fato, eu agradeço a você por ler este livro.

Sumário

Prefácio   27

Introdução   31

SEMANA 1

DIA	1	Ao ouvir uma sirene	33
DIA	2	"Que o dinheiro do teu próximo seja tão precioso para ti como se fosse o teu próprio..."	34
DIA	3	A compra que é sempre proibida	36
DIA	4	"O que Deus iria querer que eu fizesse?"	38
DIA	5	Seja generoso mesmo quando seus instintos estiverem com preguiça	39
DIA	6	Quando se sentir tentado a enganar alguém	40
DIA	7	Shabat	41

SEMANA 2

DIA	8	Doe com alegria	42
DIA	9	Quando alguém diz "tenho fome"	43
DIA	10	Não favoreça os prediletos	44
DIA	11	Não faça com que sua família tenha medo de você	46

DIA	12	Seja um defensor do asilo político	48
DIA	13	Abençoe seus filhos	49
DIA	14	Shabat	51

SEMANA 3

DIA	15	Não desperdice seu tempo	51
DIA	16	"Afaste-se dos maus vizinhos"	53
DIA	17	A principal característica que se deve buscar em um cônjuge	55
DIA	18	"Ama tua esposa como amas a ti mesmo"	56
DIA	19	Respeite seus sogros	57
DIA	20	Só abra a boca se tiver algo a dizer	59
DIA	21	Shabat	60

SEMANA 4

DIA	22	Se você tiver gênio ruim (1)	61
DIA	23	Se você tiver gênio ruim (2)	63
DIA	24	Procure desculpas para comportamentos desagradáveis	64
DIA	25	"Julgue favoravelmente a pessoa como um todo"	66
DIA	26	Devolva objetos perdidos	67
DIA	27	"Enquanto a vela estiver acesa…"	69
DIA	28	Shabat	70

SEMANA 5

DIA	29	Não "roube" a mente da outra pessoa	70
DIA	30	Quem é sábio?	72
DIA	31	A obrigação especial de visitar e ajudar as pessoas, particularmente pessoas pobres, que estejam doentes	74
DIA	32	Visitando os doentes: sete sugestões	76
DIA	33	Um ginecologista de Nova Jersey, um advogado do Brooklyn	78
DIA	34	Compartilhando notícias úteis	80
DIA	35	Shabat	81

SEMANA 6

DIA	36	Judeus podem fumar?	82
DIA	37	Quando não fazer caridade é o maior ato de caridade	85
DIA	38	Doe mesmo quando estiver passando por dificuldades	87
DIA	39	Agir com alegria não é uma escolha	88

DIA	40	Cumprimente as pessoas	90
DIA	41	Um alcoólatra em recuperação deve beber vinho no Shabat e no Seder?	92
DIA	42	Shabat	94

SEMANA 7

DIA	43	A ética judaica da fala: O que é *Lashon Hara*?	95
DIA	44	Não passe adiante comentários negativos	96
DIA	45	O pecado que ninguém admite cometer	98
DIA	46	Quando o confronto é desejável	100
DIA	47	"A nenhuma viúva e órfãos afligireis"	101
DIA	48	Por que se abster de fofocas constitui um desafio importante?	103
DIA	49	Shabat	104

SEMANA 8

DIA	50	*Tzedaká* é mais do que caridade	105
DIA	51	Brigue – mas de maneira justa	107
DIA	52	Um dia sem boatos ou fofocas; que tal uma semana?	109
DIA	53	Em que ocasiões é apropriado transmitir um boato?	110
DIA	54	Reflexões para o *Bar Mitzvá* ou *Bat Mitzvá*	111
DIA	55	Aprendendo com os maus a fazer o bem	114
DIA	56	Shabat	115

SEMANA 9

DIA	57	Ame o estrangeiro	116
DIA	58	O que a Torá nos diz sobre os cegos e os surdos	118
DIA	59	Defendendo a justiça	119
DIA	60	Não compre produtos fabricados por trabalhadores explorados	120
DIA	61	Todos merecem um "obrigado"	121
DIA	62	A necessidade de imaginação moral	122
DIA	63	Shabat	123

SEMANA 10

DIA	64	"Aquele que aprende de seu semelhante um único capítulo"	124
DIA	65	Cite suas fontes	125
DIA	66	Quem é rico?	126
DIA	67	Aproveite, aproveite	127
DIA	68	"Não se envolva em falsas acusações"	129

DIA	69	"O que de bom aconteceu comigo essa semana?"	130
DIA	70	Shabat	131

SEMANA 11

DIA	71	Quando é permitido mentir? (1): Quando a vida está em jogo	132
DIA	72	Quando é permitido mentir? (2): Judaísmo e "mentiras brancas"	134
DIA	73	Quando é permitido mentir? (3): Mentiras ditas por motivos de humildade, privacidade e para não magoar o outro	137
DIA	74	Estabelecendo um "jejum de reclamações"	138
DIA	75	A mais incomum das bênçãos	140
DIA	76	Tratando com respeito os portadores de deficiência mental	142
DIA	77	Shabat	143

SEMANA 12

DIA	78	Não cobre juros	144
DIA	79	Faça alguém rir	146
DIA	80	Em homenagem a quem recebi meu nome?	147
DIA	81	Um suborno salvador	149
DIA	82	As pequenas indecências que revelam o caráter	149
DIA	83	"O mais belo *etrog* que já vi"	151
DIA	84	Shabat	153

SEMANA 13

DIA	85	"Não ficarás em silêncio enquanto o sangue do teu irmão é derramado": O imperativo de intervir	153
DIA	86	Quando você suspeita que esteja ocorrendo abuso infantil	155
DIA	87	Raiva indomável e a morte do amor	157
DIA	88	Seja justo com o inimigo	159
DIA	89	Não faça as pessoas mentirem para você	160
DIA	90	"Aquele que salva uma única vida é como se tivesse salvo um mundo inteiro"	161
DIA	91	Shabat	163

SEMANA 14

DIA	92	Passe uma semana seguindo seu coração	164
DIA	93	Não faça demandas irrealistas às pessoas	165
DIA	94	Uma visão judaica da caça	166
DIA	95	Alimente seus animais antes de alimentar-se a si mesmo	168

DIA 96	Não espalhe informações negativas, mas irrelevantes, sobre alguém de quem você não goste	169
DIA 97	Não humilhe um inimigo	170
DIA 98	Shabat	172

SEMANA 15

DIA 99	Ore por alguém hoje	173
DIA 100	Crie seu filho para que ele se torne um Mensch	174
DIA 101	As perguntas que todos os pais deveriam fazer a si mesmos	175
DIA 102	"Assim como o roubo de dinheiro é roubo, o roubo de tempo também é roubo"	177
DIA 103	O que significa santificar o nome de Deus	179
DIA 104	A obrigação especial dos judeus religiosos de santificar o nome de Deus	181
DIA 105	Shabat	182

SEMANA 16

DIA 106	Qual é o melhor momento para se arrepender?	183
DIA 107	Reconheça seu pecado e aceite a responsabilidade	185
DIA 108	Peça perdão mesmo quando não estiver completamente errado	186
DIA 109	Dar gorjeta até para aqueles cujo rosto você não vê	187
DIA 110	E se você pudesse ler seu obituário hoje?	188
DIA 111	As infinitas maneiras de fazer o bem	189
DIA 112	Shabat	191

SEMANA 17

DIA 113	"Não colocarás alguma coisa no caminho que faça alguém tropeçar"	192
DIA 114	A pessoa anônima atrás do balcão	195
DIA 115	Atos de bondade (1): olhando para trás	198
DIA 116	Atos de bondade (2): olhando para a frente	199
DIA 117	Atos de bondade (3): olhando para a frente	201
DIA 118	Quanto menos tempo para perder, mais tempo para doar	203
DIA 119	Shabat	204

SEMANA 18

DIA 120	As quatro perguntas de Deus	205
DIA 121	Você grita quando deveria?	207
DIA 122	Pague imediatamente o salário de um trabalhador	208
DIA 123	O que um trabalhador deve a seu patrão	210

DIA 124	O que devemos a nossos irmãos	212
DIA 125	Raiva: três pensamentos antes de explodir	214
DIA 126	Shabat	215

SEMANA 19

DIA 127	O que significa honrar e reverenciar os pais?	215
DIA 128	O que você não deve a seus pais	217
DIA 129	Acompanhe seus convidados	219
DIA 130	Dois pedaços de papel	220
DIA 131	Leia e ouça os pontos de vista com os quais você discorda	221
DIA 132	Não é somente o que você faz para os seus pais que conta – é sua atitude	223
DIA 133	Shabat	225

SEMANA 20

DIA 134	"Ensina à criança o caminho que ela deve seguir"	226
DIA 135	Não ameace seus filhos com castigos físicos	227
DIA 136	Entre em silêncio na casa de quem está de luto	229
DIA 137	"Não tire de mim a minha dor!"	231
DIA 138	"Não carregarás o nome de Deus em vão": um pecado imperdoável	232
DIA 139	Quando é bom ser tolo	234
DIA 140	Shabat	236

SEMANA 21

DIA 141	Ajudando os não judeus	236
DIA 142	Programe-se para incorporar a bondade no seu dia	239
DIA 143	Não seja um tolo religioso	240
DIA 144	Não seja excessivamente generoso ao servir bebidas alcoólicas	242
DIA 145	A verdadeira hospitalidade: você perguntou à sua esposa?	243
DIA 146	Não cause constrangimento ao seu convidado, não cause constrangimento aos seus filhos	244
DIA 147	Shabat	245

SEMANA 22

DIA 148	Quando você suspeita de abuso conjugal	246
DIA 149	Quando a esposa sofre abuso: como você pode ajudar	249
DIA 150	O conselho de Maimônides: como mudar o comportamento negativo	251
DIA 151	A infinita obrigação de ser bondoso	253

DIA 152	"O que for odioso para você..."	255
DIA 153	"Nem tudo o que se pensa deveria ser dito"	256
DIA 154	Shabat	257

SEMANA 23

DIA 155	Um dia de atos de bondade	258
DIA 156	Uma técnica cara para superar a raiva	259
DIA 157	Quando você está bravo com seu cônjuge: colocando as coisas em perspectiva	261
DIA 158	Tratando seus empregados com respeito	262
DIA 159	Abraão, o modelo da hospitalidade	264
DIA 160	"Não existe almoço grátis"	265
DIA 161	Shabat	266

SEMANA 24

DIA 162	Como o temor a Deus pode torná-lo uma pessoa melhor (1)	267
DIA 163	Como o temor a Deus pode torná-lo uma pessoa melhor (2)	269
DIA 164	Demonstre gratidão aos seus pais	270
DIA 165	Quando seu cônjuge e seus pais estão em conflito	272
DIA 166	"Vindo de uma criança, tudo é belo"	273
DIA 167	"Este é o muffin mais delicioso que já provei"	274
DIA 168	Shabat	277

SEMANA 25

DIA 169	Quando você souber que alguém vai fazer uma longa viagem, certifique-se de que levará dinheiro extra	277
DIA 170	Doações constantes	279
DIA 171	Prevenção da crueldade contra os animais: o que diz a Torá	280
DIA 172	Carne de vitela pode ser kosher?	282
DIA 173	O judeu pode usar casaco de pele?	284
DIA 174	Quando dar o suficiente não é suficiente	285
DIA 175	Shabat	287

SEMANA 26

DIA 176	Do que a pessoa doente precisa?	287
DIA 177	Quem deve contar a verdade a uma pessoa à beira da morte, o médico ou um membro da família?	289
DIA 178	Seu trabalho é sagrado?	293

DIA 179	Aborto é assassinato? O direito da mulher ao aborto deve ser absoluto?	295
DIA 180	A mulher deve ter o direito de fazer o que quiser com o próprio corpo?	297
DIA 181	O Rabi Aryeh Levine e a *mitzvá* de visitar os doentes	298
DIA 182	Shabat	301

SEMANA 27

DIA 183	Ajude alguém a encontrar um cônjuge, ajude alguém a encontrar um emprego	302
DIA 184	Faça o bem... Agora	303
DIA 185	Ensine a Torá aos seus filhos	304
DIA 186	Ensine ao seu filho o valor da vida humana	306
DIA 187	Uma razão pragmática para perdoar os outros	309
DIA 188	Caridade não é suficiente	310
DIA 189	Shabat	311

SEMANA 28

DIA 190	Encontre emprego para os portadores de deficiência mental	311
DIA 191	Um empregador deve saber como vivem seus funcionários	312
DIA 192	Confissão e a alma do próximo	314
DIA 193	Como pode se arrepender aquele que cometeu o último e imperdoável pecado?	315
DIA 194	Quando um judeu age de forma desonesta com um não judeu	317
DIA 195	Um chefe em um milhão	318
DIA 196	Shabat	320

SEMANA 29

DIA 197	Você já escreveu um testamento ético?	321
DIA 198	Três traços que revelam o seu caráter	324
DIA 199	"Até o dia de sua morte"	325
DIA 200	Quando os idosos se tornam frágeis	327
DIA 201	Além da letra da lei	328
DIA 202	Consulte a sua esposa, consulte os seus amigos	330
DIA 203	Shabat	331

SEMANA 30

DIA 204	"O pó do discurso proibido"	332
DIA 205	Um experimento de 24 horas	333
DIA 206	Não guarde rancor	334
DIA 207	Recolhendo as pedras no caminho	336

DIA 208	Os limites do autossacrifício	337
DIA 209	"Vá e recolha as penas"	338
DIA 210	Shabat	339

SEMANA 31

DIA 211	Certifique-se de ter um amigo que o critique	340
DIA 212	*Bar Mitzvás, Bat Mitzvás* e a necessidade de um novo tipo de herói	341
DIA 213	Comece seu dia com gratidão	343
DIA 214	Se você tiver uma tendência a reclamar dos outros	344
DIA 215	Respeite a privacidade de sua família	346
DIA 216	"O que diz um bom convidado?"	346
DIA 217	Shabat	348

SEMANA 32

DIA 218	Perguntas para se fazer antes de sair criticando os outros	348
DIA 219	Saber quando se afastar	350
DIA 220	Quando você julgou alguém injustamente	352
DIA 221	"Por isso o homem foi criado sozinho"	354
DIA 222	"Se alguém quiser matá-lo, levante-se cedo e mate a pessoa primeiro"	356
DIA 223	Tenha consciência da bondade e doçura nos outros	358
DIA 224	Shabat	360

SEMANA 33

DIA 225	O bem que você faz sobrevive	360
DIA 226	Quando é correto chegar cedo	361
DIA 227	"Sua misericórdia está em todos os Seus trabalhos"	363
DIA 228	Seja gentil com o animal cujo dono é seu inimigo	365
DIA 229	"Procura a paz e segue-a"	366
DIA 230	Sobre amar a ti mesmo	367
DIA 231	Shabat	368

SEMANA 34

DIA 232	"Não há mensageiro em caso de pecado"	369
DIA 233	O poder da bondade	371
DIA 234	Ensine uma profissão ao seu filho	373
DIA 235	Ensine a seu filho que o mais importante para Deus é a bondade	374

DIA 236	Não doe em excesso	376
DIA 237	Uma pessoa religiosa pode ser cruel?	378
DIA 238	Shabat	379

SEMANA 35

DIA 239	O antídoto para a arrogância	380
DIA 240	Não finja ter virtudes que não tem	381
DIA 241	"Ame o próximo": qual é a responsabilidade do próximo?	383
DIA 242	"Honrarás pai e mãe": a surpreendente redação do mandamento bíblico	385
DIA 243	Se os pais se tornarem senis	386
DIA 244	Como aprender a ter empatia	388
DIA 245	Shabat	389

SEMANA 36

DIA 246	Não grite com sua esposa	390
DIA 247	Você está em um relacionamento abusivo?	392
DIA 248	Não seja elitista	393
DIA 249	Não incentive seus filhos a namorarem pessoas ricas	395
DIA 250	A pergunta dolorosa e desafiadora que os pais devem fazer aos filhos	396
DIA 251	O casamento também pode ser sinônimo de alegria e diversão	397
DIA 252	Shabat	398

SEMANA 37

DIA 253	Rabeinu Guershom e a proibição de ser bisbilhoteiro	399
DIA 254	Seja generoso com o poder	400
DIA 255	Quando o silêncio vale ouro	402
DIA 256	Aprenda até com aqueles de quem você discorda	403
DIA 257	A vingança e o mandamento de amar o próximo	405
DIA 258	Quem é um herói? Uma perspectiva judaica	406
DIA 259	Shabat	408

SEMANA 38

DIA 260	Acidentes acontecem	408
DIA 261	Quando um acidente não é acidente	410
DIA 262	Não seja o herói de uma *mitzvá* à custa de outra pessoa	411
DIA 263	Fale a verdade ao poder	412

DIA 264	Até que ponto se deve temer a Deus?	414
DIA 265	Não diga banalidades religiosas	415
DIA 266	Shabat	416

SEMANA 39

DIA 267	Faça um favor... para o seu inimigo	416
DIA 268	Maimônides, Art Buchwald e a importância de cada ação	418
DIA 269	Quando pecarem contra ti: sua obrigação	420
DIA 270	Uma oração noturna antes de ir dormir	422
DIA 271	Não deixe seu filho humilhar outra criança	424
DIA 272	O que o Quinto Mandamento exige dos pais	425
DIA 273	Shabat	425

SEMANA 40

DIA 274	Faça sua comemoração ser um motivo para todos celebrarem	426
DIA 275	Sobre a importância de não constranger o beneficiário	428
DIA 276	Há alguém que você está ignorando e a quem deveria pedir perdão?	429
DIA 277	Não peça desculpas em nome de outrem	430
DIA 278	A punição de quem humilha outra pessoa	433
DIA 279	Quando você não pode dar dinheiro	434
DIA 280	Shabat	435

SEMANA 41

DIA 281	Como evitar ceder à tentação	436
DIA 282	Quando você é tentado a fazer algo errado	437
DIA 283	Quando não há *Shalom Bayit* em seu *Bayit*	438
DIA 284	Quando a lei judaica permite que uma pessoa seja humilhada publicamente	440
DIA 285	Os limites do perdão de Deus	441
DIA 286	Ser bom não é o suficiente, o momento certo também importa	442
DIA 287	Shabat	443

SEMANA 42

DIA 288	Ajude não judeus como judeus	444
DIA 289	As palavras finais que um judeu deve falar	445
DIA 290	Um judeu deve doar seus órgãos?	447
DIA 291	Ouça... De verdade, ouça	449

DIA 292	Como não ensinar a Torá	449
DIA 293	Caridade, idolatria e surdez	451
DIA 294	Shabat	452

SEMANA 43

DIA 295	Santificando o secular	452
DIA 296	Não seja racista	453
DIA 297	Nunca pratique a ingratidão	455
DIA 298	Criando crianças honestas	456
DIA 299	Empatia não é algo natural	457
DIA 300	Expresse sua gratidão às pessoas próximas a você… agora	459
DIA 301	Shabat	460

SEMANA 44

DIA 302	Aprendendo a dizer "Eu preciso"	461
DIA 303	Quando a doação anônima é importante e quando não é	462
DIA 304	Quando o silêncio é criminoso	463
DIA 305	Se você souber que alguém pretende machucar outra pessoa	464
DIA 306	"Você não é tão bom quanto pensa ser e o mundo não é tão ruim quanto você pensa ser"	466
DIA 307	Quando palavras devotas são irreligiosas	467
DIA 308	Shabat	468

SEMANA 45

DIA 309	Quando uma meia verdade vira uma mentira completa	469
DIA 310	Seu sangue é mais vermelho?	470
DIA 311	Deve haver um limite para o amor dos pais?	471
DIA 312	Ensine habilidades de sobrevivência ao seu filho	473
DIA 313	O ato de bondade mais perfeito	474
DIA 314	Uma maneira ritualística de fazer cada um de seus filhos sentir-se especial	475
DIA 315	Shabat	476

SEMANA 46

DIA 316	Um tempo para o silêncio	476
DIA 317	Quando elogiar alguém é a coisa errada a se fazer	478
DIA 318	Você e seu(sua) ex	479
DIA 319	A espada de Salomão: como determinar o melhor interesse da criança	480

DIA 320	A obrigação especial dos pais adotivos	482
DIA 321	Não fale *lashon hara* sobre si mesmo	483
DIA 322	Shabat	484

SEMANA 47

DIA 323	Aprendendo a manter sua inveja sob controle	485
DIA 324	Não se acostume ao sofrimento de outras pessoas	487
DIA 325	O que há de errado com a sua vida? E o que está dando certo?	488
DIA 326	*Shiva*, o ato final de gratidão	489
DIA 327	Arrependimento é bom – arrependimento demais, não	490
DIA 328	Não estereotipe grupos	492
DIA 329	Shabat	493

SEMANA 48

DIA 330	Criando os filhos para que amem tanto a si mesmos quanto aos outros	494
DIA 331	Cuidado com os seus... elogios	495
DIA 332	Quando legal não é igual a moral	496
DIA 333	Use seu impulso maligno para fazer o bem	498
DIA 334	Deixe a sua palavra, não seu juramento, ser seu vínculo	499
DIA 335	Nunca insulte outra pessoa	500
DIA 336	Shabat	503

SEMANA 49

DIA 337	Quando podemos revelar informações negativas sobre uma pessoa?	503
DIA 338	Revelando informações negativas quando duas pessoas estão namorando: as quatro diretrizes do Chaffetz Chayyim	505
DIA 339	Falando "me desculpe" aos seus filhos	507
DIA 340	Reserve tempo para seus filhos	508
DIA 341	"Você não deve ficar indiferente"	510
DIA 342	Ao estudar a Torá, pratique os ensinamentos	511
DIA 343	Shabat	513

SEMANA 50

DIA 344	Aquele que chamar outra pessoa por um apelido cruel	514
DIA 345	Quando a doação anônima não é boa	515
DIA 346	Você deve uma herança a seus filhos?	517
DIA 347	"Aquele que é tímido nunca aprenderá"	519

DIA 348	Estude o judaísmo 15 minutos por dia... Começando agora	521
DIA 349	Atos aleatórios de bondade	522
DIA 350	Shabat	523

SEMANA 51

DIA 351	Uma maneira especialmente maligna de roubar	524
DIA 352	A obrigação de um marido para com sua esposa	525
DIA 353	Não insulte seu cônjuge	526
DIA 354	Judeus não deveriam ser mesquinhos; funerais judaicos devem ser modestos	527
DIA 355	Uma lei que precisa ser modificada	530
DIA 356	A santidade do riso	532
DIA 357	Shabat	534

SEMANA 52

DIA 358	Competição injusta	535
DIA 359	A ética judaica permitiria que um judeu fosse dono de uma loja de armas?	536
DIA 360	Ofender com palavras	537
DIA 361	O telefone como um instrumento para o bem	539
DIA 362	O estudo da Torá e a importância da revisão	541
DIA 363	Uma semana de bondade, uma semana de *Gemilut Chesed*	542
DIA 364	Shabat	544
DIA 365	Seu primeiro cheque para o Ano-Novo	544

Índice por tópicos — 547

Glossário de textos judaicos citados — 549

Hillel costumava dizer:
"Se eu não sou por mim, quem será por mim?
E se eu apenas for por mim, o que eu sou?
E se não for agora, quando?"

– *Ethics of the Fathers* 1:14

Prefácio

Quando surgem, as religiões trazem atreladas algumas mudanças. O judaísmo inovou ao propor o monoteísmo, a crença em um único Deus. No entanto, a novidade não parou por aí. A tradição mosaica desenvolveu a noção de que nos aproximamos desse Deus único por meio da ética. Essa é uma contribuição que transita no campo da atitude, da ação, extrapolando o campo da teologia, do pensamento filosófico religioso. A expressão monoteísmo ético judaico sintetiza essa inovação.

Para nós, essa ética apenas se concretiza na vida real, fora dos templos. Para não esquecermos disso, uma das diretrizes arquitetônicas de uma sinagoga, local onde o povo judeu reza, é que se tenha janelas (*Brachót* 31a), uma vez que o ritual não faz sentido se não estiver intimamente relacionado com a vida real que acontece, na maior parte das vezes, fora dos templos.

Embora se possa encontrar teologia nos escritos judaicos mais antigos, o primeiro filósofo do judaísmo foi Filo, homem que viveu em Alexandria nos primeiros anos da Era Comum (E.C.), ou seja, passados três mil anos de história do povo judeu. Pode-se afirmar que o judaísmo se preocupa menos com aquilo que o indivíduo pensa e muito mais com o que ele faz, sua atitude em relação ao mundo, sua postura ética. Exatamente por isso, existem debates ricos e conflitantes nas áreas teóricas da religião judaica sem a necessidade de uma padronização. É legítimo pensar diferente e, às vezes, muito diferente, desde que este conduza a fazer o bem.

Além da Bíblia Hebraica, o *Tanách*, os sábios judeus exprimiram essa noção de exercício religioso comprometido com a sociedade no Talmude, obra monumental de debates com inspiração na literatura bíblica, escrito entre os anos 50 Antes da Era Comum (A.E.C.) e 550 da E.C., na Palestina e na Babilônia. Abba Shaul, no tratado de Sofrim, usou as seguintes palavras: "*Ma Hu Rachum Vechanun, Af Atá Rachum Vechanun*", ou seja, "Assim como Deus consola e sabe perdoar, também você console e saiba perdoar". Esse mesmo conceito segue adiante: para nos tornarmos sagrados, devemos nos espelhar nos atributos de Deus – *imitatio dei*. Como Ele, temos de curar os doentes, vestir os nus, alimentar os famintos. Enfim, devemos estar sempre prontos para ajudar a quem precisa.

As "*Bein adam lachaverô*", normas que regem o comportamento do ser humano em relação ao seu próximo, receberam uma atenção especial na tradição judaica. Desde a Torá, os primeiros cinco livros da Bíblia Hebraica, passando pelos profetas (como em Oséias e Isaías, por exemplo), somos chamados para uma atitude comprometida com a moral, com um destaque especial na literatura rabínica clássica, que desenvolveu termos como *chessed* (generosidade), *tzedaká* (justiça social), *rachamim* (misericórdia), *derech eretz* (gentileza), *tzedek* (justiça), *kevôd habriót* (o respeito às criaturas).

O Talmude (*Brachót* 19b, por exemplo) ensina-nos que "*Kvod habriót doche Lo taassê Shebatorá*": [é possível descumprir qualquer norma da Torá para resguardar a honra das criaturas de Deus]. Independentemente de religião, etnia, gênero ou orientação sexual, somos sistematicamente convocados pela tradição judaica a cuidar do ser humano e participar da construção de sociedades responsáveis e justas.

Ao longo dos anos, o judaísmo sobreviveu porque foi capaz de manter suas tradições, por um lado, e participar das mudanças do mundo, por outro. À medida que a sociedade mudou, ele soube acompanhar essas evoluções sem abdicar dos seus valores.

Existe uma passagem na Torá muito enigmática. Caso nos desviemos do caminho indicado por Deus, promete o texto, ficaremos como cegos na escuridão (Deuteronômio 28:29). O que significa ficar cego na escuridão? Qual é a diferença da luz e da escuridão para alguém que não enxerga?

No Talmude, o rabino Iosse afirma que sempre questionou essa passagem até que vivenciou o seguinte: "Certa vez eu estava andando em uma noite muito escura quando vi um cego caminhando com uma tocha nas mãos. 'Por que você carrega esta tocha se não pode ver?' E a resposta foi a seguinte: 'Enquanto tenho a tocha nas mãos, tenho a esperança de que os outros me poderão ver e me salvar dos perigos que existem no caminho'" (*Meguilá* 24b).

Para mim, a tradução ao português da obra do rabino Joseph Telushkin faz essa sabedoria milenar se tornar acessível aos brasileiros. Com muita propriedade, o livro transita por todas as áreas da ética judaica e aproxima o leitor, independentemente de sua religião, às normas de comportamento.

Que *O livro dos valores judaicos* seja um incentivo para a construção de uma sociedade em que, mesmo nos momentos de cegueira, a luz da ética e da solidariedade prevaleça.

Michel Schlesinger
Formado em Direito pela USP
e pós-graduado em Estudos Judaicos em Jerusalém,
é rabino da Congregação Israelita Paulista
e representante da Confederação Israelita do Brasil
para o diálogo inter-religioso.

Introdução

Uma das figuras mais notáveis do Talmude e de toda a história judaica é Rabi Akiva, pastor de ovelhas do século II E.C. que se tornou o maior estudioso, líder e mártir de seu tempo. Ao contrário de muitos outros sábios, Rabi Akiva não veio de uma família de estudiosos; o Talmude nos informa que, até a meia-idade, ele era analfabeto.

Uma história rabínica descreve o processo de transformação de Akiva em *Rabi* Akiva: "Ele tinha quarenta anos e nada sabia ainda. Certa vez, à entrada de um poço, perguntou: 'Quem escavou essa pedra?' Responderam-lhe: 'Não é a água que cai constantemente sobre ela, dia após dia?' Rabi Akiva imediatamente raciocinou: 'Se a água mole é capaz de furar a pedra dura, não podem as palavras da Torá, duras como ferro, abrir caminho até meu coração, que é de carne e sangue?'" (*The Fathers According to Rabbi Nathan* 6:2).

No século XIX, o rabino Israel Salanter observou que, para ser efetivo e transformador, o estudo precisa ser constante: "As águas abrem caminho na pedra apenas porque caem gota após gota, ano após ano, sem parar. Se a água acumulada caísse uma única vez, em um só fluxo, teria escorregado pela pedra sem deixar vestígio".

Todos nós podemos nos sentir inspirados a tentar nos elevar, moral e espiritualmente, por um momento, uma hora, ou até uma semana. Contudo, para que os ensinamentos éticos abram caminho até nosso coração, precisamos estudá-los e praticá-los, como fez Rabi Akiva, dia após dia. Foi essa filosofia que inspirou a elaboração desta obra, cujo objetivo é transformar e elevar os leitores (e também seu autor), diariamente. Seus ensinamentos abrangem toda a gama de atividades e preocupações humanas, inclusive:

- como criar filhos honestos (Dia 298);
- a principal característica que se deve buscar em um cônjuge (Dia 17);
- por que agir com alegria não é uma escolha (Dia 39);
- como mudar padrões de comportamento negativo (Dia 150);
- uma técnica eficaz, mas cara, para superar a raiva (Dia 156);
- um experimento de 24 horas que pode mudar para sempre sua maneira de falar (Dia 205).

Leia e pratique os exercícios aqui oferecidos um dia de cada vez, analise e discuta os ensinamentos no Shabat e logo você descoberá que sua maneira de agir e a compreensão do seu propósito na vida vão mudar, talvez até permanentemente.

De tempos em tempos, quando um *insight* rabínico ou uma citação é relevante em mais de um contexto, repito-os (como nos Dias 44 e 72, por exemplo), conforme fiz em mais de uma ou duas vezes ao contar uma história (Dias 292 e 339).

Há quase duzentos anos, Rabi Nachman de Bratslav apresentou aos seus seguidores um desafio, que hoje ofereço a você, leitor, e também a mim: "Se você não vai ser melhor amanhã do que foi hoje, então para que serve o amanhã?".

Desejo-lhe um bom-dia hoje e um amanhã ainda melhor.

SEMANA 1

Dia 1 Domingo

Ao ouvir uma sirene

Como você reage quando está conversando com um amigo e sua conversa é interrompida, de repente, pelo lamento penetrante da sirene de uma ambulância? Sente compaixão pela pessoa que está no interior da ambulância – ou à sua espera – ou sente certa irritação? E como reage quando é despertado de um sono profundo pelo som da sirene do caminhão de bombeiros ou de uma viatura policial?

Fico constrangido ao admitir que minha reação inicial, como a de outras pessoas, muitas vezes é de impaciência e irritação, não de compaixão. Meu amigo Rabi Zalman Schachter-Shalomi, conhecido no mundo judaico como "Reb Zalman", sugere que sempre que ouvirmos o som de uma ambulância façamos uma prece para que a ambulância chegue a tempo de socorrer alguém. Da mesma maneira, sempre que sentirmos que o silêncio é interrompido pelas sirenes dos caminhões de bombeiros, devemos orar a Deus para que os caminhões cheguem a tempo de salvar a vida e os lares das pessoas que correm risco de morte. Devemos também orar para que nenhum bombeiro seja ferido. E, ao ouvirmos a sirene da viatura da polícia, devemos implorar a Deus para que a polícia chegue a tempo de atender à emergência.

É profunda a sugestão de Reb Zalman. Acostumando-nos a fazer uma prece no momento em que nos sentirmos injustamente irritados, nós nos tornamos pessoas melhores, mais amorosas. O próprio ato de orar nos motiva a sentir compaixão pelos que estão sofrendo, necessitados de nossas preces. Além disso, imagine como seria estimulante se as pessoas que estão sendo levadas às pressas ao hospital soubessem que centenas de pessoas que ouvem as sirenes da ambulância estão orando por sua recuperação.

Em uma palestra a um grupo da comunidade judaica de Baltimore, mencionei a sugestão de Reb Zalman. Depois da palestra, várias pessoas comentaram ter ficado emocionadas com a ideia, mas uma mulher pareceu particularmente impressionada ao falar da sugestão. Contou-me que, quando ela tinha dez anos, fora acordada de um sono profundo pelas sirenes do caminhão de bombeiros. Era quase uma hora da manhã, e passados 25 anos, ela ainda se recordava de sua reação inicial: sentia-se injustiçada por seu sono ter sido interrompido.

Na manhã seguinte, ela ficou sabendo que sua melhor amiga, uma menina que morava a alguns quarteirões de sua casa, tinha morrido no incêndio. Desde então, disse-me que ao ouvir as sirenes dos caminhões de bombeiros, sempre reza para que eles cheguem ao seu destino a tempo de salvar alguém.

O amor ao próximo normalmente é demonstrado por meio de atos tangíveis, com a oferta de dinheiro ou comida a quem necessita, com o oferecimento de ajuda a um vizinho doente, ou com um convite para que venham à nossa casa. Às vezes, porém, esse amor se expressa pela prece que nos conecta ao próximo, mesmo quando não temos como saber quem é ele.

Dia 2 — Segunda-feira

"Que o dinheiro do teu próximo seja tão precioso para ti como se fosse o teu próprio..."

Se uma pessoa é honesta nos negócios e todos a estimam, seu valor é reconhecido como se ela tivesse toda a Torá.

— Mechilta, *B'Shalach* 1

Em geral, os judeus associam o ato de ser religioso ao de observar os rituais do judaísmo. Assim, quando duas pessoas estão conversando sobre uma terceira, e um deles perguntar se essa terceira é religiosa, a resposta invariavelmente será baseada no nível de observância de rituais desta (por exemplo, "ela observa o Sabbath, ela é religiosa", ou "ele não respeita Kosher, ele não é religioso"). A partir desses tipos de comentários, comuns entre judeus de todas as denominações, poderíamos ter a impressão de que, no judaísmo, ética é uma atividade extracurricular relativamente desprovida de importância.

Como nos revigora saber, portanto, que segundo a tradição judaica, a honestidade ao lidar com os outros é comparada à observação da Torá como um todo. Uma fonte talmúdica reforça enfaticamente este ensinamento: "Na hora em que o indivíduo for levado em julgamento ao tribunal divino, perguntar-lhe-ão: 'Conduzistes teus negócios honestamente?'" (*Shabbat* 31a).

Tendo discutido este texto na presença de dezenas de audiências, em sinagogas e em outros lugares, sei que muitos se surpreendem ao aprender que o Talmude acredita que a primeira pergunta que lhes será feita pelo tribunal divino após a morte não será "Acreditastes em Deus" ou "Observastes os feriados judaicos?", mas sim "Conduzistes teus negócios honestamente?" (vide Dia 120, "As quatro perguntas de Deus").

A própria Bíblia chega a basear a sobrevivência nacional dos judeus em Israel à honestidade dos mercadores para com seus clientes: "Tende pesos e medidas exatos, para que vivais muito tempo na terra que o Senhor, vosso Deus, lhes dá". (Deuteronômio 25:15).

O tratado *Ética dos Pais* (*Pirkei Avot*) inclui os aforismos éticos favoritos dos rabinos, a maior parte dos quais viveu entre o período que vai de pouco antes da Era Comum até aproximadamente 200 E.C. Um sábio proeminente, Rabi Yossi, nos oferece uma diretriz útil relacionada a praticamente qualquer situação de negócios na qual você possa se encontrar: "Que o dinheiro do teu próximo seja tão precioso para ti como se fosse o teu próprio..." (*Ética dos Pais* 2:7).

Evidentemente, o princípio subjacente ao comentário de Rabi Yossi é a Regra de Ouro: "Amarás o teu próximo como a ti mesmo" (Levítico 19:18). No contexto da ética nos negócios, tal critério, por exemplo, proibiria que se assumissem com o dinheiro de terceiros riscos que você não adotaria com seu próprio dinheiro (a não ser, é claro, que o dono do dinheiro o tenha instruído a assumir tais riscos).

Instruir pessoas a observarem a Regra de Ouro ao tentar ganhar a vida poderia parecer absolutamente irrealista, ingênuo, até. Obviamente, é por isso que muitos preferem avaliar a religiosidade com base na observância dos rituais e da fé: de modo geral, é mais fácil ser escrupuloso nessas questões do que agir com ética de maneira consistente, em particular na área financeira.

Mesmo assim, a tradição judaica insiste na primazia do comportamento ético. Comentando sobre o verso em Salmos 116:9, "Andarei perante a face do Senhor na terra dos viventes", os Rabis* depararam com a estranha expressão "na terra dos viventes". Rabi Judah, principal erudito de seu tempo, explica: "isso significa os mercados" (Talmude Babilônico, *Yomá* 71a). O fato de uma pessoa realmente adorar a Deus pode ser determinado mais por sua maneira de agir no mercado do que na sinagoga. Rabi Tzvi Hirsch Koidonever (d. 1712), erudito e homem de negócios de sucesso, escreveu no tratado ético *Kav Hayashar* (*An Honest Measure*): "Somente aquele que é confiável em matéria de dinheiro pode ser considerado piedoso".

Dia 3 Terça-feira

A compra que é sempre proibida

Não se compra lã, leite nem pelica de pastores. Tampouco se compra lenha ou frutas de vigias de pomares... [Mesmo nos casos em que é permitido comprar alguma coisa], em todos os casos em que o vendedor nos pede para esconder as mercadorias, é proibido [comprá-las].

— MISHNÁ, *BAVA KAMMA* 10:9

---

* Aqui, e ao longo deste livro, grafo a palavra *Rabi* com iniciais maiúsculas quando me refiro aos rabinos da era talmúdica (os últimos séculos antes da Era Comum até aproximadamente o ano 500 E.C.).

O bom senso subjaz a essa antiga regra. Não há como saber com certeza se os pastores ou vigias roubaram as mercadorias de seus patrões, mas a prudência sugere que, se estiverem colocando à venda justamente as mercadorias que são pagas para proteger, é provável que as tenham adquirido de modo ilegal.

Em termos modernos, imagine que o caixa do supermercado no qual você costuma fazer compras o encontra na rua e se oferece para entregar diariamente, em sua casa, leite e queijo pela metade do preço que você paga no supermercado no qual ele trabalha. Você não tem como saber ao certo se ele está adquirindo os produtos de modo ilegal, mas a lei judaica diz que, nesse caso, ele deve ser considerado culpado até que se prove sua inocência, e que você se recuse a comprar dele.

De maneira análoga, costumamos ver nas ruas camelôs vendendo DVDs de filmes lançados recentemente por um valor muito inferior ao cobrado nas lojas. Diz o bom senso que esses filmes foram "pirateados" (copiados ilegalmente) ou roubados – de qual outra maneira eles poderiam ser vendidos por um preço tão baixo? – a lei judaica proibiria sua aquisição.

Como regra, pessoas consideradas honestas que adquirem mercadoria roubada continuam reputando-se honestas, e com certeza se julgam moralmente superiores às pessoas de quem adquiriram tais produtos. Maimônides deixa claro que a lei judaica não compartilha dessa visão: "É proibido comprar de um ladrão qualquer mercadoria que ele tenha roubado; tal ato seria um grande pecado, pois estimula os criminosos e os faz continuarem roubando. Pois, se o ladrão não encontrar quem compre as mercadorias que roubou, ele não roubará" (*Mishná Torá*, "As Leis do Roubo" 5:1).

Um caso real de mercadorias roubadas, ainda que menos óbvio – o escândalo da negociação de ações com informações privilegiadas – ocorreu no final da década de 1980 no mercado financeiro de Nova York quando um financista pagou a empregados de escritórios de advocacia e instituições financeiras para que lhe informassem quando as empresas com as quais negociava seriam compradas. Sabendo que os preços das ações dessas empresas aumentariam substancialmente, o homem adquiriu ações e, ao longo de vários anos, lucrou dezenas de milhares de dólares. Quando seu esquema foi descoberto, ele acabou sendo preso, junto às pessoas que lhe forneceram as informações. Com base em meu entendimento da perspectiva do judaísmo, a compra de informações que o vendedor não tem direito de comercializar é outra maneira de traficar mercadorias roubadas.

Dito de forma bastante simples: se alguém está tentando lhe vender algo que não tem o direito de vender – sejam mercadorias, sejam informações – você não tem o direito de comprar. Está escrito em Provérbios (29:24): "O cúmplice do ladrão é inimigo da própria alma".

Dia 4 Quarta-feira

"O que Deus iria querer que eu fizesse?"

Diz um ensinamento rabínico que a Torá começa e termina com atos divinos de bondade (*gemilut chesed*). Portanto, no início do Gênesis, Deus oferece roupas a Adão e Eva (Gênesis 3:21), enquanto o capítulo final da Torá descreve o sepultamento de Moisés: "Que o sepultou no vale do Moabe" (Deuteronômio 34:6). Outro episódio fala de Deus em visita a Abraão logo após sua circuncisão, quando o Patriarca presumivelmente ainda estava fraco (Gênesis 18:1).

Ainda que a tradição judaica valorize os atos de caridade, os atos de bondade são ainda mais estimados:

> Nossos Rabis ensinaram: Os atos de bondade são melhores do que os atos de caridade, de três maneiras:
>
> A caridade é feita com dinheiro próprio, enquanto a bondade pode ser com o dinheiro ou com a pessoa [como visitar uma pessoa doente; vide, por exemplo, Dia 32];
>
> A caridade é feita apenas aos pobres, enquanto a bondade pode ser tanto aos pobres quanto aos ricos [por exemplo, consolar aqueles que perderam um ente querido ou pessoas deprimidas; vide Dias 136 e 356];

> A caridade é feita apenas aos vivos, enquanto a bondade pode ser demonstrada tanto aos vivos quanto aos mortos [por exemplo, providenciar o sepultamento de um indigente; vide Dia 313].
>
> – TALMUDE BABILÔNICO, *SUKKAH* 49B

A lei judaica atribui grande importância a atos de bondade. Na verdade, esforçar-se para fazer o bem é um verdadeiro desafio, pois, à medida que envelhecemos, muitos têm mais facilidade de praticar a caridade doando dinheiro do que seu tempo. Portanto, a tradição judaica nos ensina que oferecer nosso tempo e nosso coração representa a mais alta doação.

A partir de hoje, e pelo resto desta semana (e, depois, continuamente), esteja atento a oportunidades de realizar atos de bondade. Viu uma pessoa frágil na rua carregando algo que parece ser muito pesado para ela? Encontrou um conhecido com aspecto aborrecido e distraído, necessitando de alguém com quem conversar? Avistou aquela vizinha que está recuperando-se de uma cirurgia e precisa de companhia para caminhadas matinais que a ajudarão a recuperar as forças? Seu instinto nesses casos poderia muito bem ser continuar o que está fazendo – eu com certeza me sinto assim muitas vezes – mas, durante esta semana, antes de se afastar, pergunte-se: "O que Deus iria querer que eu fizesse?".

Dia 5 Quinta-feira

Seja generoso mesmo quando seus instintos estiverem com preguiça

Pessoas pouco generosas costumam ser vistas como sovinas, certamente uma descrição adequada para indivíduos abastados, mas que se recusam a doar aos pobres. Entretanto, em questões não monetárias, o motivo pelo qual as pessoas não ajudam umas às outras está menos relacionado com a avareza e mais com a preguiça.

Por exemplo, da última vez em que separou roupas que você e seus familiares não usavam mais, o que fez com elas? Telefonou para uma organização que recolhe e distribui roupas aos pobres? Perguntou aos amigos e conhecidos se sabiam de alguém que estivesse precisando de roupas? (Durante vários anos, quando os filhos eram pequenos, um casal conhecido meu recebeu e doou milhares de dólares em roupas infantis.) Ou simplesmente as depositou em sacos plásticos e colocou no lixo?

Não fazer o bem aos outros por preguiça é um ato de egoísmo. Deus sabe quantas vezes fui culpado desse comportamento, mas só quando penso no assunto percebo como agi errado.

O rabino Aharon Lichtenstein sugere outro exemplo no qual as pessoas deixam de demonstrar consideração pelas outras. Quem tem ingressos para uma peça ou um concerto mas não pode comparecer ao evento muitas vezes joga fora seus ingressos sem tentar encontrar um amigo a quem possa dá-los.

Fazer o bem aos outros às vezes requer consideração e esforço especiais. Porém, que uso fantástico faz de seu tempo!

Dia 6 Sexta-feira

Quando se sentir tentado a enganar alguém

Saiba que acima de você está um Olho vigilante...

— ÉTICA DOS PAIS 2:1

Certa vez, Rabi Israel Baal Shem Tov (*circa* 1700-1760), fundador do movimento assídico, contratou o condutor de uma carroça para levá-lo a uma cidade vizinha. Os dois homens não tardaram a passar por um campo repleto de frutas e legumes apetitosos.

O condutor parou a carroça, virou-se para Baal Shem Tov — cuja identidade ele desconhecia — e disse:

"Vou colher alguns legumes saborosos desse campo para nós. Fique de olho. Se aparecer alguém, avise".

Quando o homem se abaixou para colher os legumes, o Baal Shem Tov gritou:

"Tem alguém vendo! Tem alguém vendo!"

Assustado, o homem correu de volta à carroça e saiu dali apressadamente. Passado pouco tempo. Virou-se para trás, mas não conseguiu ver ninguém atrás deles.

Irritado, repreendeu o Rabi:

"Por que você avisou que tinha alguém vendo?" "Não tinha ninguém ali".

O Baal Shem Tov apontou para o céu.

"Deus estava vendo. Deus está sempre vendo".

Shabat Shalom!

Dia 7 Shabat

Ao longo deste Shabat, analise o material dos seis dias anteriores e use alguns dos textos estudados como base para discussões durante as refeições do Shabat:

Dia 1. Ao ouvir uma sirene
Dia 2. "Que o dinheiro do teu próximo seja tão precioso para ti como se fosse o teu próprio..."
Dia 3. A compra que é sempre proibida
Dia 4. "O que Deus iria querer que eu fizesse?"
Dia 5. Seja generoso mesmo quando seus instintos estiverem com preguiça
Dia 6. Quando se sentir tentado a enganar alguém

Shabat Shalom!

SEMANA 2

Dia **8** Domingo

Doe com alegria

As ruas na área da cidade de Nova York na qual vivo com minha família estão sempre tão cheias de pedintes que as pessoas costumam ignorar completamente sua presença ou lhes dão alguns trocados e se apressam em se afastar. Foi o que aconteceu um dia quando minha esposa estava descendo a Broadway com nossa filha Naomi. "Mãe", disse nossa filha, na época com sete anos, "a senhora não cumpriu a *mitzvá* corretamente".

"O que eu deveria ter feito, filha?", perguntou-lhe Dvorah.

Naomi estava preparada, tendo aprendido a lição na escola judaica. "A senhora não olhou a pessoa nos olhos nem disse, 'Que Deus o abençoe'. Porque quando faz *tzedaká* [caridade], precisa doar com todo o seu coração".

Minha esposa na mesma hora voltou, estendeu outro trocado ao pedinte, olhou-o nos olhos e disse: "Que Deus o abençoe!". Mais tarde, contou-me: "Quando olhei em seus olhos, vi à minha frente um ser humano, não um pedinte".

As palavras de Naomi não eram apenas um reflexo no coração bondoso dela e de sua professora; representam também a visão do judaísmo sobre a atitude certa que os doadores deveriam demonstrar. A lei judaica abomina as doações feitas com mesquinhez e exalta aqueles que demonstram bondade para com os pobres. Como escreve Moisés Maimônides (conhecido no judaísmo como Rambam) na *Mishné Torá*, código da lei judaica de sua autoria, datado do século XII:

> "Aquele que pratica um ato de caridade com grosseria e lança um olhar de superioridade aos pobres anula todo o mérito de sua ação, ainda que tenha doado mil moedas de ouro. Deveria, sim, ter feito

sua doação com boa vontade e alegria, e ter se solidarizado com os infortúnios da pessoa a quem a doação foi feita... Deve-lhe oferecer palavras de consolo e solidariedade..."

— Moisés Maimônides, *Mishné Torá*,
"Leis sobre doações aos pobres", 10:4

Maimônides acrescenta que mesmo quando não temos nada a dar, devemos pelo menos falar com o pobre de maneira bondosa e estimulante (por exemplo, dizendo: "Espero que sua situação melhore").

O dinheiro constitui um aspecto importante da caridade, evidentemente, mas não é o mais importante. Anne Frank nos lembra, em palavras escritas quase 800 anos depois de Maimônides: "Você sempre pode doar alguma coisa, mesmo que seja apenas sua bondade".*

Dia 9 Segunda-feira

Quando alguém diz "tenho fome"

Um dos aspectos menos agradáveis da vida nas grandes cidades dos Estados Unidos é o grande número de mendigos que pedem dinheiro aos pedestres. Certa vez, quando eu e minha esposa estávamos indo de metrô até nosso destino em Manhattan, fomos abordados por tantos pedintes que eu me recordo de ter observado que "teria sido mais barato ir de táxi".

Ao orientar os responsáveis pela distribuição de doações comunitárias, o Talmude oferece diretrizes úteis a quem é abordado por pedintes: "Quando um homem diz, 'Preciso de roupas', deve-se investigar se o que diz é verdade para verificar se não está mentindo; quando diz 'tenho fome', não devemos

---

* *O Diário de Anne Frank*, março de 1944.

investigar se é verdade [e sim alimentá-lo imediatamente, para que não morra de fome durante a investigação]" (*Bava Bathra* 9a).

Minha mãe, Helen Telushkin, sempre foi generosa com pedintes que afirmavam estar com fome. Sempre me disse que quando está com fome, a sensação a aflige de tal maneira que seria impossível ignorar o pedido de uma pessoa faminta.

Se, porém, você não tiver como saber se o pedinte está dizendo a verdade? Talvez esteja mentindo e use o dinheiro para comprar drogas ou bebidas alcoólicas.

Como é raro podermos dizer com certeza se o mendigo está dizendo a verdade, devemos nos nortear pelas palavras obviamente hiperbólicas do rebbe chassídico Chaim de Sanz (d. 1786): "O mérito da caridade é tamanho que fico satisfeito em doar para 100 pedintes mesmo que somente um deles realmente esteja necessitado de ajuda. Algumas pessoas, porém, agem como se estivessem dispensadas de fazer atos de caridade a 100 pedintes caso um deles esteja mentindo".

Dia 10 Terça-feira

Não favoreça os prediletos

O patriarca Jacob teve doze filhos, mas não amava a todos da mesma maneira. Tinha preferência por José, filho de Rachel, sua esposa favorita. Depois que ela morreu ao dar à luz Benjamin, o amor de Jacob por Rachel foi transferido a José.

Jacob não fazia o menor esforço para ocultar sua preferência. Ao mandar fazer roupas para os filhos, encomendou para José uma túnica especial, de muitas cores, muito mais bonita do que as que mandou fazer para os outros filhos. Em outras ocasiões, despachou os outros filhos para trabalhos braçais, mas poupou José, mantendo-o em casa.

Quais foram os efeitos desse favoritismo tão aberto? A Bíblia diz: "Quando os seus irmãos viram que o pai gostava mais dele do que de qualquer outro filho, odiaram-no e não conseguiam falar com ele amigavelmente. (Gênesis 37:4). Os irmãos de José esperaram; quando surgiu a oportunidade, venderam-no a mercadores de escravos que rumavam para o Egito".

Quando os rabinos do Talmude estudaram o Gênesis 37, suas implicações éticas ficaram claras: "Nunca se deve preferir um filho aos outros, oferecendo-lhe tratamento especial, pois por causa de duas moedas a mais em seda [que Jacob mandara incluir na túnica especial encomendada para José], os irmãos de José tiveram ciúmes dele, e uma coisa levou a outra, até que nossos ancestrais se tornaram escravos no Egito" (*Shabbat* 10b).

No fundo, você, como Jacob, pode preferir um filho a outro. Se o fizer, não aja como agiu o Patriarca; guarde para si seus sentimentos. Se tiver que falar sobre estes, faça-o com sua esposa/esposo, um amigo muito próximo, alguma autoridade religiosa ou um terapeuta. Não deixe que seus sentimentos fiquem claros para seus filhos nem os trate de maneira desigual (por exemplo, sendo extremamente crítico com as limitações de um e leniente ou tolerante com as de outro).

Os pais têm a obrigação moral de garantir que os filhos se sintam igualmente amados e valorizados. O rabino Irwin Kula observa que "amar igualmente *não significa* amar exatamente da mesma maneira. Na verdade, para que seus filhos se sintam amados com igualdade é preciso saber amá-los cada um a seu modo" (vide Dia 134, "Ensina à criança o caminho que ela deve seguir"). Pais que amam mais a um filho do que aos outros infligem danos duradouros aos que se sentem preteridos. Pois haverá desvantagem maior para um filho do que sair para o mundo sentindo-se menos amado pela mãe ou pelo pai do que uma irmã ou um irmão?

A história de José nos lembra que quando os filhos não podem contar com o amor dos pais, o amor entre irmãos e irmãs também corre perigo. O fato de seus filhos crescerem valorizando e amando uns aos outros depende, em grande parte, de não competirem, como os filhos de Jacob, por uma quantidade finita de amor dos pais.

A família de Jacob teria sido muito mais feliz se o verso bíblico que nos diz: "[Jacob] gostava mais de José do que de qualquer outro filho" (Gênesis 37:3) dissesse: "Jacob amava a todos os seus filhos".

Dia 11 Quarta-feira

Não faça com que sua família tenha medo de você

Rabi Judah disse em nome do Rav: "Se um homem aterroriza seu lar, acabará cometendo [ou sendo responsável por] três pecados: impureza, derramamento de sangue e profanação do Shabat.

— Talmude Babilônico, *Gittin* 6b

Alguns adultos de temperamento impulsivo agridem física e verbalmente os filhos, às vezes, também a esposa. Tal comportamento, em si, é condenável e, muitas vezes, como nos mostra este texto talmúdico, causa outros males. Daniel Taub afirma que o uso da superioridade física por um dos pais também é uma atitude efêmera; a criança acabará se tornando mais forte do que os pais, e a base de seu respeito, o medo, desaparecerá.

A raiva descontrolada pode levar ao derramamento de sangue pelo menos de duas maneiras: o pai ou a mãe, que são maiores e mais fortes do que a criança, podem castigá-la fisicamente e acabar matando-a. Os jornais relatam com frequência tais incidentes; todo ano, centenas de crianças nos Estados Unidos são surradas até a morte pelos pais. Além disso, o medo da raiva dos pais pode levar o filho a cometer suicídio (vide Dia 135).

Qual é, porém, a conexão entre o temperamento perverso dos pais e a violação do Shabat?

A lei judaica inclui rígidas normas para o Shabat. Por exemplo, a Torá proíbe que se acenda fogo no Shabat. No entanto, uma esposa ou uma criança, temendo que o marido ou pai se zangue caso não tenha preparado com antecedência uma refeição para o dia sagrado, pode ficar tentada a acender o fogo e preparar a comida depois do início do Shabat.

O Talmude cita um exemplo envolvendo o Rabi Hanina ben Gamliel, cujo mau gênio fez lhe serverem comida não *kosher*. Um empregado, com medo de lhe informar que não havia mais carne, preparou-lhe uma que não era *kosher*. Da maneira como a história é narrada no Talmude, pareceria que solidariedade está ao lado do empregado, não do Rabi com gênio ruim (*Gittin* 7a).

De maneira análoga, os pais que pressionam excessivamente os filhos a se saírem bem na escola devem estar cientes de que eles próprios, por meio de sua pressão, podem ser a causa de os filhos colarem nas provas visto que a criança, com medo de mostrar aos pais uma nota ruim na prova, ficará motivada a colar. Da mesma maneira, os pais que ficam demasiadamente zangados quando os filhos têm mau comportamento induzirão o hábito de mentir. Muitas crianças mentirosas aprenderam com a dolorosa experiência que o preço pago por dizer a verdade é alto demais (com relação ao dano causado quando os pais mentem aos filhos, vide Dia 298).

Por fim, qual é a possível conexão entre um homem que aterroriza seu lar e a impureza? A lei judaica proíbe o homem de ter contato com a esposa quando ela está menstruada, e nos sete dias seguintes. Muitos podem interpretar essa passagem da seguinte maneira: a mulher que teme o gênio do marido terá medo de lhe dizer que ele não pode tocá-la. Outra explicação seria: uma mulher que se sente intimidada e desprezada pelo marido pode buscar o amor de outro homem. Embora a lei judaica condene o adultério, a pessoa que leva o terror a um relacionamento carrega o ônus da maior culpa moral quando isso acontece.

Embora o Talmude aparentemente só conceba o homem como a parte capaz de infligir tal terror à esposa, no mundo atual as mulheres podem ser igualmente capazes do tipo de abuso que desmoraliza um parceiro e o afasta. Os excessos verbais também podem aterrorizar um lar; se duvidam, perguntem a pessoas que foram criadas em lares assim.

Se você se sente incapaz de controlar seu temperamento, é sua obrigação moral buscar orientação profissional. Você deve isso à sua esposa e aos seus filhos, como deixa claro esse ensinamento talmúdico, além de dever isso também a Deus.

Dia 12 Quinta-feira

Seja um defensor do asilo político

A Torá foi revolucionária ao insistir que há um Deus absoluto que criou o universo e o governa, e também ao rejeitar a idolatria. Entretanto, no que diz respeito a questões éticas e de política social, sua abordagem, não raro, foi evolutiva. Por exemplo, a lei da Torá permitia a um homem ter mais de uma mulher (Deuteronômio 21:15), embora em suas partes narrativas, todo casamento polígamo descrito seja infeliz. A lei judaica posterior, talvez influenciada por essas descrições, baniu a poligamia.

De maneira análoga, em um mundo no qual a escravidão era praticada universalmente, a Torá não a proscreveu, mas lhe aplicou restrições. Por exemplo, ao contrário de outras culturas na época dos antigos israelitas, e ao contrário da América do Sul do século XIX, a Torá determinava que um mestre que surrasse um escravo até a morte estaria, também, ele próprio, sujeito à execução (Êxodo 21:20ff), enquanto um mestre que tirasse o dente ou o olho de seu servo seria obrigado a libertá-lo (Êxodo 21:26).

Mais importante: a Torá decretava que os escravos que fugissem não deveriam ser enviados de volta aos donos: "Quando um escravo fugir do seu senhor e se refugiar em tua casa, não o entregues de volta ao seu dono; permite-lhe viver entre tua comunidade pelo tempo que lhe aprouver e em qualquer cidade que ele escolher para morar. Não o oprimas" (Deuteronômio 23:16-17).

Hoje, a escravidão é proibida quase que universalmente. No entanto, esta proibição costuma ser honrada mais na violação do que na observância. Existem sociedades nas quais a escravidão ainda é praticada, países nos quais jovens são vendidas como prostitutas e Estados autoritários e totalitários nos quais os seres humanos são, de fato, propriedades do Estado. Quando essas pessoas conseguem fugir do cativeiro, a lei da Torá afirma que devemos lhes dar asilo político. Como nos instrui a lei, não só somos proibidos de devolvê-las àqueles que as escravizaram como também devemos permitir que vivam onde desejarem, tomando cuidado especial para não tratá-las injustamente. Para a Torá, pessoas que fogem do cativeiro já sofreram o suficiente.

Ao detalhar as Dez Pragas que Deus impôs aos egípcios por escravizar os israelitas, o Livro do Êxodo deixa claro que o ideal de esperança da Bíblia é que o ser humano viva em liberdade. Nada transmite melhor esse ensinamento bíblico do que a insistência em codificar como um de seus 613 mandamentos a obrigação de ajudar escravos fugidios a se manterem livres.

Dia 13 Sexta-Feira

Abençoe seus filhos

É um costume judaico tradicional (particularmente pelo pai) que os filhos sejam abençoados depois que as velas do Shabat são acesas, ou à mesa do jantar, após a refeição no Shabat. O pai, a mãe ou ambos colocam os lábios sobre a testa do filho e a seguram, recitando para o filho, "Que Deus te faça como Efraim e Menashe" (os dois filhos de José que foram abençoados pelo avô Jacob), e à filha, "Que Deus te faça como Sara, Rebeca, Rachel e Lea" (as quatro matriarcas), abençoando-se, em seguida, ("O Senhor te abençoe e te guarde; o Senhor faça resplandecer Seu semblante sobre ti e seja gracioso contigo; que o Senhor volte Seu semblante para ti e te conceda paz" (Números 6:24-26).* Depois de recitar a bênção, muitos pais acrescentam uma mensagem especial para cada filho. Um pai que conheci me disse que gosta de lembrar a cada um de seus filhos de algo que eles fizeram na

---

* O rabino Shlomo Riskuib comentou os motivos pelos quais a bênção para os filhos fala dos irmãos Efraim e Menashe, e não dos patriarcas (como faz a bênção das filhas, que fala das matriarcas): "É exatamente por se darem tão bem que Efraim e Menashe são mencionados, pois a maior parte dos irmãos na Torá (Caim e Abel, Isaac e Ismael, Jacob e Esaú, José e seus irmãos) não se dá bem. Portanto, ao abençoar seus filhos para que sejam como Efraim e Menashe, os pais estão, ao mesmo tempo, expressando a esperança de que os filhos se dêem bem" (vide Dia 124, "O que devemos a nossos irmãos".)

semana anterior da qual ele se orgulhava. Outro me disse que acrescenta sua própria bênção aos filhos: "Que Deus esteja sempre ao seu lado, e que um dia você possa desfrutar de muitos Shabatot maravilhosos com seus próprios filhos, que lhes deem tanta alegria quanto você dá a mim e a sua mãe".

Herbert Wiener, um rabino reformista norte-americano que testemunhou um judeu idoso do norte da África recitando tal bênção em Safed, Israel, emocionou-se e resolveu escrever: "Não pude deixar de pensar nos muitos abastados pais que vivem nos subúrbios, mas que nunca têm a honra e o respeito [de seus filhos] que couberam ao idoso do norte da África, que tinha a lhes oferecer apenas sua bênção".

Os pais também abençoam os filhos antes de datas comemorativas. Certa vez, por ocasião do Yom Kippur, quando eu tinha meus 20 e tantos anos e acabara de me mudar de Nova York para Los Angeles, lembro-me de minha decepção ao chegar em casa tarde demais para ligar para meus pais antes do início do feriado (por causa da diferença de fuso horário, o Yom Kippur começa três horas antes em Nova York em relação à Califórnia). Quando cheguei ao meu apartamento, fiquei feliz ao ouvir uma mensagem que meus pais haviam deixado na minha secretária eletrônica, incluindo a bênção dos filhos que meu pai havia acrescentado para mim.*

As pessoas que praticam o costume semanal de abençoar seus filhos muitas vezes relatam dividendos inesperados. Conheço várias famílias nas quais os filhos retribuem as bênçãos dos pais com as suas próprias.

Muitos anos atrás, uma mulher me contou que vizinhos que haviam testemunhado esse ritual perguntaram ao marido que presente o pai acabara de prometer à filha. Acreditavam que o pai lhe prometera algum presente, pois viram os olhos da menina se iluminarem depois que o pai lhe sussurrara algo em voz baixa.

Embora alguns importantes rituais judaicos tomem tempo ou sejam difíceis de ser praticados, abençoar os filhos é puro prazer para todos.

Shabat Shalom!

---

* Hoje, quando estou longe de casa no Shabat, tento abençoar meus filhos pelo telefone. Como normalmente em casa ofereço a bênção depois de beijar meus filhos na testa, minha esposa me disse que quando minha filha Shira, na época com seis anos, me ouvia recitar a bênção, levava o fone à testa.

Dia 14 Shabat

Ao longo deste Shabat, analise o material dos seis dias anteriores e use alguns dos textos estudados como base para discussões durante as refeições do Shabat:

Dia 8. Doe com alegria
Dia 9. Quando alguém diz "tenho fome"
Dia 10. Não favoreça os prediletos
Dia 11. Não faça com que sua família tenha medo de você
Dia 12. Seja um defensor do asilo político
Dia 13. Abençoe seus filhos

Shabat Shalom!

SEMANA 3

Dia 15 Domingo

Não desperdice seu tempo

Uma das lições de vida mais valiosas que aprendi durante os anos que passei estudando em uma *yeshivá* foi o conceito de *bittul Torah* (literalmente, "desperdício da Torá"); o termo refere-se ao tempo que desperdiçamos, e que poderia ser dedicado ao aprendizado da Torá. Como a tradição judaica considera o aprendizado da Torá um dos atos mais válidos e importantes ao qual a pessoa pode se dedicar, o desperdício de tempo com questões desnecessárias é considerado errado, até pecaminoso.

Quando eu tinha 20 anos e estava passando um ano na Yeshivá Kerem B'Yavneh, em Israel, seguindo o exemplo de outros estudantes, comecei a levar o conceito muito a sério. O tempo todo, trazia comigo um caderno no qual anotava tudo o que fazia, mesmo que fosse simplesmente conversar com um amigo, quando não estava me dedicando aos estudos. Certo dia, fiquei muito orgulhoso quando vi que, além do tempo que eu passava rezando, comendo, dormindo e interagindo com amigos, eu havia dedicado dez horas e 45 minutos aos estudos.

Hoje, ao reler o que escrevi acima, imagino que muitos leitores consideram tal comportamento obsessivo. Na verdade, porém, lembro-me do meu ano em Kerem B'Yavneh não apenas como uma época muito tranquila, extremamente feliz, pois lá aprendi a não descartar a importância de um momento, muito menos, de cinco ou dez.

Muitas pessoas que têm alguns minutos de folga buscam maneiras de matar o tempo; assim, ligam a televisão ou simplesmente ficam sem fazer nada. Ocorre que *nós não matamos o tempo, o tempo é que nos mata*. E cinco minutos é tempo suficiente para ler algumas páginas de um livro ou rever mentalmente um conceito e começar a refletir sobre suas implicações.

Certa ocasião, um rabino chefe de uma *yeshivá* criou uma sessão de estudo especial, com duração de cinco minutos. Esperava-se que até os estudantes que moravam a algumas quadras dali voltassem para essa atividade, de curtíssima duração. O rabino explicou o motivo de sua atitude: "Quero que vocês aprendam que é possível realizar algo em apenas cinco minutos".

Durante anos, minha família ia ao consultório de um dentista religioso, o dr. Joseph Adler. Entre um paciente e outro, ele entrava no consultório e dedicava alguns minutos ao estudo do Talmude. Ao longo do dia, esses minutos adicionais lhe permitiam concluir o estudo de uma página (frente e verso) inteira do Talmude; assim a cada sete anos e meio, ele estudava um Talmude inteiro.

Embora eu tenha certeza de que muitos de meus leitores mais velhos não considerarão minha ênfase na utilização do tempo algo de excepcional, os jovens leitores talvez queiram aprofundar-se. Sou grato por ter frequentado a Kerem B'Yavneh quando tinha 20 anos e por ter aprendido essa lição relativamente cedo na vida.

Experimente hoje, se puder, também amanhã, no dia seguinte, ou faça um esforço especial para preencher com conteúdo esses momentos que, de outra forma, seriam desperdiçados. Se for preciso, use um caderno para anotar os momentos desperdiçados, bem como o tempo bem aproveitado.

Em *The Caine Mutiny*, romance de Herman Wouk passado na Segunda Guerra Mundial, Willie, o personagem principal, está servindo na Marinha quando recebe uma carta do pai, prestes a morrer de câncer. Refletindo sobre a vida, na qual havia conquistado muito menos do que esperava quando jovem, o pai adverte ao filho: "Lembre-se de uma coisa, se puder: "NÃO HÁ NADA, NADA, NADA, NADA MAIS PRECIOSO DO QUE O TEMPO. Você provavelmente acredita ter um suprimento ilimitado de tempo, mas não tem. As horas desperdiçadas destroem sua vida tanto no início quanto no fim, mas no fim isso se torna mais evidente".

Dia 16 Segunda-feira

"Afaste-se dos maus vizinhos"

A Bíblia nos informa que Lot, sobrinho de Abraão, viveu perto do tio durante muitos anos. Mais tarde, porém, mudou-se para Sodoma, cidade que a Bíblia considerava a representação do mal. Embora Lot nunca tenha se tornado tão mau quanto seus vizinhos sodomitas, parece que pelo menos alguns aspectos de suas vidas degradantes o contagiou. Assim, quando os homens da cidade exigiram que Lot lhes entregasse seus convidados para que fizessem deles o que bem desejassem, ele lhes ofereceu suas duas filhas virgens, para que os homens as estuprassem (vide Gênesis 19:4-8). Quando, por fim, Deus destruiu Sodoma, poupou Lot – talvez não porque tivesse sido honrado, mas porque era sobrinho de Abraão.

O judaísmo atribui grande importância à influência das pessoas à nossa volta. Em outro episódio bíblico, Korach, membro da tribo de Levi, se aliou a outros 250 homens da tribo de Reuven para se levantarem contra Moisés.

Diversos intérpretes da Bíblia especulam como Korach e os rubenitas juntaram forças. Rashi, exegeta bíblico clássico do século XI, explica que, durante o período em que os israelitas marcharam pelo deserto, Korach e a família viveram com a tribo de Reuven (Rashi sobre Números 16:1). Com base no que sabemos do episódio, Korach, poderoso demagogo, provavelmente influenciou seus vizinhos a juntarem-se a ele na rebelião. Logo depois disso, Korach e os 250 rebeldes foram mortos por Deus. Um texto mishnaico, com um contexto diferente, observa: "Ai dos perversos, e ai de seu vizinho" (*Nega ím* 12:6).

Os pais tomam, repetidamente, decisões importantes sobre a vida dos filhos. Nenhuma delas é mais significativa do que a escolha do lugar onde serão criados e a escola que vão frequentar. É óbvio que, as crianças são profundamente influenciadas pelos pais, mas assim que chegam à adolescência (às vezes, até antes), também são profundamente afetadas pelos colegas (razão pela qual irmãos criados no mesmo lar e expostos aos mesmos valores às vezes se tornam tão diferentes). Se quiser projetar que tipos de adultos seus filhos serão quando crescerem, reflita com cuidado sobre os tipos de pessoas às quais os está expondo.*

Como nos lembram as histórias bíblicas de Lot e Korach, o mal tende a ser uma força mais influente do que o bem. Por exemplo, é mais fácil um "mau menino" atrair um "bom menino" para as drogas do que um "bom menino" influenciar um companheiro que usa drogas a largá-las. O mesmo vale para os adultos. Embora Lot aparentemente não tenha exercido uma influência moral positiva sobre seus vizinhos em Sodoma, eles aparentemente deixaram nele sua marca.

Afaste-se dos maus vizinhos. Mais importante ainda, não deixe que seus filhos se aproximem deles.**

---

* Um amigo sugere que, ao escolher a escola à qual enviará seu filho, não examine apenas a primeira série; ao contrário, analise os alunos de séries mais avançadas para ver que tipo de traços de caráter são estimulados pela escola.

** Um ensaio perceptivo sobre a questão da "pressão das pessoas à nossa volta" pode ser encontrado em Amsel, *The Jewish Encyclopedia of Moral and Ethical Issues*, 214-18; vários dos exemplos neste trecho foram extraídos desse livro.

Dia 17 — Terça-feira

A principal característica que se deve buscar em um cônjuge

Na juventude, eu admirava os mais velhos. Hoje, na velhice, admiro as pessoas bondosas.

— Rabino Milton Steinberg

A Bíblia descreve Eliezer, o confiável servo de Abraão, como o primeiro casamenteiro da história. Quando o Patriarca o despachou com a missão de encontrar uma esposa adequada para seu filho Isaac, deu ao servo apenas uma orientação: a mulher deve ser proveniente da longínqua região na qual Abraão foi criado.

Eliezer parte em sua jornada, levando consigo dez camelos. Alguns dias depois, ao chegar ao seu destino, a cidade de Nahor, faz uma parada no poço da cidade exatamente no momento em que as mulheres locais estão chegando para tirar água de lá. Eliezer reza para que Deus lhe envie um sinal que lhe permita escolher uma esposa adequada para Isaac: "Faça a donzela a quem eu pedir, 'abaixa o teu cântaro, peço-te, para que eu beba'; responder, 'bebe e também darei de beber aos teus camelos' ser aquela que designaste para o teu servo Isaac" (Gênesis, 24:24).

Quase que imediatamente, Rebeca chega ao poço e enche o cântaro de água. Quando Eliezer lhe pede um gole, ela permite que ele beba até saciar sua sede, e diz: "Tirarei água também para teus camelos, até que todos eles estejam saciados". Alguns minutos depois, convida Eliezer a hospedar-se na casa de sua família.

Antes que a noite termine, Eliezer combina com Rebeca e sua família o casamento com Isaac; assim, Rebeca torna-se a segunda matriarca do judaísmo.

O episódio sugere várias características recomendáveis em Rebeca. Ela é saudável e forte (carregar cântaros e cântaros de água para dez camelos exige força), além de ser enérgica e hospitaleira. Contudo, a característica mais importante de todas é a bondade. Vendo um homem e animais sedentos, sua vontade imediata é ajudar a aliviar seu tormento e oferecer-lhes abrigo.

Embora nossa sociedade urbana moderna com certeza não se preste ao tipo de teste que Eliezer elaborou para a futura esposa de Isaac, sua consciência da bondade como virtude suprema em uma esposa continua sendo muito relevante. Infelizmente, muitas pessoas, tanto na época quanto agora, se concentram em outras características no começo de um relacionamento. Entretanto, como sugere Dennis Prager, "Quando sair para jantar com um/uma pretendente pela primeira vez, é mais importante observar como ele/ela trata o garçom do que como a/o trata. Essa pessoa vai querer lhe causar uma boa impressão, por isso certamente o agradará. No entanto, o tratamento dispensado ao garçom refletirá o jeito que ela vai portar-se depois desse início de namoro".

Rebeca não tinha a menor ideia de quem era Eliezer. Por isso a bondade que lhe dispensou nos chama tanta atenção.

Obviamente, existem diversas outras características importantes em uma esposa ou um marido – valores semelhantes, atração sexual e compatibilidade, humor e inteligência são apenas algumas delas. Contudo, a bondade, como nos ensina esse texto bíblico, encontra-se em uma categoria toda especial. Sua presença, de modo isolado, não é garantia de que o relacionamento funcionará. Sua ausência, entretanto, provavelmente é uma garantia de que não vai funcionar.

Dia 18 Quarta-feira

"Ama tua esposa como amas a ti mesmo"

Ama tua esposa como amas a ti mesmo.
— Talmude Babilônico, *Yevamot* 62b

Diz um antigo ensinamento judaico que parentes e amigos de um casal recém-casado devem oferecer-lhe um jantar comemorativo durante cada um dos sete dias que se seguem ao casamento.

Nessas comemorações após nosso casamento, nosso amigo, o Professor Reuven Kimelman, conhecido estudioso do Talmude, brindou a mim e à minha esposa.

Perguntou, na ocasião: "Por que o Talmude se esforça para aplicar a lei bíblica que prega 'ama ao próximo como amas a ti mesmo' especificamente aos cônjuges? Não está óbvio que essa lei bíblica incluiria a pessoa com quem você está casado/casada?".

E continuou (observe que o estou parafraseando, pois isso aconteceu há muitos anos): "Às vezes, quando um relacionamento é muito próximo, precisamos de algo que nos lembre especificamente de como aplicar o mandamento do amor. Por exemplo, em reuniões sociais, muitas vezes ouvi homens dizerem coisas a respeito de suas esposas que não diriam sobre seus sócios nos negócios se tivessem a intenção de manter a sociedade. No entanto, quando questionados, esses homens alegam, 'Ah, tenho liberdade para falar isso dela. Afinal, eu a amo'." "Entretanto", acrescentou, "a grande prova do cumprimento do mandamento de amar a esposa não está em você acreditar ter agido com amor, mas sim no fato de a esposa se sentir amada".

Hoje, fala-se muito em cônjuges que abusam fisicamente uns dos outros, mas não se fala muito no pecado da crueldade verbal, do tipo que costuma ocorrer mesmo entre aqueles que dizem que se amam.

Da próxima vez que você se pegar criticando sua esposa ou seu marido na frente de outra pessoa, faça a si duas perguntas: "Por que estou fazendo isso?" e "Estou cumprindo a lei que diz 'ame a tua esposa [ou teu marido] como amas a ti mesmo'?".

Dia 19 Quinta-feira

Respeite seus sogros

Certo dia, ao guiar um rebanho para seu sogro, Jetro, Moisés viu um arbusto queimando, mas não consumido. Ao se aproximar para examinar o estranho fenômeno, uma voz celestial o chamou.

Momentos depois, Deus ordenou que Moisés voltasse ao Egito e liderasse os escravos israelitas rumo à liberdade.

Como deve ter sido extraordinário para Moisés receber pessoalmente o comando de Deus! No entanto, ele não obedeceu de imediato ao comando do Senhor. Diz a Bíblia: "Depois Moisés voltou a Jetro, seu sogro, e lhe disse: 'Preciso voltar ao Egito para saber como está o meu povo'. Ao que Jetro lhe respondeu: 'Vá em paz'." (Êxodo 4:18).

Anos depois, Moisés estava conduzindo os israelitas pelo deserto quando ficou sabendo que o sogro viera visitá-lo. Assim que Jetro chegou: "Moisés saiu ao encontro de seu sogro, inclinou-se, beijou-o, perguntaram um ao outro como estavam e entraram na tenda" (Êxodo 18:7).

Durante toda a duração da visita do sogro, Moisés foi amistoso, respeitoso e se mostrou disposto a aprender com os conselhos e a experiência de Jetro. Por exemplo, a Bíblia nos informa que os israelitas abordavam Moisés para expor todo tipo de contenda, de manhã até a noite, razão pela qual muitas vezes estava exausto. Jetro, porém, reprovou-o: "O que fazes não está certo; desse jeito, ficarás cansado demais. É muito trabalho para fazeres sozinho" (Êxodo 18:17). Seguindo o conselho do sogro, Moisés criou um sistema judicial. Daí em diante, Moisés só era chamado a julgar os casos mais difíceis.

Ao longo dos anos, conheci pessoas que ignoram o modelo de Moisés/Jetro e tratam seus sogros como se criminosos fossem. Uma conhecida minha critica os pais do marido e tenta dissuadi-lo de visitá-los. Judia praticante, justifica o desprezo pelos sogros afirmando que não são religiosos. Tal afirmação, entretanto, nega totalmente o espírito da Bíblia, pois o sogro de Moisés não só não era religioso como também um sacerdote midianita (Êxodo 3:16). Apesar disso, Moisés era sempre respeitoso com ele.

Por outro lado, será que a insistência da ética judaica para que respeitemos e consultemos os pais dos nossos cônjuges se aplica a todos os sogros? Não. Quando os sogros são maldosos e interferem demais na vida do casal, a autopreservação requer que o genro ou a nora se mantenham distantes. Tais casos, entretanto, são a exceção, não a regra.

Se seu casamento for bom, mas seus sogros tiverem características que incomodem ou sejam irritantes, lembre-se de que mesmo assim você lhes deve muito. Foram eles que geraram e ajudaram a moldar a pessoa mais importante da sua vida: sua esposa ou seu marido. Isso, em si, já seria razão suficiente para que lhes demonstre gratidão, honra e respeito.

Dia 20 Sexta-feira

Só abra a boca se tiver algo a dizer

Certa vez, um novo membro do Parlamento aconselhou-se com Benjamin Disraeli, primeiro-ministro britânico do século XIX, buscando saber se deveria ou não se manifestar a respeito de um assunto controvertido.

"Você tem algo a dizer que já não tenha sido dito?", perguntou Disraeli.

"Não", admitiu o homem. "Quero apenas que as pessoas que represento e os membros do Parlamento saibam que participei do debate".

Disraeli respondeu: "É melhor calar-se e deixar que as pessoas fiquem imaginando: 'o que será que ele está pensando?' do que se manifestar e elas dizerem 'por que ele abriu a boca?'."

Como Disraeli reconheceu, há pessoas que se manifestam apenas para marcar presença. Certa vez, o *Malbim* (Rabi Meir Loeb ben Yechiel Michael), famoso comentador da Bíblia e palestrante que viveu no século XIX, estava presente quando um *maggid* (pregador) em Berlim fez uma palestra vazia, desprovida de *insights* e perspectivas. Chateado com o desperdício de tempo, o *Malbim* comentou (imagino que sem mencionar o nome da pessoa a quem estava se referindo): "O Eclesiastes nos apresenta uma lista de 20 contrastes, como 'tempo de amar e tempo de odiar' (3:8), ou 'tempo de chorar e tempo de rir' (3:4). Em todos esses contrastes, existe um meio-termo.

Afinal, é possível estar em um estado em que não amamos nem odiamos, ou quando não choramos nem rimos. Há um contraste no Eclesiastes, porém, que sempre me intrigou. É o que afirma, 'tempo de calar e tempo de falar' (3:7). Até hoje, não tinha conseguido entender onde está o meio-termo entre esses dois extremos. Depois que ouvi esse palestrante, porém, vejo que é possível uma pessoa não calar e, ainda assim, nada dizer!".

Neste Shabat, vamos todos tentar falar apenas quando tivermos algo a dizer, que seja significativo para outras pessoas. Que falemos, sim, mas apenas nessa situação.

Shabat Shalom!

Dia 21 Shabat

Ao longo deste Shabat, analise o material dos seis dias anteriores e utilize alguns dos textos estudados como base para discussões durante as refeições do Shabat:

Dia 15. Não desperdice seu tempo
Dia 16. "Afaste-se dos maus vizinhos"
Dia 17. A principal característica que se deve buscar em um cônjuge
Dia 18. "Ama tua esposa como amas a ti mesmo"
Dia 19. Respeite seus sogros
Dia 20. Só abra a boca se tiver algo a dizer

Shabat Shalom!

SEMANA 4

Dia 22 Domingo

Se você tiver gênio ruim (I)

Há quatro tipos de temperamento:
   Facilmente irritável e facilmente apaziguável – sua desvantagem é anulada pela sua vantagem (virtude).
   Dificilmente irritável e difícil de ser apaziguado – sua vantagem (virtude) é anulada pela sua desvantagem.
   Dificilmente irritável e fácil para ser apaziguado; é um *hassid*.
   Facilmente irritável e difícil de ser apaziguado – é um perverso.

— ÉTICA DOS PAIS 5:14

Como fica claro no trecho acima, a Mishné, do qual a *Ética dos Pais* forma um livro, parte do pressuposto de que às vezes as pessoas se irritam e se aborrecem umas com as outras. De fato, Maimônides mais tarde argumentou no código da lei judaica, a *Mishné Torá*, que é errado uma pessoa nunca se aborrecer, pois uma pessoa que nunca se aborrece mais se assemelha a um cadáver ("Leis do desenvolvimento do caráter", 1:4).

A Mishná, portanto, distingue entre os temperamentos saudáveis e os pouco saudáveis. Assim, o temperamento que uma pessoa deve se esforçar para ter é o de não se zangar e ser apaziguada com facilidade.

Pior, mas ainda desejável, é o da pessoa que se zanga com facilidade, mas é fácil de agradar. A característica negativa de ser propensa a zangar-se é compensada pela característica positiva de apaziguar-se facilmente.

Dois temperamentos, porém, são indesejáveis. O melhor destes é o da pessoa que não se encoleriza com facilidade, mas é difícil de ser apaziguada. Embora seja bom não demonstrar irritação rápido demais, os efeitos negativos de ser difícil de se apaziguar anulam o lado bom. Embora possa haver apenas algumas pessoas com as quais ela se zangue, uma vez provocada a sua ira, é muito difícil apaziguá-la.

Finalmente, o pior temperamento de todos é aquele que se zanga com facilidade e não se apazigua com facilidades. Conheço um homem assim, uma pessoa inteligentíssima, além de atraente, idealista e vivaz. Entretanto, desde que o conheço, ele demonstra ter pavio curto. Além disso, foi amaldiçoado com uma memória de elefante; lembra-se de todas as desfeitas e resiste aos esforços de reconciliação. As pessoas que o conhecem há tanto tempo quanto eu costumam comentar que ele conquistou muito menos na vida do que se esperava na juventude.

Se você se enquadra nesta última categoria, qual a probabilidade de se transformar em um tipo de pessoa que não se zanga com facilidade e é fácil de apaziguar? Não muito alta, pelo menos não no futuro próximo. No entanto, deve esforçar-se para corrigir essas características, uma de cada vez. Como a incapacidade de ser apaziguado é mais destrutiva para os relacionamentos da pessoa com terceiros do que se zangar facilmente com provocações, inicie trabalhando na primeira. Por exemplo, quando começar a se irritar com uma pessoa, em especial com alguém de quem era amigo antes, lembre-se das coisas boas que a pessoa fez, para você ou para os outros. Se necessário, pegue um caderno e uma caneta e anote-as. Se conhecer a pessoa há muito tempo, não deve ser difícil recordar tais ocasiões. Além disso, force-se a construir um ou dois cenários positivos que possam explicar motivos que tenham levado essa pessoa a agir como agiu (vide Dia 24). Tem certeza de que o está avaliando de acordo com o comando bíblico "julgarás o teu próximo com justiça"? (Levítico 19:15; vide, por exemplo Dia 25).

Ao recordar os bons atos da pessoa e tentar ver sob uma ótica positiva os motivos que a levaram a agir de maneira inapropriada, talvez você evite romper um relacionamento por razões que, na verdade, não são tão importantes assim.

Com relação à outra característica, irar-se com facilidade, pense em praticar a sugestão do Dia 23.

Dia 23 — Segunda-feira

Se você tiver gênio ruim (2)

A ira obscurece a capacidade de julgamento; a raiva a destrói. O Talmude ensina que quando um homem sábio perde a paciência, perde também sua sabedoria (*Nedarim* 22b). Por exemplo, o livro de Números descreve um episódio no qual Moisés – que a tradição judaica considera o maior de todos os profetas – se irrita com as constantes queixas dos israelitas sobre a falta d'água. Deus orienta Moisés a falar com uma imensa rocha, que então gerará água. Contudo, Moisés atinge a rocha com seu cajado, gritando, "rebeldes, será que teremos que tirar água desta rocha para dar a vocês?" (Números 20:10).

Quando estamos zangados, ficamos propensos a atirar objetos e a dar declarações radicais e tolas. E embora Moisés certamente não o pretendesse, o uso da primeira pessoa do plural deu a entender que os autores do milagre eram ele e o irmão Aarão, que estava ao seu lado. Esse comentário poderia ter levado os israelitas a acreditarem que Moisés e Aarão eram, eles próprios, deuses. Moisés pagou caro por sua explosão de raiva: Deus lhe negou entrada na Terra Prometida (Números 20:12).

Será que você, como Moisés, consegue se recordar de algo que disse em um momento de raiva e do qual hoje se arrepende? Se não conseguir, provavelmente tem uma péssima memória.

Em momentos de raiva, muitas vezes atacamos o caráter e/ou a personalidade do indivíduo que nos enfureceu, de maneira bastante injusta. Muitas pessoas usam palavras como "sempre" ("Você sempre estraga tudo") e "nunca" ("Você nunca se importa com ninguém, só com você").

Tais ataques verbais desmoralizam a pessoa a quem são dirigidos e a impedem de reconhecer uma falha sem, ao mesmo tempo, confessar ser um total incompetente ("Sim, é verdade, eu sempre estrago tudo") ou totalmente autocentrado ("É verdade, tem razão, sou absolutamente egoísta, só penso no que é bom para mim").

Igualmente importante, tais ataques são desprovidos de ética porque constituem inverdades. A não ser que você tenha o desprazer de conhecer uma das pessoas mais incompetentes e más que já existiram, é pouco provável que o alvo de sua ira seja culpado das acusações que lhe está fazendo.

Uma orientação que considerei muito útil para controlar meu temperamento – e minha língua – é: *Limite a expressão da sua raiva ao incidente que a provocou*. Você pode ser crítico e expressar sua raiva, desde que suas palavras se concentrem no incidente que a provocou, sem a tentação de dizer algo que possa causar danos permanentes. Pois palavras como "sempre" e "nunca", ou a tendência a recordar tudo que a outra pessoa já fez que o magoou ou enfureceu leva a comentários difíceis de perdoar e impossíveis de esquecer.

Se eu já violei este princípio e acabei fazendo acusações mais amplas à pessoa que provocou minha ira? Sim, em várias ocasiões, e me arrependi de *todas as vezes* em que o fiz. Meu comportamento foi injusto, cruel e errado.

Caso você se irrite com facilidade, tente se nortear pelo sábio conselho do poeta e filósofo judeu do século XIX, Solomon ibn Gabirol: "Posso retratar-me do que não disse, mas não posso retratar-me do que já disse".

Dia 24 Terça-feira

Procure desculpas para comportamentos desagradáveis

O ensinamento rabínico de que devemos tentar dar às pessoas o benefício da dúvida é fácil de ser adotado na teoria; na prática, não é bem assim. Mesmo aqueles que, dentre nós, dizem com nossos botões quando são ofendidos, "Deve haver uma razão para fulano ter agido assim" muitas vezes continuam nutrindo ressentimentos contra a pessoa. Portanto, se quiser levar a sério o cumprimento do mandamento bíblico "julgue o seu próximo com justiça" (Levítico 19:15), não se contente em dizer, "Ele (ou ela) deve ter um motivo para se comportar assim"; tente, sim, encontrar possíveis desculpas que o eximam (principalmente se souber que a pessoa, em geral, é um ser humano bom; vide o Dia 25).

O rabino Zelig Pliskin fala de um grupo em Jerusalém que se reúne regularmente e tenta formular desculpas para desfeitas sofridas por membros do grupo. No livro *Love Your Neighbor*, Pliskin cita vários exemplos:

1. Você não foi convidado para um casamento.
   a. Talvez a pessoa tivesse a impressão de já lhe ter enviado um convite.
   b. Talvez o convite que a pessoa de fato enviou tenha se extraviado no correio.
   c. Talvez as famílias não possam se dar ao luxo de convidar muita gente.
2. Você está de pé no ponto de ônibus, carregando várias sacolas pesadas, quando um vizinho seu passa com o carro vazio [avista você] e não lhe oferece carona.
   a. Talvez estivesse indo para um local bem próximo dali.
   b. Talvez já tivesse se comprometido a buscar outras pessoas.
   c. Talvez tivesse um problema ocupando-lhe a mente de tal maneira que não conseguia pensar em nada mais.
3. Você esperava que uma pessoa o convidasse a ir a sua casa, porém ela não o convidou.
   a. Talvez alguém na família esteja doente.
   b. Talvez estivesse planejando viajar.
   c. Talvez não tivesse comida suficiente em casa.*

Começar a tentar formular desculpas para as pessoas que o ofenderam será difícil. Contudo, se você persistir, vai tornando-se mais fácil e, como escreve o rabino Pliskin, "julgando favoravelmente uma pessoa, mesmo que seu pressuposto esteja errado, você estará cumprindo um mandamento da Torá".

---

* Pliskin, *Love Your Neighbor*, 261.

Dia 25 Quarta-feira

"Julgue favoravelmente a pessoa como um todo"

Se você não está familiarizado com o aforismo talmúdico "Julgue cada pessoa favoravelmente" (*Ética dos Pais* 1:6), provavelmente é porque em geral, é traduzido de maneira imprecisa como "Julgue favoravelmente a todos" ou parafraseado como "Dê a todos o benefício da dúvida".

Tais sentimentos parecem um tanto ou quanto apressados. Como poderíamos julgar favoravelmente um ladrão que está candidatando-se a um emprego como caixa de banco? Uma mulher deve dar o benefício da dúvida a um homem que deseja casar-se com ela sabendo que sua última esposa se divorciou dele em decorrência de episódios de violência doméstica? Por quê?

Na verdade, a tradução precisa do provérbio rabínico é "julgue favoravelmente a pessoa como um todo". Em outras palavras, ao avaliar o outro, não se baseie exclusivamente em uma ou duas coisas ruins que sabe sobre ele; deixe-se influenciar também pelas coisas boas, principalmente se elas forem mais importantes. Por exemplo, li certa vez uma avaliação altamente crítica de Oskar Schindler em uma revista, que se concentrava na reputação dele como mulherengo. Além disso, Schindler, antes da Segunda Guerra Mundial, era um homem de negócios inescrupuloso.

Embora essas qualidades desagradáveis fossem, todas elas, facetas genuínas de Oskar Schindler, ele também arriscou a vida repetidamente e usou sua extraordinária criatividade para salvar cerca de 1.150 judeus que, de outra maneira, teriam sido assassinados pelos nazistas. Ao avaliar Oskar Schindler, a importância dessa grande verdade se sobrepõe a todas as outras pequenas verdades.

A ética judaica também dita que quando você sabe que uma pessoa é, de um modo geral, boa, e depois descobre que ela fez algo ruim, não deve apressar-se a condená-la. Ao contrário, tente entender porque a pessoa agiu assim e pense em possíveis desculpas para o seu comportamento (vide a entrada de ontem que contém exemplos de como encontrar tais desculpas). Se não conseguir encontrar uma desculpa lógica, sua primeira reação deve ser julgar o ato errado como uma exceção, em vez de vê-lo como a principal característica da pessoa.

Dennis Prager observou certa vez que se você conhecer bem uma pessoa, saberá citar cinco qualidades que a façam parecer bondosa e extraordinária, e outras cinco que possam fazê-la parecer cruel ou patética. Muitas vezes, julgamos injustamente as pessoas; quando não gostamos delas, citamos apenas as características negativas que delas conhecemos.

Nos dias de hoje, Abraham Lincoln é reconhecido universalmente como o maior presidente que os Estados Unidos já tiveram. Em sua época, porém, ele foi impiedosamente exposto ao ridículo. Havia, de fato, facetas menos atraentes na personalidade de Lincoln? Sem dúvida, mas os que se concentraram nelas são hoje considerados céticos e tolos; diante de um diamante, procuraram apenas seus defeitos.

Por isso, ao julgar o outro, seja equilibrado. Acima de tudo, seja justo.

Dia 26 Quinta-feira

Devolva objetos perdidos

> *Vendo extraviado o boi ou ovelha de teu irmão, não te desviarás deles; restitui-los-ás sem falta a teu irmão... e assim farás com as suas roupas; assim farás com toda coisa perdida que se perder de teu irmão e tu a achares; não te poderás omitir.*
>
> – DEUTERONÔMIO 22:1, 3

Alguns anos atrás, uma conhecida minha estava fazendo uma viagem de automóvel. Parou em um posto para abastecer, desceu e, ao usar o banheiro, encontrou uma bolsinha de moedas; dentro dela, havia 400 dólares em notas de 20.

Viu-se diante de um dilema. Se deixasse o dinheiro onde estava, na esperança de que a pessoa que o perdeu voltasse, alguém poderia chegar na frente e levar. E se deixasse a bolsinha com o atendente do posto, temia que ele não a devolvesse. Por isso, a pegou, deixando um bilhete no banheiro que dizia, "Encontrei uma bolsinha de moedas aqui. Se for sua, me telefone", e deu seu telefone. Em seguida, recebeu uma ligação de uma mulher que alegava ter perdido a bolsinha com o dinheiro que estava dentro dela. No entanto, quando ela lhe perguntou quanto ela havia perdido, ficou imediatamente aparente que a mulher estava apenas especulando. Depois, ligou um homem, afirmando que a bolsa com o dinheiro pertenciam à sua mãe, que havia perdido 400 dólares em notas de 20. Mais tarde, quando filho e mãe foram buscar a bolsa com o dinheiro, ela soube que a mulher era bastante pobre; os 400 dólares eram o dinheiro da sua pensão, e ela ficou aliviada e grata por recuperar seu dinheiro.

Ao recolher o objeto perdido e decidir devolvê-lo ao seu devido proprietário, minha amiga estava cumprindo a lei da Torá citada no início desta entrada. Em hebraico, esta *Mitzvá* é conhecida como *hashavat aveidah* (devolvendo um objeto perdido). Como a pessoa que o encontrou tem a obrigação de devolver o objeto perdido ao seu dono, minha amiga agiu certo ao não entregar o dinheiro ao atendente do posto ou a qualquer pessoa que simplesmente ligasse e afirmasse que a bolsa era sua. A lei judaica impõe a quem encontra um objeto perdido a obrigação de anunciar o que encontrou (por exemplo, no bilhete, ela indicou que havia encontrado uma bolsa de moedas) e, depois, pedir a quem reclamasse o objeto perdido para si sinais específicos (por exemplo, "Quanto havia na bolsa?" "Onde você a perdeu?"). Caso não haja sinais específicos (como uma nota caída em uma rua movimentada), pode-se pressupor que a pessoa que a perdeu não tem mais esperança de que alguém a devolva; nesse caso, quem a achou pode ficar com ela.

A ética judaica encara manter um objeto perdido, mas potencialmente identificável, como um pecado grave, pois constitui não apenas uma forma de roubo mas também um pecado do qual a pessoa nunca pode se arrepender totalmente. Mesmo que, mais tarde, a pessoa se arrependa do comportamento desonesto, é pouco provável que consiga encontrar a pessoa a quem o objeto pertence; portanto, não terá como desfazer o mal que causou (Maimônides, *Mishné Torá*, "Leis do arrependimento", 4:3).

Quase todos já vivenciamos ou vivenciaremos situações nas quais encontramos algo de valor (seja de valor intrínseco, como dinheiro, ou algo valioso para a pessoa que a perdeu, como um cartão de crédito ou um objeto de valor sentimental). As palavras da Torá, "restitui-los-ás sem falta ao teu irmão" lembram que guardar um objeto perdido não é *como* roubar; *é* roubar.

Dia 27 Sexta-feira

"Enquanto a vela estiver acesa..."

Certa vez, o grande sábio rabínico Rabi Israel Salanter (1810-1883) estava passando a noite na casa de um sapateiro. Tarde da noite, Salanter viu que o homem ainda trabalhava à luz de uma vela tremulante, quase se extinguindo.

O rabino Salanter aproximou-se dele, "Senhor, é tarde, sua vela em breve vai se apagar. Por que ainda está trabalhando a uma hora dessas?".

Sem se deixar influenciar pelas palavras do rabino, o sapateiro respondeu: "Enquanto houver luz, é possível remendar".

Nas semanas que se seguiram, ouviu-se o Rabi Salanter repetir as palavras do sapateiro: "Enquanto houver luz – enquanto a vela estiver acesa – podemos remendar".

Enquanto houver vida – enquanto a vela estiver acesa – podemos "remendar", remediar uma situação difícil. Podemos nos reconciliar com aqueles de quem nos afastamos, ajudar a levar a paz ao seio da família, fazer caridade, auxiliar um amigo em dificuldade financeira a se estabelecer e trabalhar para aprender a expressar nossa raiva de maneira justa.

Existem duas ou três maneiras pelas quais você deseja "remendar-se"? Identifique-as, depois determine o que você pode fazer para começar de fato a remendar.

Enquanto a vela estiver acesa, podemos remendar nossos relacionamentos, nosso mundo e a nós mesmos.

Shabat Shalom!

Dia 28 Shabat

Ao longo deste Shabat, analise o material dos seis dias anteriores e use alguns dos textos estudados como base para discussões durante as refeições do Shabat:

Dia 22. Se você tiver gênio ruim (1)
Dia 23. Se você tiver gênio ruim (2)
Dia 24. Procure desculpas para comportamentos desagradáveis
Dia 25. "Julgue favoravelmente a pessoa como um todo"
Dia 26. Devolva objetos perdidos
Dia 27. "Enquanto a vela estiver acesa..."

Shabat Shalom!

SEMANA 5

Dia 29 Domingo

Não "roube" a mente da outra pessoa

Há alguns anos, uma conhecida minha foi a um jantar oferecido por um primo rico em um restaurante sofisticado. Quanto viu o total da conta trazida pelo garçom, o primo ficou lívido;

a conta certamente fora muito mais alta do que ele havia previsto. Notando sua reação, minha conhecida ofereceu-se para pagar sua parte. O homem sorriu e aceitou a oferta de bom grado.

Entretanto, na realidade, a mulher, que tinha muito menos posses do que o primo, ficou furiosa. Como não esperava que ele aceitasse sua oferta, sentiu-se traída quando ele o fez. O filho e a nora, as pessoas que me relataram o incidente, concordaram. Explicaram: "Ela só ofereceu por educação. De alguma maneira, acreditou que o faria se sentir melhor. Ele errou ao aceitar".

A argumentação deles não me persuadiu. Segundo o Talmude, a culpa é exclusivamente da mulher.

A ética judaica opõe-se à proposição de ofertas que temos toda razão do mundo para esperar que sejam rejeitadas. Condena tal comportamento, considerando-o g'*neivat da'at* ("roubar" a mente do outro), uma tentativa de levar a outra pessoa a pensar que você deseja fazer mais por ela do que realmente pretende. O Talmude oferece vários exemplos desse tipo de engano; por exemplo: "Rabi Meir costumava dizer, 'Um homem não deve convidar um amigo para comer consigo se souber muito bem que ele não aceitará o convite. Tampouco lhe deve oferecer presentes se souber que ele não os irá aceitar'." (*Hullin* 94a).

Se o objetivo do seu convite é levar o convidado a acreditar que é mais estimado do que realmente é, ou que você é mais generoso do que de fato é, você é culpado por tentar "roubar a mente do outro".* O Talmude oferece outro exemplo: "Não se deve abrir um barril de vinho (nos tempos modernos, uma garrafa de vinho caro) e dizer ao convidado que o está fazendo em sua honra, se não for esse o caso".

Por outro lado, a ética judaica procura estabelecer um delicado equilíbrio entre o desejo de não enganar as pessoas e o de desestimular a falta de

---

* Seria o caso, por exemplo, se você convidasse centenas de pessoas para um casamento ou outra comemoração e incluísse convites a pessoas que sabia que não poderiam comparecer. No caso em que os convites são para um evento público, seria um insulto não os enviar. No entanto, seria inadequado enviar um convite sabendo que, quase com certeza, essa pessoa não compareceria e você a estivesse convidando *apenas* para que ela lhe mandasse um presente.

tato. Assim, se um convidado lhe agradece por abrir a tal garrafa de um vinho caro em sua honra, você não deve dizer-lhe que servir esse bom vinho nada tem a ver com sua presença, que você pretendia abrir o vinho de qualquer maneira. A lei judaica considera a percepção equivocada do convidado um exemplo de uma pessoa que engana a si mesma. Corrigir tal autoengano magoaria a pessoa. Assim, o Talmude nos narra o caso de dois rabis, Safra e Rava, que se encontravam nos arredores de uma cidade quando avistaram Mar Zutra, distinto colega, vindo na direção oposta. "Acreditando que os dois estavam ali para visitá-lo, Mar Zutra perguntou, 'Por que vocês se deram ao trabalho de vir até aqui [para me encontrar]?', Rabi Safra respondeu, 'Não sabíamos que você viria; se soubéssemos, teríamos ido ainda mais longe.' Mais tarde, Rava questionou Rabi Safra, 'Por que você não lhe disse o que realmente aconteceu? Agora ele está constrangido.' Rabi Safra então argumentou: 'Se eu não lhe tivesse dado essa resposta, nós o estaríamos enganando.' [Rava respondeu]: 'Não, ele teria enganado a si mesmo.'" (*Hullin* 94b).

Concluindo: nossas interações com os outros devem ser norteadas pelo tato, mas também devem ser sinceras. Se quiser ajudar alguém a pagar uma conta alta, ofereça-se para fazê-lo – mas só se estiver realmente disposto a isso. E, caso você se importe com alguém e queira lhe oferecer hospitalidade, convide-o para a sua casa – mas apenas se tiver motivo para acreditar que essa pessoa poderá vir.

Dia 30 Segunda-feira

Quem é sábio?

Quem é sábio? Aquele capaz de prever as consequências de seus atos.
— Talmude Babilônico, *Tamid* 32a

Como indicam inúmeros relatos de sua vida, Mahatma Gandhi era um homem santo que realizou diversos extraordinários atos idealistas de autossacrifício. No entanto, em uma carta pública escrita por ele em 1942, coloca em questão se, de uma perspectiva ética, ele sempre foi uma pessoa sábia.

No meio da Segunda Guerra Mundial, em um momento longe de estar claro quem sairia vencedor, os Aliados ou os Nazistas, Gandhi escreveu uma carta aberta ao povo da Inglaterra oferecendo os seguintes conselhos:

> Gostaria que vocês baixassem as armas que portam hoje, pois são inúteis para salvar a si ou a humanidade. Vocês devem convidar Herr Hitler e Signor Mussolini a levar o que desejam dos países que consideram sua posse... Se eles quiserem ocupar seus lares, abandonem seus lares. Se eles não lhe derem salvo conduto para sair, permitam, vocês próprios, homem, mulher e criança, serem assassinados, mas recusem-se a lhes dever lealdade.

Se os soldados das forças aliadas tivessem baixado suas armas e seu povo tivesse seguido o conselho de Gandhi, os nazistas teriam derrotado as democracias do mundo, assassinado praticamente todos os judeus vivos e dominado o mundo.

A interpretação rabínica de que um dos principais componentes da sabedoria é a capacidade de prever as implicações das próprias palavras e atos se aplicam tanto no nível individual quanto no nacional. Assim, diz a Torá: "Ao construir uma casa nova, faça um parapeito em torno do terraço, para que não traga sobre a sua casa a culpa pelo derramamento de sangue inocente, caso alguém caia do terraço". (Deuteronômio 22:8). O raciocínio para essa lei sugere que é preciso prever os danos que podem ser causados por você e sua propriedade que possam ocasionar morte ou lesão a terceiros. Assim, com base nesse verso, o Talmude prega que "uma pessoa não deve criar um cão feroz ou ter em casa uma escada mal conservada" (Talmude Babilônico, *Ketubot* 41b). O *Shulchan Aruch* (código padrão da lei judaica), do século XVI, determina que se você cavar um poço no seu terreno, tem que erguer ao seu redor uma cerca de proteção ou tampá-lo, para que ninguém caia dentro dele (*Choshen Mishpat* 427:7).

Grande parte da sabedoria está em prever o mal que pode resultar das palavras (como acredito que Gandhi deixou de fazer nesse caso)* ou atos de uma pessoa (como no caso de alguém que cria um cão bravo em sua propriedade). No que diz respeito à moralidade, não basta ter boas intenções; a sabedoria é igualmente importante.

Dia 31 Terça-feira

A obrigação especial de visitar e ajudar as pessoas, particularmente pessoas pobres, que estejam doentes

Certa vez, um dos alunos de Rabi Akiva adoeceu, mas nenhum sábio foi visitá-lo, exceto Rabi Akiva que, por varrer e limpar o chão para o aluno, este se recuperou e lhe disse: "Rabi, o senhor me devolveu a vida!". Rabi Akiva ensinou, então: "Quem não visita uma pessoa doente pode muito bem ter contribuído para derramar seu sangue".

— TALMUDE BABILÔNICO, NEDARIM 40A

Conheço um homem que estava conversando com um amigo idoso que sofria de intensas dores nas costas. Inicialmente, ele acreditou que não havia nada que os médicos pudessem fazer para aliviar o sofrimento do homem, mas depois soube que havia um remédio capaz de ajudá-lo, porém seu amigo não tinha meios para adquiri-lo. Felizmente, conseguiu auxiliá-lo a comprar o remédio.

---

* Por outro lado, o erro de Gandhi foi ele ter acreditado que o pacifismo era um valor tão absoluto que preferiria ver os nazistas conquistarem o mundo a seus adversários travarem uma guerra contra eles.

Que solução satisfatória para um problema de cortar o coração! No *Ahavat Chesed* (*Amor à bondade*), o Chaffetz Chayyim, grande sábio e especialista em ética do leste europeu (1838-1933), enfatiza que o mandamento de visitar os doentes se aplica com força especial aos pobres: "Se a pessoa pobre não receber visita, sua própria vida pode estar em risco. Muitas vezes, o pobre não tem meios para adquirir a comida de que precisa. Não tem quem o oriente quanto à sua condição. Às vezes, não pode sequer chamar um médico ou comprar remédios... Suas preocupações aumentam quando ele percebe que está acamado há vários dias e ninguém abriu a porta para cuidar dele ou reanimá-lo".

Aí está a força da história talmúdica do Rabi Akiva. O aluno doente que ele visitou talvez não tivesse condições de contratar alguém para cuidar dele, ou mesmo de sua casa. Limpando o local onde o estudante se encontrava, Rabi Akiva pode literalmente ter salvado a vida do aprendiz. Isso pode, de fato, ter acontecido no passado, época em que muitas pessoas viviam em lares pobres, algumas vezes cercadas de sujeira.

Além de ajudar a cuidar das necessidades materiais dos pobres que estão doentes (por exemplo, garantindo que tenham acesso a medicamentos), deve-se fazer para eles uma compra de supermercado. Em muitas comunidades judaicas, existem sociedades *Bikur Cholim* que visitam não apenas pessoas hospitalizadas, mas também pessoas cujas doenças as levam a serem ignoradas pela comunidade em geral. Essas sociedades garantem a visitação aos doentes e uma refeição quente por dia, além de providenciar transporte para consultas médicas. Os ricos podem contratar terceiros para fazer suas compras e acompanhá-las a consultas médicas, mas os pobres não podem. Sem ajuda, eles podem ser abandonados no lar e morrer.

A lei judaica lembra-nos de que as visitas aos doentes não têm como objetivo apenas lhes oferecer apoio emocional; às vezes, podem de fato salvar a vida deles.

Dia 32 Quarta-feira

Visitando os doentes: sete sugestões

Rabi Bradley Artson, autor de *It's a Mitzvah!*, reuniu escritos judaicos tradicionais, bom senso e lições aprendidas com suas experiências no púlpito para identificar várias atividades por meio das quais todos nós podemos ajudar os pobres:

- Quando ficar sabendo que uma pessoa foi hospitalizada – particularmente se o tratamento exigir sua internação durante mais de um ou dois dias – envie um cartão. Rabi Artson observa que quando visita doentes aos quais foram enviados cartões, estes invariavelmente estão expostos nas paredes do quarto de hospital, onde servem como um lembrete constante para os doentes de que outras pessoas se importam com eles.
- Se estiver planejando visitar uma pessoa enferma, ligue antes para que, além da visita em si, a pessoa, que pode estar sentindo-se solitária, tenha o prazer de ansiar pela visita. E, se por algum motivo, ela não quiser receber visitas naquele dia, pode lhe dizer.
- Antes de entrar em um quarto de hospital, bata na porta e peça permissão para entrar. Como regra, os pacientes hospitalizados são passivos, e sua privacidade é rotineiramente invadida por enfermeiras e médicos. Pedir licença para entrar demonstra respeito e proporciona ao paciente uma dose de conforto sobre seu ambiente.
- Se o paciente quiser conversar, sente-se e ouça. Os doentes não raro sofrem de ansiedade e precisam ter oportunidade de expressar suas preocupações.
- Reze com o enfermo. Por exemplo, recitar com ele um salmo, como o Salmo 23, proporciona conforto a judeus e cristãos há milhares de anos:

O Eterno é o meu pastor, nada me faltará.
Ele me faz repousar em campos verdejantes;

conduz-me a águas tranquilas.
Restaura a minha alma;
guia-me pelas veredas da justiça, por amor de Seu Nome.
Ainda que eu andasse pelo vale das sombras da morte,
não temeria mal algum, porque Tu estás comigo;
Teu cajado e Teu bordão me darão apoio e conforto.
Me preparas uma mesa de delícias na presença de meus inimigos,
unges a minha cabeça com óleo, o meu cálice transborda.
Certamente que a bondade e a misericórdia me seguirão todos os dias da minha vida;
e habitarei na casa do Eterno para todo o sempre.

Outra prece adequada é o Salmo 130, que começa da seguinte forma: "Das profundezas, clamo a Ti, Eterno. Escuta, Eterno, a minha voz, estejam alertas os Teus ouvidos às minhas súplicas"; bem como o Salmo 121, que começa da seguinte maneira: "Elevo os olhos para os montes: de onde me virá o socorro? Meu socorro vem do Eterno, que fez o céu e a terra".

- ◆ Se não puder visitar uma pessoa hospitalizada em uma data religiosa, visite-a pouco antes. Artson sugere: "Na sexta-feira, pense em levar dois pães trançados (*chalot*) e um pouco de vinho ou suco de uva (verifique se o paciente pode ou não beber). Antes de Purim, leve um pouco de *hamantashen*; providencie mel e maçãs anteriormente a Rosh Hashanah, ou *matzoh* e um *haggadah* para Pessach. Associar suas visitas às festas judaicas é uma maneira eficaz de combater a desorientação quando se está doente e de reconectar o doente ao que outros judeus estão vivendo além dos muros do hospital".
- ◆ Peça que rezem uma prece pelo doente na sinagoga. (A prece padrão para os adoentados, conhecida como *mi sheh-beirach*, é recitada durante a leitura da Torá; a pessoa para quem está sendo feita a prece é mencionada por seu nome e o de sua mãe em hebraico). Mesmo as pessoas que não são particularmente religiosas muitas

vezes se sentem mais vulneráveis quando estão doentes, e podem ser reconfortadas ao saberem que uma prece especial está sendo feita para elas na sinagoga.*

A prece pode ser recitada também ao lado do leito do doente, no hospital. Rabi Artson relata: "Uma mulher falou com objetividade quase científica sobre sua doença até que peguei sua mão e comecei a recitar o *mi sheh-beirach*... Lágrimas rolaram pelo seu rosto e, no final da curta prece, soluçava descontroladamente. Emocionada pelas palavras e pelo poder da oração, ela finalmente se abriu e compartilhou seus sentimentos conosco, um processo mais curador do que toda a análise e discussão que havíamos lido anteriormente".

Muitas vezes, quando ficamos sabendo que uma pessoa está doente, em especial se for uma doença grave ou uma lesão irreversível, nós nos sentimos impotentes. A tradição judaica do *bikur cholim* lembra-nos de que quase sempre podemos fazer alguma coisa para ajudar.

Dia 33 Quinta-feira

Um ginecologista de Nova Jersey, um advogado do Brooklyn

Um amigo meu, o rabino Irwin Kula, presidente do CLAL, o National Jewish Center for Learning and Leadership, estava conversando com um médico de Nova Jersey sobre o judaísmo e outros tópicos médicos; como o médico não estava particularmente interessado em questões judaicas, os demais assuntos predominaram na conversa.

Em dado momento, o rabino Kula explicou ao médico o ensinamento talmúdico de que a lição a ser aprendida com o fato de Deus ter criado a humanidade a partir de Adão, um único ser humano, é que cada pessoa é vista como um mundo inteiro e todo indivíduo tem valor infinito (Mishné,

---

* Artson, *It´s a Mitzvah!*, 62-73.

Sanhedrin 4:5; vide Dia 221). O rabino Kula perguntou então ao médico: "O que significaria se um médico tratasse cada paciente com a noção de modéstia e de que ele/ela tem um valor infinito?"

Três semanas depois, o rabino Kula recebeu um telefonema do médico. Uma mulher que ele havia acabado de tratar lhe dissera: "Nunca fui examinada antes com tamanha atenção". O médico explicou que desde a conversa que tivera com o rabino, havia implementado algumas maneiras na forma de tratar os pacientes. Por exemplo, era uma prática comum em seu consultório que as mulheres, para serem examinadas, tirassem praticamente toda a roupa. Agora, consciente do ensinamento talmúdico sobre o valor e a dignidade de cada pessoa, o médico parou de pedir que as mulheres por ele examinadas se despissem inteiramente. Ao contrário, solicitava que retirassem apenas as roupas que cobriam a parte do corpo que ele precisava examinar.*

Em todas as profissões, surgem oportunidades de tratar os seres humanos à luz desse ensinamento talmúdico. Meu tio, Bernie Resnick, era advogado no Brooklyn. Certa ocasião, meu avô, Rabi Nissen Telushkin, lhe pediu um favor: que recebesse uma mulher pobre que estava com um problema. Meu tio concordou, e quando a mulher chegou, levou-a diretamente ao seu escritório, atendendo-a antes de dois clientes pagantes que esperavam sua vez.

Naquela noite, a mulher contou ao meu avô, com espanto, a atitude de meu tio. Mais tarde, Bernie explicou: "Os clientes pagantes presumiriam que

---

* Uma famosa passagem talmúdica nos fala de um ancestral espiritual desse médico de Nova Jersey: "Abba, o cirurgião, recebia saudações de uma voz celestial diariamente, enquanto Abbaye [um grande sábio rabínico], toda sexta-feira, e Rava [outro grande sábio rabínico] sempre no dia do Yom Kippur. Abbaye ficou aborrecido por causa de Abba, o cirurgião [perguntando-se por que também não era digno de receber tais saudações diariamente]. Abbaye recebeu a seguinte resposta: 'Você não é capaz de realizar os mesmos feitos que ele'. E quais eram os feitos especiais de Abba, o cirurgião? Ao realizar um procedimento de sangria... tinha uma veste especial. Quando uma mulher o procurava, ele pedia que ela colocasse tal veste, para que ele não visse a parte do seu corpo que ficara exposta" (Talmude Babilônico, *Ta'anit* 21b). O Talmude explica: "A paciente colocava uma veste larga, solta, com uma fenda. Abba inseria a lanceta por essa fenda para fazer a incisão na veia. Em seguida, a veste era ajustada de modo que o recipiente coletor costurado a ela pudesse ser levado até o local da incisão e o sangue pudesse ser então extraído para ele, sem que a paciente tivesse que expor qualquer parte do corpo".

surgira uma verdadeira emergência em um caso importante, e não se sentiriam menosprezados. Se, porém, eu tivesse feito a mulher esperar, ela teria pressuposto que eu só a estava atendendo por caridade, sentindo-se inconveniente. Ela teria se sentido humilhada e eu não queria que se sentisse assim".

Qualquer que seja a nossa atividade profissional, todos temos muitas oportunidades de tratar os seres humanos à luz do notável ensinamento talmúdico de que cada ser humano que encontramos tem um valor infinito e, portanto, tem o direito de ser tratado com imensurável respeito e consideração.

Dia 34 Sexta-feira

Compartilhando notícias úteis

Recentemente, ao longo de um período de vários meses, encontrei-me com três casais cujas cerimônias de casamento eu celebraria em breve. Durante nossas conversas, descobriu-se que os casais se haviam conhecido por algum tipo de site ou escritório de relacionamentos (em um caso, por um site de relacionamento para judeus na internet; em outro, por anúncios pessoais em um jornal; e o terceiro, por um serviço de relacionamento oferecido por um escritório). Por mais felizes que eles estivessem com a experiência, dois dos casais relataram-me que seus pais pediram que não divulgassem como se haviam conhecido, por acharem constrangedor, sugeriram então que os filhos inventassem uma história mais lisonjeira de como se haviam conhecido.

Fiquei impressionado com o fato de que os três casais não compartilhavam dos temores de seus pais; estavam totalmente à vontade para revelar, a mim e a outros, em particular aos amigos solteiros, como se conheceram. Um casal até quis que eu mencionasse o fato durante a celebração do casamento. Todas essas seis pessoas acreditavam ter encontrado algo de bom em suas vidas e queriam compartilhar as notícias, na esperança de ajudar os amigos a encontrar um cônjuge.

Essa disposição em divulgar as boas-novas, até notícias cuja publicação fosse constrangedora aos olhos de alguns, é um marco importante de uma pessoa boa. No início dos anos 2.000, uma nova droga, Viagra, foi lançada no mercado, um remédio que ajuda muitos homens a superarem o problema da disfunção erétil. Provavelmente não existe aflição mais humilhante para um homem revelar do que a disfunção erétil. Impressionou-me, assim, que pouco depois do lançamento da droga, Bob Dole, ex-senador e candidato indicado a presidente pelo partido Republicano, anunciasse em um discurso público que havia usado Viagra e que a droga funcionava.

Esses casais tiveram uma atitude corajosa ao revelar como se haviam conhecido, e Bob Dole também foi audaz em seu anúncio. Obviamente, muitos gostariam de projetar a imagem de que somos capazes de encontrar um/a namorado/a, ou marido/esposa facilmente, apenas porque os atraímos com nosso charme e nossa aparência. É evidente que, a maioria dos homens gosta de que outros pressuponham que são amantes muito experientes e bem-sucedidos (na verdade, somente após o lançamento do Viagra foi divulgado que a impotência afeta 10 milhões de homens nos Estados Unidos). Que louváveis são aqueles capazes de superar a tendência natural a se preocupar com o que os outros estão pensando, e oferecer informações que podem levar felicidade e cura à vida dos outros.

Shabat Shalom!

Dia 35 Shabat

Ao longo deste Shabat, analise o material dos seis dias anteriores e use alguns dos textos estudados como base para discussões durante as refeições do Shabat:

Dia 29. Não "roube" a mente da outra pessoa
Dia 30. Quem é sábio?

Dia 31. A obrigação especial de visitar e ajudar as pessoas, particularmente pessoas pobres, que estejam doentes
Dia 32. Visitando os doentes: sete sugestões
Dia 33. Um ginecologista de Nova Jersey, um advogado do Brooklyn
Dia 34. Compartilhando notícias úteis

Shabat Shalom!

SEMANA 6

Dia 36 Domingo

Judeus podem fumar?

"*Responsa*" é um termo usado para descrever escritos que contêm respostas rabínicas a perguntas específicas sobre a lei judaica (em hebraico, esses escritos são conhecidos como *she'elot ve-teshuvot*, perguntas e respostas). Ao elaborar uma determinação legal, o autor da *responsa* considera princípios e precedentes enunciados na Bíblia, no Talmude, nos códigos legais judaicos e em *responsas* anteriores, além do bom senso e do conhecimento científico contemporâneo.

Por isso, não devemos nos surpreender ao saber que, ao longo dos séculos, o reduzido arcabouço de *responsas* rabínicas sobre o tabagismo, redigidas quando o tabaco começou a ser usado, era quase que uniformemente permissivo. Certamente não havia texto na Bíblia e no Talmude, tampouco códigos legais que sugerissem a proibição do consumo de tabaco. Talvez porque, em parte, quando começou a se popularizar, o tabagismo era visto, de modo geral, não apenas como agradável, mas também benéfico do ponto de vista médico. Um ilustre estudioso, o rabino

Jacob Emden (1697-1776), ao responder a uma consulta sobre a permissão do uso do tabaco, escreveu:

> O tabaco é uma substância saudável para o corpo... sua ação natural é importante para ajudar a digerir os alimentos, limpar a boca... e ajudar o movimento de funções essenciais e circulação do sangue que constituem a base da saúde... Na verdade, é benéfico a praticamente todo homem saudável, não apenas pelo prazer que proporciona, mas porque preserva a saúde e boa forma física da pessoa.

Por mais estranhas que as palavras do rabino Emden soem aos nossos ouvidos hoje (qualquer um que já tenha sido exposto ao "hálito de cigarro" de um fumante certamente vai ficar se perguntando de onde veio a sugestão do rabi de que o tabaco "limpa a boca"), elas se baseavam nas noções médicas dos benefícios do tabaco à saúde vigentes no século XVIII.

Hoje, porém, a situação mudou. Calcula-se que 400 mil norte-americanos morrem por ano de doenças causadas pelo tabagismo. Estatisticamente, todos os fumantes têm um risco de morte mais alto do que os não fumantes. Além disso, a incidência de aborto espontâneo, partos prematuros, defeitos congênitos e bebês com baixo peso é muito maior em grávidas tabagistas.

Com o surgimento de indícios cada vez mais numerosos dos efeitos prejudiciais à saúde ocasionados pelo tabaco, os estudiosos rabínicos contemporâneos muitas vezes precisam responder a uma pergunta muito diferente daquela respondida pelo Rabi Emden: "Considerando-se que o cigarro ameaça a vida, os judeus podem fumar?".

O falecido rabino Moshe Feinstein, de abençoada memória, um dos principais autores de *responsas* no século XX, relutou em chegar a uma conclusão. Argumentando que muitos judeus praticantes, do passado e do presente, inclusive grandes estudiosos rabínicos, fumavam, não se sentia à vontade declarando que tais pessoas estavam violando o verso da Torá: "Guardai, pois, com diligência, as vossas vidas" (Deuteronômio 4:15), que há muito era entendido como qualquer atividade que coloca a vida de uma pessoa em risco sem necessidade.* Maimônides estabelece em seu código de lei judaica: "Nossos Sábios proibiram muitas coisas porque elas envolvem uma ameaça à vida. E aquele que transgride [essas diretrizes], dizendo 'Estou arriscando minha vida, o que os outros têm a ver com isso?' ou 'Não me preocupo com essas coisas', deve ser punido pelo açoite por sua rebeldia" (*Mishné Torá*, "As leis do assassinato e A proteção da vida humana", 11:5).

Outros autores rabínicos discordam do rabino Feinstein. Argumentam, em resumo, que os estudiosos do passado que fumavam o faziam sem saber que o tabaco causava dependência e oferecia riscos à saúde. Assim, a questão que um autor de uma *responsa* precisa abordar não é "como podemos declarar que fumar é proibido quando tantos grandes estudiosos fumavam?", e sim, "os rabinos do passado, homens como Jacob Emden, teriam permitido fumar se estivessem cientes dos grandes males que o tabaco pode causar?".

Colocada dessa maneira, a pergunta se responde sozinha. Os rabinos mais antigos, baseando-se nas informações médicas da época, permitiram o tabagismo porque o perceberam como agradável e benéfico. Infelizmente, embora estivessem certos quanto ao prazer propiciado pelo cigarro, estavam absolutamente equivocados quanto a ser benéfico.

A ética judaica contemporânea, acredito, no mínimo, proibiria quem não fuma a começar esse hábito tão perigoso, bem como uma mulher grávida a fumar ou um adulto a ajudar ou estimular um jovem ou outro não fumante a fumar (por exemplo, oferecendo cigarros a um jovem ou participando de uma campanha publicitária voltada para jovens ou não fumantes).

Com relação aos que já são fumantes, se lhes for possível largar o vício, devem fazê-lo; se não for possível, que pelo menos tentem fumar menos.

Alguns sábios judeus defendem uma posição mais agressiva. O rabino Haim David Halevi, rabino chefe sefaradita de Tel Aviv, quando perguntado por um jovem como deveria agir quando o pai lhe mandasse sair para comprar cigarros, respondeu: "Considerando-se o fato de que os médicos advertem universalmente quanto ao grande risco do tabagismo para a vida humana e como, em minha opinião, o hábito é proibido pela Torá, que diz

---

* O rabino Feinstein, entretanto, escreveu que para quem ainda não fumava, não era adequado iniciar o hábito de fumar.

'Guardai, pois, com diligência, as vossas vidas' (Deuteronômio 4:15), você não tem permissão de comprar cigarros para ele".

Dr. Fred Rosner, médico ortodoxo e um dos maiores estudiosos contemporâneos da ética médica judaica, esforçou-se consideravelmente para influenciar os rabinos ortodoxos a se aliarem a estudiosos ortodoxos como o rabino Halevi (e os rabinos Eliezer Waldenberg, Moses Aberbach e Nathan Drazin) para proibir o fumo. Os rabinos reformistas W. Gunther Plaut e Mark Washofsky escrevem no livro *Teshuvot [Responsa] for the Nineties*, "Segundo a *halacha* (lei judaica), o Criador nos fez administradores de nosso corpo, não seu dono, e por isso não podemos colocar em risco as nossas vidas".*

Dia 37 Segunda-feira

Quando não fazer caridade é o maior ato de caridade

Existem oito graus de caridade, sendo que o degrau mais alto de todos é o da pessoa que ajuda um judeu pobre oferecendo-lhe um presente ou um empréstimo ou fazendo com ele uma sociedade, ou ajudando-o a encontrar trabalho; em suma, colocando-o em uma posição na qual ele possa viver sem a ajuda de outras pessoas.

— Moisés Maimônides, Mishná Torá,
"Leis relacionadas a donativos aos pobres", 10:7

---

* Plaut e Washofsky, *Teshuvot for the Ninities*, 334; encontrei também várias fontes importantes, entre elas, os comentários dos rabinos Emden e Halevi nesse livro, páginas 331-35 e 312. A citação do rabino Halevi é encontrada em seu volume em hebraico, *Responsa Aseh Lecha Rav*, volume 6, 9-13. Sua proibição original ao fumo, publicada em 1978, é encontrada no volume 2, 9-13. Fred Rosner escreveu uma importante visão geral sobre o costume de fumar cigarro e maconha ("Cigarette and Marijuana Smoking") no livro *Modern Medicine and Jewish Ethics*, 391-403; os dados sobre os efeitos negativos do tabagismo são encontrados nas páginas 393 e 397.

Muitos pressupõem que esse famoso ensinamento de Maimônides com relação ao mais alto nível de caridade foi uma inovação inteiramente dele. Na verdade, o Talmude entendia que o imperativo mais importante nas leis da *tzedaká* é poupar uma pessoa de precisar de caridade, ou de necessitar dela durante um período de tempo mais prolongado. Rabi Abba afirmou em nome de Rabi Shimon ben Lakish: "aquele que empresta dinheiro [a um pobre] é maior do que aquele que faz caridade; e aquele que joga dinheiro em uma bolsa comum [para formar uma parceria com o pobre] é maior do que qualquer um dos dois" (*Shabbat* 63a).

O entendimento judaico de que o tipo de caridade mais desejável é ajudar aquele que a recebe a se tornar autossuficiente se baseia em um verso da Torá, e em um comentário rabínico sobre ele: "Quando alguém de teu povo ficar reduzido à pobreza e não conseguir se sustentar na comunidade [literalmente, 'e sua mão falha'], tu o sustentarás como se ajuda a um estrangeiro ou hóspede (Levítico 25:35)".

> "Tu o sustentarás": Isso pode ser explicado com uma analogia a uma carga pesada sobre o dorso de um jumento; enquanto o jumento estiver de pé, uma pessoa pode segurá-lo [para impedir que caia] e mantê-lo de pé. Depois que ele cair, nem cinco homens poderão colocá-lo de pé novamente (*Sifra*, Levítico).

Há alguns anos, durante um período de recessão nos Estados Unidos, fui convidado a falar para um grupo de rabinos reformistas em Long Island. Durante a conversa informal que precedeu minha palestra, soube que muitos dos rabinos ali presentes dedicavam um tempo considerável tentando encontrar trabalho para congregantes desempregados. Fiquei emocionado e profundamente impressionado com a dedicação desses rabinos à prática do mais alto nível de caridade do judaísmo. Ao contrário de algumas outras tradições religiosas, o judaísmo nunca teve apreço pela pobreza: "Se todo o sofrimento e toda a dor do mundo fossem reunidas [em um lado da balança] e a pobreza ficasse do outro lado, a pobreza pesaria mais do que tudo" (*Exodus Rabbah* 31:14).

Doe dinheiro para ajudar os pobres e você terá feito uma coisa muito boa. Contudo, se auxiliar uma pessoa pobre a adquirir uma habilidade capaz de tirá-la da pobreza, você terá feito uma coisa maravilhosa.

Dia 38 Terça-feira

Doe mesmo quando estiver passando por dificuldades

Conheço uma mulher, escritora *freelancer*, cuja renda varia de um ano para outro. Ela me contou que quando sua renda cai, as primeiras despesas que ela elimina totalmente são suas contribuições para instituições de caridade.

A atitude dela pode ser radical, mas muitas pessoas cujos rendimentos caem reduzem suas doações em um percentual muito mais alto do que a queda em sua renda. Assim, se sua renda cair 15%, faz sentido doar 15% menos para caridade; normalmente, não faz sentido doar 80% menos.

Mesmo no que diz respeito aos pobres, a lei judaica impõe uma obrigação a quem doa algo. O Talmude determina: "Até mesmo um pobre, que sobrevive de caridade, deve fazer caridade" (*Gittin* 7b). É provável que os rabinos não quisessem que os pobres se vissem apenas como pedintes, ou como pessoas que viviam de doações do público, mas sim como indivíduos que, como outros seres humanos, são capazes de ajudar os semelhantes. Além disso, exigir que o pobre também dê sua contribuição ajuda a protegê-lo da autocomiseração, pois a obrigação de dar aos outros lhes lembra que existem pessoas em circunstâncias igualmente ruins ou ainda piores do que as suas. O Talmude menciona uma ocasião em que Rabi Akiva e a esposa eram tão pobres que não tinham cama e dormiam sobre a palha. Pela manhã, quando Akiva retirava palha do cabelo da esposa, dizia-lhe: "Se eu pudesse, lhe daria uma Jerusalém de Ouro" (uma tiara de ouro com o nome "Jerusalém" gravado). Eis que, de repente, o profeta Elias, disfarçado de mortal, surge na porta, pedindo: "Por favor, preciso de um pouco de palha; minha esposa está prestes a dar à luz e não tem onde se deitar". Depois de lhe dar palha, Rabi Akiva disse à esposa: "Veja esse homem, ele sequer tem a palha que nós temos" (*Nedarim* 50a).

Quando as circunstâncias nos impõem a necessidade de cortar despesas, é importante não deixarmos de fazer caridade. O Talmude nos ensina: "Se um homem constata que o que ganha mal dá para se sustentar, mesmo assim deve fazer caridade" (*Gittin* 7a). Por que a insistência nessa *mitzvá* específica? Porque "a caridade tem a mesma importância que todos os outros mandamentos juntos" (*Bava Bathra* 9a).

Dia 39 Quarta-feira

Agir com alegria não é uma escolha

Shammai disse: "Receba a todos com expressão de alegria".

— ÉTICA DOS PAIS 1:15

As palavras de Rabi Shammai significam que você deve receber alguém com alegria mesmo quando está de mau humor?* A resposta do Talmude é sim (obviamente, nos casos em que você está infeliz porque aconteceu alguma coisa ruim na sua vida, ninguém espera que você saia por aí com um sorriso falso no rosto). O fato de você estar triste não lhe dá o direito de impor aos outros a sua infelicidade.

Talvez seja impossível, em alguns momentos, controlar nossos sentimentos, mas isso não significa que não possamos dosar nossas ações. E, como preferimos ser saudados pelos outros de maneira alegre e agradável, devemos agir da mesma maneira.

---

* Meu amigo David Zerner sugere que, em vez de se concentrar na obrigação de ser alegre, seria mais sábio, e talvez mais preciso, traduzir as palavras de Shammai como "Receba as pessoas com cordialidade".

Lembro-me de ter lido uma vez sobre um rabino que recebeu de um aluno a notícia de que havia ficado noivo. Por mais alegre que fosse a notícia, o estudante a transmitiu com uma expressão de seriedade estampada no rosto. Depois de parabenizar o jovem, o rabino o instruiu a ficar de pé, na frente do espelho, e sorrir, "porque se você falar com sua noiva com a mesma expressão no rosto com que falou comigo, ela vai pensar que você está zangado com ela".

O rabino intuiu um ponto importante, que raramente é mencionado: a falta de alegria e o mau humor não são "crimes" sem vítimas. Quem está ao redor de pessoas constantemente de mau humor sente que, de alguma forma, é responsável pela infelicidade daquelas pessoas. E embora alguém infeliz possa negar ser responsável pela infelicidade alheia, no fundo ela sabe que não é nada agradável conviver com uma pessoa deprimida. Por isso tanto as pessoas otimistas quanto as deprimidas preferem conviver com pessoas alegres.*

A repreensão do rabino ao jovem nos lembra que a exortação de Shammai de receber as pessoas com alegria não deve se restringir a conhecidos e com quem encontramos na rua; é particularmente importante praticarmos esse comportamento em casa. Certa vez, ouvi um homem de meia-idade comentar que os olhos do pai brilhavam quando o irmão mais velho entrava na sala, mas quando ele entrava, não. Depois de anos vivendo em um lar no qual quase nunca via a "expressão de alegria" do pai, essa pessoa passou a se sentir permanentemente carente de afeto e com baixa autoestima.

Dennis Prager, autor de *Happiness Is a Serious Problem*, gosta de dizer: "Temos a obrigação moral de ser muito felizes, tanto quanto possível". Uma passagem do Talmude reforça esse ponto e o ensinamento de Shammai, citando um antigo provérbio judaico: "O homem que mostra os dentes ao amigo ao sorrir é melhor do que aquele que lhe oferece um copo de leite para beber" (*Ketubot* 111b). Sorrisos, ensina o texto, são um estímulo poderoso.

---

* Nem todos conseguem controlar o próprio mau humor; às vezes, o problema resulta de desequilíbrios químicos e hormonais. Acredito que essas pessoas têm a obrigação moral para com quem convive com elas de buscar ajuda psicológica ou medicamentos capazes de reparar tais desajustes.

Dia 40 Quinta-feira

Cumprimente as pessoas

A respeito de Rabi Yochanan ben Zakkaim, diz-se que ninguém jamais o cumprimentou primeiro.

— Talmude Babilônico, *Berachot* 17a

Um dos mais notáveis defensores desse ensinamento era o Rabi Shlomo Carlebach, trovador do século XX que compôs centenas de melodias que até hoje são cantadas em sinagogas, nas mesas durante o Sabath e em casamentos. Embora Reb Shlomo fosse mais conhecido por seus excelentes dons musicais, foi um gênio também ao cumprir o mandamento "Ama o próximo como a ti mesmo".

Um homem que passou um tempo em sua companhia se recorda de tê-lo levado de carro a uma apresentação na Pensilvânia. A viagem foi longa, e depois de vários minutos de conversa, Carlebach perguntou-lhe se ele se importaria que ele ficasse em silêncio para estudar o Talmude. Yitta Halberstam Mandelmau recorda a história no livro *Holy Brother*, uma coletânea de histórias narradas pelos amigos e conhecidos de Reb Shlomo.

> Estava claro, por seu jeito de se desvilhar, que ele temia estar me ofendendo, ou parecer descortês. Como eu sabia que sua vida era muito corrida e ele devia ter pouquíssimas oportunidades para estudar sozinho, garanti que não havia problema algum, que ele ficasse à vontade e fosse em frente. Ele abriu o Talmude e, com imenso deleite, logo mergulhou em seus estudos, concentrado nas palavras e indiferente ao que se passava ao seu redor... Entretanto, sempre que parávamos em um dos muitos pedágios da estrada, ele saía de seu devaneio, fechava o Talmude, olhava para o atendente na cabine do pedágio, dirigia-lhe um largo sorriso, cumprimentava-o e trocava com ele algumas palavras. Por mais mal-humorados ou rudes que os atendentes parecessem ser inicialmente,

depois que Reb Shlomo lhes acenava, sorria e brincava com eles, se transformavam. Após cada pedágio, Reb Shlomo voltava ao Talmude, fechando-o novamente quando nos aproximávamos da praça seguinte de pedágio. Apesar de sua total imersão no texto, ele não perdia uma única cabine de pedágio. Sua luz tocava e abençoava a todos.

Reb Shlomo, evidentemente, não cumprimentava apenas os atendentes das cabines de pedágio. Ao longo de toda a sua vida, ele falava de modo afetuoso com os pedintes na rua e fazia todos que frequentavam sua sinagoga em Manhattan se sentirem especiais. Yitta Halberstam Mandelbaum, "sagrada irmã Yitta", recorda-se de Shlomo cumprimentá-la sempre que se encontravam. "Você é a mais doce pessoa. A mais sagrada". E, continua Mandelbaum, "Não importava que eu tivesse acabado de ouvi-lo proferir exatamente a mesma saudação para trezentas pessoas antes de mim. Seu semblante luminoso irradiava inequívoca sinceridade, e eu me sentia banhada pelo calor de seu amor e aceitação incondicionais".*

Cumprimentar as pessoas por onde passamos, em especial quando o fazemos com regularidade, com um "Bom-dia" ou "Olá", estabelece uma conexão humana entre pessoas que, de outra forma, simplesmente não estariam conectadas. O notável livro de Yaffa Eliach, *Hasidic Tales of the Holocaust*, nos narra a história de um rabino hassídico que vivia em Danzig na década de 1930. "Ele costumava sair para dar uma caminhada todo dia pela manhã; esforçando-se para seguir a máxima de Rabi Yochanan, cumprimentava todo homem, mulher e criança – com um sorriso amável e um cordial 'Bom-dia'. Ao longo dos anos, o rabino ficou conhecido pelas pessoas da cidade... e sempre as tratava pelo nome". Nos campos próximos da cidade, havia um agricultor por quem ele costumava passar. "Bom-dia, Herr Muller", cumprimentava. "Bom-dia, Herr Rabbiner", respondia o homem.

Quando rompeu a Segunda Guerra Mundial, as caminhadas do rabino foram interrompidas, enquanto Herr Muller deixou o campo para se juntar à SS. Depois de perder a família no campo de Treblinka, o rabino foi deportado para Auschwitz. Um dia, ocorreu uma seleção durante a qual todos

---

* Mandelbaum, *Holy Brother*, 27-28.

os prisioneiros judeus tinham que passar diante de um oficial nazista, que sinalizava quem deveria ir para a esquerda, para as câmaras de gás, e quem iria para a direita, para uma vida de trabalhos forçados. Àquela altura, o rabino, que há muito vinha passando fome e havia adoecido, já parecia um "esqueleto ambulante".

À medida que a fila avançada, a voz que dizia quem iria para a direita e para a esquerda começou a lhe soar familiar. Logo o rabino visualizou o rosto do homem que determinava quem morreria e quem viveria. Quando ficou na frente do oficial, ouviu-se dizendo, "Bom-dia, Herr Muller".

"Bom-dia, Herr Rabbiner!", exclamou o oficial. "O que o senhor está fazendo aqui?"

O rabino não disse uma só palavra, simplesmente lhe lançou um sorriso débil; segundos depois, Herr Muller levantou o bastão, indicando que o rabino deveria ir para a direita. No dia seguinte, foi transferido para um campo com melhores condições e sobreviveu à guerra.

O rabino, relata Yaffa Eliach, "hoje com 80 e poucos anos, me disse com sua voz suave, 'Eis o poder de um cumprimento matinal. Um homem deve sempre cumprimentar aqueles a quem encontrar'."*

Dia 41 Sexta-feira

Um alcoólatra em recuperação deve beber vinho no Shabat e no Seder?

A lei judaica atribui um lugar importante ao vinho. Duas vezes em cada Shabat, o vinho é abençoado e consumido à mesa, enquanto em Pessach, somos obrigados a beber quatro taças de vinho no Seder.

Quando eu era jovem, acreditava-se que tais rituais não poderiam causar danos. Judeus, e muitos não judeus, partiam do pressuposto de que

---

* Eliach, *Hasidic Tales of the Holocaust*, 109-10

havia pouquíssimos alcoólatras ou pessoas com problemas de bebida na comunidade judaica. Hoje sabemos, porém, que embora a incidência de alcoolismo seja mais baixa entre judeus do que entre a população em geral, na comunidade judaica também existem muitas pessoas que sofrem de dependência do álcool.

O que deve fazer, portanto, um alcoólatra em recuperação no Shabat e em Pessach? Deve recitar o *kiddush*, beber o vinho e crer em Deus que vai dar tudo certo? Ou deve abster-se de dizer o *kiddush* no Shabat e de tomar as quatro taças de vinho no Seder, respeitando o verso bíblico, "Guardai, pois, com diligência, as vossas vidas" (Deuteronômio 4:15)?

Felizmente, a lei judaica oferece uma solução intermediária. A bênção específica recitada com o vinho, "Bendito seja, Eterno nosso Deus, Deus do universo, que criou o fruto da vinha", também pode ser recitada com suco de uva. Portanto, um judeu que não deveria tomar bebida alcoólica ainda deve recitar a mesma bênção, e beber suco de uva.*

Em *Do Unto Others*, Rabi Abraham Twerski, também psiquiatra, narra o resultado feliz obtido quando compartilhou essa regra judaica com uma proeminante autoridade católica. Twerski estava tratando um padre de 34 anos que fora internado no St. Francis's Hospital, em Pittsburgh, em decorrência do alcoolismo. Enquanto ele estava em tratamento no hospital, o padre não tinha acesso a álcool, mas Twerski soube que ele havia pedido um grande número de vidros de antisséptico bucal.

Confrontou o padre, que reconheceu estar tomando o antisséptico bucal pelo seu conteúdo de álcool. Twerski disse ao padre que a única esperança para que ele ficasse longe do álcool no futuro seria prescrever-lhe Antabuse, medicação que, se tomada em combinação com álcool, causa grande mal-estar, com a sensação de morte iminente:

"Posso tomar um gole de vinho durante a Missa?", perguntou o padre.
"De jeito nenhum", respondi.

---

* Um alcoólatra em recuperação que insista em beber vinho no Shabat e na Pessach é visto pela lei judaica como um pecador, por colocar em risco sua saúde e a daqueles que com ele interagem.

"Então não vou poder tomar Antabuse".

"Pode sim", respondi. "Basta tomar suco de uva em lugar do vinho e você poderá celebrar a Missa".

"Não podemos usar suco de uva", disse o padre. "Tem que ser vinho".

Liguei então para meu amigo, o Cardeal Wright, no Vaticano. "Cardeal", disse, "preciso da sua ajuda. Este jovem padre vai morrer. Preciso de autorização para ele usar suco de uva, em vez de vinho, para celebrar a Missa".

"Levarei pessoalmente seu pedido ao Santo Papa", respondeu o Cardeal Wright.

"Transmita ao Papa que eu disse que ele terá uma *mitzvá*", disse.

Dois dias depois, o Cardeal Wright me ligou. O Papa havia instruído todos os padres alcoólatras a usarem suco de uva ao celebrar a Missa.

O Dr. Twerski conclui:

O Papa teve uma *mitzvá*.
O cardeal teve uma *mitzvá*.
Eu tive uma *mitzvá*.
E até hoje, os padres em risco de recaída no vício do álcool por causa do vinho usado na Missa estão a salvo.*

Shabat Salom!

Dia 42 Shabat

Ao longo deste Shabat, analise o material dos seis dias anteriores e use alguns dos textos estudados como base para discussões durante as refeições do Shabat:

---

* Twerski, *Do Unto Others: How Good Deeds Can Change Your Life*, 138-139.

Dia 36. Judeus podem fumar?
Dia 37. Quando não fazer caridade é o maior ato de caridade
Dia 38. Doe mesmo quando estiver passando por dificuldades
Dia 39. Agir com alegria não é uma escolha
Dia 40. Cumprimente as pessoas
Dia 41. Um alcoólatra em recuperação deve beber vinho no Shabat e no Seder?

Shabat Shalom!

SEMANA 7

Dia 43 Domingo

A ética judaica da fala: O que é Lashon Hara?

Embora calúnia e difamação, que envolvem a transmissão de declarações inverídicas, sejam consideradas universalmente imorais e, em geral, ilegais, muitas pessoas julgam moralmente permissível uma declaração negativa, mas verdadeira, feita sobre outra pessoa.

A lei judaica opõe-se a essa visão. O fato de uma coisa ser verdadeira não significa que interesse a alguém. Em hebraico, a expressão usada para a proibição de falar mal dos outros, *Lashon Hara* (literalmente, "língua malvada") refere-se a qualquer declaração que seja verdadeira, mas que denigra a condição da pessoa a quem se refere.* Assim, é proibido falar com os amigos que fulano come como um porco, é sexualmente promíscuo ou é considerado preguiçoso pelos colegas de trabalho, mesmo que seja verdade.

---

* A expressão em hebraico que engloba calúnia e difamação é *motzi shem ra* (xingar uma pessoa) e constitui a mais grave violação das leis judaicas relativas à ética sobre o que se pode falar ou não.

Há de se convir que a observância de tal preceito às vezes é difícil; o Talmude em si admite que praticamente todos violarão essas leis (*Bava Bathra* 164b-165a). Entretanto, quem se esforça para praticar essas normas descobre que, em pouco tempo, começa a falar sobre os outros de maneira mais justa.

No que diz respeito à fofoca, costumamos violar rotineiramente a Regra de Ouro: "Não faça com os outros o que não gostaria que eles fizessem com você". Por exemplo, se estivesse prestes a entrar em uma sala e ouvisse as pessoas lá dentro falando sobre você, o que provavelmente menos gostaria é que comentassem sobre suas falhas de caráter ou os detalhes íntimos de sua vida social. Entretanto, quando falamos dos outros, é exatamente isso que mais nos interessa discutir.

Existem momentos em que é permitido relatar informações negativas sobre as pessoas (vide Dias 337 e 338), mas tais ocasiões são relativamente raras. Embora nos tribunais o fato de algo negativo ser verdadeiro poder servir como defesa contra a acusação de calúnia ou difamação, no caso de acusação de violação de uma importante lei ética judaica, trata-se de uma defesa inválida.

Dia 44 Segunda-feira

Não passe adiante comentários negativos

Uma conhecida minha, cujo pai havia falecido, há muito planejava pedir que o irmão a levasse até o altar no dia de seu casamento. No entanto, pouco antes do casamento, a irmã comentou que tinha ouvido o irmão dizer o seguinte: "Carol é um doce, mas David é muito mais sofisticado do que ela. Meu medo é que ele se canse dela em pouco tempo". Devastada com as palavras do irmão, Carol recusou-se a deixar que ele a levasse ao altar; até hoje, anos depois, o relacionamento entre os dois praticamente inexiste.

Algum tempo depois, encontrei a irmã dos dois e lhe perguntei sobre o incidente. Ela me disse que estava conversando com a irmã e o comentário simplesmente "escapou"; em sua opinião, ela tinha o direito de saber o que o irmão pensava dela.

A resposta da irmã, uma justificativa padrão apresentada pelas pessoas que passam adiante comentários negativos, parece lógica: não deveríamos saber se as pessoas que nos elogiam quando estamos presentes falam mal de nós pelas costas?

Entretanto, o comentário do irmão não expressa totalmente sua opinião a respeito da irmã. E esta com certeza nunca teria se dado ao trabalho de passar adiante todos os comentários elogiosos que o irmão fazia sobre ela. Ainda que seu comentário possa ter sido indelicado, na verdade, quase todos nós já fizemos ponderações cruéis sobre as pessoas que amamos. Blaise Pascal, o grande filósofo francês do século XVII, escreveu: "Quero crer que, se todos os homens soubessem o que dizem uns dos outros, não haveria quatro amigos neste mundo".

Mark Twain destacou o sofrimento causado pelas pessoas que falam mal das outras: "São necessários o inimigo e o amigo juntos para ferir-te no coração; o primeiro para caluniar-te, o segundo para vir contar-te".

A Torá ensina que é errado tecer comentários maldosos, e aquele que se abstém de fazê-lo age como o próprio Deus. O Livro de Gênesis menciona três anjos que vieram à casa de Abraão para lhe informar que Sara, sua esposa, também idosa, daria à luz seu primeiro filho um ano depois. A alguma distância dos anjos, Sara ouviu sua observação e riu para si mesma, afirmando, "agora que estou velha, terei o prazer [de ter um filho], estando meu marido também já velho?".

Um verso depois, Deus aparece a Abraão e lhe diz: "Por que Sara riu, dizendo, 'agora que estou velha, terei o prazer de ter um filho?'."

Os rabinos do Talmude ficaram impressionados com o que Deus disse – e não disse. Ao transmitir a substância da declaração de Sara, ele deixou de fora suas últimas palavras, "estando meu marido também já velho". Abraão estava, de fato, velho, mas Deus aparentemente temia que ele se ressentisse do comentário de Sara de uma maneira que poderia ter considerado como uma demonstração de desprezo.

O Talmude conclui desse incidente: "Grande é a paz, vendo que, por ela, até Deus modificou a verdade" (*Yevamot* 65b).

Obviamente, existem casos em que é importante passar adiante comentários negativos. Digamos que você ouça alguém acusar de desonestidade uma pessoa que você sabe ser honesta. Não só deve contestar publicamente a acusação como também deve advertir a pessoa que está sendo caluniada. Esses casos, porém, costumam ser raros; a não ser que exista uma razão construtiva para transmitir um comentário negativo, não o faça.

Embora a ética judaica normalmente proíba mentiras, você tem permissão de ser um pouco menos honesto quando alguém lhe perguntar: "O que fulano e sicrano disseram sobre mim?". Quando souber que a resposta provocará mágoa ou animosidade, você tem permissão de falar como Deus falou a Abraão, relatando alguns detalhes e omitindo outros. Se o pressionarem em busca de outras informações, a ética judaica ensina que você pode responder que a pessoa não disse nada de crítico. Em suma, quando a sinceridade não tiver propósito construtivo, mais vale a paz do que a verdade.

Dia 45 Terça-feira

O pecado que ninguém admite cometer

> *Por que razão o primeiro Templo foi destruído [em 586 A.E.C.]? Por causa das três ofensas cometidas [pelos judeus daquele período]: idolatria, imoralidade sexual e assassinato... Mas por que razão então o segundo Templo foi destruído [em 70 E.C.], se na época os judeus estudavam a Torá, respeitavam os Mandamentos e faziam caridade? Porque o ódio infundado era prevalente. Isso nos mostra que a ofensa do ódio infundado é equivalente aos três pecados da idolatria, imoralidade sexual e assassinato.*
>
> — TALMUDE BABILÔNICO, *YOMA* 9B

Há muitos anos, ouvi o rabino Aaron Kreiser, professor de Talmude na Yeshiva University, postular a seguinte pergunta: por que o primeiro Templo, destruído em razão dos pecados mais graves, foi reconstruído em 70 anos, enquanto o segundo Templo, destruído pela ofensa aparentemente menos grave do ódio infundado, ainda não foi reconstruído? Ele sugeriu a seguinte resposta: quando as pessoas cometem ofensas terríveis, e são acometidas de sofrimentos intensos, às vezes retrocedem, percebem o mal que fizeram e se arrependem. Foi o que aconteceu com muitos membros da comunidade judaica após a destruição do primeiro Templo. Entretanto, as pessoas culpadas do "ódio infundado" nunca se arrependem porque jamais reconhecem seu pecado. Mesmo no momento em que citam a declaração talmúdica que condena o ódio infundado, continuam justificando seu ódio pessoal e oferecendo explicações dos motivos pelos quais seus adversários o merece. Assim, embora o pecado do "ódio infundado" possa parecer menos grave do que pecados como assassinato e idolatria, ninguém se arrepende dele ou o extirpa de seu coração. E por isso ainda não somos dignos de ter o Templo reconstruído.

Em um esforço para extirpar do seu coração o "ódio infundado", pense em alguém de quem não goste. Mesmo que possa justificar por que não gosta dessa pessoa, analise se seu negativismo é desproporcional ao mal que essa pessoa cometeu. Se for, isso significa que pelo menos parte do seu ódio é infundado.

Eis outro método para extirpar o ódio infundado: tente descobrir alguma coisa boa em alguém de quem você não goste e deixe essa informação fundamentar seus sentimentos. Force-se a pensar nessa característica positiva sempre que pensar na outra pessoa.*

Quem sabe o bem que pode ser alcançado com uma mudança de atitude como essa? O rabino Abraham Isaac Kook (1865-1935), rabino chefe Ashkenazi, costumava dizer: "O Talmude nos ensina que o segundo Templo foi destruído por causa do ódio infundado. Talvez o terceiro Templo seja construído por causa do amor infundado".

---

* Não é fácil. Conheço uma mulher que finalmente chegou a um nível em que estava disposta a reconhecer os bons atos realizados pelos seus desafetos; entretanto, sempre que ouvia alguém falar desses bons atos, não resistia a mencionar os aspectos da pessoa que ainda a aborreciam.

Dia 46 Quarta-feira

Quando o confronto é desejável

Levítico 19:17 decreta : "Não odiarás a teu irmão no teu coração".

Por que a Torá escolheu palavras tão estranhas? Por que não ordenou simplesmente "Não odiarás teu irmão"?

O motivo, desconfio, tem muito a ver com o *insight* da Torá sobre a natureza humana. As pessoas não raro antipatizam com outras, às vezes por um bom motivo; proibir categoricamente essa aversão não bastaria para eliminá-la, ao contrário, apenas enraizaria ainda mais profundamente a inimizade – no próprio coração.

É esse, pois, o ódio que a Torá proíbe. Se você não gosta de alguém, não alimente esse ódio no seu coração, onde ele aumentará. A Torá nos diz que os irmãos de José "o odiavam e não podiam falar com ele pacificamente" (Gênesis 37:4). O ódio foi crescendo e, por fim, os irmãos de José acabaram vendendo-o como escravo.

Se você nutre raiva por alguém, não acalente esse sentimento no seu coração; levante a questão com a pessoa que motivou seu ódio e deixe claro que ela o magoou. (Contudo, não a confronte quando estiver com muita raiva, pois, nessas ocasiões, você estará propenso a dizer coisas injustas.) Poucas pessoas fazem isso. A maior parte alimenta a raiva em silêncio, ou fala incessantemente sobre o assunto com os amigos. A psicóloga Carol Tavris nos lembra de que tal comportamento não leva a nada:

> Se você estiver zangado com Ludwig, conversar com seu melhor amigo sobre sua raiva de nada adiantará para resolver o problema. A não ser que as discussões o façam mudar sua percepção de Ludwig ("Ah, eu não tinha percebido que ele não tinha a intenção de me ofender"), é provável que a conversa só reforce sua própria interpretação, o que só fará você alimentar sua raiva, em vez de eliminá-la. Se dissipar sua raiva socando

um travesseiro, imaginando cenários de vingança, contando piadas de mau gosto ou descontando nos seus filhos, sua raiva não vai diminuir, nem seu deslocamento de foco será catártico. Pois a causa da sua raiva permanece inalterada.*

Verdade seja dita: mesmo depois que você conversar com a pessoa com quem está zangada, talvez sua raiva não desapareça. É uma pena, mas pelo menos você terá satisfeito a exigência da Torá de "não odiar a teu irmão no teu coração".

Uma reflexão final: as palavras da Torá, "Não odiarás a teu irmão no teu coração", servem para nos lembrar de que a pessoa que odiamos não é uma estranha; lembre-se, mesmo no momento da sua maior raiva, de que se trata de seu irmão ou sua irmã.

Dia 47 Quinta-feira

"A nenhuma viúva e órfãos afligireis"

Se uma noção análoga à ação afirmativa pode ser encontrada em fontes judaicas, ela se aplica a órfãos e viúvas. A lei judaica, remontando à Torá, codifica com grande precisão e ênfase passional a necessidade de tratar essas pessoas com ternura, compaixão e uma medida adicional de justiça. Como os órfãos e as viúvas não têm pais ou cônjuges que os protejam e são facilmente explorados, a Torá promete que o próprio Deus se vingará de qualquer um que tente se aproveitar dessas pessoas: "O estrangeiro não afligirás, nem o oprimirás; pois estrangeiros fostes na terra do Egito. A nenhuma viúva nem órfão afligireis. Se de algum modo os afligires, e eles clamarem a mim, eu certamente ouvirei o seu clamor. E a minha ira se acenderá, e vos matarei à espada; e vossas mulheres ficarão viúvas, e vossos filhos órfãos". (Êxodo 22:21-23).

---

* Travis, *Anger*, 152.

Em uma passagem incomumente poética, Maimônides desdobra as leis da Torá e do Talmude:

> Uma pessoa pode ser especialmente desatenta em seu comportamento para com viúvas e órfãos porque suas almas estão profundamente deprimidas e seu ânimo, baixo. Mesmo que sejam ricas, mesmo que sejam viúvas e órfãos de um rei, somos advertidos: "A nenhuma viúva e órfãos afligireis". Qual, então, deve ser a nossa conduta em relação a eles?
> Devemos sempre lhes falar com ternura.
> Devemos lhes demonstrar incansável cortesia; não os sobrecarregar fisicamente com trabalhos árduos e não magoar seus sentimentos com palavras ásperas.
> Devemos ter mais cuidado com suas propriedades e suas posses monetárias do que temos para com nossas próprias. Todo aquele que os irritar, provocar sua ira, magoar, tiranizar ou lhes causar perda monetária é considerado culpado de transgressão.
>
> – MOISÉS MAIMÔNIDES, *MISHNÉ TORÁ*,
> "LEIS DO DESENVOLVIMENTO DO CARÁTER", 6:10

Embora tecnicamente o termo órfão se refira a uma criança que perdeu o pai e a mãe, na época bíblica incluía as que haviam perdido o pai, mas cujas mães ainda estavam vivas. Em sociedades patriarcais, como as que prevaleceram ao longo da maior parte da história, um menor sem pai era fraco e vulnerável. Em escritos judaicos posteriores, o termo órfão passou a se referir a uma criança que havia perdido a mãe, o pai ou ambos.

Hoje, com a maior expectativa de vida, é provável que exista um número proporcionalmente menor de órfãos do que em qualquer outro momento da história humana. Entretanto, em razão dos altos níveis de divórcio da atualidade, muitas crianças quase não têm contato com o pai. Recentemente, surgiram muitos dados indicando que os meninos criados sem pai são muito mais propensos a vícios de drogas, baixos níveis educacionais, desemprego e crimes violentos; meninas criadas sem pai sofrem mais desajustes sociais, também. Portanto, a diretiva bíblica de dispensar cuidado especial aos órfãos também poderia orientar-nos a servir, se possível, como "irmão mais velho" ou "irmã mais velha" de um menino ou uma menina que não tenha contato com seu pai biológico. Embora tecnicamente não seja órfão, em termos psicossociais, uma criança que mal vê o pai é órfã.

A Bíblia identifica Deus como "o pai dos órfãos" (Salmos 68:6). Portanto, ao tentar ajudar os órfãos regular e significativamente, tornamo-nos, pelo menos em um aspecto, semelhantes a Ele.

Dia 48 Sexta-feira

Por que se abster de fofocas constitui um desafio importante?

Uma conhecida minha adorava camarão. Quando se casou com um judeu observante das normas religiosas, abriu mão de comer esse crustáceo proibido biblicamente e se tornou, ela mesma, uma judia praticante. Vários anos depois, comentou com o marido que se sentia pouco religiosa porque ainda sentia vontade de comer camarão. "Ao contrário", ele comentou, "o fato de você ainda sentir vontade de comer camarão, mas abster-se de fazê-lo por ser proibido, é uma prova de sua religiosidade. Os rabinos ensinam que não se deve dizer, 'abomino comer carne de porco', e sim, 'Sinto vontade de comer carne de porco, mas o que posso fazer, uma vez que meu Pai celestial proibiu seu consumo?'" (*Sifre*, Numbers 20:26).

Rabi Abraham Twerski, psiquiatra, observa sabiamente que essa máxima rabínica não se aplica mais aos judeus que foram criados em famílias que observam os rituais judaicos. Por exemplo, o marido da minha conhecida nunca expressou vontade de comer camarão. Se o tivesse feito, provavelmente teria ficado enjoado. A proibição de ingerir alimentos proibidos tornou-se tão internalizada entre os judeus observantes que se abster de comê-los não exige mais autossacrifício.

Entretanto, há um mandamento que quase todos os judeus observantes – e não observantes – são tentados a violar: a proibição de falar mal dos outros (*Lashon Hara*; vide Dia 43). Muitos judeus observantes de outros aspectos violam frequentemente esse impedimento bíblico. Parafrasear a citação rabínica lhes faria bem: "Não se deve dizer 'abomino fofoca', e sim, 'adoro falar mal dos outros, ouvir detalhes de sua vida íntima e discutir falhas de caráter alheias, mas o que posso fazer, uma vez que meu Pai celestial proibiu?'"

Adotar essa atitude não só levará à diminuição da fofoca como também, argumenta Twerski, dará uma poderosa lição de verdadeira religiosidade aos filhos. Ele defende que se interrompa uma discussão à mesa de refeições quando está transformando-se em fofoca, explicando aos filhos que você está tentado a continuar a conversa, mas que Deus proíbe fofoca. Fazendo isso, você pode demonstrar aos seus filhos, "vivendo o exemplo da negação da [sua] vontade por determinação de uma Autoridade maior. Talvez seja uma lição da qual eles jamais vão se esquecer".*

Shabat Shalom!

Dia 49 Shabat

Ao longo deste Shabat, analise o material dos seis dias anteriores e use alguns dos textos estudados como base para discussões durante as refeições do Shabat:

DIA 43. A ética judaica da fala: O que é *Lashon Hara*?
DIA 44. Não passe adiante comentários negativos
DIA 45. O pecado que ninguém admite cometer
DIA 46. Quando o confronto é desejável
DIA 47. "A nenhuma viúva e órfãos afligireis"
DIA 48. Por que se abster de fofocas constitui um desafio importante?

Shabat Shalom!

---

* Twerski, "Be a Living Example", *Jewish Action*, Outono de 1998, 1999.

SEMANA 8

Dia 50 Domingo

Tzedaká é mais do que caridade

Conta-se que, quando o taciturno presidente norte-americano Calvin Coolidge chegou em casa, após voltar da igreja, a esposa lhe perguntou:
"Sobre o que o pastor falou hoje?"
"Sobre pecado", respondeu.
"E o que ele disse?"
"Que era contra".

Era de se esperar que qualquer pessoa que escrevesse sobre *tzedaká* encontrasse a mesma dificuldade que o pastor de Coolidge. Afinal, uma vez que dizemos que doar *tzedaká* é uma coisa boa, precisamos dizer mais alguma coisa?

Uma análise das fontes judaicas revela que, na verdade, há muito mais a ser dito. Acima de tudo, *tzedaká* é mais do que caridade, derivada da palavra latina *caritas*, que significa "do coração" e implica doação voluntária. Quem dá um presente é "caridoso" e quem não o faz é "pouco caridoso" – um feio epíteto, com certeza, mas não há nada a fazer. A palavra *tzedaká*, por outro lado, vem de *tzedek* ("justiça", em hebraico). Uma das obrigações mais importantes que o judaísmo impõe aos judeus é a realização de atos de justiça. "A justiça, somente a justiça seguirás", instrui a Torá (Deuteronômio 16:20). Séculos depois, o Talmude ensinou, "*Tzedaká* é igual a todos os outros mandamentos juntos" (*Bava Bathra* 9a).

Dessa forma, pela ótica do judaísmo, aquele que faz *tzedaká* age com justiça, enquanto aquele que não o faz age injustamente, por isso a lei judaica considera não apenas feio, mas também ilegal, negar *tzedaká*. Ao longo da história dos judeus, quando as comunidades judaicas se autogovernavam, cobravam-se-lhes *tzedaká*, da mesma maneira que hoje se cobram impostos das pessoas.*

A doação de *tzedaká* foi legislada inicialmente na Torá. Em Deuteronômio (26:12) vemos o mandamento que ordenava aos judeus doarem 10% de sua renda aos pobres a cada três anos, e um percentual adicional inespecífico de sua colheita anualmente (Levítico 19:9-10). A Torá também tentou estimular a generosidade de espírito. "Se houver algum israelita pobre em qualquer das cidades da terra que o Eterno, o seu Deus, lhe está dando, não endureçam o coração, nem fechem a mão para com o seu irmão pobre. Ao contrário, tenham mão aberta e emprestem-lhe liberalmente o que ele precisar" (Deuteronômio 15:7-8). Para que a pessoa não se canse das demandas recorrentes feitas pelos pobres, a Torá nos lembra de que, "sempre haverá pobres na terra. Portanto, eu lhe ordeno: abra a mão tanto para o pobre como para o necessitado" (Deuteronômio 15:11).

Depois que o Templo foi destruído e o imposto anual de 10% que os judeus eram solicitados a pagar para o sustento dos sacerdotes e levitas tornou-se impraticável, a lei judaica acabou decretando 10% como o percentual mínimo da renda líquida que esperava que os judeus doassem aos necessitados (vide Maimônides *Mishné Torá*, "Leis sobre Donativos aos Pobres", 7:5).**

Por que a lei judaica insiste tanto em exigir que se doe determinado percentual da renda para a caridade? Talvez por intuir que, se não houver

---

* Inúmeros indícios históricos documentam que a ideia de *tzedaká* não era apenas pregada em livros judaicos: era também amplamente praticada. Para citar um exemplo, na Roma do século XVII, uma comunidade judaica composta apenas de vários milhares de habitantes mantinha sete sociedades de caridade que forneciam roupas, sapatos, camas e comida aos pobres. Havia uma organização especial para auxiliar as famílias afetadas por morte súbita de um membro e outra responsável por visitar os doentes. Uma sociedade coletava doações para judeus em Israel e onze levantavam dinheiro para várias atividades educacionais e religiosas judaicas.

** Todas as autoridades rabínicas concordam que os impostos diretos sobre os rendimentos, como renda ou imposto sobre ganhos de capital, devem ser deduzidos antes de ser descontado o *maaser* (dízimo). Nas palavras do rabino Moshe Feinstein (*Igrot Moshe, Yoreh De'ah*, número 143), a renda desse tipo pode ser considerada como se nunca tivesse sido ganha" (Domb, *Maaser Kesafim*, 79).

um percentual definido, as pessoas doarão muito menos do que é necessário. Na verdade, dez milhões de norte-americanos doam menos de 3% de sua renda à caridade; muitos não doam praticamente nada. E ainda que a lei judaica adorasse que as pessoas fizessem caridade com o coração, entende que aguardar que o coração das pessoas as motive a doar 10% de sua renda poderia envolver uma longa espera. Portanto, como Dennis Prager observa, "o judaísmo afirma, 'doe 10%'. Se você o fizer de coração, ótimo. Nesse meio--tempo, fez-se o bem".

Uma sugestão: se hoje você doa menos de 10% da sua renda para a caridade, talvez muito menos, ao longo do próximo ano, tente aumentar em 1% suas doações (por exemplo, se atualmente contribui com 4% da sua renda, passe a doar 5%). Embora financeiramente possa parecer pesado, você terá a satisfação de ter feito o bem de maneira significativamente maior.*

Dia 51 Segunda-feira

Brigue – mas de maneira justa

Um das histórias mais tristes do Talmude narra uma amarga disputa que destruiu as vidas dos rabinos Yochanan e Resh Lakish, antes muito amigos.

Rabi Yochanan já era um estudioso reconhecido quando conheceu Resh Lakish, na época gladiador e bandido. Surpreso com a impressionante aparência física e o imponente intelecto de Resh Lakish, Rabi Yochanan o convenceu a arrepender-se e tornar-se um judeu praticante. Não demorou para Resh Lakish se tornar tanto um grande estudioso quanto cunhado de Rabi Yochanan. Certo dia, porém, durante uma discussão na *yeshivá* do Rabi Yochanan sobre uma questão da lei judaica relacionada ao *status* do ritual de espadas, facas e adagas, Resh Lakish discordou da visão de Rabi Yochanan,

---

* Para esta entrada, baseei-me em vários exemplos citados no livro *Jewish Literacy*, de minha autoria, páginas 511-514.

enfurecendo-o. Ao duvidar da validade da visão de seu adversário, Rabi Yochanan fez uma referência cruel ao detestável passado de Resh Lakish: "Um ladrão entende de seu ofício".

Angustiado, Resh Lakish respondeu: "Que bem, então, me fizeste ao me influenciar para abrir mão de minha vida de bandido? Entre os gladiadores, eu era chamado de 'Mestre'; aqui, também, sou chamado de 'Mestre'." Rabi Yochanan, por sua vez, expressou grande sofrimento diante do fato de Resh Lakish ter desprezado tão casualmente o bem que ele lhe havia feito ao influenciá-lo a se tornar um judeu praticante.

Quase que imediatamente depois do ocorrido, Resh Lakish caiu muito doente. Quando a esposa, irmã de Rabi Yochanan, implorou que o irmão fosse visitá-lo, Rabi Yochanan recusou-se a fazê-lo; deixou claro que não se importava nem um pouco com o que acontecia com Resh Lakish. "Se seu marido morrer, eu a sustentarei", foi tudo que ele disse.

Resh Lakish morreu e Rabi Yochanan, talvez para sua própria surpresa, entrou em uma depressão tão profunda que acabou ficando louco. Os rabinos rezaram para que Deus tivesse piedade dele e, logo depois, ele faleceu (vide Talmude Babilônico, *Bava Mezia* 84a).*

Evidentemente, esse incidente representa um exemplo radical do que pode acontecer quando duas pessoas que estão brigando perdem toda a perspectiva e amplo controle da língua. Entretanto, sua lição se aplica a todos nós. Por mais exaltado que você fique durante uma discussão, suas palavras devem concentrar-se exclusivamente na questão que provocou a controvérsia. Jamais use informações pessoais que possam ser danosas para invalidar seu adversário e suas alegações.** Essa regra é simples, mas sua violação muitas vezes transforma discussões moderadas em brigas furiosas, daquelas capazes de causar rupturas permanentes entre amigos ou familiares.

É inevitável – você certamente terá discussões com outras pessoas, às vezes com pessoas próximas. Se tiver cuidado com as palavras que usar na

---

* Aludir ao fato de que Resh Lakish tinha sido ladrão no passado em nada reforçou a argumentação de Rabi Yochanan.

** No meu livro *Words That Hurt, Words That Heal*, páginas 84-89, há uma descrição e uma discussão mais detalhada dessa história talmúdica.

discussão, a questão normalmente pode acabar se resolvendo. Se, porém, usar palavras não para fundamentar sua argumentação, e sim para magoar seu adversário, ele acabará encontrando maneiras de magoá-lo também. Foi o que aconteceu entre o Rabi Yochanan e Resh Lakish. A única maneira de evitar essa amargura na vida é aprender a brigar – de maneira justa.

Dia 52 Terça-feira

Um dia sem boatos ou fofocas; que tal uma semana?

Embora todas as pessoas que possuem bom senso moral concordem que espalhar uma história maliciosa e inverídica sobre outra pessoa seja vil, quase todos os leitores deste livro, inclusive eu, já o fizeram – muitos, várias vezes.

Quando? Ao divulgarmos boatos de forma rotineira.

Os boatos, de um modo geral, não são positivos e elogiosos ("Escuta, você ouviu falar que fulano de tal é uma pessoa maravilhosa?"). Ao contrário, muitos rumores, senão todos, são negativos e, não raro, falsos. Se você passar adiante um boato que seja ao mesmo tempo negativo e inverídico ("Ouvi falar que Michael foi demitido do último emprego porque foi pego desviando dinheiro"), você ajudou a causar sérios prejuízos à reputação da pessoa e infringiu danos possivelmente irrevogáveis. A lei judaica categoriza tal comportamento como *motzi shem ra* (dar ao outro [literalmente "divulgar"] uma má reputação), considerando-o uma ofensa particularmente perversa.

As pessoas que transmitem boatos capazes de destruir a reputação de outras muitas vezes se defendem alegando: "Não foi de propósito. Quando passei o boato adiante, achei que era verdade". Tal defesa é análoga a um motorista bêbado que causou um acidente fatal que afirma: "Não tive a intenção de matar alguém". É claro que não teve, mas e daí? O fato de uma pessoa ter morrido por negligência, e não intencionalmente, não serve de consolo para a família da vítima. De maneira similar, o fato de a pessoa que transmite um boato acreditar que ele seja verdadeiro não minimiza, de maneira alguma, o dano infringido ao outro.

Portanto, que cuidados devemos ter ao verificar a veracidade do rumor antes de transmiti-lo como fato? O Talmude sugere a seguinte orientação: "Se a informação está tão clara para você quanto o fato de que sua irmã lhe é proibida como parceira sexual, [somente] então a divulgue" (*Shabbat* 145b).

É tão difícil assim fazê-lo? Sim, é muito difícil; o único consolo quem nos oferece é o sábio Ben Sira: "Ouviu dizer alguma coisa? Deixe a informação morrer dentro de si. Seja forte; ela não o explodirá" (Apocrypha, *Bem Sira* 19:10).

Com relação aos casos em que os boatos devem ser transmitidos, vide o texto de amanhã.

Dia 53 Quarta-feira

Em que ocasiões é apropriado transmitir um boato?

Como observamos ontem, a lei judaica geralmente proíbe a transmissão de boatos.

Contudo, será que esse padrão é exageradamente rígido? Por exemplo, e se um amigo lhe disser que vai investir seu dinheiro com alguém que você *ouviu falar* ter um péssimo histórico como gestor financeiro? Ou se tiver *notícias* de que o emprego de um amigo está em risco? Ou se souber que um amigo está consultando um médico que, *pelo que você ouviu falar*, é incompetente?

Há quem argumente que, como não sabe com certeza se os detalhes negativos dos rumores são verdadeiros, você não deve falar nada. Outros, dentre os quais me incluo, acreditam que não dizer nada não parece ser moralmente correto. Afinal, a falta de conhecimentos definitivos exigem que você não expresse sua opinião e deixe seu amigo perder dinheiro ou tornar-se vítima de um erro médico?

Existe uma posição moral intermediária, que não permite a divulgação aleatória de boatos nem proíbe categoricamente a transmissão dos que você não sabe se são ou não verdade: advertir o seu amigo sobre o que você ouviu falar, mas não alegar que o que você lhe está contando é um fato estabelecido. Por exemplo, no caso do gestor financeiro, diga ao seu amigo algo mais ou menos assim: "Antes de investir seu dinheiro com fulano de tal, procure a opinião de outras pessoas que já o conhecem e investiram com ele. Ouvi falar que o histórico dele não é muito bom. Não sei se é verdade, mas seria ingenuidade sua descartar a informação sem investigar".*

Enfatizando que o que você ouviu dizer é um boato, e que seu amigo deve, antes de tudo, investigar a questão, você protege o investidor em potencial e ao mesmo tempo evita, na medida do possível, prejudicar a reputação da pessoa que motivou a discussão.

O que a tradição judaica nos ensina é que mesmo quando se trata de transmitir um boato, existe uma maneira ética – e uma maneira não ética – de agir.

Dia 54 Quinta-feira

Reflexões para o Bar Mitzvá *ou* Bat Mitzvá

Segundo a tradição judaica, o *Bat Mitzvá* da menina deve ser realizado aos 12 anos e o *Bar Mitzvá* do menino aos 13. As palavras *Bar Mitzvá* e *Bat Mitzvá* significam "responsável por cumprir

---

* O professor Michael Berger, que também é rabino, não está inteiramente à vontade com a solução proposta por mim: "Na minha visão, fazer o tipo de comentário que você sugere só é apropriado se a outra pessoa de fato verificar o histórico daquele. Se, porém, a reação do seu amigo à sua 'advertência' for dizer 'Não preciso dessa dor de cabeça' e simplesmente descartar a pessoa, se esses boatos tiverem partido de um difamador, você se torna cúmplice de destruir o meio de vida do gestor financeiro. Parece-me que a coisa certa a fazer é insistir para que o seu amigo realmente investigue o histórico da pessoa porque essa é uma atitude *prudente* a ser tomada – e não por causa de algo que você ouviu falar.

os mandamentos" (literalmente "filho [filha] dos mandamentos"). Alguns dos mandamentos e rituais que você deverá seguir serão observados no dia do seu *Bar Mitzvá* ou *Bat Mitzvá*. Por exemplo, é a primeira vez que, segundo a tradição judaica, você pode ser chamado para ler determinado trecho da Torá, em sua primeira *aliyah*.* Além de recitar a bênção da Torá, espera-se também que você cante trechos do livro sagrado e da Haftorá, que estude seu trecho da Torá e fale sobre ele aos membros de sua congregação.

Obviamente, porém, o judaísmo seria uma religião bastante patética se a realização desses rituais em sinagogas fosse tudo que se esperasse daqueles que se tornaram "responsáveis por cumprir com os mandamentos". Portanto, para tornar significativos os anos que antecedem seu *Bar Mitzvá* e se sucedem a ele, Rabi Jeffrey Salkin desenvolveu uma lista abrangente de *mitzvot* (mandamentos) que, em suas palavras, "tornam reais os valores judaicos".** Comece a observar alguns deles e você não só sairá do seu *Bar Mitzvá* ou *Bat Mitzvá* como adulto, mas também vai se sentir adulto:

- Faça uma visita a alguém que perdeu um ente querido. Isso cumpre o mandamento de confortar os que estão enlutados (*nichum aveilum*: vide, por exemplo, os Dias 136 e 137). Talvez você nunca tenha feito isso antes, pois muitos pais protegem os filhos da morte e não os levam a enterros ou cemitérios, ou em visitas a pessoas que sofreram uma perda recente.
- Faça uma visita ou telefone a uma pessoa doente. Isso cumpre o mandamento de visitar os doentes (*bikur cholim*: vide Dias 31, 32 e 176).
- Faça distribuírem as sobras de comida de sua festa de *Bar Mitzvá* ou *Bat Mitzvá* aos necessitados (vide Dia 274).

---

* Os judeus ortodoxos não chamam as mulheres para ler trechos da Torá, embora alguns judeus ortodoxos modernos o façam em serviços especiais frequentados apenas por mulheres.

** Salkin. *For Kids Putting God on Your Guest List: How to Claim the Spiritual Meaning of Your Bar/Bat Mitzvah*, páginas 55-72.

- Leve *chametz* (alimentos fermentados cujo consumo durante Pessach é proibido pela lei judaica) da sua casa para uma entidade filantrópica e estimule seus parentes e amigos a fazer o mesmo.
- Dedique um tempo a uma causa ou um problema da comunidade. Por exemplo, escreva a uma autoridade sobre um problema social ou político significativo. A Torá nos ordena, "*Tzedek, tzedek tirdoff* – sigam única e exclusivamente a justiça" (Deuteronômio 16:20). Rabi Salkin sugere: "Use alguma ideia judaica na carta".
- Doe 3% do custo da sua festa de *Bar Mitzvá* ou *Bat Mitzvá* para a *Mazon* (palavra hebraica que significa sustento; vide nota sobre *Mazon* ao final do Dia 170), organização judaica que distribui dinheiro para entidades filantrópicas e para alívio da fome ao redor do mundo.
- Tenha em casa uma caixa para *tzedaká* (caridade) e, com outros membros da família, deposite algum dinheiro dentro dela toda sexta à noite, antes do Shabat. Quando houver uma quantia significativa, reúna-se com a sua família e decida qual será a destinação daquele dinheiro.
- A tradição judaica enfatiza a *mitzvá* de demonstrar respeito pelos mais velhos (Levítico 19:32 ordena: "Honrarás a face do ancião"). Se estiver disposto a realizar este *mitzvá* regularmente, há muita coisa que você pode fazer. Por exemplo, ajudar os idosos internados em casas de repouso a realizar o Shabat ou serviços em datas religiosas; levar flores para eles em casas de repouso na sexta-feira à tarde, "adotar" um idoso e visitá-lo toda semana ou todo mês.
- Não espere que seus avós liguem para você; aja como adulto, tome a iniciativa de ligar para eles.
- Como sugiro no Dia 80, pergunte aos seus pais de que ancestral veio o seu nome. Que qualidades judaicas e gerais a pessoa tinha e por que seus pais escolheram lhe dar o nome dessa pessoa?

E, obviamente, permita que eu lhe deseje *mazal tov*.

Dia 55 — Sexta-feira

Aprendendo com os maus a fazer o bem

Lembro-me de ter lido sobre um rei britânico que atemorizava a própria família, particularmente os filhos. Um amigo sugeriu que ele fosse mais tolerante com estes, mas o rei recusou o conselho com total desprezo: "Meu pai me fez ter medo dele e quero que meus filhos tenham medo de mim".

Quando li isso, senti pena e desprezo pelo rei, mas tive também pena de seus filhos, e mais ainda dos filhos dos filhos dele. Maltratado quando criança, esse homem havia aprendido apenas a agredir também.

A Torá quer que os judeus aprendam exatamente a lição oposta do sofrimento. Quando uma pessoa sofreu agressões e maus tratos, deve aprender como é horrível sofrer, e se abster de impor sofrimentos a terceiros. Assim, a Torá ordena aos judeus que acabaram de ser libertados da escravidão no Egito, "Não maltratareis nem oprimireis nenhum estrangeiro [o não israelita, o membro mais vulnerável da sociedade], pois vós mesmos fostes estrangeiros nas terras do Egito" (Êxodo 22:21).

Os israelitas poderiam ter aprendido outras lições com sua experiência de escravidão; por exemplo: "Faça com os outros o que eles fizeram com você, e faça-o primeiro" ou a lição aprendida pelo rei britânico, de que as pessoas com poder devem usá-lo para tiranizar os mais fracos. Ao longo da história, muitos que sofreram aprenderam essas duas lições. Frequentemente ouvimos historiadores explicarem o amplo apoio dos alemães aos nazistas como uma reação ressentida aos severos termos que lhes foram impostos pelos Aliados depois da Primeira Guerra Mundial. De maneira análoga, sabemos que os pais com maior inclinação a maltratar os filhos são aqueles que sofreram abusos quando criança. Como regra geral, o sofrimento não é um nobre professor.

A Torá gostaria de que nós, todos nós, indivíduos e nações, pudéssemos romper com esse padrão. Se você já foi magoado – e quem não foi? –, aprenda a *não* fazer o mesmo com o outro. Deram-lhe um apelido vergonhoso quando você era criança? Zombavam de você por sua falta de habilidades atléticas? Já foi preterido em uma vaga de emprego por discriminação? Sofreu porque alguém espalhou um boato malicioso a seu respeito? Pense no quanto sofreu e no que pode fazer para garantir que as pessoas que têm contato com você não sofram de modo semelhante.

Todos sofremos na vida. A única coisa boa que pode resultar desse sentimento é aprender a *fazer* o bem.

Shabat Shalom!

Dia 56 Shabat

Ao longo deste Shabat, analise o material dos seis dias anteriores e use alguns dos textos estudados como base para discussões durante as refeições do Shabat:

DIA 50. *Tzedaká* é mais do que caridade
DIA 51. Brigue – mas de maneira justa
DIA 52. Um dia sem boatos ou fofocas; que tal uma semana?
DIA 53. Em que ocasiões é apropriado transmitir um boato?
DIA 54. Reflexões para o *Bar Mitzvá* ou *Bat Mitzvá*
DIA 55. Aprendendo com os maus a fazer o bem

Shabat Shalom!

SEMANA 9

Dia 57 Domingo

Ame o estrangeiro

Muitas pessoas estão cientes de duas das três leis da Torá relacionadas ao amor: "Ama ao teu próximo como a ti mesmo" (Levítico 19:18) e "Amarás o Senhor teu Deus com todo o teu coração" (Deuteronômio 6:5). Poucos, porém, se recordam de que o mesmo capítulo bíblico que nos ordena amar ao próximo também exige que amemos o estranho: "Quando um estrangeiro habita convosco na vossa terra, não o molestareis. O forasteiro que mora convosco será para vós como um compatriota, e vós o amareis como a vós mesmos, pois fostes um estrangeiro na terra do Egito. Eu sou o Eterno vosso Deus" (Levítico 19:33-34).

Há um século, o filósofo judeu alemão Hermann Cohen (1842-1918) alegou que na injunção de amar o estrangeiro, o "outro", encontramos o começo da verdadeira religião: "O estrangeiro deveria ser protegido, ainda que não fosse um membro de nossa família, clã, religião, comunidade ou povo, simplesmente porque é um ser humano. No estrangeiro, portanto, o homem descobriu a ideia de humanidade".

No mundo de hoje, a quem essa lei se aplica? Tanto em Israel quanto na Diáspora, essa lei se destina a todos os residentes não judeus que desejam viver em paz com seus vizinhos judeus.*

Essa lei se aplica com força específica a não judeus pobres e politicamente fracos; a Torá nos lembra, "pois fostes um estrangeiro na terra do Egito". Ao recordar como foi difícil viver como estranhos e escravos no Egito, a Torá nos ordena a agir de maneira justa e misericordiosa para com os mais humildes.

---

* A lei da Torá, fundamentada tanto na moralidade quanto no bom senso, não ordena que os judeus de Israel amem os vizinhos não judeus que desejam destruí-los.

Assim, cabe a nós tentar garantir que essas pessoas sejam tratadas equitativamente diante da lei. Como determina a Torá no verso citado: "O estrangeiro que mora convosco será para vós como um compatriota" (Levítico 19:34; vide Êxodo 12:49).

Parece-me que um corolário adicional dessa lei proibiria que se fizesse referência às pessoas que residem nos Estados Unidos pacificamente, mas sem permissão governamental, como estrangeiros "ilegais". Certa vez, ouvi Elie Wiesel apontar que é ofensivo usar o adjetivo "ilegal" para descrever uma pessoa – como pode um ser humano ser ilegal? – e A. M. Rosenthal, ex-editor do *The New York Times*, hoje colunista do jornal, observou que chamar um ser humano de estrangeiro é negar-lhe a própria humanidade e fazer-lhe parecer uma criatura de outro planeta.

Na tradição bíblica, os estrangeiros têm uma distinção singular: além dos Patriarcas (Deuteronômio 4:37), eles são a única categoria de seres humanos a quem Deus ama: "E Deus ama o estrangeiro" (Deuteronômio 10:18).*

---

* A palavra bíblica para "estrangeiro" é *ger*. Centenas de anos depois que a Torá foi escrita, essa palavra passou a denotar "convertido", uso que até hoje se mantém no hebraico moderno. Consequentemente, a começar pelo Talmude, muitos judeus começaram a pressupor que a injunção bíblica de amar o *ger* e tratá-lo equitativamente se referia a alguém que escolheu ser um judeu. Sim, sem dúvida, a intenção da Torá nessa lei era proteger o estrangeiro, não o convertido, de maus tratos. Pois se a Torá, ao usar *ger*, estivesse referindo-se ao convertido, o verso seria: "Não maltratareis nem oprimireis nenhum convertido, pois vós mesmos vivestes como convertidos na terra do Egito" (Êxodo 22:20-21). A implicação dessa interpretação seria que nossos ancestrais se haviam convertido à religião egípcia; tal leitura, evidentemente, é absurda.

Uma observação final aqui: o Dr. Stephen Marmer, psiquiatra, observa que o mandamento de "amar ao estrangeiro" é o "antídoto crítico à intolerância religiosa. É o ingrediente peculiar que permite nosso entusiasmo com a própria fé, o próprio país, mas ao mesmo tempo nos proíbe de impor nossa religião a alguém, ou de algum outro modo maltratar, aqueles que são de outra fé ou religião".

Dia 58 Segunda-feira

O que a Torá nos diz sobre os cegos e os surdos

Não amaldiçoarás ao surdo e não porás obstáculo diante de um cego, mas temerás o teu Deus.
– Levítico 19:14

Por que alguém colocaria um obstáculo diante de um cego? Uma pessoa cruel poderia ficar inclinada a colocar obstáculos diante de outras pessoas também, mas temeria fazê-lo porque a parte afetada poderia identificar quem foi o autor do ato. No entanto, no caso de um cego, esse medo desaparece. Ele não saberia quem colocou o obstáculo (e poderia nem sequer perceber que foi vítima de crueldade premeditada e não de um acidente), bem como a pessoa surda não "ouvirá" a maldição que lhe foi dirigida. Esse é, na realidade, o motivo pelo qual o verso termina com a advertência, "temerás o teu Deus". Lembre-se, a Torá está advertindo todos os sádicos de que, mesmo que não haja testemunha humana de seus atos, Deus está vendo.

Os rabinos posteriores, convencidos de que nenhum judeu seria cruel a ponto de fazer um cego tropeçar de propósito, passaram a interpretar essa frase de maneira figurada. Por exemplo, explicaram que ela se aplica a qualquer um que intencionalmente ofereça conselhos desvantajosos aos outros (como tirar proveito da "cegueira" do outro em algum assunto; vide Dia 113.)

Entretanto, não podemos ignorar o significado literal do verso. A Torá deu-se conta de que, ao longo da história, o sofrimento das pessoas portadoras de deficiências era oriundo tanto da deficiência em si quanto da crueldade dos outros contra elas. Em um discurso na First National Conference for Jewish Special Educational Professionals em 1979, o Dr. Morton Siegel observou que "nas antigas tradições, as pessoas portadoras de deficiências físicas eram comumente vistas como 'amaldiçoadas por Deus'. Portanto, visto que eram 'amaldiçoadas por Deus', por que não seriam amaldiçoadas também pelos homens? Aprova-se uma lei que diga às pessoas para não fazerem determinada coisa que elas não estão fazendo? Obviamente, elas a *estão* fazendo".

Daniel Taub observa que esse mandamento tem também aplicações sociais mais abrangentes. Assim, planejar uma cidade sem levar em consideração as necessidades dos portadores de necessidades especiais (rampas para cadeirantes, sinais de trânsito com avisos sonoros para deficientes visuais) poderia, literalmente, equivaler a "criar um obstáculo".

Portadores de deficiência visual e auditiva já lidam com dificuldades marcantes em seu cotidiano. Não crie mais um problema para eles – por meio da crueldade, da negligência ou da indiferença.

Dia 59 Terça-feira

Defendendo a justiça

Moisés foi criado como um jovem príncipe no palácio do Faraó. Entretanto, de alguma maneira – a Bíblia não nos diz como – ele ficou sabendo que não era egípcio, e sim israelita. Assim, certo dia saiu do palácio para ver como viviam seus irmãos israelitas, que eram escravos. Foi quando viu um capataz egípcio açoitar brutalmente um israelita. Tomado pela raiva, Moisés interveio. Bateu com tamanha força no capataz egípcio que o matou.

No dia seguinte, Moisés testemunhou uma briga entre dois israelitas e tentou fazer a paz entre eles. Os homens recusaram seus esforços e um deles lhe perguntou se ele os iria matar da mesma maneira que havia matado o egípcio no dia anterior. Percebendo que sua atitude do dia anterior havia sido testemunhada, e que seria considerada como um crime pelas autoridades egípcias, Moisés fugiu para Midiã. Era de se imaginar que, àquela altura, tudo que ele queria era paz, mas assim que chegou a Midiã, viu vários pastores maltratando um grupo de pastoras. Saiu em defesa das mulheres e deu água ao rebanho delas.

Temos muito a aprender com o comportamento de Moisés. Primeiro, devemos nos manifestar quando vemos uma injustiça sendo cometida. Segundo, devemos nos envolver no combate às arbitrariedades, como um irmão judeu que está sendo maltratado (conforme o caso do escravo israelita que estava apanhando) ou de não judeus que estão sendo oprimidos (como as mulheres midianitas). Terceiro, ao combater a injustiça, não utilize apenas uma estratégia, mas qualquer uma que seja apropriada. Assim, Moisés usou da força bruta para impedir o homem que chicoteava o escravo israelita, usou de palavras para tentar reconciliar os dois homens que estavam brigando e se manifestou e se identificou com as mulheres midianitas que recebiam tratamento injusto. Talvez nesse último caso, Moisés tenha sentido que seria desnecessário lançar mão da força física. De todo modo, seu comportamento nos ensina que cada situação pede uma estratégia diferente.*

A tradição judaica considera Moisés o maior de todos os profetas. O fato de que os três incidentes que a Bíblia revela sobre ele antes de Deus o escolher para liderar o povo judeu lidarem com um só tema, o combate à injustiça, talvez seja a prova mais forte de que o judaísmo nos proíbe de nos mantermos indiferentes ou em silêncio diante de uma covardia. A Torá ordena: "Busque única e exclusivamente a justiça" (Deuteronômio 16:20). Como Moisés, nós também somos exortados a defender a justiça.

Dia 60 Quarta-feira

Não compre produtos fabricados por trabalhadores explorados

Quando fazemos negócios com pessoas que exploram seus empregados, ajudamos a garantir que elas continuarão oprimindo seus trabalhadores. Ao pararmos de comprar seus produtos,

---

* Minha interpretação desses episódios na vida de Moisés foi profundamente influenciada por Lechama Leibowitz: *Studies in Shemot*, páginas 39-48.

essas pessoas vão se sentir motivados a melhorar as condições de vida de seus trabalhadores.

O problema é contemporâneo (acredito que não devemos comprar produtos fabricados por trabalhadores explorados na China, ou por trabalho infantil ao redor do mundo), mas já está presente há muito tempo. Em 1913, o grande líder trabalhista judeu norte-americano Samuel Gompers, presidente da American Federation of Labor, criticou a apatia moral da maioria dos consumidores:

> Será que o público se preocupou com as condições sanitárias nos quais essas roupas foram produzidas? Com as longas horas que os trabalhadores foram obrigados a trabalhar? Com as crianças privadas do direito de brincar e crescer, até de viver? Será que esse público tenta corrigir esses erros e levar justiça aos injustiçados? Ao contrário, esse desinteressado público "justo" continuou sua busca por pechinchas, roupas baratas, sem pensar muito no... desperdício e na perda de vidas humanas.

Como enfatizamos antes, a lei judaica proíbe terminantemente a aquisição de mercadorias que possam ter sido roubadas (vide Dia 3). Comprar mercadorias produzidas por trabalhadores explorados ou com mão de obra infantil, privando a criança de uma infância decente, não passa de tráfico de mercadorias roubadas.

Confrontado com uma situação como essa, a pergunta que você deve fazer a si mesmo não é apenas: "Este produto está barato?", mas sim: "O que Deus gostaria que eu fizesse?".

Dia 61 Quinta-feira

Todos merecem um "obrigado"

Sempre me assusto quando vejo pessoas reclamarem de maneira rude com um garçom sobre alguma coisa da qual não gostaram e quando, em uma festa de casamento ou *Bar Mitzvá*, vejo convidados tratarem o garçom ou a garçonete como se eles fossem robôs, sem agradecer quando colocam um prato de comida diante deles ou o recolhem depois que terminaram de comer.

Rabi Berel Wein recorda-se de uma vez em que estava viajando ao lado do grande estudioso rabínico, Rabi Jacob Kamenetzky. Quando os dois tiveram de esperar em uma fila enorme no pedágio, Wein começou a ficar inquieto. Finalmente, ao chegarem à cabine do pedágio, Wein entregou ao operador o dinheiro do pedágio e seguiu em frente. Rabi Kamenetzky, com forte sotaque, pois nascera na Europa, o reprovou: "Você não aggrradeceu ao rapaz".

Todos merecem um "obrigado": a garçonete que lhe serve, o caixa de banco que conclui sua transação e o motorista de táxi que o leva ao local desejado. Você pode até estar com pressa, mas dizer "obrigado" toma apenas alguns segundos do seu tempo, e como um pagamento ou uma gorjeta, consta da dívida que temos com todos que nos tratam com cortesia e prestam um serviço para nós.

Dia 62 Sexta-feira

A necessidade de imaginação moral

Rabi Raphael Benjamin Levine, filho do venerado mestre de Jerusalém, Rabi Aryeh Levine, certa vez perguntou ao pai por que, quando os estudantes chegavam à *yeshivá* Etz Chayim, onde ele dava aula pela manhã, Reb Aryeh estudava cada jovem que passava.

"Vamos combinar uma coisa", respondeu Reb Aryeh. "Fique ao meu lado e dê uma olhada neles, você mesmo. O que vê? O que observa?"

Na manhã seguinte, o filho ficou ao lado do pai e logo entendeu a razão do comportamento do pai. "É bastante interessante observá-los. Podemos ver como estão ansiosos para estudar a Torá. Vi um menino saindo na frente do outro. Ele tem paixão por aprender. Aquele outro ali já não está ansioso para entrar. Está com a cabeça nos games que estava jogando".

Respondeu Reb Aryeh: "Eu, entretanto, vejo as coisas de uma maneira totalmente diferente. A calça daquele menino está puída. Os sapatos deste estão surrados. Aquele menino ali definitivamente está com fome, como vai conseguir estudar?".

O filho de Reb Aryeh disse a Simcha Raz: "Meu pai, em mais de uma ocasião, tirava dinheiro do próprio bolso para dar às crianças, para que elas pudessem pegar o ônibus de volta para casa nas noites frias e não precisassem enfrentar as ruas molhadas e lamacentas".*

Shabat Shalom!

Dia 63 Shabat

Ao longo deste Shabat, analise o material dos seis dias anteriores e use alguns dos textos estudados como base para discussões durante as refeições do Shabat:

Dia 57. Ame o estrangeiro
Dia 58. O que a Torá nos diz sobre os cegos e os surdos
Dia 59. Defendendo a justiça
Dia 60. Não compre produtos fabricados por trabalhadores explorados
Dia 61. Todos merecem um "obrigado"
Dia 62. A necessidade de imaginação moral

Shabat Shalom!

---

* Há um livro que narra centenas de histórias da bondade de Reb Aryeh, *A Tzaddik in Our Time*, de Simcha Raz, que releio todos os anos antes das Grandes Festas. A história narrada neste texto pode ser encontrada na página 319 dele.

SEMANA 10

Dia 64 Domingo

"Aquele que aprende de seu semelhante um único capítulo"

Um rabino idoso que conheço inspirou centenas, talvez milhares de pessoas, a viverem com maior envolvimento com a religião judaica. A esmagadora maioria continua sendo profundamente grata a ele, mas certa vez ele me relatou uma experiência que o abalou. Ele participava de uma conferência quando encontrou um ex-aluno, um rapaz que era judeu assimilado quando se conheceram. Desde então, o aluno decidira adotar um estilo de vida muito mais rigorosamente observante do que aquele adotado pelo ex-professor. Quando se encontraram na conferência, zombou do rabino dizendo: "Você não tem o direito de se considerar um rabino ou de ensinar o judaísmo! Você não é um bom judeu! É um farsante!".

As palavras do aluno atordoaram o rabino, deixando-o profundamente magoado ("Acredito que ele era uma pessoa mais gentil quando era assimilado", confessou-me). De fato, o jovem, embora tenha acreditado estar agindo como um judeu religioso, estava violando um dos mais profundos princípios éticos do judaísmo. Pois da mesma forma que a ética judaica enaltece uma pessoa por praticar o *hakarat hatov*, ser grata, também condena aqueles culpados por serem *kafui tova*, ingratos. Seria melhor esse aluno, tanto como pessoa quanto aos olhos de Deus, ter tentado incorporar o ensinamento da Mishná, citado em *Ética dos Pais*: "Aquele que aprende de seu semelhante um único capítulo, uma única lei, um único versículo, uma única declaração, ou até uma única letra, deve render-lhe honra" (6:3).

O fato de um aluno sentir que foi além de seu professor em alguns aspectos não o exime de render-lhe honra e gratidão pelas coisas que aprendeu. O Talmude (*Bava Mezia* 2:11) afirma que quando o sábio rabínico Shmuel ficou sabendo do falecimento de um de seus primeiros professores, rasgou suas vestimentas em sinal de luto. O professor dos tempos em que Shmuel era uma criança foi quem o ensinou a ler, e Shmuel havia claramente amadurecido e se tornado um intelectual superior ao professor, mas reconheceu que o que conquistou na vida teria sido impossível se fosse analfabeto ou se não tivesse os conhecimentos básicos que o professor lhe havia transmitido.

Não é necessário aprender muito com uma pessoa ou a respeito de uma ideologia para que a ética judaica imponha sobre você a obrigação da gratidão; basta assimilar um "único capítulo... um único versículo [ou] uma única expressão". Mesmo que só tenha aprendido isso, você deve gratidão e respeito à pessoa que lhe ensinou.

Dia 65 Segunda-feira

Cite suas fontes

Todo aquele que diz uma coisa citando o nome de quem a disse traz a redenção ao mundo.

— ÉTICA DOS PAIS 6:6

Um amigo meu publica um boletim informativo contendo reflexões sobre questões contemporâneas e assinado por milhares de pessoas. Quando publica um artigo especialmente perspicaz ou provocativo, recebe vários telefonemas e cartas dos leitores. Entretanto, o que o surpreende, em especial, é o fato de algumas pessoas lhe dizerem, sem vergonha alguma: "Seu artigo estava ótimo, roubei as ideias dele", e seguem em frente, explicando como basearam toda uma palestra no artigo escrito por ele, mas sem lhe dar os créditos. Em suma, apresentaram as ideias dele como se fossem suas.

A não ser que alguém lhe dê permissão para fazê-lo, você é moralmente obrigado a dar crédito à pessoa com quem aprendeu algo. Não fazê-lo constitui uma espécie de roubo duplo: você rouba o devido crédito da pessoa que inicialmente apresentou a ideia e, em seguida, exerce o que a ética judaica chama de *g'neivat da'at* ("roubar a mente"): engana seus ouvintes, levando-os a acreditar que você é mais inteligente ou mais bem informado e perspicaz do que realmente é.

Então, por que os rabinos creditam o ato de reconhecer alguém como algo que "traz redenção ao mundo"?

Como regra geral, uma pessoa envolvida em uma discussão tem dois motivos possíveis para apresentar um novo fato ou pensamento: ajudar a propiciar aos participantes uma compreensão mais aprofundada do assunto em questão e/ou impressionar todos os presentes com sua inteligência. Se alguém apresentar como sua uma observação inteligente que aprendeu com terceiros, ficará parecendo que só o fez para impressionar a todos com sua "inteligência". Entretanto, se citar a fonte dessa informação, mostrará que seu motivo é aprofundar a compreensão de todos. E um mundo no qual as pessoas compartilham informações e pensamentos para favorecer a compreensão está a caminho da redenção.

Portanto, lembre-se, se você tiver aprendido algo com alguém que possa ser útil aos outros, não o guarde para si, compartilhe-o – desde que você o faça dando crédito à pessoa com quem aprendeu.

Dia 66 Terça-feira

Quem é rico?

Quando eu era menino, nas décadas de 1950 e 1960, quem tivesse 1 milhão de dólares ou mais era considerado muito rico.

No fim da década de 1990, após décadas de inflação, as pessoas que eu conhecia, em geral, definiam como "rico" alguém que tivesse mais de 5 milhões.

Quase dois mil anos atrás, o Talmude também fez a mesma pergunta: "Quem é rico?"

Rabi Tarfon, um sábio do século II da E.C. com uma veia literária, respondeu: "Aquele que tem cem vinhedos, cem campos e cem escravos que neles trabalham" (Talmude Babilônico, *Shabbat* 25b).

No entanto, Rabi Ben Zoma, jovem colega do Rabi Tarfon, ofereceu a seguinte resposta: "Aquele que é feliz com o que tem" (*Ética dos Pais* 4:1).

A profundidade da resposta de Ben Zoma é sugerida pela observação de Dennis Prager de que há diversas pessoas objetivamente "ricas" que, ainda assim, se sentem insatisfeitas no aspecto financeiro: "Lembro-me de ter lido que um ator que ganha milhões de dólares por filme estava infeliz porque Arnold Schwarzenegger ganhava alguns milhões de dólares a mais do que ele. Se esse ator tivesse comparado seu salário com o de, digamos, qualquer um de seus colegas de escola, teria ficado absolutamente feliz com sua extraordinária fortuna. Em vez disso, escolheu comparar seus ganhos com os de um dos poucos atores no mundo que ganham mais do que ele".

As palavras de Ben Zoma nos fazem lembrar de que nem todas as perguntas devem ser respondidas literalmente. Uma indagação que parece estar relacionada a questões monetárias, na realidade, trata de algo bem mais profundo. Afinal de contas, se uma pessoa tem 100 milhões e ainda assim quer ganhar mais, ela é rica?

E você – é rico?

Dia 67 Quarta-feira

Aproveite, aproveite

É justo desfrutar dos prazeres deste mundo enquanto outras pessoas estão sofrendo?

Se você acredita não ser digno, nunca conhecerá o prazer, pois este mundo está *sempre* cheio de sofrimento. A Torá nos lembra: "Pois nunca deixará de haver pobre na terra; pelo que te ordeno, dizendo: abrirás a tua mão para o teu pobre e para o teu necessitado" (Deuteronômio 15:11). Além disso, mesmo que o sofrimento causado pela pobreza fosse eliminado, a dor causada pela doença e pela crueldade humana persistiria.

Assim, as pessoas deveriam se sentir livres para vivenciar o prazer enquanto muitos outros padecem?

A resposta do judaísmo é afirmativa. Contanto que você aja moral e generosamente, tem o direito de desfrutar dos prazeres da vida.

Estou convicto de que a preocupação do judaísmo para que as pessoas aproveitem a vida sem culpa é um motivo para a lei judaica especificar o percentual da renda que cada um deveria doar para caridade (entre 10% e 20%). Sem um percentual estabelecido, uma pessoa moral sempre sentiria que não fez o suficiente. Entretanto, ao doar 10%, você deve sentir-se livre para gastar o restante do seu dinheiro da maneira que bem entender.

O judaísmo acredita que a busca do prazer, quando feita com moderação, é algo positivo. O Talmude ensina que: "No mundo futuro, o homem terá que prestar contas de cada coisa boa que seus olhos viram, mas do qual não provou" (Talmude, *Kiddushin* 4:12). Relata que Rabi Elazar "prestou atenção especial a essa declaração, separando dinheiro para que pudesse provar todo tipo de comida pelo menos uma vez por ano".

Qualquer pessoa que já tenha ido a uma pródiga festa de casamento judaico ou a um *Bar* ou *Bat Mitzvá* poderia supor que os judeus são especialmente preocupados apenas com relação aos prazeres da comida, mas não é bem assim. Samson Raphael Hirsch, grande líder ortodoxo na Alemanha do século XIX, certo dia surpreendeu seus seguidores ao anunciar sua intenção de viajar para a Suíça: "Quando eu estiver diante do Todo-Poderoso", explicou, "responderei a muitas perguntas... Mas o que vou dizer quando... E tenho certeza que ele perguntará: 'Shimshon, você viu os meus Alpes?'".*

Muitos associam devoção a asceticismo. No catolicismo e no budismo, freiras e monges fazem votos de pobreza, bem como muitos homens santos indianos. E embora muitos intelectuais judeus tenham vivido e incentivado vidas de asceticismo, a visão judaica mais normativa é aquela ensinada por Maimônides: "Ninguém deveria, por meio de votos e juramentos, proibir-se

---

* Essa história é encontrada em Martin Gordon, *Journal of Jewish Thought*, 1985, p. 123.

de fazer uso de coisas que, de outro modo, são permitidas" (*Mishneh Torá*, "Leis de desenvolvimento do caráter", 3:1).

Portanto, faça como o escritor e contador de histórias judeu Harry Golden, nascido no Lower East Side de Nova York, ao lembrar que sua mãe sempre dizia: "Aproveite, aproveite".

Dia 68 Quinta-feira

"Não se envolva em falsas acusações"

Por que a Torá não se contenta com o mandamento "Não minta", mas também ordena "Não se envolva em falsas acusações" (Êxodo 23:7)?

Aparentemente, esse versículo pretende não somente proibir a mentira, como também alertar as pessoas contra declarações que poderiam conduzir a mentiras, tais como exageros. Muitas pessoas, sobretudo contadores de histórias ou aqueles que são ansiosos para "provar" algo, sentem a necessidade de "auxiliar" a verdade, o que facilmente pode se transformar em uma mentira. Um provérbio iídiche ensina: "A meia verdade é uma mentira inteira" (vide Dia 309). O estilo do versículo bíblico sugere que a Torá quer que as pessoas sejam precisas, de modo que evitem entrar no reino da mentira ao manter-se "longe da falsidade".

A lei judaica opõe-se especialmente a mentiras ditas para garantir vantagem pessoal. Deste modo, um comerciante que diz ao cliente que um produto é melhor do que de fato é, se torna culpado não apenas por mentir, como também por roubar; ele injustamente tira o dinheiro que o cliente não teria dado se soubesse toda a verdade sobre o produto.

A associação entre mentir e roubar é ressaltada em outra lei bíblica: "Não furtem. Não mintam. Não enganem uns aos outros" (Levítico 19:11). Uma inverdade dita por um vendedor invalida a venda e ele é responsável por devolver o dinheiro ao comprador.

O Talmude aconselha os pais a não mentirem para os filhos: "Não se deve prometer algo a uma criança e depois não dar, pois assim a criança aprenderá a mentir" (*Sukkah* 46b). Em outras palavras, se você prometer um brinquedo ou uma viagem especial a uma criança, estará moralmente obrigado a manter sua palavra. Não fazê-lo não somente é injusto, como também poderá levar a criança a concluir que, no mundo real, não se é obrigado a cumprir promessas.

Os pais também não deveriam incentivar os filhos a mentirem para os outros (como, por exemplo, pedir para seu filho dizer à pessoa do outro lado da linha "Mamãe não está em casa" quando você estiver lá, vide Dia 298). Uma criança que aprende a mentir em benefício dos *pais* em breve passará a mentir em benefício próprio.

Às vezes, mentimos porque queremos que os outros pensem que somos mais inteligentes do que realmente somos. O Talmude sugere um antídoto para esse comportamento: "Ensine sua língua a dizer 'Eu não sei', para que você não seja levado a mentir" (*Berachot* 4a).

Embora haja casos pontuais em que a lei judaica permita que se desvie da verdade (vide Dias 71-73), a orientação geral é "Não se envolva em falsas acusações". Na prática, isso significa não mentir ou exagerar, bem como evitar a companhia de pessoas que não falam a verdade.

Dia 69 Sexta-feira

"O que de bom aconteceu comigo essa semana?"

Há alguns anos, fui a um Shabat realizado pelo meu amigo, o Rabi Leonid Feldman, do Templo Emanu-El, em Palm Beach, Flórida. Antes do início do serviço religioso, ele desejou a todos "Shabat Shalom" e perguntou se alguém na congregação tinha boas notícias a relatar sobre a semana anterior e que desejasse compartilhar com os outros.

As pessoas se levantaram e anunciaram noivados, aniversários de casamento, as primeiras palavras ditas por um filho ou neto, a publicação de um livro, a visita de um membro da família ou amigo que não viam há muitos anos, colação de grau e outras coisas.

Fiquei emocionado. A pergunta do Rabi Feldman incentivou as pessoas a começarem seu Shabat com lembranças das coisas boas que estavam acontecendo em suas vidas. Desde então, começo todo serviço religioso de sexta à noite com minha congregação, a Synagogue for the Performing Arts, em Los Angeles, fazendo a mesma pergunta.

Minha esposa decidiu incorporar o ritual ao nosso lar. No início de cada refeição do Shabat, nas noites de sexta, ela pede que os membros da família e convidados contem algo de bom ou memorável que tenha acontecido com eles durante a semana.

Geralmente, todos, até aqueles que tiveram uma semana difícil, conseguem pensar em pelo menos um momento prazeroso que tenha ocorrido durante a semana anterior. Nos raros casos em que alguém não consegue ter nenhuma lembrança boa, os membros da família ou amigos costumam se recordar de algo bom que a pessoa esqueceu.

Mesmo em tempos difíceis, todos temos experiências ou interações pelas quais somos gratos. É importante nos concentrarmos nessas lembranças felizes, mesmo – talvez principalmente – durante tempos difíceis.

Portanto, é adequado começar o seu Shabat perguntando e respondendo a pergunta que o Rabi Feldman fez para sua congregação: "O que de bom aconteceu comigo essa semana?".

Shabat Shalom!

Dia 70 Shabat

Ao longo deste Shabat, analise o material dos seis dias anteriores e use alguns dos textos estudados como base para discussões durante as refeições do Shabat:

Dia 64. "Aquele que aprende de seu semelhante um único capítulo"
Dia 65. Cite suas fontes
Dia 66. Quem é rico?
Dia 67. Aproveite, aproveite
Dia 68. "Não se envolva em falsas acusações"
Dia 69. "O que de bom aconteceu comigo essa semana?"

Shabbat Shalom!

SEMANA 11

Dia 71 Domingo

Quando é permitido mentir? (I):
Quando a vida está em jogo

Algumas das maiores figuras na teologia cristã e no pensamento ocidental já demonstraram que mentir é sempre errado, mesmo quando a vida está em jogo.

Santo Agostinho, importante pensador da Igreja no século IV, argumentou que mentir exclui a pessoa da vida eterna; por isso, não faz sentido abrir mão do nosso lugar no mundo vindouro para salvar outra vida se, para isso, for necessário mentir: "Não está sendo perverso aquele que diz que uma pessoa deve morrer espiritualmente para que outra possa viver? ... Então, se a vida eterna é perdida ao mentir, uma mentira nunca poderá ser dita para a preservação da vida temporal do outro".*

Cerca de 150 anos depois de Santo Agostinho, Immanuel Kant, na tentativa de estabelecer uma ética secular universal, também condenou todas

---

* Santo Agostinho, "*On Lying*", in Defarrari, *Treatises on Various Subjects*.

as mentiras, independentemente da circunstância. Assim, Kant ensinou que se um homem que está fugindo para salvar sua vida se esconde em nossa casa e o suposto assassino pergunta se "nosso amigo que é procurado por ele se refugiou em nossa casa", estamos proibidos de mentir ou enganá-lo. *

Na visão do judaísmo, uma pessoa que dissesse a verdade e permitisse que um suposto assassino matasse um inocente arcaria com uma grave responsabilidade moral. Kant tinha pouca consideração pelo judaísmo, e por isso não se interessava por seus ensinamentos. No entanto, era alemão e seu pensamento teve um impacto especialmente profundo e duradouro em seu país. Como observa a filósofa Sissela Bok, o capitão de um navio alemão que estivesse escondendo judeus dos nazistas e fosse confrontado por uma embarcação nazista cujo comandante perguntasse se havia algum judeu a bordo teria sido proibido, de acordo com o raciocínio de Kant, de mentir para os nazistas.**

A verdade, ensina o judaísmo, é um grande valor (vide Dia 68), mas não um valor absoluto.

O primeiro capítulo de Êxodo descreve o esforço do Faraó em eliminar os israelitas, afogando os recém-nascidos do sexo masculino no rio Nilo. Ele designa a Shifra e Puah, duas parteiras, a realização dessa tarefa. Contudo, as parteiras temem a Deus e, ao invés de matar os bebês, ajudam a salvá-los.

O Faraó, aflito ao descobrir que sua campanha assassina não estava logrando êxito, chama as parteiras e pergunta por que desobedeceram a sua ordem. A Bíblia nos diz que as duas mulheres mentiram para o Faraó: "As hebreias não são como as egípcias: são vigorosas. Antes de as parteiras chegarem, elas já deram à luz" (Êxodo 1:19).

Será que para a Bíblia a resposta das parteiras foi covarde, e se reprovou o fato de terem mentido?

De forma alguma. Os versículos seguintes nos dizem que Deus "lidou bem" com as parteiras e deu a elas "casas" (famílias numerosas). Em outras palavras, as parteiras estavam certas ao salvar as crianças israelitas e ao mentir para o Faraó.

---

* Kant, *Crítica da razão prática*, páginas 346-50.

** Bok, *Lying*, página 44.

Em um incidente posterior, o próprio Deus é retratado instruindo um profeta a se salvar dizendo uma mentira: quando Deus diz ao profeta Samuel para ungir David como rei substituto de Saul, Samuel fica horrorizado. Se Saul descobrir o que ele está fazendo, ordenará sua execução. Deus instrui Samuel a mentir para Saul e dizer que está viajando para oferecer um sacrifício especial a Deus, sem mencionar seu real propósito (vide I Samuel 16).

É claro, Deus poderia ter ordenado a Samuel que dissesse a verdade e garantir ao profeta que o protegeria, mas em vez disso, Ele lhe diz para mentir. Com isso, descobrimos que deveríamos fazer o mesmo para impedir supostos assassinos, não lhes dizer a verdade e confiar em Deus para nos salvar.

Há raros casos em que o judaísmo instrui que uma pessoa seja um mártir. Por exemplo, se você só pudesse salvar a própria vida matando um inocente, estaria proibido de fazê-lo e deveria se permitir ser morto em vez de matar (vide Dia 310). Entretanto, a lei judaica condena como insensato e imoral dizer a verdade a uma pessoa má e, com isso, autorizar que ela faça uma maldade, ou dizer a verdade a uma pessoa má que leve ao seu assassinato.

A verdade tem grande valor, mas salvar uma vida inocente tem ainda mais valor.

Dia 72 Segunda-feira

Quando é permitido mentir? (2): Judaísmo e "mentiras brancas"

O Talmude registra um debate incomum entre as escolas dos mestres Hillel e Shammai acerca das palavras que os celebrantes deveriam cantar ao dançar em frente a uma mulher recém-casada. De acordo com a Hillel, os dançarinos deveriam cantar as mesmas palavras diante de todas as noivas: "Que noiva bela e graciosa!". Já seus adversários, a escola de Shammai, discordam: "Se ela for manca ou cega, você lhe dirá

'Que noiva bela e graciosa'? A Torá não ordena, 'Não se envolva em falsas acusações'?" (Êxodo 23:7). Assim, eles se opõem recitando uma fórmula padrão; em vez disso, cada noiva deveria ser descrita "da forma como ela é" (vide *Ketubot* 17a).

A posição de Hillel é aceita como uma lei judaica. Uma pessoa enaltece a beleza de todas as noivas e, de qualquer modo, a noiva provavelmente parecerá bela aos olhos de seu noivo.*

Em outro trecho, o Talmude ensina que uma pessoa deveria modificar suas palavras para não ferir gratuitamente os sentimentos dos outros. Dessa forma, conforme mencionado antes, os rabinos observam que a Torá retrata Deus como responsável por alterar a verdade para não criar inimizade entre Abraão e Sara. Em Gênesis 18, três anjos visitam Abraão, de 99 anos, para lhe informar que sua esposa de 89 anos, Sara, dará à luz um filho no ano seguinte. De uma barraca próxima, Sara ouve por acaso o comentário e ri sozinha, dizendo: "Depois de já estar velha, e meu senhor já idoso, ainda terei esse prazer?". No versículo posterior, Deus aparece para Abraão e diz: "Por que Sara riu, dizendo: 'Poderei, realmente, dar à luz, agora que sou idosa?'" (Gênesis 18:12-13).

Deus repetiu apenas parte do comentário original de Sara, omitindo as palavras usadas por ela para dizer que Abraão estava "já idoso". Esse comentário poderia ter magoado Abraão ou o deixado bravo com Sara. Com base nessa história bíblica, o Talmude conclui: "Grande é a paz, pois em nome dela, até Deus modifica a verdade" (*Yevamot* 65b).

---

* O Rabi Irwin Kula observa que o ponto fraco do raciocínio de Shammai é que ele pensava haver sempre uma verdade objetiva: ou a noiva era bela ou não. Hillel compreendia a verdade como múltipla e contextual; de fato, *ele*, Hillel, pode não achar a noiva bela, mas essa é apenas sua opinião. Assim, falar dela da forma como Shammai defende não somente fere sentimentos como também, até certo ponto, não é inteiramente fato, pois, sob a perspectiva humana, não há sempre somente uma verdade, decerto não quando o assunto é a beleza da noiva. Kula prossegue observando que "agora está claro por que Hillel e seus discípulos ensinavam as opiniões de Shammai em sua academia; não era simplesmente porque Hillel era amável e tolerante, mas porque acreditava que a outra opinião, oposta, continha certa verdade e, portanto, precisava ser ensinada" (para uma discussão mais aprofundada sobre essa questão, vide Dia 131).

De acordo com a lei judaica, também não se deve sair por aí relatando às pessoas comentários críticos ouvidos a respeito delas. De fato, se alguém lhe perguntar o que outra pessoa disse sobre ela, deve-se ignorar os comentários negativos feitos pelo outro (exceto no caso em que uma pessoa difamar a outra e a vítima precise ser avisada do dano sendo feito em seu nome; vide Dia 44).

Quando se trata de tentar reconciliar rivais, a lei judaica é notavelmente tolerante com "mentiras brancas". Sobre Aarão, irmão de Moisés e primeiro sumo sacerdote de Israel, os rabinos relatam que ele utilizava meios desonestos para fazer as pazes entre pessoas que haviam brigado. Dizia a uma das partes quão triste seu adversário estava com a disputa e como se sentia envergonhado e abatido. Em seguida, dizia o mesmo à outra parte. Conclui o *Midrash*: "Mais tarde, quando os dois se encontravam, abraçavam-se e beijavam-se" (*The Fathers According to Rabbi Nathan* 12:3).

Um amigo meu me contou ter utilizado essa técnica uma vez, com resultados ruins. Quando as partes se encontraram, uma disse à outra: "Estou feliz por você agora perceber que agiu de forma injusta" e, assim, a "mentira branca" do meu amigo foi rapidamente exposta. Ainda assim, o fato de a tradição judaica aprovar o comportamento de Aarão significa que, em casos de rivalidades pessoais, quando a verdade e a paz entram em conflito, a paz geralmente deve prevalecer.

Também vale a pena modificar a verdade quando ela puder impor sofrimento sem benefício algum. Por exemplo, se antes de sair para uma festa, seu(sua) cônjuge ou um amigo perguntar se está bonito(a) e você acreditar que a pessoa está horrível ou vestida inadequadamente, é preciso lhe dizer a verdade. Fazê-lo da maneira mais delicada possível os poupará de algum constrangimento na festa. Contudo, se alguém em uma festa lhe perguntar se está bonito e você acreditar que não, um comentário descuidado de sua parte poderá causar um terrível desconforto à pessoa e não levará a nada de bom.

Antes de dizer uma verdade que possa causar somente dor e infligir mágoa gratuita, pergunte-se *por que* você deveria dizê-la. De fato, às vezes uma mentira bonita é melhor do que uma verdade feia.

Dia 73 Terça-feira

Quando é permitido mentir? (3): Mentiras ditas por motivos de humildade, privacidade e para não magoar o outro

Conta-se que Frank Lloyd Wright certa vez foi testemunha em um caso de tribunal, durante o qual ele se referiu a si mesmo como "o maior arquiteto vivo".

Mais tarde, quando sua esposa o reprovou por fazer um comentário tão imodesto em público, Wright respondeu: "Eu não tinha escolha. Estava sob juramento".

Embora a lei judaica imponha padrões extremamente rígidos sobre aqueles que prestam testemunho em tribunais (o Nono Mandamento proíbe perjúrio), uma notável passagem talmúdica observa que a lei judaica permite que até *scholars* religiosos se desviem da verdade em certas situações e quando não estão sob juramento: "Em três situações, homens instruídos ocultam a verdade: em questões de tratado, cama e hospitalidade" (Talmude Babilônico, *Bava Mezia* 23b-24a).

Como explicam os comentários: se alguém perguntar a um *scholar* se ele está familiarizado com determinado tratado talmúdico, ele é autorizado a dizer que não, mesmo se estiver, para não parecer que se está vangloriando. E se alguém fizer a um intelectual (ou a qualquer pessoa) perguntas inoportunas sobre sua vida sexual (por exemplo, "Você não veio à sala de estudos ontem porque estava na cama com sua esposa?"), ele é autorizado a proteger suas questões pessoais com mentiras. O *Tosafot*, comentário medieval padrão do Talmude, sugere que uma pessoa poderá responder a essas perguntas dizendo que alguém estava doente, ou que houve alguma emergência. O Talmude entendia que os detalhes da vida íntima de uma pessoa não são do interesse de terceiros.

A terceira área na qual mentir é permitido, "hospitalidade", é surpreendente, mas muito sensata. Se um estudioso tiver sido tratado com benevolência e generosidade exemplares por seus anfitriões e depois for questionado por outra pessoa sobre a recepção recebida, ele é autorizado a minimizar, ou até a mentir a respeito da extensão da hospitalidade dos anfitriões, se tiver motivos para suspeitar que dizer a verdade fará os demais se aproximarem dos anfitriões apenas para explorá-los.

O Talmude pergunta: "Qual é o sentido de nos dizer que estudiosos são autorizados a mentir nessas três áreas?".

O Rabi Mar Zutra responde que se você tiver encontrado um objeto perdido e um estudioso reclamá-lo para si, você é autorizado a entregá-lo a ele sem mais perguntas se souber que ele é uma pessoa que mente apenas nessas três áreas, mas em nenhuma outra (em outras palavras, mentir por esses motivos não é um indicativo de desconfiança), mas se você souber que ele mente também acerca de outras questões, não deve lhe devolver o objeto perdido sem que ele apresente outras provas.

Portanto, quando um estudioso religioso pode – e, por extensão, qualquer judeu – mentir?

Para parecer humilde, para proteger sua vida privada e para não causar danos a outrem. Caso contrário, ele – e você – deve dizer a verdade.

Dia 74 Quarta-feira

Estabelecendo um "jejum de reclamações"

Em hebraico, a expressão *ta'anit dibur* significa "jejum de palavras"; alguns dos grandes sábios do judaísmo faziam jejuns periódicos, tanto para evitar discursos inadequados (vide, por exemplo, Dias 43 e 44), quanto para manter a mente concentrada em questões mais espirituais.

Diz-se que o grande estudioso e moralista Rabi Israel Salanter se abstinha o máximo possível de falar durante 40 dias antes do Yom Kippur.

O jejum das palavras é árduo, e conheço poucas pessoas que o façam hoje em dia. No entanto, eu e minha esposa tentamos, periodicamente, fazer um "jejum de reclamações". Durante uma semana de cada vez, tentamos nos abster de todas as queixas e reclamações.

O que costuma nos motivar a iniciar tal jejum é uma enchente de contestações constantes. Muitas vezes, um de nós começa a reclamar sobre a semana ou o mês difícil que tivemos. Geralmente, esses questionamentos evocam compaixão, mas logo depois incitam a outra parte a começar a lembrar de todas as dificuldades que também teve naquela semana ou mês.

Em geral, essas conversas rapidamente se intensificam para um esboço de todas as dificuldades que cada um de nós vivencia. Ao fim da discussão, estamos cientes de tudo o que não vai bem em nossas vidas e nos sentimos extremamente infelizes.

Dennis Prager gosta de dizer que muitas pessoas são infelizes, a não ser que tenham um motivo para serem felizes; seria muito melhor, argumenta, se as pessoas fossem felizes, a não ser que tivessem um motivo para serem infelizes – e reclamar dá às pessoas razões para serem amarguradas.

Uma forma de alcançar mais felicidade é declarar uma moratória temporária sobre as reclamações. Fazê-lo facilita o processo de se tornar mais consciente acerca das coisas que vão bem em sua vida. Como ensina um antigo provérbio norte-americano: "Se você não puder ser grato por todas as coisas que não tem e quer, seja grato por todas as coisas que não tem e não quer".

Um lar onde se passa um dia ou uma semana sem reclamar será um lugar mais agradável para se viver. Ao declarar um "jejum de reclamações", as pessoas terão o espaço para concentrar-se nos aspectos de suas vidas pelos quais são gratas.

Dia 75 Quinta-feira

A mais incomum das bênçãos

No judaísmo, uma bênção (*brachá*) sempre começa com uma fórmula: "Bendito sejas, ó Eterno, nosso Deus, Rei do Universo...". Por causa da invocação do nome de Deus, os judeus geralmente associam bênçãos a santidades. Os judeus observantes declamam dúzias de bênçãos durante as três rezas diárias e muitas outras antes e depois das refeições, sendo um total de pelo menos 100 bênçãos diárias.

No entanto, muitos judeus não estão cientes de uma bênção que deveria ser declamada após cada ida ao banheiro:

> Bendito és Tu, Adonai, nosso Deus, Rei do Universo, que formou o homem com sabedoria e nele criou muitos orifícios e cavidades. Está revelado e sabido perante o Trono de tua Glória que, se um deles estiver bloqueado ou se um deles estiver aberto, não será possível sobreviver nem mesmo por um curto espaço de tempo. Bendito és Tu, Adonai, que cura toda carne e faz maravilhas.

O Dr. Kenneth Prager, do Columbia Presbyterian Hospital, um judeu ortodoxo, lembra-se de que essa bênção estava anexada do lado de fora do banheiro do colégio judaico onde estudava quando era criança. Infelizmente, mas talvez de modo compreensivo, isso provocava muitas risadas entre ele e seus jovens amigos: "Para crianças de escola primária, não poderia haver nada mais estranho ou ridículo do que associar os atos de [urinar] e defecar a palavras sagradas que mencionavam o nome de Deus".

Apenas no segundo ano da faculdade de medicina Prager começou a apreciar a profundidade da bênção: "A fisiopatologia mostrou-me as terríveis consequências até das mínimas irregularidades na estrutura e função do corpo humano. Daí em diante, pelo menos comecei a não mais dar como certa a normalidade das minhas idas ao banheiro. Ao contrário, comecei a perceber quantas coisas precisavam funcionar corretamente para que essas interrupções menores da minha rotina diária ocorressem sem problemas... Depois de ver pacientes cujas vidas giravam em torno de máquinas de diálise e outros com cateter de colostomia e urinóis, percebi quão sábio o Rabi Abbaye [autor dessa bênção] era".

Declamar essa bênção [conhecida como *asher yatzar*], que também é declamada durante a prece matinal, nos oferece uma oportunidade de expressar gratidão a Deus não só pelo funcionamento adequado dos nossos órgãos excretores, mas também por nossa saúde em geral.

O Dr. Prager escreveu sobre essa antiga bênção em um lugar improvável, o *Journal of the American Medical Association*. Ele conclui seu artigo com a história de Josh, de 20 anos, um jovem que sofrera lesões graves em um acidente de carro. Durante vários meses de fisioterapia intensiva, o jovem foi melhorando dia após dia:

> "Mas Josh continuava precisando usar um cateter intermitentemente. Eu conhecia bem os problemas e riscos que esse jovem enfrentaria pelo resto da vida por causa da bexiga neurogênica. Os urologistas estavam bem pessimistas com relação a suas chances de não precisar mais de cateter. Nunca tinham visto isso acontecer depois de uma lesão medular dessa gravidade.
>
> Então o impossível aconteceu. Eu estava lá no dia em que Josh não precisou mais do cateter urinário. Pensei na oração *asher yatzar*, de Abbaye. Indicando que eu não conseguia imaginar um cenário mais significativo para essa declamação, sugeri a Josh, que também tinha se formado em uma *yeshivá*, que ele declamasse a oração. Ele concordou. Enquanto ele declamava a antigo *brachá*, lágrimas brotavam em meus olhos.
>
> Josh é meu filho". *

---

* Prager, "For Everything a Blessing"; a prece de Abbaye pode ser encontrada no Talmude, *Berachot* 60b, e no livro de orações *ArtScholl*, página 14.

Dia 76 Sexta-feira

Tratando com respeito os portadores de deficiência mental

Rabi Shlomo Zalman Auerbach (1910-1995) foi um dos grandes estudiosos rabínicos do século XX. Tendo morado a vida toda em Jerusalém, era famoso pela compaixão e consideração que demonstrava em relação a órfãos, viúvas e outros que a sociedade muitas vezes negligencia e ignora.

No livro *And From Jerusalem, His Word,* biografia escrita por Rabi Hanoch Teller sobre Rabi Auerbach, ele relata a história por trás da ordenação rabínica (*smicha*) mais incomum que esse grande sábio já conferiu:

"Certa vez, preocupados, os pais de uma criança portadora de deficiência mental procuraram Reb Shlomo Zalman para consultá-lo sobre a escolha de uma instituição para seu filho. Estavam pensando em duas instituições, cada uma delas com vantagens em relação à outra. Reb Shlomo Zalman ouviu atentamente a descrição de cada uma e perguntou: "Onde está o garoto? Qual é a opinião dele a respeito?".

Os pais se entreolharam, perplexos. Reconheceram que nunca havia lhes ocorrido discutir a questão com o filho: "E, francamente", acrescentou o pai, "não vejo muito sentido em discutir isso. Não é algo que ele consiga compreender".

Reb Shlomo Zalman ficou enfurecido: "Vocês estão cometendo um pecado contra a alma dessa criança!", gritou. "Pretendem expulsá-lo de casa e mandá-lo para um lugar estranho com uma atmosfera arregimentada. Ele precisa ser incentivado, e não se sentir como se estivesse sendo traído". Os pais ficaram em silêncio.

"Onde está o garoto?", perguntou Reb Shlomo Zalman. "Gostaria de vê-lo e discutir a questão pessoalmente com ele".

SEMANA 11

O casal apressadamente honrou o pedido de Reb Zalmane, levando o filho diante do sábio.

"Qual é o seu nome, meu garoto?", o Gaon [grande sábio, gênio] perguntou.

"Akiva", respondeu a criança.

"Como vai, Akiva? Meu nome é Shlomo Zalman. Sou o *Gadol Hador*, a maior autoridade em Torá desta geração* e todos escutam o que tenho a dizer. Você vai entrar em uma escola especial agora e eu gostaria que você me representasse e cuidasse de todas as questões religiosas no seu novo lar".

Os olhos do garoto ficaram fixos no rosto do Gaon e os pais, aterrados, sentaram-se boquiabertos enquanto o Rav continuava: "Agora vou lhe dar uma *smicha*, o que o torna um rabino, e quero que você use esta honra de forma sábia".

Reb Shlomo Zalman gentilmente apertou a bochecha da criança e viu que ele estava o mais ávido possível para cumprir sua parte no acordo. Depois de anos, em diversas ocasiões quando o jovem ia passar o Shabat em casa, recusava-se a deixar a instituição, insistindo que, sendo o rabino local, ele tinha uma responsabilidade para com seus frequentadores. Afinal de contas, ele havia sido encarregado com essa responsabilidade por ninguém menos que o *Gadol Hador*!**

Shabat Shalom!

Dia 77 Shabat

Ao longo deste Shabat, analise o material dos seis dias anteriores e use alguns dos textos estudados como base para discussões durante as refeições do Shabat:

---

* Reb Shlomo Zalman era excepcionalmente humilde e, em geral, nunca se referia ou permitia que os outros se referissem a ele usando esse título.

** Teller, *And From Jerusalem, His Word*, 120-22.

Dia 71. Quando é permitido mentir? (1): Quando a vida está em jogo
Dia 72. Quando é permitido mentir? (2): Judaísmo e "mentiras brancas"
Dia 73. Quando é permitido mentir? (3): Mentiras ditas por motivos de humildade, privacidade e para não magoar o outro
Dia 74. Estabelecendo um "jejum de reclamações"
Dia 75. A mais incomum das bênçãos
Dia 76. Tratando com respeito os portadores de deficiência mental

Shabat Shalom!

SEMANA 12

Dia 78 Domingo

Não cobre juros

Uma das imagens negativas mais conhecidas dos judeus é como usurários. Por exemplo, o usurário mais famoso da literatura é Shylock, o vilão judeu de *O Mercador de Veneza*, de Shakespeare. Até hoje, muitas pessoas acreditam que o antissemitismo medieval foi amplamente incitado pelo fato de os judeus cobrarem altas taxas de juros* de seus vizinhos cristãos.

A Torá proíbe os israelitas de cobrar juros de outros israelitas. Permite fazê-lo dos demais grupos que, como sabemos, também cobravam juros dos israelitas: "A teu irmão não emprestarás com juros, nem dinheiro, nem comida, nem qualquer coisa que se empreste com juros. Ao estranho

---

* O empréstimo de dinheiro pelos judeus, obviamente, não foi a causa do antissemitismo. O ódio aos judeus veio primeiro; por isso eles foram proibidos de praticar quase todas as outras profissões e forçados a emprestar dinheiro a juros; quando passaram a fazê-lo, isso foi exacerbado, mas não causou o antissemitismo.

emprestarás com juros, porém a teu irmão não emprestarás com juros" (Deuteronômio 23:20-21).

A proibição da Torá sobre a cobrança de juros a outros israelitas é categórica. Redigida em uma época em que os judeus, de modo geral, ganhavam a vida por meio da agricultura, a proibição fazia muito sentido moral, visto que as pessoas que trabalhavam na agricultura só precisavam pegar empréstimos em casos de emergência.

À medida que a economia das sociedades nas quais os judeus viviam foram sofisticando-se e as pessoas queriam pegar empréstimos em dinheiro para financiar a abertura ou expansão de um negócio, a proibição da Torá sobre a cobrança de juros ameaçava retardar o crescimento econômico. Por que alguém emprestaria dinheiro a terceiros para abrir ou expandir um negócio sem ganhar nada com isso? Para permitir a expansão econômica, posteriormente a lei judaica desenvolveu uma suposição legal, ainda utilizada pelos judeus ortodoxos, conhecida como *heter iska* (literalmente, "permissão para fazer negócios"). Sob essa autorização legal, aquele que empresta dinheiro tem, como garantia, determinado percentual dos "lucros", correspondendo a uma taxa razoável de juros, havendo lucro real ou não.

Entretanto, embora a *heter iska* seja permitida no caso de empréstimos para negócios, a lei judaica proíbe o uso desse instrumento quando o crédito é feito para necessidades. Se alguém precisa de dinheiro para comprar comida, vestuário, pagar o aluguel, mensalidades escolares ou outras privações, deve-se conceder o montante total do empréstimo, ou qualquer parte de que se possa dispor, sem cobrar juros. O bom senso sugere que o montante deve ser uma quantia que, caso não seja devolvida, não lhe cause danos significativos.*

As comunidades judaicas ao redor do mundo têm sociedades de empréstimos sem cobrança de juros, algumas das quais concedem esses suprimentos a centenas de pessoas e, em geral, as taxas de quitação dos empréstimos são altíssimas.

---

* Quando um empréstimo é concedido para necessidades e não é pago, a pessoa que forneceu o empréstimo pode considerar o dinheiro perdido como parte de suas doações anuais para caridade, embora obviamente não seja permitida qualquer dedução de impostos por tais "empréstimos"/contribuições.

Emprestar dinheiro sem cobrar juros de alguém que esteja passando por sérias dificuldades financeiras é visto na tradição judaica como o maior ato de *gemilut chesed*, um ato de bondade por excelência.

Dia 79 Segunda-feira

Faça alguém rir

O Talmude nos fala de um certo Rabi Beroka, que estava no mercado da cidade persa de Be Lefet quando, de repente, o profeta Elias apareceu diante dele. O rabino perguntou-lhe: "Há alguém neste mercado que mereça um lugar no Mundo Vindouro?". Elias respondeu: "Não".

Pouco depois, dois homens passaram e Elias disse ao rabino: "Estes homens merecem um lugar no Mundo Vindouro".

O Rabi Beroka aproximou-se deles e lhes perguntou qual era sua profissão: "Somos comediantes", responderam, "e animamos aqueles que estão deprimidos. Além disso, sempre que vemos duas pessoas brigando, esforçamo-nos para promover a paz entre elas" (*Ta'anit* 22a).

Na perspectiva desses comediantes, a verdadeira bondade consistia em fazer o que a pessoa com quem se estivesse interagindo mais precisasse; dessa forma, alguém deprimido concentrado apenas no que lhe causa dor poderia desesperadamente precisar rir e, a partir daí, se lembrar-se de que a vida não é só angústia. Manifestando-se por meio de Elias, Deus aprova tanto a atitude dos comediantes que os oferece como exemplos do tipo de pessoa que mais merece a recompensa eterna.

Cerca de 1500 anos depois do incidente com o Rabi Beroka, alguns discípulos do Rabi Israel Salanter, certa vez, observaram-no travando uma conversa demorada e alegre com um conhecido. Os discípulos ficaram impressionados, pois o Rabi Salanter era conhecido por reprovar o desperdício de tempo com conversas frívolas. Mais tarde, quando um dos discípulos comentou sobre seu comportamento, o Rabi Salanter respondeu: "Esse homem estava se sentindo extremamente amargo e deprimido, e foi um grande ato de bondade animá-lo e fazê-lo esquecer-se de seus problemas e suas preocupações. Eu poderia ter feito isso ao lhe pregar um sermão sobre o medo de Deus ou a necessidade de aperfeiçoamento moral? Talvez, mas isso só poderia ser feito através de uma conversa animada sobre questões práticas" (*Or Yisra'el*, página 112).

O livro bíblico de Eclesiastes nos lembra de que há um momento para chorar e um instante para rir (3:4). E, às vezes, há um momento para fazer os outros rirem.

Dia 80 Terça-feira

Em homenagem a quem recebi meu nome?

Como rabino, costumo liderar serviços religiosos nos quais é dado a uma criança judia um nome hebraico (de acordo com a lei judaica tradicional, as meninas recebem o nome na primeira leitura da Torá após seu nascimento, os meninos, por ocasião da circuncisão). Como a grande maioria das crianças recebe seu nome em homenagem a alguém, sempre converso com os pais antes de darem os nomes e pergunto que aspecto da pessoa falecida* os motivou a dar o nome à criança. Geralmente, um dos pais começa a descrever a pessoa falecida em detalhes carinhosos. Em seguida, pergunto que traços específicos da pessoa falecida eles esperam que a criança recém-nascida tenha. Depois, na cerimônia de nomeação, menciono essas características.

---

* Entre os judeus ashkenazis (de origem europeia), as crianças são nomeadas em homenagem a ancestrais falecidos. Com muitos sefaraditas (judeus cujos ancestrais vêm da Espanha ou da área do Mediterrâneo), as crianças geralmente recebem nomes que homenageiem a pessoas vivas, sobretudo avós, mas não pais.

No entanto, conforme as crianças crescem, os pais, de modo geral, não lhes contam muito sobre a pessoa homenageada. O Rabi Jack Riemer observou que isso é lamentável, pois "se não contarmos a nossas crianças nossas histórias e as histórias daqueles de quem descendemos, ninguém mais o fará. As histórias desaparecerão e nossas crianças serão privadas delas. Aprendi essa verdade nos encontros que tive com as crianças da minha sinagoga que farão o *Bat* ou *Bar Mitzvá*. Uma das perguntas que sempre lhes faço é: 'Qual é o seu nome hebraico?'. Em seguida, pergunto-lhes: 'Em homenagem a quem você recebeu seu nome?'. Eles têm uma vaga ideia de que foi em homenagem a um tio-avô ou a uma tia-avó. Depois, pergunto-lhes: 'Como era essa pessoa? Que qualidades ela tinha que eram tão importantes para seus pais decidirem lhe dar seu nome?' E o primeiro dever de casa que lhes passo é ir para casa, conversar com os pais e qualquer outra pessoa que possam encontrar que conhecesse essa pessoa, para que possam descobrir quem era a pessoa, o que era importante para ela e como vivia, e o que significa ser nomeado em homenagem a essa pessoa".

Felizmente, quando eu era pequeno, minha mãe muitas vezes me falava sobre seu tio, o Rabi Joseph Adler, em homenagem a quem fui nomeado. Ele era um grande estudioso do Talmude que fundou uma *yeshivá* (Mesivtah Tiferet Yerushalayim) e ajudou a levar para os Estados Unidos o Rabi Moshe Feinstein, uma das grandes figuras da vida judaica ortodoxa do século XX, para chefiá-la. Durante muitos anos, ele e a esposa ganharam a vida com uma pequena loja que haviam fundado, pois ele não queria sustentar-se ensinando a Torá.

Ele também era um tio excepcionalmente amoroso com minha mãe. Muitas vezes, ela fazia as refeições de Shabat em sua casa e ele adorava brincar e rir com ela. Mais tarde, durante a Grande Depressão, quando meu avô perdeu quase tudo, o Rabi Adler lhe emprestou dinheiro para que ela pudesse terminar sua graduação na Universidade de Nova York.

Depois de contar a seus filhos sobre as pessoas em homenagem a quem foram nomeados, pegue o telefone, ligue para seus pais, tias, tios e outras pessoas e comece a descobrir mais sobre a pessoa homenageada.

Dia 81 Quarta-feira

Um suborno salvador

Um terço das pessoas que fumam morre prematuramente, sete anos, em média. Obviamente, os pais deveriam tentar fazer o possível para desestimular os filhos a adquirirem esse hábito autodestrutivo.

Como já dissemos, a lei judaica proíbe a adoção desse tipo de hábito (vide, por exemplo, Dia 36). Rabi Akiva resumiu o posicionamento judaico: "Uma pessoa não está autorizada a machucar a si mesma" (Mishné, *Bava Kamma* 8:6).

Daí a seguinte sugestão: Faça um contrato com seus filhos, algo como: "Se você chegar aos 21 anos sem fumar [ou insira um número máximo admissível de cigarros, por exemplo, 20], vou lhe dar 1000 dólares no seu aniversário de 21 anos".

A quantia deve ser discutida e acordada, e o contrato celebrado com algum ritual; os pais devem assinar o contrato. Documentos semelhantes podem ser realizados com relação ao consumo de drogas e bebidas.

Esses contratos vão funcionar? Para muitos, não, mas para determinado percentual, sim. E se uma pessoa não se tornar viciada em cigarros, drogas ou bebidas alcoólicas antes dos 21 anos, as chances de se tornar viciada posteriormente são muito reduzidas.

E que Deus o abençoe para que você possa cumprir todos os contratos assumidos.

Dia 82 Quinta-feira

As pequenas indecências que revelam o caráter

Recentemente, eu estava embarcando em um avião quando um homem, acompanhado de uma criança de cerca de sete anos, empurrou-me e também outros passageiros para que pudesse embarcar no voo mais rápido. Ele não pediu licença nem ofereceu explicação para seu comportamento rude.

O primeiro pensamento que me ocorreu? Eu nunca faria negócios com esse homem; o que quer que acontecesse, ele encontraria uma forma de proteger seus interesses à custa dos meus. Tive o mesmo pensamento alguns dias depois, quando estava na chuva esperando um táxi com minha esposa e três dos nossos filhos. Finalmente chegou um táxi, mas um homem, que havia aparecido depois de nós e que nos vira esperando, entrou rapidamente nele. Minha esposa foi dizer algo a ele, mas ele bateu a porta e o táxi foi embora.

Talvez eu esteja sendo injusto ao presumir que esses homens seriam egoístas e desonestos nos negócios. O versículo bíblico "mas julgarás o teu próximo com justiça" (Levítico 19:15) geralmente é compreendido como uma exigência de que a pessoa seja bem cautelosa antes de condenar outra, obrigando-a a tentar encontrar uma possível justificativa para o comportamento do outro (vide Dia 24). No entanto, a decisão de ambos os homens de não dizer nem mesmo "com licença" fez que seu comportamento parecesse indesculpável. E considerando-se que o primeiro homem servia de modelo para a filha, sua falta de boas maneiras era ainda mais desconcertante.

O Rabi Israel Meir Kagan, conhecido na vida judaica como o Chaffetz Chayyim (vide Dia 321), certa vez estava em uma sauna quando testemunhou um homem se limpando com a escova de outra pessoa. Quando o dono da escova saiu do banheiro, era possível perceber imediatamente que ele não tinha dado permissão ao homem mais velho para usá-la. Mais tarde, o Chaffetz Chayyim aproximou-se do homem que havia se apropriado indevidamente da escova e lhe disse: "Uma pessoa que usa a escova de outra sem permissão acaba mais suja do que antes de usá-la".

Os versículos bíblicos "farás o que é justo e bom perante o Senhor" (Deuteronômio 6:18) e "Seus caminhos [os caminhos da Torá] são caminhos agradáveis" (Provérbios 3:17) exigem um nível de justiça e cortesia em todas as nossas relações com os outros. É verdade que todos nós, seja por pressa ou ansiedade, agimos de forma indelicada de vez em quando. Entretanto, se você o fizer com mais frequência, isso sugerirá que você acredita que as outras pessoas valem menos do que você, o que justificaria o ato de tirar vantagem delas. Levando-se em consideração que um dos conceitos mais importantes do judaísmo é o de que cada ser humano é criado "à imagem de Deus", maus modos não são uma questão menor; revelam que você não aceita realmente essa crença judaica fundamental (vide também Dia 310).

Dia 83 Sexta-feira

"O mais belo etrog *que já vi"*

Quase todas as notas deste livro se concentram em atos específicos por meio dos quais uma pessoa pode levar uma vida mais ética. Entretanto, às vezes uma história é tão enfática e inspiradora que, em si, pode incentivar uma pessoa a praticar atos virtuosos. É o caso de um relato que S. Y. Agnon, israelense agraciado com o Prêmio Nobel, contou sobre, veja só, um *etrog*.

A lei judaica ordena que um judeu adquira um *etrog*, ou cidra, antes da festa de Sukkot e recite uma bênção sobre ele a cada dia da festa (exceto no shabat). No início, uma tradição seguida até os dias de hoje foi desenvolvida entre os judeus devotos para gastar uma boa quantia para adquirir um *etrog* especialmente bonito, sem defeitos. Os compradores são cuidadosos ao garantir que a casca da cidra esteja imaculada e, o mais importante, que a extremidade da fruta esteja inteira e erguida; se estiver partida, é proibido usar o *etrog* no ritual.

Agnon relatou que pouco antes de Sukkot, no seu bairro de Talpiot, em Jerusalém, se encontrou por acaso com um de seus vizinhos, um rabino mais idoso vindo da Rússia, em uma loja que vendia *etrogim*. O rabino disse a Agnon que acreditava ser especialmente importante adquirir um *etrog* muito bonito, esteticamente perfeito. Embora tivesse meios limitados, estava disposto a gastar uma grande quantia para adquirir este fruto.

Quão surpreso Agnon ficou, um dia ou dois mais tarde, quando o período da festa começou e o rabino não levou seu *etrog* durante o serviço religioso na sinagoga. Perplexo, ele perguntou ao homem onde estava o *etrog*. O rabino contou-lhe o seguinte incidente:

> Acordei cedo, como de hábito, e me preparei para recitar a bênção sobre o *etrog* em minha *Sukkah* [a cabana especial que os judeus constroem durante esse feriado] na minha varanda. Como você sabe, temos um vizinho com uma grande família e nossas varandas são contíguas. Como você também sabe, nosso vizinho, pai de todas essas crianças no apartamento ao lado, é um homem de pavio curto. Várias vezes, ele grita com eles ou até os castiga fisicamente por violarem suas regras e ordens. Já falei com ele várias vezes sobre sua severidade, mas com poucos resultados.
>
> Enquanto eu estava na *Sukkah*, na minha varanda, pronto para recitar a bênção para o *etrog*, ouvi um choro de criança vindo da varanda ao lado. Era uma garotinha chorando, uma das filhas do nosso vizinho. Cheguei mais perto para descobrir o que havia de errado. Ela me contou que ela também havia acordado cedo e ido até a varanda para dar uma olhada no *etrog* de seu pai, cuja aparência e fragrância encantadoras a fascinavam. Contrariando as instruções do pai, ela retirou o *etrog* de sua caixa protetora para olhá-la. Infelizmente, deixou o *etrog* cair no chão de pedra, danificando-o irreparavelmente e tornando-o inaceitável para uso no ritual. Ela sabia que o pai ficaria enfurecido e a puniria severamente, talvez até violentamente. Por isso, as lágrimas assustadas e os gritos de apreensão. Eu a consolei, peguei o meu *etrog* e coloquei na caixa de seu pai, levando oa *etrog* danificado para a minha casa. Disse-lhe que dissesse ao pai que o vizinho insistiu para que ele aceitasse o presente do belo *etrog* e que ele estaria honrando a mim e à festa ao fazê-lo.*

Agnon conclui: "O *etrog* danificado, esmagado, inutilizável para rituais do meu vizinho rabínico era o mais belo *etrog* que eu já tinha visto na vida".
Shabat Shalom!

---

* Não encontrei a história original de Agnon, mas é recontada com maestria em *Second Thoughts*, do Rabi Berel Wein, 64-65.

Dia 84 Shabat

Ao longo deste Shabat, analise o material dos seis dias anteriores e use alguns dos textos estudados como base para discussões durante as refeições de Shabat:

DIA 78. Não cobre juros
DIA 79. Faça alguém rir
DIA 80. Em homenagem a quem recebi meu nome?
DIA 81. Um suborno salvador
DIA 82. As pequenas indecências que revelam o caráter
DIA 83. "O mais belo *etrog* que já vi"

Shabat Shalom!

SEMANA 13

Dia 85 Domingo

"Não ficarás em silêncio enquanto o sangue do teu irmão é derramado": O imperativo de intervir

Não ficarás em silêncio enquanto o sangue do teu irmão é derramado.
— LEVÍTICO 19:16

Como saber se, ao vermos alguém se afogando, sendo atacado por feras ou por ladrões, é obrigatório salvar a pessoa? Pelo versículo "Não ficarás em silêncio enquanto o sangue do teu irmão é derramado".
— TALMUDE BABILÔNICO, *SANHEDRIN* 73A

A lei judaica concentra-se nas obrigações; a jurisprudência norte-americana, nos direitos. Sendo assim, não há obrigação, na lei norte-americana, de resgatar uma pessoa em situação de perigo. Apreensiva com a ausência dessa necessidade, Mary Ann Glendon, professora de direito de Harvard, sugeriu o seguinte caso hipotético: "Um nadador olímpico sai para dar um passeio, passa por uma piscina e vê uma criança se afogando na extremidade rasa. Ele poderia facilmente salvá-la sem correr nenhum risco, mas em vez disso ele puxa uma cadeira e assiste à morte da criança. [Esse atleta não violou nenhuma lei.] Não há um cabide no nosso sistema legal no qual possamos pendurar uma obrigação de salvar outra pessoa em situação de perigo".*

Por outro lado, a Torá deixa claro que se uma pessoa que puder intervir quando a vida de outra pessoa estiver em jogo e não o fizer, comete um pecado grave e viola uma lei importante.

A lei judaica, entretanto, não obriga uma pessoa a colocar a própria vida em risco para salvar a de outra. Dessa forma, se você vir um bandido ameaçando matar alguém, não se exige que tente derrubá-lo. Da mesma forma, se não souber nadar, ou se nadar mal, não há obrigação de se jogar em águas profundas para salvar uma pessoa que está se afogando. Contudo, você ainda teria o dever de tentar alcançar a pessoa com uma corda ou fazer o possível para pedir ajuda.

No entanto, quando o risco à sua vida é baixo, você é obrigado a fazer todo o possível para salvar uma pessoa em perigo. Sendo assim, se você vir uma pessoa sendo abordada por criminosos, no mínimo deve telefonar para a polícia. Talvez isso pareça óbvio, mas em 1964, a cidade de Nova York foi abalada por um caso em que *38 testemunhas* assistiram, da janela, Kitty Genovese, uma mulher de 28 anos, ser esfaqueada até a morte. Embora o esfaqueamento tenha ocorrido durante um período de 35 minutos, ninguém ligou para a polícia até a mulher morrer e o assassino escapar. A polícia descobriu a

---

* Glendon, *Rights Talk*, páginas 78-80.

existência das testemunhas apenas quando interrogou os residentes do prédio no dia seguinte.* Eles disseram que não queriam envolver-se.

Pela ótica do judaísmo, as pessoas que observam, silenciosas e indiferentes, enquanto a vida de outra está em risco se identificam com Caim, o assassino que perguntou a Deus: "sou eu o responsável por meu irmão?" (Gênesis 4:9). De fato, a lei "Não ficarás em silêncio enquanto o sangue do teu irmão é derramado" parece vir como resposta à pergunta de Caim: "Sim", a Torá nos diz, "você *é* o responsável por seu irmão e sua irmã".

Dia 86 Segunda-feira

Quando você suspeita que esteja ocorrendo abuso infantil

Há várias áreas nas quais os judeus costumam ter uma autoimagem positiva. Por exemplo, eles, em geral, ficam chocados quando ouvem falar sobre uma família em que os pais não se importam se os filhos continuam ou não seus estudos após o ensino médio. Obviamente essas famílias existem, mas a autoimagem dos judeus é de pessoas profundamente dedicadas à educação de seus filhos. Da mesma forma, os judeus, de modo geral, quando ouvem falar de um homem que se divorciou da esposa e nunca mais teve contato com os filhos, ficam chocados. Esses homens existem, mas espera-se que os pais judeus se dediquem a seus filhos.

O mesmo se aplica a casos de abuso infantil, tanto físico quanto sexual; muitos se recusam a acreditar que isso aconteça na comunidade judaica. Infelizmente, esse pensamento estereotipado pode provocar danos psicológicos

---

* Vide a descrição em forma de livro de A. M. Rosenthal, *Thirty-eight witnesses*, e Kirschenbaum, "The 'Good Samaritan' and Jewish Law" in Dine Israel: *An Annual of Jewish Law*, páginas 7-8.

e físicos permanentes, até a morte. Hoje, já surgiram dados suficientes para indicar muitos casos de abuso por parte dos pais na comunidade judaica, abrangendo o espectro dos ortodoxos aos seculares.

As pessoas, de modo geral, relutam em intervir quando desconfiam de abuso infantil entre seus vizinhos ou parentes. Especialmente entre os judeus religiosos, há essa oposição de longa data a informar autoridades não judaicas sobre crimes cometidos por outros judeus. No entanto, é importante observar que as regulamentações que proíbem o ato de informar surgiram em sociedades nas quais os judeus eram sujeitos a tratamento injusto perante tribunais não judaicos (comparável ao mau tratamento de negros norte-americanos nos tribunais do país no século XIX e em boa parte do século XX). Em sociedades assim, denunciar outro judeu era visto, muitas vezes justificadamente, como um ato maligno. O mesmo não se aplica a sociedades democráticas, nas quais os judeus têm direitos iguais.

Com certeza, em casos que envolvem um judeu que cometa um crime violento, nenhuma hesitação sobre envolver autoridades não judaicas deveria ser aplicável. O Rabi Joseph Karo, especialista legal e autor do código padrão, *Shulchan Aruch*, do século XVI, ordenava que, se um homem abusasse de sua esposa (e, por extensão, de seus filhos), ele "deveria ser excomungado e ser forçado por [autoridades] não judaicas a oferecer um pedido de divórcio a ela" (*Beit Yosef* ao *Arba'ah Turim, Even Ha-Ezer* 154:15). O contemporâneo de Rabi Karo, o Rabi Moses Isserles, autoridade legal preeminente entre os judeus europeus, escreveu: "Alguém que ataca os outros deveria ser punido. Se as autoridades judaicas não tiverem o poder de puni--lo, ele deverá ser punido pelas autoridades civis" (*Choshen Mishpat* 388:7).

Se você tiver um bom motivo para suspeitar que uma criança está sofrendo abuso, sua principal preocupação deve ser com o bem-estar dela, enquanto as questões acerca de "denunciar" e potencialmente difamar a reputação de outra pessoa se tornam secundárias.

Deve-se também ter em mente que o abuso não é cometido apenas por pais malvados com temperamento irascível; às vezes, ele resulta da adesão dos pais a ideologias absurdas. Por exemplo, recentemente uma enfermeira contou a um rabino que conheço um dilema ético que havia enfrentado. Ela trabalhava em uma escola judaica e uma criança a procurou com uma infecção no ouvido que, como estava claro aos seus olhos experientes, estava ali há muito tempo. A criança corria o perigo real de perder a audição e precisava ser submetida a um cuidadoso regime de uso de antibióticos. No entanto, a mãe dela contou à enfermeira que o marido, fanaticamente envolvido com curas alternativas, se opunha ao uso de antibióticos. Uma ligação para o pai comprovou que isso, de fato, acontecia. Como conhecia os pais, a enfermeira relutou em denunciar o caso às autoridades. Quando perguntou ao rabino qual seria o conselho da lei judaica nesse caso, ele lhe disse que não há fonte na lei judaica que permita aos pais ficarem parados e permitirem que o filho fique surdo. Portanto, qualquer fonte externa que pudesse ajudar a garantir que a criança recebesse a assistência médica adequada deveria ser chamada (obviamente, se um passo menos dramático, como envolver o rabino do casal, pudesse proporcionar o resultado desejado, dever-se-ia tentar primeiro essa medida).*

Assim como a ética judaica responsabiliza aqueles que assistem a uma pessoa se afogar e não fazem nada para resgatá-la (vide a abertura do dia de ontem), também condena aqueles que podem ajudar uma criança vulnerável e em sofrimento, mas não o fazem. De acordo com o versículo bíblico "não ficarás calado enquanto o sangue do teu irmão é derramado" (Levítico 19:16), o judaísmo vê os espectadores passivos como cúmplices de maus tratos e do assassinato.

Dia 87 Terça-feira

Raiva indomável e a morte do amor

A Bíblia geralmente descreve o amor romântico sob uma perspectiva masculina. Conta que Isaac amava Rebeca, Jacob amava Rachel, e Sansão, para seu infortúnio, amava Dalila. Entretanto, há

---

* Em casos de abuso físico ou sexual, é muito improvável que a intervenção de um clérigo pudesse resolver o problema de maneira adequada e imediata.

apenas uma mulher cujo amor por um homem é registrado: a Bíblia conta que Mical, filha do Rei Saul, amava David, o herói do exército de seu pai (I Samuel 18:20, 28).

Mical e David logo se casaram, mas seu casamento acabou tornando-se altamente infeliz. Talvez o principal motivo tenha sido o fato de que Mical e David sofriam da mesma falha de caráter; os dois tinham a língua afiada, e se recusavam a controlá-la quando estavam irritados.

O incidente que levou à morte do casamento aconteceu há apenas 3000 anos, após a captura de Jerusalém pelo Rei David. Ele imediatamente estabeleceu Jerusalém como a capital do país e levou para a cidade a Arca da Aliança (o artefato mais sagrado da antiga vida judaica, continha os Dez Mandamentos originais). O dia em que a Arca chegou foi o dia mais feliz de seu reinado, por isso ele dançou descontroladamente com seus súditos. Sendo ela mesma uma filha de rei, Mical viu a dança de David de uma janela do palácio e ficou irritada; talvez acreditasse que rebaixava a dignidade de um rei interagir com seus súditos de maneira tão livre.

Ao longo do dia, a raiva de Mical foi crescendo, e quando David voltou ao palácio, ela o encontrou do lado de fora e o cumprimentou com frio sarcasmo: "Como o rei de Israel se destacou hoje, tirando o manto na frente das escravas de seus servos, como um homem vulgar" (II Samuel 6:20).

Diante do insulto, David tinha diversas opções: poderia ter respondido à altura do ataque de Mical, permanecido em silêncio, ou ido embora dar um passeio em volta do palácio. Em vez disso, ele fez o que muitos de nós fazemos quando atacados. Mical o havia magoado, por isso ele desejava magoá-la também. Respondeu: "Foi perante o Senhor que eu dancei, perante Aquele que me escolheu em lugar de seu pai ou de qualquer outro da família dele". E isso pouco tempo depois que o pai de Mical e três de seus irmãos foram mortos em uma batalha contra os filisteus.

O versículo seguinte registra: "E Mical, a filha de Saul, não teve filhos até o dia de sua morte". Por que o fato de Mical não ter filhos foi registrado aqui? Acredito que, depois de uma discussão tão pesada – e provavelmente houve outras brigas –, Mical e David nunca mais partilharam da mesma cama.

A questão evocada pela Bíblia está tão clara hoje como estava há 3000 anos: se marido e mulher (ou dois irmãos, ou dois amigos) não contiverem suas palavras em momentos de raiva, é pouco provável que o elo sobreviva, por mais profundo que ele seja. A capacidade de controlar o que dizemos nos momentos de raiva é um pré-requisito para relacionamentos duradouros.

É claro, não se deve entender com isso que um casal nunca deva brigar. Os seres humanos têm o direito de discordar e discutir. O que não têm é o direito de agir como Mical e David. Ela não o confrontou com um argumento persuasivo ou justo; ao contrário, insultou-o, repudiando-o e chamando-o de "vulgar". E David foi injusto ao utilizar seu conhecimento sobre o momento mais doloroso da vida de Mical para "marcar pontos" em uma briga.

Seus erros – insultar e desenterrar episódios dolorosos do passado – continuam sendo os tipos mais comuns de crueldades cometidas em brigas de casal. Sempre que você estiver tentado a insultar seu/sua cônjuge ou relembrar de um episódio doloroso de seu passado, lembre-se do que aconteceu com David e Mical. Um relacionamento que começou com amor e desejo terminou em desprezo e solidão. Se você não aprender a controlar sua língua e brigar de forma justa (vide Dia 51), poderá perder a pessoa que mais ama.*

Dia 88 Quarta-feira

Seja justo com o inimigo

Um dos ensinamentos mais famosos atribuídos a Jesus no Novo Testamento é: "Amem os seus inimigos e orem por aqueles que os perseguem... Se vocês amarem aqueles que os amam, que recompensa vocês receberão?" (Mateus 5:44, 46). Como esse aviso do Novo Testamento foi compreendido como inovador e oposto aos ensinamentos judaicos, muitos cristãos, e até alguns judeus, presumem que a lei judaica

---

* Essa descrição aparece em mais detalhes no meu livro anterior, *Words That Hurt, Words That Heal*, páginas 69-79.

ordena que seus adeptos odeiem seus inimigos e os tratem com crueldade.*
Na verdade, embora a Torá não ordene que os judeus amem seus inimigos, exige que ajam de maneira justa com relação a eles: "Se você encontrar perdido o boi ou jumento que pertence ao seu inimigo, leve-o de volta a ele" (Êxodo 23:4).** A Bíblia ressalta que mesmo ao lidar com pessoas que desprezamos, talvez justificadamente, devemos agir de forma justa. Assim, se você encontrar algo perdido por alguém que odeie, deverá restituir-lhe o objeto que encontrou. Em outro trecho, o Livro dos Provérbios ensina: "Se seu inimigo estiver com fome, dê-lhe pão para comer; se estiver com sede, dê-lhe água para beber" (25:21). A noção aqui é a mesma. A lei judaica nos instrui a dar comida a quem tiver fome (vide Dia 9); o fato de a pessoa que está faminta ser seu inimigo não o exime dessa obrigação.

Não somos obrigados a amar nossos inimigos, mas a ser justos com eles.

Dia 89 Quinta-feira

Não faça as pessoas mentirem para você

"De palavras de falsidade te afastarás", ensina a Torá (Êxodo 23:7; vide Dia 68). O Rabi Judah, o Chasid, do século XIII, compreendia a proibição da Bíblia sobre mentir como algo mais abrangente que não contar mentiras; também se deve tomar cuidado para não permitir que outra pessoa minta. Ele disse: "Se você vir pessoas cochichando

---

* Mateus 5:43 atribui a Jesus a declaração: "Ouvistes o que foi dito: Amarás o teu próximo e odiarás teu inimigo". Entretanto, não há ensinamento judaico equivalente.

** Outra lei da Torá ordena que "se vires o jumento daquele que te odeia caído debaixo da sua carga, deixarás pois de ajudá-lo? Certamente o ajudarás a levantá-lo" (Êxodo 23:5). Essa lei, no entanto, pode ter menos a ver com ajudar o seu inimigo do que com auxiliar o animal do seu inimigo; em outras palavras, a Torá nos lembra de que apesar de você desgostar de uma pessoa, não desconte sobre o animal, tampouco sobre sua família.

entre si e quiser saber o que estão falando, [controle sua curiosidade e] não lhes pergunte, para que não as torne mentirosas. Se elas quisessem que você soubesse, teriam lhe contado. Como está claro que não querem compartilhar o segredo com você, mentirão para você" (*Sefer Chasidim*, parágrafo 1062).

A mesma lógica dita que não se devem fazer perguntas às pessoas sobre respostas que não se tem o direito de saber. Muitas, por medo ou educação, ficarão relutantes em dizer a um interrogador curioso: "Não é da sua conta". Portanto, se pressionar alguém a compartilhar com você informações que lhe foram transmitidas em segredo, você provavelmente a forçará a violar um elo de confiança ou a mentir para você. É errado colocar alguém nessa posição.

A curiosidade sobre como o mundo funciona alimentou todas as descobertas científicas importantes e outras descobertas intelectuais. Contudo, quando se trata de curiosidade indevida sobre a vida particular ou os segredos do outros, as pessoas são mais bem guiadas pelas palavras do antigo sábio judeu Ben Sira: "O que você tiver que fazer, faça; o que estiver escondido não é da sua conta" (Apócrifa, *Ben Sira* 3:21).

Dia 90 Sexta-feira

*"Aquele que salva uma única vida é como se tivesse salvado um mundo inteiro"**

Um famoso texto talmúdico ensina que existem aqueles que adquirem seu lugar no céu em um instante (*Avodah Zara* 10b). Este ensinamento se aplica às pessoas que cometem atos heroicos (às vezes, envolvendo autosacrifício) e agem para salvar a vida de alguém. Até o momento de seu ato grandioso, essas pessoas poderão ter sido comuns, ou até ter cometido alguns pecados graves e lapsos éticos. Entretanto, o ato de

---

* Mishné, *Sanhedrin* 4:5.

bondade que realizam naquele instante prevalece sobre todos os delitos cometidos anteriormente.

Em *Invisible Lines of Connection*, o Rabi Lawrence Kushner narra a história de um estranho em um ônibus:

> "Caía uma neve fina e as ruas estavam apinhadas de gente. Estávamos em Munique, na Alemanha nazista. Um dos meus alunos rabínicos, Shifra Penzias, contou-me que sua tia-avó, Sussie, estava em um ônibus voltando do trabalho para casa quando as tropas de assalto da SS repentinamente pararam o ônibus e começaram a examinar os papéis de identificação dos passageiros. Eles, de modo geral, estavam aborrecidos, mas alguns estavam apavorados. Os judeus foram ordenados a sair do ônibus e entrar em um caminhão parado na esquina.
>
> A tia-avó de meu aluno assistiu, de seu assento na parte traseira, os soldados avançarem sistematicamente pelo corredor. Começou a tremer, as lágrimas escorreram-lhe pelo rosto. Quando o homem ao lado dela percebeu que ela estava chorando, perguntou educadamente por quê:
>
> "Eu não tenho os papéis que você tem. Sou judia. Vão me levar".
>
> O homem explodiu, com desprezo. Começou a gritar e insultá-la.
>
> "Sua idiota", berrou: "Não aguento ficar perto de você".
>
> Os homens da SS perguntaram qual era o motivo de toda aquela gritaria:
>
> "Maldita", ele gritou com raiva: "Minha esposa esqueceu seus papéis de novo! Estou cheio, ela sempre faz isso!"
>
> Os soldados riram e seguiram em frente.
>
> Meu aluno disse que sua tia-avó nunca mais viu o homem novamente. Nunca soube nem mesmo o seu nome".

Por outro lado, um ato de covardia, indiferença ou crueldade quando a vida de outra pessoa está em jogo pode garantir a alguém uma existência infernal neste mundo. No livro de Albert Camus, *A Queda*, um homem testemunha uma menina se afogando em um rio. Ele pode salvá-la, mas em vez de fazê-lo, vai embora. Está destruído pela culpa e sua vida começa a se deteriorar rapidamente. Ao final do livro, ele reza: "Ó jovem, atire-se de novo na água, para que eu tenha, pela segunda vez, a oportunidade de nos salvar a ambos!".

"Ambos". Somos todos criaturas feitas à imagem de Deus, conectados por meio de nossa relação com Deus. Conclui Kushner: "Quanto mais entendemos nossa interdependência mútua, mais penetramos nas implicações de nossos atos mais triviais. Vemo-nos em um organismo luminoso de responsabilidade sagrada. Até em um ônibus em Munique".

Shabat Shalom!

Dia 91 Shabat

Ao longo deste Shabat, analise o material dos seis dias anteriores e use alguns dos textos estudados como base para discussões durante as refeições do Shabat:

DIA 85. "Não ficarás em silêncio enquanto o sangue do teu irmão é derramado": O imperativo de intervir
DIA 86. Quando você suspeita que esteja ocorrendo abuso infantil
DIA 87. Raiva indomável e a morte do amor
DIA 88. Seja justo com o inimigo
DIA 89. Não faça as pessoas mentirem para você
DIA 90. "Aquele que salva uma única vida é como se tivesse salvado um mundo inteiro"

Shabat Shalom!

SEMANA 14

Dia 92 Domingo

Passe uma semana seguindo seu coração

Há mais de 1500 anos, o Rabi Safra, um sábio talmúdico, colocou um burro à venda. Certa manhã, enquanto ele rezava, um comprador se aproximou. Sem se dar conta do que o rabino estava fazendo, o homem fez, em altos brados, uma oferta pelo animal.

Rabi Safra estava no meio de uma oração durante a qual a tradição judaica proíbe falar, por isso não disse nada. Interpretando seu silêncio como rejeição, o possível comprador aumentou sua oferta, depois a ampliou de novo.

Alguns minutos mais tarde, o rabino terminou sua oração. Virou-se para o homem e aceitou – sua primeira oferta. E explicou: "Como eu sabia – quando ouvi você gritar sua oferta – que esta era aceitável para mim, seria desonesto aceitar sua oferta mais alta" (vide Rashi em *Bava Bathra* 88a).

Para os rabinos, Rabi Safra é a representação máxima de uma virtude descrita nos Salmos, "aquele que fala a verdade em seu coração" (Salmos 15:2). Isso se refere a quem segue a verdade, mesmo quando só é conhecida por ele (e Deus) e, mesmo assim, é desvantajosa na prática.

Não sei quantos são capazes de viver como Rabi Safra o tempo todo. No entanto, deveríamos tentar, periodicamente, viver como ele e seguir os preceitos mais nobres do nosso coração. Por exemplo, se você ouvir falar de um amigo que está doente e pensar "preciso ir visitá-lo", faça-o, mesmo que depois você vá se preocupar em estar atrasado ou que a visita pareça inconveniente. Da mesma forma, se durante um pedido de caridade, seu coração for tocado e seu instinto for doar uma quantia maior do que habitualmente faz, doe-a, ainda que mais tarde, ao fazer cálculos, você acredite que teria sido mais sensato doar menos.

Na próxima semana, imite o Rabi Safra. Torne-se "aquele que fala a verdade em seu coração".

Dia 93 Segunda-feira

Não faça demandas irrealistas às pessoas

[O Rabi Joshua ensinou]: "... Estamos proibidos de impor um decreto sobre a comunidade que a maioria acreditará ser intolerável".

– TALMUDE BABILÔNICO, *BAVA BATHRA* 60B

Há alguns anos, eu estava presente quando um astuto empresário norte-americano ouviu dizer que os impostos israelenses poderiam exceder 70%, e muitas vezes de fato o faziam. Ele comentou: "É muito insensato para um país adotar uma política como essa. Tudo o que é conquistado ao impor impostos tão altos é estimular a evasão fiscal entre os cidadãos".

Como observou esse homem, transformar em lei demandas irreais provoca a desonestidade e muitas vezes leva ao descumprimento das leis. Isso se aplica tanto na esfera pessoal quanto na nacional. Há muitos anos, escrevi um livro, *Words That Hurt, Words That Heal*, sobre a ética do que dizemos. Em um capítulo sobre a raiva, observei que muitas pessoas se iludem ao acreditar que não têm controle sobre seu temperamento. Defendi que, a menos que alguém sofra determinadas formas de dano cerebral ou esteja sob efeito de medicamentos que alterem a mente, na maioria das vezes, é possível controlar o próprio temperamento. Como prova disso, sugeri aos que acreditam que não conseguiriam fazê-lo se perguntassem: "Se lhe dissessem que você receberia 2 milhões de dólares se *nunca* perdesse a cabeça nos próximos seis meses, você encontraria uma maneira de controlar sua raiva?"

O Dr. Stephen Marmer, professor de psiquiatria da Escola de Medicina da Universidade de Califórnia em Los Angeles, leu os originais de meu livro e sugeriu com veemência – e corretamente – que eu redigisse a pergunta com outras palavras: "Se lhe dissessem que você receberia 2 milhões de dólares se você reduzisse a frequência com que perde a cabeça em *75%* nos próximos seis meses, você encontraria uma maneira de controlar sua raiva?"

O Dr. Marmer comentou: "Setenta e cinco por cento é possível, factível e, portanto, um pedido justo a fazer. Se, porém, você demandar o cumprimento de 100%, tudo o que garantirá é o fracasso".

Diz-se sobre um célebre rabino que seus congregantes seguiam tudo o que ele exigisse deles: "Como você consegue fazer que todas as suas demandas sejam atendidas?", perguntou um colega.

"Porque eu só exijo deles aquilo que eles são capazes de fazer".

Você tem o direito de exigir uma melhoria nas atitudes daqueles que fracassaram com você ou o magoaram – mas deve ser realista. Não exija dos outros uma perfeição que você mesmo não consegue atingir.

Dia 94 Terça-feira

Uma visão judaica da caça

Em *Climbing the Mountain: My Search for Meaning*, Kirk Douglas escreve sobre a única caçada de animais selvagens da qual participou. Equipado com uma arma de grosso calibre, viajou até o Quênia e, durante vários dias, atirou em um leopardo, uma gazela, um antílope e uma zebra. Adquiriu um novo apelido: Killer Douglas. Quando voltou a Beverly Hills, exibiu os troféus de suas matanças nas paredes de casa.

Anos mais tarde, quando já tinha seus 70 e poucos anos, começou a estudar a Torá e a ética judaica. Ele escreveu: "Aprendi que, como judeu, eu havia cometido um pecado. É contra a minha religião caçar e matar animais selvagens, e ainda mais comê-los".*

Considerando-se que o judaísmo não insiste no vegetarianismo, o que explica sua oposição à caça? A *kashrut*, as regras alimentares que regulam quais alimentos são permitidos e quais são proibidos, ordena que até os animais que uma pessoa tem permissão para comer devem ser mortos com

---

* Douglas, *Climbing the Mountain,* páginas 57-58.

um único golpe no pescoço, que seja rápido e poderoso o suficiente para provocar sua inconsciência e morte instantânea. Se o abatedor (*shochet*) prolongar de qualquer maneira a morte do animal, a carne se tornará proibida (*treyf*). Assim, o abatedor tem um incentivo econômico, bem como ético e haláquico (legal do ponto de vista judaico) para garantir que o animal morra rapidamente.

Ao contrário do que ocorre em um abatedouro kosher, as mortes de animais caçados, embora às vezes sejam imediatas, em muitas ocasiões são prolongadas e dolorosas. Da perspectiva da lei judaica, os judeus são proibidos de comer animais mortos em uma caçada. Essa proibição se tornou tão enraizada na psique judaica que até entre os judeus que deixaram de ser kosher há muito tempo, encontram-se poucos que pratiquem a caça.

Há mais de dois séculos, um judeu que se tornara afluente havia pouco tempo, com uma grande propriedade que consistia em aldeias e florestas, fez uma pergunta ao Rabi Ezekiel Landau (1713-1793), de Praga: Ele era autorizado a caçar animais selvagens por esporte, contanto que não comesse a carne proibida? A resposta do Rabi Landau há muito tempo é considerada a posição normativa judaica sobre a caça:

"Como pode um judeu matar uma coisa viva sem qualquer benefício a qualquer pessoa e se envolver em caça meramente para satisfazer 'o uso divertido de seu tempo'? Pois de acordo com o Talmude, é permitido matar animais selvagens apenas quando eles invadem assentamentos humanos, mas persegui-los nas florestas, em sua própria moradia, quando não estão invadindo habitações humanas, é proibido. Essa perseguição significa simplesmente seguir os desejos do coração.

No caso de quem precise fazer isso e quem obtém seu sustento por meio da caça (exemplo: aquele que lida com pelos e peles), não diríamos que caçar é necessariamente cruel, pois matamos bois, pássaros e peixes pelas necessidades do homem... Contudo, no caso daqueles para quem a caça não tem nada a ver com ganhar seu sustento, é pura crueldade".
– Responsa *Nodeh B'Yehuda*, in *Yoreh Deah* 2:10*

---

* Freehof, *A Treasury of Responsa*, páginas 216-19.

Enquanto o Rabi Landau articulava o raciocínio lógico/ético para a oposição do judaísmo à caça, Heinrich Heine (1797-1856), grande escritor alemão de origem judaica, sugeriu que a aversão judaica a esse esporte tinha muito a ver com a turbulenta história dos judeus: "Meus ancestrais não pertenciam à categoria dos caçadores mas sim dos caçados, e a ideia de atacar os descendentes daqueles que foram nossos camaradas na miséria contraria a minha natureza". Em outras palavras, quando um judeu vê um animal fugindo de um caçador que empunha uma arma, com quem você acha que o judeu se identifica?

Dia 95 Quarta-feira

Alimente seus animais antes de alimentar-se a si mesmo

Um homem não pode comer antes de alimentar seus animais.
— Talmude Babilônico, *Berachot* 40a

Como todo pai sabe, a principal razão pela qual as crianças com fome choram de maneira tão amarga é que, enquanto não são alimentadas, elas não sabem se haverá alimento disponível para elas. À medida que crescem um pouco, geralmente começam a desenvolver um grau maior de paciência.

Temos razões para acreditar que animais famintos sofram da mesma maneira que crianças. Enquanto um adulto costuma saber que pode satisfazer sua fome em alguns minutos, o animal não tem esse conhecimento. Essa é, talvez, a razão pela qual a lei judaica ordena que um animal seja alimentado primeiro pela manhã, mesmo antes de se tomar o café da manhã. O motivo é muito simples, o animal está sofrendo de fome, a mesma da criança, e esta é maior que a dos adultos.

Essa lei talmúdica, originada em uma época em que os judeus, de modo geral, eram agricultores, continua aplicável hoje em dia, no caso de animais de estimação. Todo dia pela manhã, quando nos levantamos, minha esposa, nossos filhos ou eu alimentamos nossos dois gatos antes de tomarmos o café da manhã. Além de garantir uma atitude humana para com os animais, essa lei ensina duas lições importantes às crianças: gentileza para com todas as criaturas de Deus e a importância da gratificação adiada. Rabi David Woznica afirma: "É muito bonito uma criança ver seus pais alimentando os indefesos antes de alimentarem a si mesmos". E, para a criança, aprender a adiar a própria refeição para alimentar um animal a ajuda a se acostumar a fazer a coisa certa, mesmo quando isso puder lhe causar um atraso levemente desconfortável.

Alimentar seu animal primeiro, uma lição reforçada 365 vezes por ano (lembre-se, alimente seu animal no Yom Kippur, mesmo que esteja fazendo jejum), torna-se um dos inesperados ensinamentos cotidianos sobre bondade da lei judaica.

Dia 96 — Quinta-feira

Não espalhe informações negativas, mas irrelevantes, sobre alguém de quem você não goste

Nas workshops que realizo sobre A ética do discurso, pergunto às pessoas se elas conseguem lembrar pelo menos um incidente em suas vidas que as constrangeria se as outras pessoas presentes soubessem. Quase todos levantam a mão, exceto, como observo, aqueles "que tiveram vidas muito entediantes, têm memória ruim ou estão mentindo".

A verdade é que o incidente no qual as pessoas estão pensando é quase definitivamente muito menos sério do que roubar um banco. Contudo, como também é provável que seja algo escandaloso, isso as humilharia se os demais soubessem.

O Talmude cita diversos casos sobre como as pessoas utilizam "informações privilegiadas" para magoar outras e proíbem os demais de fazê-lo. Por exemplo: "Se alguém que outrora cometeu um pecado se tornar religioso, é proibido lhe dizer: 'Lembre-se de como você agia'" (Mishné, *Bava Mezia* 4:10).

Muitas vezes, quando brigamos com alguém ou simplesmente não gostamos dele, sentimo-nos tentados a espalhar informações irrelevantes, porém constrangedoras, sobre ele aos outros. Como nós, de modo geral, não queremos admitir que o que fazemos é errado, às vezes inventamos raciocínios mirabolantes para justificar a relevância de compartilhar essas informações.

Se estiver tentado a fazê-lo, resista à tentação. Brigue com a outra pessoa se precisar, mas de maneira justa.

Dia 97 Sexta-feira

Não humilhe um inimigo

Quase todos nós conseguimos pensar em pessoas de quem não gostamos. Muitas vezes, nos momentos de maior raiva, fantasiamos coisas cruéis que poderíamos fazer com elas. Conheço uma mulher que arquitetou um plano (ela nunca o realizou) para esconder formigas vermelhas gigantes por toda a casa de um homem que a havia tratado mal. Também já vi um livro sobre vingança no qual os autores sugeriam dúzias de maneiras de se vingar daqueles que são alvos de nossa inimizade.

Uma das histórias mais famosas do Talmude trata de um homem que tinha um inimigo e que, de uma hora para outra, recebe a oportunidade de se reconciliar com ele ou se vingar dele. Ele escolheu a vingança e, consequentemente, todo o povo judeu sofreu:

Determinado homem tinha um amigo chamado Kamtza e um inimigo chamado Bar Kamtza. Certa vez, ele deu uma festa e disse a seu criado:

"Vá e traga Kamtza".

O criado foi e trouxe Bar Kamtza. Quando o anfitrião o viu em sua festa, disse-lhe:

"... O que você está fazendo aqui? Saia daqui".

Bar Kamtza respondeu:

"Como já estou aqui, deixe-me ficar e pagarei por tudo que comer e beber".

O anfitrião retrucou:

"Não vou lhe deixar ficar".

Bar Kamtza retrucou:

"Então deixe-me reembolsá-lo por metade do custo da festa".

"Não", respondeu o anfitrião.

Bar Kamtza sugeriu:

"Então deixe-me pagar pela festa toda".

Mesmo assim o anfitrião disse não, pegou Bar Kamtza pela mão e o expulsou.

Bar Kamtza disse [para si mesmo]:

"Como havia rabinos proeminentes na festa e eles não o detiveram, isso mostra que eles concordaram com a forma como ele se comportou. Vou denunciá-los ao governo".

– *Gittin* 55b-56a

O Talmude prossegue e explica como esse Bar Kamtza, um homem influente, contatou o imperador romano e o convenceu de que os judeus na Judeia estavam planejando uma rebelião contra ele. Como o imperador acreditou no homem, toda uma cadeia de eventos foi deflagrada e culminou na destruição do Templo de Jerusalém e do Estado judeu.

De quem era a culpa maior? Obviamente, de Bar Kamtza; foi ele quem cometeu o ato de traição que inflamou o imperador. No entanto, se o anfitrião não nomeado não o tivesse humilhado na frente das figuras mais influentes de Jerusalém, toda a tragédia poderia ter sido evitada. Esse anfitrião tinha o direito de odiar Bar Kamtza? Talvez sim, talvez não; o texto não revela o suficiente para sabermos o que havia acontecido anteriormente entre eles. No entanto, deixa claro que embora a provocação possa ter sido severa, foi errado por parte do anfitrião expulsar Bar Kamtza de sua casa em público. E foi errado, por parte dos sábios, ficarem parados sem impedi-lo de fazê-lo. A vingança pode parecer agradável na fantasia, pois imaginamos como vamos derrotar tão completamente nosso inimigo, que não levamos em consideração a possibilidade de a pessoa fazer uma represália. Entretanto, na prática, a forma judaica consiste em não ser vingativo. A Torá ordena: "Não te vingarás ... contra os filhos do teu povo" (Levítico 19:18). Quão melhor teria sido se o anfitrião dessa história tivesse seguido a Torá, não a raiva em seu coração.

Shabat Shalom!

Dia 98 Shabat

Ao longo deste Shabat, analise o material dos seis dias anteriores e use alguns dos textos estudados como base para discussões durante as refeições do Shabat:

DIA 92. Passe uma semana seguindo seu coração
DIA 93. Não faça demandas irrealistas às pessoas
DIA 94. Uma visão judaica da caça
DIA 95. Alimente seus animais antes de alimentar-se a si mesmo
DIA 96. Não espalhe informações negativas, mas irrelevantes, sobre alguém de quem você não goste
DIA 97. Não humilhe um inimigo

Shabat Shalom!

SEMANA 15

Dia 99 Domingo

Ore por alguém hoje

Um texto talmúdico elogia Jetro (em hebraico, *Yitro*), o sogro midianita de Moisés, por oferecer uma oração de ação de graças a Deus. Depois de Moisés contar a seu sogro como Deus livrou os israelitas da escravidão e os ajudou no deserto, Jetro responde: "Bendito seja o Senhor, que vos livrou das mãos dos egípcios e da mão do Faraó; que livrou a este povo de debaixo da mão dos egípcios" (Êxodo 18:10). O texto, que elogia Jetro indiretamente, critica Moisés e os israelitas por não terem oferecido uma oração semelhante (*Sanhedrin* 94a).

Essa crítica talmúdica parece estranha. Os rabinos eram todos cientes de que quando os judeus cruzaram o Mar Vermelho, Moisés os conduziu, oferecendo a Deus uma maravilhosa oração de gratidão; o Êxodo 15 é uma grande ode de ação de graças a Deus. Por que, então, criticaram Moisés por não ter oferecido uma oração semelhante à de Jetro?

Rabi Jacob J. Schacter nos concede uma resposta perspicaz. É verdade, Moisés e os israelitas haviam ofertado a Deus uma oração de ação de graças anteriormente, mas ao contrário de Jetro, eles agradeceram a Deus por algo que Ele havia feito por *eles*; Jetro agradeceu a Deus por algo que Ele havia feito por outra pessoa.

As orações no *siddur*, o livro judaico de orações, geralmente são expressas no plural; são orações para a comunidade, não para si mesmo. Entretanto, muitas pessoas (entre elas, eu) oferecem orações privadas durante as quais falam pessoal e diretamente com Deus.

Em algum momento do dia de hoje, ofereça uma oração a Deus não apenas em seu nome ou em nome da sua família, mas para outras pessoas. Eu o aconselharia a orar não apenas em nome de alguém que você conheça e que esteja doente. As orações pelas pessoas enfermas já fazem parte da liturgia judaica, declamada durante a leitura da Torá; e o mais importante acredito que seja uma conquista maior para você compor uma oração que *não* tenha a ver com os problemas de saúde de outra pessoa. Afinal de contas, é fácil ser generoso ao rezar para um doente se recuperar, mas menos fácil quando se está lutando para se sustentar e orar para que outra pessoa tenha sucesso profissional ou sorte para encontrar emprego ou ser generoso quando não se está envolvido romanticamente ou quando se está infeliz e se reza para que o outro encontre um parceiro ou conquiste grandes alegrias.

É importante ter uma relação honesta com Deus, uma relação na qual se sinta à vontade para pedir a Ele o que *você* precisa. No entanto, também é bom expandir as preocupações do seu coração e rezar a Deus para conceder os desejos e as necessidades de outra pessoa. Aprenda com Jetro, o notável sacerdote midianita, a orar a Deus em nome dos demais.

Dia 100 Segunda-feira

*Crie seu filho para que ele se torne um Mensch**

Se as crianças nascessem generosas, você poderia entrar em uma casa e encontrar uma mãe gritando para o filho de três anos: "Joãozinho, pare de doar todos os seus brinquedos às outras crianças do bairro!". Na verdade, os bebês, em geral, nascem com uma boa dose de egoísmo e precisam ser ensinados e treinados para compartilhar.

Esse treinamento funciona de maneira mais eficaz quando o ensinamento e a prática de doar dinheiro ou posses aos necessitados é algo realizado com regularidade. Como ensina uma influente obra do século XVI sobre ética judaica: "Alguém que doa mil peças de ouro a uma pessoa digna não é

---

* Título do livro do Rabi Neil Kurshan [em inglês, *Raising Your Child to Be a Mensch*], que trata de como os pais podem influenciar o desenvolvimento moral de seus filhos.

tão generosa quanto uma pessoa que doa mil peças de ouro em mil diferentes ocasiões, cada uma por uma causa digna" (Anônimo, *Orchot Tzaddikim* [*The Ways of the Righteous*]).

Uma técnica utilizada por alguns pais para treinar seus filhos a doar é manter uma caixa de *tzedaká* (caridade) na casa e inserir moedas nela logo antes de acender as velas do Shabat. Como a tradição judaica proíbe o uso de dinheiro no Shabat, trata-se de uma importante lição para as crianças: antes do dia sagrado, o dinheiro que você está carregando deve ser destinado à caridade.

À medida que as crianças crescem, seu treinamento em *tzedaká* deve ser intensificado. É uma ideia maravilhosa incentivá-las a celebrarem o *Bar Mitzvá* ou *Bat Mitzvá*, doando para caridade 10% do dinheiro que receberem de presente. Como o *Bar Mitzvá* e *Bat Mitzvá* simbolizam a união da criança com a comunidade judaica adulta, que maneira melhor de começar esse processo do que impulsioná-la a escolher uma causa ou causas pessoais para as quais o dinheiro deve ser doado?*

Siga essas sugestões e o *Bar* ou *Bat Mitzvá* do seu filho – e seu crescimento, em geral, até a idade adulta – não será somente uma comemoração para sua família e seus amigos, mas também uma causa para encher de contentamento toda a comunidade.

Dia 101 Terça-feira

As perguntas que todos os pais deveriam fazer a si mesmos

Se orar três vezes por dia, estudar a Torá e cumprir todas as leis dos rituais judaicos fossem suficientes para garantir que uma criança se tornasse um ser humano ético e gentil, seria adequado que os

---

* Dana Kurzweil e o marido, Rabi Irwin Kula, sugerem que você não espere até o *Bar* ou *Bat Mitzvá* das crianças para treiná-las na doação sistemática para caridade; em vez disso, comece quando ainda forem jovens, separe uma quantia, apresente-lhes algumas das opções e os deixe discutir e decidir para onde querem doar.

pais judeus concentrassem todos os seus esforços para garantir que os filhos cumprissem todos os rituais.

E se enviar uma criança para uma excelente escola que exija dos alunos bom desempenho acadêmico e intelectual fosse suficiente para garantir que ela se tornasse ética e gentil, da mesma forma, seria adequado que os pais se concentrassem exclusivamente no desenvolvimento das capacidades intelectuais de seus filhos e os enviassem para instituições acadêmicas de alto nível.

Entretanto, a história nos ensina repetidamente que uma pessoa pode ser um profissional talentoso e bem educado ou que cumpre todos os rituais, mas sem ética.

Se você quiser que seus filhos cresçam e se tornem boas pessoas, uma ênfase especial sobre cultivar a bondade deve fazer parte de sua educação. Esse foco muitas vezes esteve ausente entre os judeus e os norte-americanos em todos os contextos, religiosos e seculares. Não enraizar esses valores nas crianças é igualmente falso para o espírito do judaísmo (vide, por exemplo, Dia 120) e perigoso para o futuro do país. Utilizando um exemplo radical, o Holocausto não surgiu por falta de pessoas inteligentes na Alemanha, mas pela ausência de pessoas boas o suficiente.

Dennis Prager sugere cinco perguntas que todos os pais deveriam fazer a si mesmos. Responda a essas perguntas quando seus filhos ainda forem pequenos e você terá a oportunidade de mudar o futuro deles e do mundo:

- ◆ Eu prefiro ter um filho bom com inteligência e notas medianas ou um filho brilhante que não seja bondoso?
- ◆ Quanto tempo dedico ao desenvolvimento ético de meu filho, em comparação ao incentivo a outras conquistas?
- ◆ Eu recompenso os atos de bondade do meu filho tanto quanto recompenso boas notas ou conquistas nos esportes? Reajo de maneira menos severa a deficiências de caráter do que a acadêmicas?
- ◆ Eu monitoro o comportamento do meu filho com relação às outras crianças e mostro reprovação quando ele trata mal outra criança? Por exemplo, se meu filho convidar uma amiga para nossa casa e em

seguida for convidado para a casa de outra amiga com quem preferiria estar, será que eu lhe permitiria cancelar o primeiro compromisso?
- Eu insisto repetidamente para que meu filho agradeça às pessoas?*

Prager conclui: "É difícil criar um bom aluno, mas é muito mais difícil criar uma boa pessoa. É um trabalho implacável. Entretanto, a longo prazo, os pais de um bom filho que forem moderadamente bem-sucedidos serão muito mais felizes do que os pais de filhos bem-sucedidos que são moderadamente bons e respeitosos com os outros".

Na maioria dos casos, não são os nossos valores que estão errados, mas nossas prioridades. Quando avaliamos que tipo de pessoas queremos que nossos filhos se tornem, os traços que muitas vezes enfatizamos – ser bem educado, talentoso na música e nos esportes, bem-sucedido profissionalmente e feliz –, valem a pena, contanto que a meta de se tornar uma boa pessoa esteja no topo da lista.

Dia 102 Quarta-feira

*"Assim como o roubo de dinheiro é roubo, o roubo de tempo também é roubo"***

As pessoas que se atrasam tendem a ver isso como um erro menor, explicando: "Sim, estou sempre atrasado. Isso não é bom".

Contudo, quando você pergunta às vítimas dos atrasos de outras pessoas sobre seus sentimentos acerca desses hábitos, descobrirá que a ofensa raramente é vista como trivial: "Ele acredita ser tão mais importante do que eu que é irrelevante o fato de se atrasar. Meu tempo evidentemente não é importante para ele".

---

* Prager, *Think a Second Time*, 37.
** *Mesillat Yesharim (Caminho dos Justos)*, Capítulo 11.

Essa resposta é exagerada? Sendo uma pessoa que tenta ser pontual e que fica chateada ao ficar esperando, confesso que já tive certa raiva das pessoas que estão sempre atrasadas.* Certa vez, vi uma citação anônima que resumia a questão ética envolvida: "Um homem que tomou o seu tempo não reconhece qualquer dívida, no entanto, essa é a única dívida que ele nunca poderá restituir".

Os ensinamentos judaicos veem o desperdício do tempo de outras pessoas como uma forma de roubo. Rabi Abraham Twerski conta uma história sobre o Rabi Abraham Karelitz (1878-1953), o grande intelectual talmúdico conhecido na vida judaica pelo título de seu livro, *Chazon Ish (The Vision of a Man)*. Ele "certa vez reuniu um *minyan* [quórum de dez homens] em sua casa para a *Mincha* [a reza da tarde] e uma das pessoas lhe disse que deveria ir para uma consulta em breve. O Chazon Ish lhe disse que fosse logo, afirmando que deixar a outra pessoa esperando é roubo de tempo e não se pode rezar sobre tempo roubado".

Se o Chazon Ish compreendia a ética judaica como algo que proíbe as pessoas de cumprirem o mandamento de uma oração sobre "tempo roubado", quão mais condenável seria se você deixasse alguém esperando porque escolheu dormir até mais tarde, atendeu uma ligação mesmo sabendo que já estava atrasado ou reorganizou seus horários sem levar em consideração a pessoa que estaria esperando por você? Da mesma maneira, a ética judaica ordenaria que os médicos atrasados para as consultas pedissem a suas secretárias que ligassem a quem ainda não havia chegado e avisasse sobre o atraso.

Você pode se ver como uma pessoa essencialmente de boa índole e que "às vezes" se atrasa um pouco. Contudo, da perspectiva da ética judaica, manter rotineiramente outras pessoas esperando o torna um ladrão.

---

* Em momentos mais generosos, percebo que com frequência há razões psicológicas mais profundamente enraizadas pelas quais algumas pessoas se atrasam; ou seja, seu comportamento muitas vezes é mais autodestrutivo do que agressivo.

Dia 103 Quinta-feira

O que significa santificar o nome de Deus

Às vezes acontece de um garçom ou atendente de uma loja errar ao calcular a conta e me dar troco em excesso. Sempre que percebo o erro aponto-o. O que acredito ser um pouco triste é a enorme gratidão expressa pelas pessoas a quem aponto o erro. A experiência ensinou-lhes que muitos que exigem reembolso por qualquer erro que lhes seja desvantajoso ficam caladas e felizes quando embolsam enganos na conta que lhes favorecem.

De fato, esse comportamento é tão comum que as pessoas que agem de maneira honesta são consideradas incomumente boas. Isso oferece uma oportunidade fácil para alguém mostrar aos outros como seus ensinamentos religiosos o elevaram, não apenas quando a pessoa estiver perante o Eterno nas orações, mas também quando interagir com os demais no mercado.

Uma história talmúdica incomum nos mostra um rabino que estava tão ansioso para mostrar a uma rainha a bondade do judaísmo que arriscou sua vida para fazê-lo. Felizmente, nós, de modo geral, podemos dar créditos a nossa religião sem pôr nossa vida em perigo:

> O Rabi Samuel... foi a Roma. A Imperatriz havia perdido uma pulseira e ele por acaso a encontrou. Foi emitida uma proclamação por todo o país indicando que se alguém a devolvesse em 30 dias, receberia uma tal recompensa, mas se a devolvesse após mais de 30 dias, perderia a cabeça.
>
> Ele não a devolveu em 30 dias, mas depois disso.
>
> Ela lhe perguntou:
>
> "Você não estava na província?"
>
> Ele respondeu:
>
> "Sim, estava".
>
> Ela questionou:
>
> "E você não ouviu a proclamação?"

"Ouvi", retrucou.

"O que dizia a proclamação?", ela insistiu.

Ele respondeu:

"Se alguém devolvê-la em 30 dias, receberá uma tal recompensa, mas se devolvê-la após mais de 30 dias, perderá a cabeça".

Ela questionou:

"Então, por que não a devolveu dentro do prazo de 30 dias?"

Ele respondeu:

"Porque não queria que qualquer pessoa dissesse que eu a devolvi por medo quando, na verdade, eu a devolvi por medo do Todo-Poderoso".

Ela retrucou:

"Abençoado seja o Deus dos judeus".*

Em um caso mais próximo de nossa vida cotidiana, o Talmude conta sobre Rabi Shimon ben Shetach, cujos discípulos lhe compraram um burro de uma pessoa não judia. Depois de tomar posse do animal, ele descobriu uma pérola muito valiosa em seu pescoço e disse alegremente a seu professor: "A partir de agora, você não precisará se esgotar [trabalhando]".

"Por que não?", perguntou-lhes o rabino.

"Compramos um burro para você de um ismaelita, que tem uma pérola emaranhada em seu pescoço".

Então o Rabi Shimon lhes perguntou:

"O antigo dono sabia da pérola?"

"É claro que não", responderam.

Ele ordenou:

"Voltem e lhe devolvam".

Os alunos argumentaram, visto que o erro havia sido cometido por um não judeu [e como os não judeus, naquela época, não devolviam o dinheiro quando um judeu cometia um erro nos negócios], que ele deveria guardar a joia.

---

* Na história do Rabi Samuel, segui quase literalmente a tradução de Louis Jacobs, *Jemish Law*, página 50.

"O que você acha?", replicou o Rabi Shimon. "Que Shimon ben Shetach é um bárbaro? Shimon ben Shetach preferiria ouvir 'Abençoado seja o Deus dos judeus' do que ganhar qualquer lucro nesse mundo todo".*

Da próxima vez em que você se sentir tentado a guardar algo que não deveria, lembre-se da visão de Rabi Shimon ben Shetach: um judeu que obtém vantagem sobre um erro de negócios cometido por uma pessoa não judia estará agindo não como um judeu, mas como um bárbaro.

Dia 104 Sexta-feira

A obrigação especial dos judeus religiosos de santificar o nome de Deus

Certa vez, Yitta Halberstam Mandelbaum encontrou-se por acaso com o Rabi Shlomo Carlebach, grande cantor e compositor chassídico, em Liberty, Nova York. Ela o acompanhou a uma lanchonete, onde ele pediu um refrigerante para viagem. Informado que o preço da lata era 50 centavos, entregou ao balconista dois dólares e lhe disse que ficasse com o troco.

Certa de que Reb Shlomo não sabia como funcionava a mecânica de dar gorjetas, Yitta lhe disse: "Quando você pede algo para viagem, não dá gorjetas e certamente não precisa dar 1,50 dólar de gorjeta por um refrigerante de 50 centavos".

Reb Shlomo sorriu e lhe respondeu: "Irmã sagrada, Yitta, eu sei, eu sei, mas estou tentando compensar pelos *unzer tierla yiddalach* (nossos queridos judeus) que não dão gorjeta e, consequentemente, cometem um *chillul Hashem*" (difamam o nome de Deus).

Quando os não judeus com quem você interage sabem que você é judeu, você não é mais simplesmente um indivíduo. Gostando ou não, você se torna

---

* Talmude, *Bava Mezia* 2:5.

um embaixador dos judeus perante o mundo não judeu. Se você for mesquinho, grosseiro ou sórdido, corre o risco não apenas de as pessoas não gostarem de você, mas também de tirarem conclusões desagradáveis sobre todos os judeus. Por causa do seu mau comportamento, outro judeu pode um dia sofrer.

Se esse raciocínio lhe parece paranoico ou exagerado, reflita se já foi maltratado por um membro de outro grupo religioso, racial ou étnico e se, consequentemente, fez alguma generalização depreciativa sobre o grupo como um todo. Se você o tiver feito, e eu conheço poucas pessoas que não o tenham feito, saiba que o seu mau comportamento pode ajudar a gerar animosidade não apenas contra si, mas contra todos os judeus.

Por outro lado, quando você age de forma generosa ou nobre, como fez Shlomo Carlebach, traz honra para si, para os judeus, para Deus. É isso o que significa ser *mekadesh Hashem*, santificar o nome de Deus.

Shabat Shalom!

Dia 105 Shabat

Ao longo deste Shabat, analise o material dos seis dias anteriores e use alguns dos textos estudados como base para discussões durante as refeições do Shabat:

Dia 99. Ore por alguém hoje
Dia 100. Crie seu filho para que ele se torne um Mensch
Dia 101. As perguntas que todos os pais deveriam fazer a si mesmos
Dia 102. "Assim como o roubo de dinheiro é roubo, o roubo de tempo também é roubo"
Dia 103. O que significa santificar o nome de Deus
Dia 104. A obrigação especial dos judeus religiosos de santificar o nome de Deus

Shabat Shalom!

SEMANA 16

Dia 106 Domingo

Qual é o melhor momento para se arrepender?

Diz o Talmude que aparentemente não há necessidade de apressar o arrependimento de uma pessoa: "Rabi Eliezer disse: 'Arrependa-se um dia antes de sua morte'."

Em seguida, os alunos do Rabi Eliezer rapidamente perceberam que essa diretriz é singularmente desprovida de utilidade:

"Mas uma pessoa sabe quando vai morrer?"

"Mais um motivo, portanto, para se arrepender hoje, caso morra amanhã. Dessa maneira, a vida inteira da pessoa será dedicada ao arrependimento".

– Talmude Babilônico, *Shabbat* 153a

A vantagem de se arrepender diariamente é a possibilidade de impedir a pessoa de se envolver em pecados mais sérios. Muitos que acabam cometendo atos terríveis nem sempre agiram de forma abominável. Geralmente, suas carreiras "no crime" começavam com pequenos atos de maldade, mas depois seu mau comportamento se intensificava. O Talmude ensina que na primeira e na segunda vez em que uma pessoa faz algo proibido, sua consciência costuma ser afetada; no momento em que ela realiza o ato pela terceira vez, ele se torna um hábito e a pessoa terá quase se convencido de que a ação é permitida. Entretanto, se você analisar frequentemente seu comportamento, estará mais apto a reduzir a prática de atos nocivos antes que eles se tornem um hábito.

Em algum momento da noite de hoje, ainda que isso lhe pareça estranho, pegue papel e caneta e tente avaliar seu dia. Veja se consegue pensar em qualquer coisa que tenha feito de errado, ou que poderia ter feito de outra maneira:

- Analise suas interações com as pessoas, especialmente aquelas que possam ter terminado mal. Você contribuiu para o problema? Foi injusto ao dizer ou fazer alguma coisa? Você foi rude com alguém, por exemplo, forçando alguma coisa, recebendo um favor e não agradecendo, ou deixou de oferecer seu lugar no ônibus àquela pessoa idosa em pé ao seu lado?
- Envolveu-se em alguma interação financeira que talvez fosse imoral? Por exemplo, tentou persuadir alguém a participar de uma transação sem lhe revelar inteiramente as desvantagens?
- Você falou de maneira injusta *sobre* ou *com* outra pessoa? Por exemplo, espalhou um boato ou criticou alguém no trabalho de forma indelicada e desmoralizante?
- Em casa, você foi impaciente com seus filhos ou seu cônjuge? Você ouviu com atenção quando quiseram conversar sobre alguma coisa com você? Quando critica um membro de sua família, você o faz de forma justa e amável?

Anote também os atos que você realizou e que foram honestos e gentis. Orgulhe-se deles; isso o motivará para querer continuar agindo assim no futuro.

Conta-se que o Rabi Levi Yitzchak de Berditchev (1740-1810) se sentava todas as noites com papel e caneta nas mãos e avaliava suas ações naquele dia. Quando terminava, revisava a lista e dizia a si mesmo: "Fiz algumas coisas erradas hoje que não deveria ter feito, mas não voltarei a fazê-las amanhã".

Mesmo se em sua lista houver algumas ações das quais você não se orgulha, não as deixe desmoralizá-lo. Em vez disso, encare sua lista como um desafio por meio do qual você poderá evoluir. Como observado anteriormente, o mestre chassídico Rebbe Nachman de Bratslav ensinou: "Se você não for amanhã melhor do que era hoje, por que precisa do amanhã?".

Desejo-lhe um bom-dia hoje e um dia ainda melhor amanhã.

Dia 107 Segunda-feira

Reconheça seu pecado e aceite a responsabilidade

Conheço um homem que raramente reconhece seus erros. Sempre que algo ruim lhe acontece, ele invariavelmente afirma que foi obra do azar ou coloca a culpa em outra pessoa. Certa vez, tive a oportunidade de lhe dizer que de todas as pessoas que conheço, ele era o único por quem eu me sentia menos otimista com relação ao futuro. Como ele nunca era culpado pelas coisas ruins que lhe aconteciam, não havia nada que ele pudesse fazer para melhorar sua vida cada vez mais infeliz. Ele podia apenas esperar parar de ter azar e que as outras pessoas parassem de tratá-lo de forma injusta ou de lhe trazer problemas.

Na tradição judaica, o primeiro passo para o arrependimento é *hakarat hachet*, reconhecer o pecado cometido. Para nós, de modo geral, isso é difícil e sempre foi. A Bíblia nos diz que quando Adão e Eva pecaram no Jardim do Éden, Deus confrontou Adão, perguntando-lhe por que ele havia comido o fruto proibido da Árvore do Conhecimento. Em vez de reconhecer a responsabilidade pelo pecado, Adão culpou Eva (e, por implicação, Deus): "A mulher que Você colocou ao meu lado – ela me deu da árvore e eu comi". Quando Deus se voltou para Eva, ela, por sua vez, culpou a cobra: "A serpente me enganou e eu comi" (Gênesis 3:12-13).

Alguns anos mais tarde, Deus exigiu uma satisfação de Caim com relação ao paradeiro de seu irmão Abel, que Caim havia acabado de assassinar. Em vez de confessar o grande mal que havia cometido, Caim zombou de Deus com uma pergunta zombeteira: "Sou eu o responsável por meu irmão?" (Gênesis 4:9). Milhares de anos mais tarde, Samuel denunciou o Rei Saul por desobedecer a um decreto divino. Sua resposta? Ele mentiu e tentou defender seu comportamento (I Samuel 15).

Alguns anos depois disso, o profeta Natan atacou David por cometer sérios pecados. No entanto, a resposta de David foi diferente daquela de Adão,

Eva, Caim e Saul; ele admitiu sua culpa, confessando: "Pequei contra o Eterno!" (II Samuel 12:13). Deus, presumivelmente satisfeito por afinal um ser humano ter confessado seu ato mau, instruiu Natan a dizer a David que sua punição agora seria menos severa.

Aquele que não consegue reconhecer a responsabilidade e a culpa não poderá mudar. E assim como uma doença não pode ser tratada sem antes ser diagnosticada, um pecado ou um mal não pode ser corrigido sem antes ser reconhecido e admitido. Portanto, se você deseja se arrepender dos atos ruins cometidos, a primeira – e, para muitos de nós, a mais dolorosa – coisa que você deve fazer é admitir, sem racionalizar ou justificar, o mal que cometeu.

Eis um exercício: sente-se em silêncio, sozinho, e veja se consegue pensar em uma ou duas coisas que tenha feito na vida, ou que esteja fazendo agora, que você saiba que são injustas e erradas. Mesmo se você não estiver ainda pronto para desfazer os males que cometeu (se, de fato, for possível desfazê-los por completo), pelo menos reconheça sua culpa, como fez David. O simples ato de se tornar consciente das más ações começará a influenciar a forma como você se comporta.

Dia 108 Terça-feira

Peça perdão mesmo quando não estiver completamente errado

Uma mulher que conheço era infeliz em seu casamento, e este de fato terminou em divórcio. Mesmo depois disso, ela e o marido, que compartilhavam a guarda do filho, continuaram tendo um relacionamento péssimo. Suas conversas ao telefone eram pontuadas por gritos, acusações, queixas e ressentimentos.

Em certo ano, no Yom Kippur, repentinamente lhe ocorreu que ela havia sido injusta, pelo menos em parte, com o ex-marido. Na sinagoga naquele dia, contou-me que estava claro para ela o que deveria fazer: tinha que procurar o ex-marido, reconhecer e pedir desculpas pelas coisas injustas e cruéis que ela havia feito durante o casamento. Durante dez anos, ela investiu tanta energia emocional para relembrar cada crueldade que ele havia cometido que nunca lhe havia ocorrido reconhecer qualquer responsabilidade pessoal pelo fracasso do casamento.

Dois dias depois, encontrou-se com o "ex" para almoçar. Quando lhe contou o motivo do encontro e pediu desculpas por coisas erradas específicas que havia dito e feito, ele ficou imóvel, aturdido e profundamente emocionado. Pela primeira vez em muitos anos, eles conversaram de maneira honesta e justa, nenhum dos dois querendo culpar o outro. Isso aconteceu há muitos anos e a relação entre os dois hoje é mais calma do que nunca. A mulher contou-me que se sente como se tivesse se livrado de um enorme fardo de raiva e culpa.

De acordo com os códigos da lei judaica, o primeiro passo para o arrependimento é "o reconhecimento do pecado pessoal" (vide o título de ontem). Depois desse reconhecimento, porém, o objetivo é seguir para os próximos dois passos do arrependimento: pedir perdão à pessoa que você magoou (mesmo quando acreditar que ela também tem culpa pelo que aconteceu) e desfazer o dano causado até onde for possível.

Dia 109 Quarta-feira

Dar gorjeta até para aqueles cujo rosto você não vê

Dar gorjeta é uma convenção social que tem tanto a ver com covardia quanto com bom serviço. Assim, embora eu dê gorjetas generosas àqueles que foram incomumente prestativos e agradáveis, é raro eu deixar de dar gorjeta também a quem foi um pouco rude ou muito lento ao prestar o serviço.

Por outro lado, há uma pessoa que os outros, em geral, ignoram mesmo quando o serviço é exemplar: a camareira que limpa os quartos de hotel. Não ignoramos o taxista, o porteiro que leva nossas malas ou o garçom, porque vemos o rosto dessas pessoas. Entretanto, embora a camareira nos preste um serviço, raramente vemos seu rosto ou interagimos com ela e, portanto, em geral, não damos gorjeta. Mesmo se você não acreditar que seja necessário dar gorjeta, será que não deveria deixar um bilhete agradecendo a ela pelo serviço que lhe prestou?

Parte do ato de cultivar um caráter virtuoso consiste em aprender a expressar gratidão por aqueles que não vemos. Afinal de contas, a oração é uma forma de expressar gratidão Àquele que *nunca* vemos, mas que nos concedeu o maior presente, a vida. Dar gorjeta à camareira trata-se de expressar gratidão à pessoa com quem não temos quase nenhum contato, mas que nos concedeu um presente corriqueiro, mas muito valorizado: um quarto limpo.

Dia 110 Quarta-feira

E se você pudesse ler seu obituário hoje?

O prêmio Nobel é o prêmio mais famoso do mundo. Oferecido nas áreas de literatura, paz, economia, medicina e ciência, foi criado há um século por Alfred Nobel (1833-1896), homem cuja fortuna foi acumulada por meio da produção de explosivos; entre outras coisas, ele inventou a dinamite.

O que motivou esse fabricante sueco de munições a dedicar sua fortuna à homenagem e premiação daqueles que beneficiaram a humanidade? De acordo com um relato que ouvi do Rabi Harold Kushner, a criação do Prêmio Nobel surgiu por meio de um acontecimento fortuito. Quando o irmão de Nobel faleceu, um jornal redigiu um longo obituário sobre Alfred Nobel por acreditar que era ele quem havia falecido. Assim, Nobel teve uma oportunidade concedida a poucas pessoas: leu seu obituário ainda em vida. O que ele leu o horrorizou: o jornal o descreveu como um homem que permitira que um número maior de pessoas fosse assassinado de maneira mais rápida do que qualquer um que já tinha vivido.

Naquele momento, Nobel percebeu duas coisas: era assim que ele seria lembrado e era assim que ele *não* queria ser lembrado. Pouco tempo depois disso, ele criou o Prêmio Nobel. Hoje em dia, graças ao que ele fez, todos conhecem o Prêmio Nobel, mas relativamente poucas pessoas se lembram de como Nobel fez sua fortuna.

Pensar em como será feito o obituário de uma pessoa (sendo ele publicado ou não em um jornal, ou apenas escrito no coração e na mente daqueles que o conhecem) pode, e geralmente deveria, incentivar as pessoas a repensarem como estão conduzindo sua vida. Um rabino que conheço se prepara para o Yom Kippur todos os anos escrevendo duas versões do próprio obituário. Na primeira, ele redige o que acredita que seria escrito e, na segunda, redige como ele *gostaria* que fosse redigido. Seu objetivo, claro, é diminuir a lacuna entre quem ele é e quem ele gostaria de ser.

Portanto, se, Deus o livre, você morresse hoje, o que seu obituário diria sobre você? Ele seria escrito da maneira como você gostaria? Se não, o que você pode fazer agora para mudá-lo?

Dia 111 Quinta-feira

As infinitas maneiras de fazer o bem

Danny Siegel, fundador do Fundo Ziv Tzedakah, é um gênio (um termo que eu uso intencionalmente) ao revelar esforços beneficentes que correspondam a necessidades específicas. Ao fazê-lo, Siegel nos lembra de que há necessidades humanas ilimitadas e, assim, incontáveis oportunidades de ajudar os outros.

Um artigo publicado no boletim informativo de seu fundo enfatiza alguns dos "heróis Mitzvah" que iniciaram algumas das ações filantrópicas que o Fundo Ziv Tzedakah ajuda a sustentar:

- Sob os auspícios de sua sinagoga, Merrill Alpert, de Encino, Califórnia, realiza atividades para adquirir cadeirinhas de carro para crianças, que são doadas para agências e encaminhadas às famílias que não têm dinheiro para comprá-los.
- Donni Engelhart, de Chicago, recolhe perucas novas e usadas para doar a pessoas com câncer.
- John Beltzer, da *Songs of Love*, em Nova York, supervisiona uma rede de compositores, letristas e técnicos que compõem canções individualizadas e pessoais para crianças com doenças graves. Até hoje, já compuseram 564 canções.
- Há alguns anos, Herman Berman, de Los Angeles, ficou angustiado ao descobrir que muitas lojas de bagel jogam fora os que não foram vendidos e feitos há apenas algumas horas, e começou a pedi-los, doando os alimentos para distribuição aos pobres. Até hoje, Berman, a quem Siegel chama de "o Rei dos apreciadores de bagel", já doou mais de 322 mil bagels.
- Nancy Berman-Potash, da Flórida, preocupada com o fato de que os abrigos locais para mulheres que sofrem agressões muitas vezes estão lotados para aceitar novas residentes, aconselha as pessoas sobre como expandir a rede de hotéis que ofereçam quartos gratuitos para mulheres agredidas. Siegel escreveu: "Ela lhes dará todos os detalhes necessários para permitir que muitas mulheres (e crianças) sigam adiante com suas vidas. Você poderá *literalmente* salvar vidas".
- Kathy Freund, de Portland, no Maine, criou a Rede Independente de Transportes, composta por 300 motoristas voluntários que transportam idosos.
- Craig Kielburger, de Toronto, dedicou anos de esforços a defender os direitos dos trabalhadores infantis na Ásia. Ele lançou muitos projetos, entre eles, um feito por alunos da *Broad Meadow School*, em

Quincy, Massachusetts, que arrecadou 150 mil dólares para criar uma escola para crianças asiáticas.

◆ Sob a supervisão de Victoria Ginsberg, a turma de quinta série da Ramaz Yeshiva, na cidade de Nova York, recolheu e doou mais de 113 mil quilos de alimentos no período de seis anos.

Se você quiser saber mais informações sobre esses e outros projetos de *gemilut chesed* (atos de bondade) e como criá-los em sua comunidade, ligue ou escreva para Danny Siegel, no Fundo Ziv Tzedakah, Inc., 263 Congressional Lane, Nº 708, Rockville, MD 20852, (973) 763-9396. Anne Frank nos lembra em seu diário: "Quão maravilhoso é o fato de ninguém precisar esperar sequer um momento para começar a melhorar o mundo".
Shabat Shalom!

Dia 112 Shabat

Ao longo deste Shabat, analise o material dos seis dias anteriores e use alguns dos textos estudados como base para discussões durante as refeições do Shabat:

DIA 106. Qual é o melhor momento para se arrepender?
DIA 107. Reconheça seu pecado e aceite a responsabilidade
DIA 108. Peça perdão mesmo quando não estiver completamente errado
DIA 109. Dar gorjeta até para aqueles cujo rosto você não vê
DIA 110. E se você pudesse ler seu obituário hoje?
DIA 111. As infinitas maneiras de fazer o bem

Shabat Shalom!

SEMANA 17

Dia 113 Domingo

"Não colocarás alguma coisa no caminho que faça alguém tropeçar"

Não colocarás diante de um cego algo que o faça tropeçar; mas temerás o teu Deus. Eu sou o Eterno.

— Levítico 19:14

Em uma primeira leitura, esse poderia parecer o mais simples dos 613 mandamentos da Torá. Entretanto, a lei judaica expandiu tanto o significado desse versículo que ele acabou tornando-se uma das leis mais eticamente exigentes da Torá:

> Qual é o significado de "Não colocarás diante de um cego algo que o faça tropeçar"? Diante daquele que é "cego" com relação a determinado assunto. Se ele buscar aconselhamento com você, não lhe dê um conselho que não seja adequado a ele. Não lhe diga: "Saia de manhã cedo", pois os ladrões podem assaltá-lo; "Saia de tarde", pois ele pode ser afetado pelo calor. [Rashi, o mais importante comentarista judeu da Torá, cita ainda outro exemplo: Não aconselhe alguém a vender um terreno arável e comprar um burro, quando você mesmo estiver pretendendo comprar um terreno arável e vender um burro.] E para que você não diga: "Eu estou dando um bom conselho", o assunto é conhecido do [seu] coração [e de Deus, Que conhece todos os corações]; conforme está escrito: "Mas temerás o teu Deus. Eu sou o Eterno".

— *Sifra*, Levítico

Uma pessoa que dá um mau conselho a outra sempre pode se defender com a afirmação de que acreditou que estivesse sendo genuinamente prestativa. É por isso, afirmam os Rabis, que a lei da Torá é seguida pelas palavras: "Mas temerás o teu Deus". É verdade, você pode ser capaz de enganar o próximo, mas Deus saberá se seu conselho realmente foi bem intencionado ou se foi malicioso e bom apenas para você mesmo.

Assim, o significado principal, mas não exclusivo, atribuído a essa lei nas fontes judaicas pós-bíblicas é evitar dar ao outro pareceres enganadores ou bons apenas para você mesmo.

Além disso, toda vez que alguém vier até você pedindo conselhos e você tiver interesse no assunto em questão, você é obrigado a abster-se de dar conselho ou a informar a pessoa sobre o seu interesse pessoal (em um caso, por exemplo, em que um amigo solicite seu conselho para saber se deveria ou não largar um emprego e você esteja interessado em se candidatar para aquela vaga). A lei judaica proíbe que você finja ser prestativo enquanto articula a opinião de forma que consiga as "segundas intenções".

Mesmo quando você estiver certo de que sua motivação é pura, a lei judaica lhe obriga a informar a outra parte acerca do seu interesse no assunto. Por quê? Porque podemos tão facilmente nos iludir e pensar que estamos fazendo a coisa certa pela outra pessoa quando, na verdade, estamos simplesmente racionalizando aquilo que diz respeito ao nosso próprio interesse. Por exemplo, digamos que você seja um vendedor de seguros que representa diferentes seguradoras e algumas delas lhe paguem comissões mais altas do que outras. Como você pode aconselhar um cliente de maneira justa acerca da melhor apólice para comprar, quando é do seu interesse que ele adquira a apólice que lhe renderá a maior comissão?

Meir Tamari, ex-economista chefe do Banco de Israel e talvez o principal intelectual contemporâneo na área de ética comercial judaica, relata como um agente de seguros que desejava agir de acordo com os ensinamentos éticos judaicos resolveu seu dilema. Receoso de que as apólices que incentivava os clientes a comprarem "eram mais uma reflexão de seus próprios ganhos em potencial do que as necessidades ou benefícios do cliente específico", o homem programou seu computador com todos os dados referentes ao cliente e deixou o computador escolher a melhor apólice. Uma solução elegante para um problema aparentemente insolúvel!*

Contudo, outra forma na qual as pessoas desobedecem a esse mandamento é ao tirar vantagem da "cegueira" do outro (isto é, sua incapacidade de enxergar claramente) em um assunto específico. Assim, embora a lei judaica permita que uma pessoa tenha uma loja de bebidas ou um bar, proíbe a venda de bebida a uma pessoa conhecida por ser alcoólatra (se a pessoa pode fazê-lo em termos práticos já é outra questão). Como os alcoólatras, de modo geral, não têm força interna suficiente para beber moderadamente, as pessoas são proibidas de manipular ou incentivar seu vício; isso constituiria uma violação dessa máxima.

Em suma, se você tem dúvidas se está agindo de forma ética em qualquer situação, pergunte-se o seguinte: "Se a situação fosse inversa e a pessoa com quem estou lidando agisse da maneira como estou agindo com ela, eu me sentiria como se estivesse sendo enganado?".

Acerca das implicações do versículo "Não colocarás tropeço diante do cego ..." sobre como se trata as pessoas literalmente cegas e surdas, vide o Dia 58.

---

* Tamari, *The Challenge of Wealth*, página 43. Larry Gellman, corretor de ações e estudante de ética comercial judaica, tem uma visão adicional sobre esse mandamento: "Essa lei nos proíbe de obter vantagem sobre a cegueira alheia, mas não de seu descuido ou preguiça. Como uma pessoa cega é incapaz de ver, ela é muito diferente, no contexto das transações comerciais, daquele que tem a capacidade de ver, mas não faz qualquer esforço para ver para onde está indo. No mercado de ações, isso significa que estamos proibidos de obter vantagem sobre informações privilegiadas que venham de uma fonte privilegiada e que não estejam disponíveis para as pessoas em geral, mas não estamos proibidos de nos beneficiarmos do trabalho árduo que nos leva a conclusões às quais os outros poderiam não chegar".

Dia 114 Segunda-feira

A pessoa anônima atrás do balcão

Hoje em dia, a lei norte-americana está orientada para a questão dos direitos; muito ouvimos falar na noção de direitos do consumidor. A lei judaica, que é orientada pelas obrigações, exige que os consumidores tenham as mesmas obrigações que os comerciantes de agir de maneira justa: "Assim como há infrações em compras e vendas, há infrações nas palavras: Uma pessoa não poderá dizer a ele [o lojista]: 'Qual é o preço?' se não tiver a intenção de comprá-lo..." (Mishná, *Bava Mezia* 4:10).

Essa regra não pretende desencorajar uma pessoa a fazer comparações antes de comprar. Se você estiver considerando adquirir um item, tem todo o direito de comparar preços em lojas diferentes. O que você é proibido de fazer é alimentar as esperanças de um vendedor, "roubar" seu tempo somente para satisfazer sua curiosidade ou se certificar de que "fez um bom negócio" em um item já comprado, ou adquirir as informações necessárias para comprar o produto por um preço menor de uma empresa de vendas on-line.

Já ensinei essa Mishná a muitas pessoas e alguns donos de lojas, principalmente os de grandes lojas, comentaram que não se incomodam com pessoas que entram, dão uma olhada e até fazem perguntas inúteis sobre os preços (as grandes lojas dispõem seus objetos de modo que incentivem as pessoas a comprarem por impulso). Entretanto, esse mandamento fica mais evidente quando aplicado a uma loja menor, em que o vendedor possivelmente é o dono da loja em que cada venda é muito importante.

Ouvi falar dessa lei pela primeira vez quando estava na *yeshivá*, há muitos anos, e depois a ensinei a meu amigo Dennis Prager, que desde então tornou sua missão divulgá-la ao maior número possível de pessoas. Como Dennis explica, a obediência à Lei do Lojista tem múltiplas implicações morais:

"Há muitos anos, um amigo que fazia *leasing* de vários carros para sua empresa me contou que poderia fazer com que essa empresa de *leasing* de carros arrendasse um carro para mim pelo preço de custo. Quando respondi que não sabia que modelo de automóvel queria, ele me disse para sair e testar diversos modelos de carro e lhe dizer qual eu queria.

Sua ideia era prática, mas é precisamente o tipo de prática proibida pela Lei do Lojista. Eu não poderia fazer um *test drive* com um revendedor de quem eu sabia que não compraria ou arrendaria o carro. Ao fazer o *test drive* de um carro com um revendedor, estou sugerindo que há uma possibilidade de que eu compre o carro dele. Caso contrário, por que ele perderia seu precioso tempo comigo?

Para citar outra forma na qual essa lei é violada: algumas mulheres vão a lojas para experimentar vestidos sabendo que não têm a menor intenção de comprar qualquer vestido naquela loja. Ou, ainda pior, algumas mulheres compram um vestido sabendo que vão devolvê-lo e pedir reembolso depois de usá-lo em determinada ocasião. Muitos homens, planejando comprar equipamentos fotográficos, vão a uma loja varejista de câmeras, tomam o tempo dos vendedores para decidir que equipamento querem e depois compram o equipamento por um preço mais barato de uma empresa on-line. E sabiam o tempo todo que comprariam na internet.

O motivo mais óbvio pelo qual a Mishná proibiu essa atividade ... foi para não dar vãs esperanças a um vendedor, mas o motivo vai além: aqueles que violam essa lei estão enganando intencionalmente as pessoas com relação a uma das coisas mais importantes em suas vidas – seu sustento.

Não tenha dúvida: sempre que experimentamos um vestido ou perguntamos o preço de uma câmera, estamos sugerindo a possibilidade de comprar o produto e é exatamente isso que o vendedor deduz.

Se você duvida disso, na próxima vez em que for a uma loja, diga à vendedora: "Senhora, quero que saiba desde já que apesar de eu pretender experimentar alguns vestidos aqui, não comprarei qualquer um deles *aqui*. Estou aqui somente para ver o que está disponível e ouvir seus conselhos".

Obviamente, se disséssemos isso, o vendedor não nos atenderia. As lojas não existem para mostrar itens para as pessoas comprarem em outro lugar.*

Há ainda outro nível para essa lei. Ela nos torna bem conscientes de que temos obrigações até diante de pessoas com as quais julgamos não ter qualquer obrigação. Desde que aprendi essa lei, nunca mais olhei para pessoas que trabalham em lojas da mesma forma como as via anteriormente. Sempre que entro em uma loja, sou forçado a me lembrar de minha obrigação perante aqueles que ali trabalham.**

A adoção dessa simples lei transformará a forma como você vê os vendedores; eles se tornam não somente indivíduos que estão ali para responder suas perguntas e satisfazer suas necessidades, mas também seres humanos autônomos com esperanças e sentimentos.*** Você será, como diz Dennis Prager, forçado "a estabelecer algo como uma relação Eu-Você com a pessoa atrás do balcão, em vez de manter a típica relação Eu-Isso que temos com as pessoas que encontramos no contexto de serviços".

Eis é a genialidade dessa simples lei da Mishná; ela nos recorda que o anônima atrás do balcão é, como você, um ser humano criado "à imagem de Deus".

---

* Também é correto dizer: "Não vou comprar nada hoje, estou apenas dando uma olhada". Dessa forma, o vendedor não se sentirá obrigado a dedicar tempo a você. (N.E.)

** Prager, *Think a Second Time*, 14-16.

*** No caso de querer informações de quem você não vai comprar, deve pesquisar na internet ou ligar para o fabricante; dessa forma, nenhuma esperança de qualquer pessoa será alimentada artificialmente. Por outro lado, um amigo ofereceu outra solução para o dilema de fazer um *test drive* de um carro em um lugar em que você não vai comprar: compensar com generosidade o vendedor de quem você não for comprar o carro. Eis o que ele me disse: "Depois que esse *test drive* me ajudou a selecionar um carro, consegui fazer um *leasing* do carro por um preço consideravelmente menor em outro lugar. Portanto, para não violar a lei talmúdica, voltei e dei ao vendedor 100 dólares pelo serviço prestado e pelo tempo investido".

DIA 114

Dia 115 Terça-feira

Atos de bondade (I): olhando para trás

As orações matinais judaicas contêm uma passagem talmúdica que você deveria declamar, rezando ou não todas as manhãs:

> Estes são os preceitos pelos quais uma pessoa é recompensada neste mundo e cuja principal recompensa está reservada a esta pessoa no mundo vindouro. São eles:
>
> honrar pai e mãe;
> realizar atos de bondade;
> chegar cedo à Casa de Estudos, de manhã e à noite;
> ser hospitaleiro com seus convidados;
> visitar os doentes;
> participar da organização de um casamento;
> acompanhar os mortos [até o túmulo];
> concentrar-se no significado das orações;
> proporcionar a paz entre semelhantes;
> e o estudo da Torá equivale a todos eles.*

Muitas pessoas se apressam em suas orações diárias, mas você deveria diminuir o ritmo quando chegar neste trecho e fazer o seguinte: enquanto lê cada uma das dez atividades prescritas, reflita sobre um momento (preferivelmente, mas não necessariamente, no passado recente) no qual você tenha realizado esse mandamento em especial. Por exemplo, tente se lembrar de um exemplo em que tenha cumprido de modo adequado a determinação "honrar pai e mãe", ou lembre-se de um ato específico de bondade que tenha realizado

---

* No livro de orações diárias e com base no Talmude Babilônico, *Shabat* 127a.

para outra pessoa. Que emoções você sente? Utilize esse sentimento para garantir que você repetirá essa atividade até o fim da semana.

Alguns dos mandamentos elencados nessa oração, por sua natureza, estão mais relacionados à liturgia, como "concentrar-se no significado das orações". Tenha em mente que se você revisar a oração dessa forma, observando quando e como você obedeceu a esses preceitos no passado, também estará cumprindo a determinação de "concentrar-se no significado das orações".

Qualquer pessoa que queira ter uma vida ética deve reservar para si momentos regulares de introspecção. Por exemplo, no processo de fazer o exercício descrito acima, você pode descobrir que raramente cumpre, se é que cumpre, alguns desses preceitos. Portanto, declamar essa oração pode servir como um incentivo diário para ter o tipo de introspecção que leva não somente aos bons pensamentos, como também às boas ações.

Dia 116 Quarta-feira

Atos de bondade (2): olhando para a frente

Lembre-se novamente da notável oração que discutimos ontem.

Estes são os preceitos pelos quais uma pessoa é recompensada neste mundo e cuja principal recompensa está reservada a esta pessoa no Mundo Vindouro. São eles:

> honrar pai e mãe;
> realizar atos de bondade;
> chegar cedo à Casa de Estudos, de manhã e à noite;
> ser hospitaleiro com seus convidados;
> visitar os doentes;
> participar da organização de um casamento;

acompanhar os mortos [até o túmulo];
concentrar-se no significado das orações;
proporcionar a paz entre semelhantes;
e o estudo da Torá equivale a todos eles.

Enquanto declama cada um dos dez mandamentos que são recompensados neste mundo e no próximo, pare e reflita como você pode cumprir um destes preceitos hoje:

- ◆ *Honrar pai e mãe*. O que você pode fazer hoje para mostrar respeito e amor por seu pai e/ou sua mãe? O que você pode dizer ou fazer por eles para que se sintam queridos ou honrados por você? No mínimo, lembre-se de ligar para eles ou visitá-los hoje. Se seus pais não estiverem mais vivos, o que você pode fazer para honrar sua memória? Talvez doar para caridade em memória de seus pais, transmitir algum conhecimento que aprendeu com eles ou fazer algo de que eles gostariam que você fizesse por um irmão (vide, por exemplo, o Dia 124). Todas essas atividades, é claro, são igualmente adequadas se seus pais estiverem vivos.
- ◆ *Realizar atos de bondade*. Pense nas pessoas que você conhece, a começar por sua família e seus amigos mais próximos, em seguida, amplie seu pensamento para outras pessoas. De que atos de bondade uma ou mais delas necessitam? O que você pode fazer para ajudar? Algumas precisam apenas de palavras gentis. Uma pessoa mais velha talvez precise de uma ligação sua sem pressa, enquanto outras poderão precisar da oportunidade para falar com você sobre algum dilema que estejam enfrentando.

(Por uma estranha coincidência, se é que realmente existem coincidências, enquanto eu escrevia o parágrafo anterior, meu telefone tocou. Do outro lado da linha estava um amigo querido cuja esposa foi diagnosticada havia pouco tempo com câncer. Ele queria conversar comigo sobre os diversos e, às vezes, contraditórios conselhos que haviam recebido dos médicos com quem se consultaram. Também estava claro que ele precisava de uma oportunidade para conversar sobre isso detalhadamente, sem pressa. Ouvir o outro com compreensão e empatia também pode ser um ato de *gemilut chesed*.)

Para alguns, o necessário pode ser algo mais concreto. Por exemplo, você tem algum amigo que tenha perdido o emprego e agora esteja procurando trabalho? Reflita se há pessoas do seu conhecimento que tenham condições de oferecer um emprego ao seu amigo (vide o Dia 183).

Se você estiver verdadeiramente empenhado, faça uma lista das pessoas que conhece e pense que atos de bondade pode realizar por elas. É óbvio que, você não precisa se propor a realizar todos esses atos hoje – embora possa realizar pelo menos um deles –, mas planejar o bem que você pode fazer tem um efeito maravilhoso: você se torna mais apto a fazê-lo.

Amanhã revisaremos muitos outros desses preceitos.

Dia 117 Quinta-feira

Atos de bondade (3): olhando para a frente

A palavra hebraica para o ato de rezar, *l'hitpallel*, significa literalmente "julgar-se ou examinar-se". Esse significado surpreende muitas pessoas, pois a oração costumava ser entendida como um pedido, colocar-se diante de Deus e dizer a Ele o que queremos. Na verdade, o livro de orações contém poucas orações petitórias individuais. Mesmo quando uma pessoa suplica a Deus, geralmente é por algo que será bom para os judeus e para o mundo (é claro, em qualquer momento durante a reza ou o dia, é possível compor uma oração pessoal, petitória a Deus).

A definição de *l'hitpallel* claramente expressa qual é o principal objetivo da oração: incentivar-nos à concentração no serviço religioso. É por isso que os Rabis incluíram na reza matinal a passagem talmúdica que temos estudado nos últimos dois dias.

Esses são os preceitos pelos quais uma pessoa é recompensada neste mundo e cuja principal recompensa está reservada a esta pessoa no Mundo Vindouro. São eles:

honrar pai e mãe;
realizar atos de bondade;
chegar cedo à Casa de Estudos, de manhã e à noite;
ser hospitaleiro com seus convidados;
visitar os doentes;
participar da organização de um casamento;
acompanhar os mortos [até o túmulo];
concentrar-se no significado das orações;
proporcionar a paz entre semelhantes;
e o estudo da Torá equivale a todos eles.

Enquanto declama essa oração, pergunte-se o que pode fazer hoje, ou nos próximos dias, para realizar um ou mais desses preceitos:

- *Ser hospitaleiro com seus convidados.* Você abriu sua casa recentemente para convidados? (Vide, por exemplo, o Dia 159). A tradição judaica deseja em especial que as pessoas façam isso no Shabat ou em refeições durante as Festas.
- *Visitar os doentes.* Você conhece alguém que esteja doente e que não tenha visitado, ou que o viu há muito tempo? Pare de postergar e faça isso agora. Se a pessoa morar longe, ligue para ela. Além disso, é especialmente louvável visitar um doente que não tenha família ou amigos; como é, às vezes, o caso de pessoas que vão para outras cidades para serem tratadas. (Para sugestões da tradição judaica sobre como agir ao visitar os doentes, vide o Dia 32).
- *Proporcionar a paz entre semelhantes.* Você tem amigos ou parentes que estejam brigados? Antes de responder que não ou pular este parágrafo, reflita: você conhece pessoas que não se falam? Se conhecer, você tem condições de ajudá-las a se reconciliarem? Se ambas

gostarem muito de você e confiarem que não está sendo parcial em favor da outra, você pode fazer alguma coisa para trazer a paz, ou pelo menos atenuar as tensões entre elas? Você faria isso hoje?

Da mesma forma, considere a possibilidade de comparecer à casa de estudos (a sinagoga) com mais frequência e ser mais conscencioso com relação a ir a funerais e ajudar a fazer pessoas solteiras se encontrarem.

Finalmente, o texto nos lembra que o estudo da Torá equivale a todas as demais atividades. O Talmude registra o seguinte debate: "O Rabi Tarfon e os outros rabinos estavam, certa vez ... em Lydda quando surgiu uma pergunta entre eles: 'O que é mais importante, o estudo ou a prática?'. Rabi Tarfon disse: 'A prática é mais importante'. Rabi Akiva respondeu: 'O estudo é mais importante'. Em seguida, todos eles responderam e disseram: 'O estudo é mais importante, pois leva às ações'" (*Kiddushin* 40b).

Estude um texto judaico hoje; leia, talvez, uma seção da Parashá da semana da Torá. Conforme ensina um provérbio medieval judaico: "Na oração falamos com Deus, mas nos estudos Deus fala conosco".*

Assim como qualquer outra oração que eu conheça, esta, que estudamos durante os últimos três dias, tem o poder de nos transformar e elevar.

Dia 118 Sexta-feira

Quanto menos tempo para perder, mais tempo para doar

O poder de ler uma história sobre um comportamento santificado é que alguns leitores se verão, algum dia, na situação descrita pela narrativa e, por causa disso, agirão de maneira diferente. Tendo isso em mente, eis aqui uma história de *Holy Brother*, de Yitta

---

* Citado em Sherwin e Cohen, *How to Be a Jew*, página 47.

Halberstam Mandelbaum, uma notável coleção de histórias sobre Rabi Shlomo Carlebach, trovador que propagava a música e o amor judaicos por onde passava.

Uma pessoa que Yitta entrevistou contou-lhe que, alguns anos antes, quando estava esperando para embarcar em um voo matinal completamente lotado de Toronto para Nova York, um funcionário da companhia aérea anunciou: "Há duas pessoas com emergências médicas que precisam desesperadamente voltar para Nova York. Convidamos dois voluntários a abrir mão de seus assentos pelo bem dessas pessoas. O próximo voo para Nova York sai em três horas. Sabemos que é um grande sacrifício e lamentamos colocá-los nessa situação. Há alguém aqui que esteja disposto a se oferecer para ajudar essas pessoas?".

"Uma mão logo se levantou no meio da multidão: 'Eu estou pronto', gritou uma voz sincera... Era Shlomo Carlebach". Impressionante, pois dentre as coisas pelas quais o Rabi Carlebach era conhecido estava o fato de ser muito atarefado. Ele viajava constantemente, de concerto em concerto, encontrando com pessoas e aconselhando-as até tarde da noite.

Conforme disse a Yitta, a mulher que estava presente naquela manhã: "Pode ter certeza: dentre todos que ali estavam naquela manhã, Shlomo era com certeza quem tinha a necessidade mais imperiosa de voltar quanto antes a Nova York. Ele tinha o mínimo de tempo a perder. Contudo, milagrosamente, eram quem também tinha o máximo de tempo para dar".*

Shabat Shalom!

Dia 119 Shabat

Ao longo deste Shabat, analise o material dos seis dias anteriores e use alguns dos textos estudados como base para discussões durante as refeições do Shabat:

---

* Mandelbaum, *Holy Brother*, 160-61.

Dia 113. "Não colocarás alguma coisa no caminho que faça alguém tropeçar"
Dia 114. A pessoa anônima atrás do balcão
Dia 115. Atos de bondade (1): olhando para trás
Dia 116. Atos de bondade (2): olhando para a frente
Dia 117. Atos de bondade (3): olhando para a frente
Dia 118. Quanto menos tempo para perder, mais tempo para doar

Shabat Shalom!

SEMANA 18

Dia 120 Domingo

As quatro perguntas de Deus

O que é mais importante para Deus?
As diferentes religiões têm distintas respostas. Por exemplo, os cristãos, de modo geral, acreditam que o mais importante para Deus é a fé de uma pessoa em Jesus. Os fundamentalistas ensinam que se você tiver essa crença, obterá a salvação eterna; se não, Deus o punirá com a danação eterna.

Qual é a crença do judaísmo acerca do que é mais importante para Deus?

Uma resposta fascinante é oferecida em uma passagem talmúdica (*Shabat* 31a), na qual os Rabis especulam sobre as primeiras perguntas que serão feitas a uma pessoa quando morrer e estiver diante do tribunal celestial.

Antes de prosseguir a leitura, pare por um momento e anote quais perguntas você acredita que os Rabis acreditavam que fariam e quais *você* acredita que deveriam ser feitas para as pessoas sobre sua vida.

Você pode ter pensado que a primeira pergunta seria sobre fé ("Você acreditava em Deus?") ou ritual ("Você observava as festas judaicas e *kashrut* rigorosamente?"). Não é. Ao contrário, a pergunta é: "Você conduziu seus negócios de maneira honesta?".

De acordo com o entendimento dos rabinos sobre Deus, uma vida decente – até uma vida com medo de Deus – é definida primeiro e principalmente por uma atitude honesta para com os outros, em especial no que diz respeito às questões monetárias. Se você não puder responder essa pergunta de maneira afirmativa, Deus não se impressionará com declarações de fé e observância religiosa.

Segunda: "Você dedicou tempo ao estudo da Torá?".

O desejo de ser bom não necessariamente garante a bondade. Pense nas pessoas que conhece e de que não gosta. Elas se veem como pessoas más? Provavelmente não, mesmo que tenham feito algumas coisas muito ruins. Entretanto, como as pessoas, em geral, se julgam por suas intenções e não por suas ações, elas se veem como boas.

O judaísmo tem diretrizes específicas na Torá, no Talmude e na lei judaica sobre como ser uma boa pessoa. Se você não estudar esses livros, quando surgir um dilema moral, você não saberá o que o judaísmo acredita ser o correto a se fazer.

Terceira: "Você tentou formar uma família?".

Obviamente nem todos se casam e podem ter filhos (casais sem filhos podem, espera-se, adotar uma criança). Contudo, essa ênfase em estabelecer uma família caracteriza o judaísmo desde a sua origem. A Torá registra em detalhes os esforços de Abraão e Sara para ter um filho e os esforços do Patriarca para encontrar uma esposa adequada para seu filho Isaac. Os patriarcas e as matriarcas preocupavam-se em estabelecer uma família porque desejavam garantir que houvesse pessoas para propagar os ideais da crença em Deus e em Seus mandamentos de justiça (vide, por exemplo, Gênesis 18:19) depois que falecessem. Da mesma forma, estabelecer uma família ajuda a garantir que os ensinamentos e os desafios do judaísmo, tais como o compromisso de doar para caridade e trabalhar "para consertar o mundo", sejam transmitidos para a geração seguinte. E para a vasta maioria das pessoas, casar e criar os filhos as torna pessoas melhores. Os casais que não têm filhos também podem ajudar a transmitir os ideais para a geração seguinte – por exemplo, para sobrinhas, sobrinhos e filhos de amigos.

Quarta: "Você esperava a redenção do mundo?".

As primeiras três perguntas eram "micro" e abordavam o indivíduo: Você foi honesto? Você estudou a Torá? Você tentou formar uma família? Se o judaísmo se importasse apenas com o indivíduo, as respostas afirmativas a essas perguntas seriam suficientes. Entretanto, o judaísmo também se importa com o *tikkun olam*, consertar o mundo sob as leis de Deus. Isso obriga um judeu sério a pensar em termos maiores do que sua vida e a de sua família. Temos obrigações para tornar este mundo mais moralizado. O fato de não poder necessariamente trazer a perfeição em nossas vidas não nos exime de fazer o que é possível. Contudo, Rabi Tarfon ensinou: "Não cabe a você completar a tarefa [de aperfeiçoar o mundo], mas você também não está livre para desistir [de fazer tudo o que puder]" (*Ética dos Pais* 2:21).

Dia 121 Segunda-feira

Você grita quando deveria?

Uma das discussões mais estranhas na literatura religiosa judaica gira em torno de uma criança que nasceu com duas cabeças. Um comentário talmúdico (*Menachot* 37a) levanta a questão de a criança ter direito a uma ou duas partes da herança do pai e observa que um caso semelhante surgiu diante de Salomão, o mais sábio dos reis. Ele havia ordenado: "Deixe-os derramar água fervente sobre a cabeça de uma criança para ver se a outra grita. Se o fizer, isso significa que as crianças não são vistas como gêmeas, mas como um só ser. Entretanto, se a segunda criança não sentir o sofrimento da primeira, serão consideradas indivíduos diferentes".

Pelo bem da criança destinada a ter água fervente derramada na cabeça, espera-se que esse debate seja hipotético. Todavia, o falecido Rabi Joseph Soloveitchik, de abençoada memória, argumentou que para nós isso não é nada fictício. Em seu ensaio, *Kol Dodi Dofek* ("A voz de minha amada me chama"), ele escreve: "Se for derramada água fervente sobre a cabeça de um judeu marroquino, o judeu em Paris ou Londres deve gritar. E, ao sentir a dor, ele será leal aos seus irmãos".*

Um amigo me contou que quando tinha seus 20, 30 anos foi bastante ativo no movimento de protesto em favor dos judeus da Rússia, mas que desde que a União Soviética terminou e os judeus ficaram livres para ir embora, não tinha abraçado causa social alguma. Recentemente, quando alguém o desafiou: "Quando foi a última vez em que você foi a uma manifestação de protesto?", meu amigo respondeu: "Não me lembro. A outra pessoa respondeu: "Não entendo. Não há injustiças acontecendo no mundo hoje em dia? Não há mais nenhuma causa pela qual valha a pena protestar?".

Jack Doueck, autor de *The Hesed Boomerang* (vide o Dia 363), sabiamente nos lembra: "Quando água fervente é derramada sobre a cabeça de um ser humano em qualquer lugar do mundo, os outros devem gritar".

Dia 122 Terça-feira

Pague imediatamente o salário de um trabalhador

Não oprimirás o trabalhador pobre e necessitado, seja ele dos teus irmãos, ou seja dos estrangeiros... No mesmo dia lhe pagarás o seu salário, e isso antes que o sol se ponha; porquanto é pobre e está contando com isso; para que não clame contra ti ao Senhor, e haja em ti pecado.

– Deuteronômio 24:14-15

---

* Minha esposa, Dvorah, trabalhou durante muitos anos como tradutora, editora e assistente do escritor iídiche Isaac Bashevis Singer, agraciado com o Prêmio Nobel. Certa vez, ela o estava acompanhando em uma palestra, no Alabama, quando uma mulher lhe disse: "Eu estava lendo a sua história 'Uma noite no Brasil', sobre um casal que cai de uma rede e é brutalmente picado por mosquitos. A descrição era tão vívida que comecei a coçar meus braços". Singer respondeu: "Não teríamos um mundo melhor se todos nós coçássemos os braços quando as outras pessoas estivessem sentindo coceira?".

> *"Porquanto é pobre e está contando com isso"* – Por que esse trabalhador subiu em uma escada [para construir uma casa], suspendeu-se de uma árvore [para pegar frutos] e correu o risco de morrer? Não foi pelo seu salário?
>
> – Talmude Babilônico, *Bava Mezia* 112a

Os diaristas (por exemplo, empregadas domésticas e trabalhadores manuais) devem ser pagos ao final do dia no qual realizaram seu trabalho. A Torá pressupõe que essas pessoas precisem de seus salários imediatamente ("porquanto é pobre e está contando com isso"), para que qualquer atraso em sua remuneração seja visto como um pecado especialmente sério ("para que não clame contra ti ao Senhor, e haja em ti pecado").

Se alguém trabalha permanentemente para você, a lei judaica lhe permite um sistema de pagamento acordado entre as partes; ainda assim, você é obrigado a fazê-lo até o anoitecer. No caso de um empreiteiro, o pagamento deve ser feito mediante a conclusão do trabalho.

Essa lei tinha a clara intenção de proteger os membros mais fracos e mais economicamente vulneráveis da sociedade, aqueles mais aptos a serem explorados porque quase não há o que fazer a respeito. Uma mulher de cerca de 70 e poucos anos contou para minha mãe sobre sua infância pobre no Brooklyn, durante a qual sua mãe costurava e consertava roupas, e a filha, a amiga da minha mãe, entregava-as nas casas das redondezas. A mulher contou que embora muitos clientes fossem ricos (pelo menos em comparação com a família da costureira), "você ficaria chocada com a frequência com que me diziam que não tinham dinheiro naquele momento, mesmo quando era uma quantia pequena, e me diziam que voltasse um ou dois dias mais tarde para recebê-lo".

De acordo com a lei judaica, se essas pessoas realmente não tivessem dinheiro disponível (apesar de que, se sabiam que os vestidos seriam entregues, eram obrigadas a pagar imediatamente), seria responsabilidade delas ir até a casa da costureira e levar o dinheiro, em vez de desperdiçar o tempo da jovem, forçando-a a fazer outra viagem de ida e volta para receber um dinheiro que era dela por direito.

As pessoas, em geral, veem as dívidas que têm com os bancos e as instituições que podem reaver itens em sua posse como suas obrigações mais prementes. Porém, de acordo com a Torá, as dívidas mais urgentes que você tem são com aqueles que trabalham para você.

Dia 123 Quarta-feira

O que um trabalhador deve a seu patrão

Um homem não deve arar a terra com seu boi à noite e alugá-lo durante o dia, nem deve trabalhar em seus próprios negócios à noite e trabalhar para uma outra pessoa de dia. E ele não deve fazer jejum ou outras privações ascéticas, pois a fraqueza subsequente diminuirá a quantidade de trabalho que ele poderá executar para seu empregador.

Rabi Yochanan descobriu que um professor estava exausto. Perguntou o motivo. Disseram a ele: "Porque ele jejua". Ele disse ao homem: "Você está proibido de agir dessa maneira".*

— Talmude, Demai 7:3

Um trabalhador que espera receber um salário regular deve ser capaz de executar uma carga normal de trabalho. Da perspectiva do judaísmo, um funcionário que executa outros ofícios ou se envolve em outras atividades, tais como festas que o deixem acordado até tarde e o façam chegar grogue pela privação de sono, se envolve em uma forma de roubo de seu chefe. (Obviamente, quando uma pessoa informa a seu empregador sobre a carga extra de trabalho e recebe o consentimento

---

* Embora esse ensinamento se aplicasse a um professor que se envolveu em comportamento ascético exaustivo, se a fadiga do professor fosse em razão de trabalhos extras para compensar um salário inadequado, a culpa seria do empregador, não dele.

dele, não se trata de desonestidade.) O mesmo se aplica a uma pessoa que vá trabalhar de ressaca.

Da mesma forma, as pessoas são obrigadas a oferecer um dia completo de trabalho durante o expediente. Talvez soe banal, mas muitos funcionários violam essa norma, envolvendo-se em conversas telefônicas pessoais ou conversas informais durante o trabalho e/ou jogando no computador. Maimônides abordou a questão da responsabilidade do funcionário em seu código da lei judaica:

> Assim como o empregador não pode privar o pobre trabalhador de seu salário ou retê-lo na data de vencimento [vide a entrada de ontem], o funcionário é proibido de privar o empregador do benefício de seu trabalho ao dissipar seu tempo, um pouco aqui e um pouco ali, assim desperdiçando um dia inteiro enganosamente. De fato, o trabalhador deve ser muito meticuloso com a questão do tempo...
> – Moisés Maimônides, *Mishné Torá*, "Leis da Contratação", 13:7

Meu pai, Shlomo Telushkin, de abençoada memória, trabalhou durante muitos anos como contador para a Ezras Torah, uma organização judaica de caridade. Seu diretor de longa data, Rabi Joseph Henkin, era um dos maiores intelectuais rabínicos da geração anterior. Durante o dia todo, pessoas ligavam para Rabi Henkin solicitando seus conselhos acerca de questões da lei judaica. Meu pai me contou que Rabi Henkin anotava em um pequeno caderno a quantidade de tempo que gastava em cada ligação, certificando-se de que compensaria o tempo; dessa maneira, a Ezras Torah não lhe pagaria pelo tempo gasto com questões não relacionadas ao trabalho.

Esse comportamento representa um padrão de integridade que está acima de muitos de nós, mas que o Talmude espera das pessoas que desejam ser *completamente* honestas. Ele descreve o comportamento de Abba Hilkiah, um homem santo cujas orações os Rabis solicitavam durante uma seca. Certa vez, quando foram necessárias orações pela chuva, dois rabinos foram solicitar sua assistência. Encontraram-no capinando no campo e "cumprimentaram-no, mas ele não se deu conta da presença deles". Mais tarde, os intelectuais o acompanharam enquanto ele ia para casa. Lá, ele e sua esposa oraram pela chuva, que caiu imediatamente.

Os rabinos agradeceram a Abba Hilkiah e perguntaram: "Quando o cumprimentamos, por que você não nos deu as boas-vindas?". Abba Hilkiah respondeu: "Eu estava contratado como trabalhador diarista e disse para mim mesmo [que como sou pago por dia], não posso interromper [meu trabalho nem mesmo por um momento]" (Talmude Babilônico, *Ta'anit* 23b).

Quando se trata de tempo, a visão judaica de honestidade foi talvez mais bem expressa pelo Rabi Moshe Chayyim Luzzatto, autor do *Mesillat Yesharim* (*O Caminho dos Justos*), do século XVIII, um clássico dos ensinamentos morais judaicos: "Assim como roubo de dinheiro é roubo, o roubo de tempo também é roubo" (Capítulo 11; para consultar outras discussões sobre essa máxima, vide o Dia 102).

O roubo de tempo, é claro, nada mais é do que uma maneira pela qual um empregado pode defraudar seu empregador. É igualmente errado debitar no seu cartão corporativo itens pessoais ou telefonar dizendo que está doente, quando na verdade você está saudável.

Dia 124 Quinta-feira

O que devemos a nossos irmãos

Michael Gold, proeminente rabino e escritor, descreve uma briga amarga que certa vez teve com seu irmão mais novo. Os dois não se falaram durante um ano inteiro. Contudo, durante esse período, Rabi Gold descobriu que seu irmão estava desempregado, com os pagamentos da hipoteca atrasados e corria o risco de perder sua casa. Gold e sua esposa imediatamente enviaram-lhe um cheque de mil dólares. Como os dois ainda não se falavam, ele não recebeu reconhecimento do irmão. No entanto, mais tarde, os dois restabeleceram contato e o irmão devolveu o dinheiro. Depois, reconciliaram-se e tornaram-se bem próximos.

"Por que eu lhe enviei o dinheiro?", pergunta Gold. "Acredito que isso remonte à minha infância e à forte ênfase que meus pais colocavam sobre ser próximo dos meus irmãos. Lembro-me de meu pai me mostrando uma foto de Boy's Town, em Nebraska, de um irmão mais velho carregando o mais novo, com a legenda: 'Ele não é pesado, é meu irmão'. Meu pai nos disse que 'é assim que eu quero que vocês sejam, meninos'. Talvez, ao me importar com meu irmão, eu estivesse cumprindo o mandamento de honrar meus pais".*

O *insight* de Gold é profundo. Exceto por uma circunstância extrema (caso seu irmão seja um criminoso perverso ou uma pessoa altamente abusiva), é um ato do mais grosseiro desrespeito aos seus pais, estejam eles vivos ou falecidos, desassociar-se de seus irmãos. Sendo pai, eu sei quão importante para mim é que meus filhos se ajudem e idealmente se amem durante toda a vida. E esse é um desejo de todos os pais. O Rabi Jack Riemer, que passou décadas recolhendo testamentos éticos deixados por pais judeus a seus filhos, conta que um dos seus favoritos foi escrito por Rose Weiss Baygel, uma mulher nascida na Europa, mas que migrou ainda criança para Cleveland: "Meus queridos filhos: Estou escrevendo isso no banco. É isto o que quero de vocês, crianças: que Evelyn, Bernice e Allen sejam, um para o outro, bondosos e atenciosos. Ajudem-se em caso de, Deus os livre, necessidade. Esta é a minha vontade" (vide o Dia 197 para mais discussões sobre esse e outros testamentos éticos).

E o que você deveria fazer se o seu irmão tiver interesses diferentes dos seus, ou um temperamento menos refinado, ou simplesmente lhe aborrecer? Michael Gold fornece um bom conselho: "Não precisamos ser os melhores amigos do nosso irmão; precisamos ser os responsáveis pelo nosso irmão". Em outras palavras, trate seus irmãos da maneira que você gostaria que seus filhos se tratassem.

Um exercício: ao longo do próximo mês, certifique-se de que fala com cada um de seus (suas) irmãos (as) pelo menos uma vez por semana.

---

* Gold, *God, Love, Sex and Family*, páginas 54-56.

Dia 125 Sexta-feira

Raiva: três pensamentos antes de explodir

Se você tiver um mau temperamento, escreva as três declarações abaixo em um cartão e o leve consigo o tempo todo. Quando estiver pronto para entrar em erupção e a ponto de dizer o tipo de coisas ofensivas capazes de ferir e magoar outra pessoa, pegue o cartão e reflita sobre as declarações escritas nele. Elas foram escritas há cerca de 800 anos por Rabi Menachem Meiri, um dos grandes sábios judeus da Idade Média. Em seu livro, *Sefer Hamidot*, Meiri conta que essas eram as afirmações que um rei instruiu um servo a lhe mostrar sempre que perdesse a cabeça:

- ◆ Você é uma criatura, não o Criador.
- ◆ Você é feito de carne e osso e morrerá.
- ◆ Deus só lhe será misericordioso se você for misericordioso.

Tenha uma atenção especial para se manter calmo no Shabat. Quando os pensadores judeus descrevem o Shabat, muitas vezes falam dele como uma ilha de paz em um mundo conturbado e concentram-se nisso como um momento para que as famílias e os amigos se reúnam. Portanto, neste Shabat e durante os instantes às vezes agitados de preparação antes do Shabat, não perca a cabeça, nem mesmo quando se sentir provocado. Não se torne culpado por fazer do tradicional cumprimento de Shabat, *Shabat Shalom* ("Tenha um Shabat de paz"), uma mentira na sua casa e para a sua família.

E com esse pensamento, tenha um Shabat Shalom!

Dia 126 Shabat

Ao longo deste Shabat, analise o material dos seis dias anteriores e use alguns dos textos estudados como base para discussões durante as refeições do Shabat:

Dia 120. As quatro perguntas de Deus
Dia 121. Você grita quando deveria?
Dia 122. Pague imediatamente o salário de um trabalhador
Dia 123. O que um trabalhador deve a seu patrão
Dia 124. O que devemos a nossos irmãos
Dia 125. Raiva: três pensamentos antes de explodir

Shabat Shalom!

SEMANA 19

Dia 127 Domingo

O que significa honrar e reverenciar os pais?

Honrarás teu pai e tua mãe.

– Êxodo 20:12

Respeite, cada um de vocês, a sua mãe e o seu pai.

– Levítico 19:3

O que significa honrar seus pais? Reverenciá-los? De acordo com o Talmude, a honra é expressa por meio da realização de atos positivos e a reverência, ao evitar os atos negativos.

Assim, "honrar significa que um filho deve dar [a seus pais] alimento e bebida, vesti-los e cobrir-lhes, bem como ajudar-lhes a entrar e sair [quando os pais forem idosos e precisarem de ajuda]".

Em suma, exige-se que os filhos façam pelos pais idosos precisamente o que os pais fizeram por eles quando eram jovens e vulneráveis: alimentar-lhes, vesti-los e protegê-los. Contudo, embora a lei judaica obrigue os pais a gastar o próprio dinheiro para suprir as necessidades dos filhos, não exige que os filhos utilizem seus recursos financeiros para cobrir as despesas dos pais (por exemplo, os filhos são autorizados a utilizar as economias dos pais).

"Reverenciar" significa "que um filho deve pôr-se de pé, e não se sentar, no lugar [de seu pai], nem contradizer suas palavras, nem pender a balança contra ele" (ficando do lado do oponente do pai ou da mãe em uma disputa; vide *Kiddushin* 31b).

Quando eu era mais novo, meu pai tinha um lugar fixo à mesa. Enquanto fosse vivo, nem minha irmã nem eu jamais nos sentávamos ali. Nem mesmo sei se meu pai teria se importado (nunca me lembrei dele levantando essa questão), mas eu teria me sentido atrevido se me sentasse em seu assento.

Quanto a "nem contradizer suas palavras", o Talmude provavelmente quis dizer isso de forma bem literal; um filho nunca deveria contestar seus pais, exceto quando o tiverem instruído a violar uma lei judaica (vide o título de amanhã). Hoje em dia, os pais, de modo geral, ficariam alarmados se um filho concordasse passivamente com tudo que dissessem e mandassem, sem jamais expressar discordância. Não obstante, o princípio subjacente à lei talmúdica ainda é aplicável. Assim, compreendo que essa lei ordena que, mesmo quando você discordar de seus pais, deve fazê-lo de maneira respeitosa e justa (e, sempre que possível, em particular).

Para muitos filhos, isso é difícil. Já ouvi alguns falarem coisas terríveis aos pais, inclusive "Eu odeio você!" e "Não estou nem aí para o que você quer, vou fazer o que eu quero!". Pela ótica do judaísmo, essas declarações constituem "abuso contra os pais" e são estritamente proibidas.

Com relação a "nem pender a balança contra ele", os comentaristas judaicos explicam que não se deve ficar do lado dos oponentes de seus pais.

Minha mãe, que cresceu no Lower East Side, na cidade de Nova York, me contou sobre um incidente de sua infância. Os trabalhadores da loja de um vizinho fizeram greve e o filho do proprietário juntou-se ao piquete dos grevistas. Embora a lei judaica não obrigue o filho a concordar com as políticas do pai, insistiria para que ele não humilhasse publicamente seu pai ao se identificar de forma tão próxima com seus oponentes.*

Embora a lei judaica ordene que os pais tenham direito a honra e respeito, também permite que eles se abstenham de fazer essas exigências de seus filhos. Por exemplo, os meus pais deixavam claro que não haveria problema se minha irmã e eu expressássemos discordância com as coisas que diziam. Entretanto, mesmo que os pais sejam autorizados a absterem-se de sua honra, nunca se admite permitir que seus filhos batam neles ou os insultem.

O mandamento "honrarás teu pai e tua mãe" é um dos poucos para os quais a Torá promete uma recompensa, "a fim de que tenhas vida longa na terra..." (Êxodo 20:12). Existe, de fato, um aspecto pragmático para cumprir esse mandamento: nossos filhos verão como cuidamos de nossos pais e saberão como cuidar de nós.

Dia 128 Segunda-feira

O que você não deve a seus pais

Os pais que exigem total obediência de seus filhos não têm o direito de fazê-lo: de acordo com a ética judaica, Deus é o único com direito a absoluta obediência.

---

* Obviamente, todas essas leis têm exceções. Se o pai de uma pessoa é mau, é possível se opor a ele. Assim, o Êxodo relata que quando Faraó decretou o afogamento das crianças hebreias do sexo masculino, sua filha salvou Moisés. Muito depois disso, o Rei Saul fez diversos esforços para executar David, mas dois dos filhos de Saul, Mical e Jônatas, impediram-no e salvaram David.

De forma mais específica, os filhos não são obrigados a honrar os desejos de seus pais quando estes os instruírem a fazer algo que o judaísmo considera imoral ou proibido pela lei judaica (como profanar o Shabat). De acordo com Rabi Shlomo Ganzfried (*Kitzur Shulchan Aruch* 143:1): "Se um filho é ordenado pelo pai a não falar ou a não perdoar alguém com quem a criança deseje se reconciliar, a criança deveria desconsiderar a ordem do pai". Essa ordem seria justificável somente se a pessoa de quem o pai desejasse que o filho se afastasse fosse especialmente má e/ou uma influência perigosa.

Hoje em dia, com o desmembramento generalizado do núcleo familiar, essa regra é violada de maneiras que o Rabi Ganzfried talvez não tivesse previsto. Por exemplo, um amigo meu se envolveu em um amargo divórcio. Pouco tempo depois, percebeu que sua filha mais velha se sentia pouquíssimo à vontade na sua presença e continuava tentando cancelar seus encontros semanais. Quando perguntou a ela, a menina revelou que sua mãe, com quem morava, havia lhe dito: "Você precisa escolher. Pode gostar do seu pai ou gostar de mim, mas não gostar de ambos".

A lei judaica considera uma escolha dessas algo imoral e obriga a filha a não prestar atenção às palavras da mãe. Nenhum dos pais (exceto no mais extremo dos casos) tem o direito de tentar alienar seu filho do outro.

Da mesma forma, os filhos não são obrigados a obedecer uma exigência parental para serem desonestos. O Talmude, citando o caso de uma criança que encontra um objeto perdido e que é ordenada pelo pai a mantê-lo em vez de devolvê-lo ao dono, ordena que o filho ignore a ordem do pai (Talmude Babilônico, *Bava Mezia* 32a). Obviamente, um filho jovem se sentirá desconfortável desobedecendo uma ordem dos pais. No entanto, um filho mais velho deve resistir a permitir que os pais o forcem a se envolver em uma forma de roubo.

Da mesma forma, é errado os pais instruírem seus filhos a mentir sobre sua idade para obter vantagem financeira, como por exemplo: "Diga ao vendedor de ingressos que você só tem 11 anos, para conseguir comprá-los mais baratos". Nesse caso, o filho deveria dizer aos pais que se sente mal em dizer uma mentira dessas.

Os pais, às vezes, dão ordens que, embora não violem diretamente a lei judaica, poderão ainda assim provocar desgosto nos filhos. Por exemplo, muitos pais tentam romper a relação de um filho com a pessoa que este ama.

Todavia, contanto que o filho deseje se casar com uma pessoa que a tradição judaica permita (como outra pessoa judia), ele não é obrigado a obedecer aos desejos dos pais.*

Isso está presente na lei judaica desde os tempos imemoriais. Há dois mil anos, o Talmude ordenou: "Um pai é proibido de casar sua filha enquanto ela for menor de idade. Ele deve esperar ela se tornar adulta e dizer: 'Eu quero [me casar com] aquela pessoa" (*Kiddushin* 41a).

Na condição de filho, você deve aos seus pais muita coisa: gratidão, atenção (expressa por meio de visitas e ligações), honra e até um senso de reverência. Entretanto, o que você não deve aos seus pais é o controle da sua consciência.

Dia 129 Terça-feira

Acompanhe seus convidados

Na tradição judaica, a hospitalidade tem tanto a ver com as despedidas quanto com os cumprimentos (de fato, em hebraico, a mesma palavra, *shalom*, é utilizada para dizer "olá" e "até logo"). E enquanto a etiqueta dita que se deve acompanhar os convidados até a porta, a lei judaica recomenda conduzi-los até a rua. Quando eu tinha 11 anos, viajei com minha família na minha primeira ida a Israel. Meu pai me levou para conhecer o venerável sábio e santo, o Rabi Aryeh Levine (vide, por exemplo, Dias 62 e 181). Quando nossa visita terminou, o rabino idoso nos acompanhou até o lado de fora de sua casa e andou conosco por uma quadra. Só de ter encontrado e passado algum tempo com um homem tão superior fez meu pai e eu nos sentirmos muito especiais; o fato de ele nos acompanhar pessoalmente contribuiu ainda mais para a nossa sensação de privilégio.

---

* Os pais certamente têm o direito de expressar suas opiniões lógicas com relação a por que acreditam que o relacionamento seja inadequado. Apenas não têm a prerrogativa de insistir para que o filho aceite sua visão.

Quando as pessoas deixam a nossa casa de carro ou táxi, minha esposa insiste em esperar até perder os convidados de vista e todos nós acenamos para eles. Há alguns anos, amigos em Dayton, Ohio, me levaram ao aeroporto depois de uma palestra e esperaram comigo dentro do terminal. Contaram-me que nunca iam embora até o avião partir. Quando perguntei o porquê, descobri que muitos anos antes o homem havia trazido seus pais idosos ao aeroporto para um voo para a Flórida e foi embora. Momentos depois, com o avião ainda em terra, sua mãe teve um infarto fulminante e seu pai, tomado pela emoção, temporariamente esqueceu o inglês e só falava iídiche. A tragédia do falecimento da mãe foi intensificada pela confusão que se seguiu. Desde então, essa família espera até o avião do convidado partir.

Esse comportamento pode parecer radical, mas a tradição judaica considera que acompanhar seus convidados apenas até a porta é algo insuficiente. Dê mais algumas dúzias de passos, vá com eles até a rua e deixe-os vivenciar a honra e a afeição que você sente por eles.

Dia 130 Quarta-feira

Dois pedaços de papel

Uma lição que os Rabis deduziram do fato de Deus ter originalmente povoado o mundo com apenas uma pessoa, Adão, é que cada indivíduo deveria sentir que "pelo meu bem o mundo foi criado" (Mishná, *Sanhedrin* 4:5). Obviamente, os Rabis desejavam encorajar cada pessoa a se sentir especial, embora também fosse verdade que aquele que passa muito tempo pensando no fato de que "pelo meu bem o mundo foi criado" se torna egoísta e desagradável.

Para evitar que as pessoas aprendessem a lição errada desse ensinamento rabínico, o mestre chassídico do início do século XIX, o Rabi Simcha Bunam sugeriu que cada pessoa levasse nos bolsos dois pedaços de papel. Em um deles deveria estar escrito: "Pelo meu bem o mundo foi criado", enquanto o outro deveria conter as palavras que Abraão declamou quando suplicou a Deus que poupasse as cidades de Sodoma e Gomorra: "Sou apenas pó e cinza" (Gênesis 18:27).

Cada papel deve ser consultado em momento apropriado. Quando estiver sentindo-se arrogante, impressionado pelo quão mais você conquistou em comparação aos outros, pelo quão mais inteligente, generoso, perspicaz, espirituoso e popular você é, consulte a folha: "Sou apenas pó e cinza". Afinal de contas, foi Abraão que disse isso e embora você possa, de fato, ser mais talentoso do que seus colegas, será que você é melhor do que Abraão?

Depois, mais uma vez, em momentos de desespero (arrogância e desespero podem até ocorrer no mesmo dia), lembre-se: "Pelo meu bem o mundo foi criado". Sempre há alguma missão especial para você, algo neste mundo que você, e somente você, pode alcançar.

Dois pedaços de papel: anote as palavras e coloque-as em cada bolso.

Dia 131 Quinta-feira

Leia e ouça os pontos de vista com os quais você discorda

Durante três anos, houve uma disputa [na verdade, muitas disputas] entre a Escola de Shammai e a Escola de Hillel, a primeira declarando: "A lei (halachá) está de acordo com a nossa visão" e a segunda declarando: "A lei está de acordo com a nossa visão". Depois, uma voz vinda do paraíso anunciou: "Os ensinamentos de ambas são as palavras do Deus vivo, mas a lei está de acordo com a Escola de Hillel".

Porém, [foi perguntado] visto que ambas são as palavras do Deus vivo, por que motivo a Escola de Hillel teve o direito de ter a lei determinada de acordo com suas normas?

> *Porque foram gentis e humildes e porque estudaram as próprias normas e as da Escola de Shammai, e até mencionaram os ensinamentos da Escola de Shammai, antes dos próprios.*
>
> – Talmude Babilônico, *Eruvin* 13b

Os Rabis Hillel e Shammai, que viveram pouco antes da E.C., eram os principais sábios de sua era. Hillel continua até hoje sendo uma das figuras mais notáveis da história judaica.

As escolas que fundaram estavam envolvidas em centenas de disputas referentes a como a lei judaica deveria ser aplicada. Embora a tradição judaica sempre tenha permitido o debate, havia o risco de que normas divergentes sobre a lei judaica pudessem levar a uma dissidência. Assim, como essa história talmúdica nos conta, uma voz celestial emergiu para declarar que a lei deveria seguir a visão de Hillel e seus discípulos.

Significativamente, a voz celestial decidiu a favor de Hillel e seus discípulos, mesmo em áreas de disputa ritual, por razões morais: ele e seus seguidores eram "gentis e humildes".

A redação da passagem sugere que os seguidores de Shammai se haviam tornado um pouco arrogantes. Certos de que possuíam a verdade, não se importavam mais em ouvir ou discutir os argumentos de seus oponentes. Sua autoconfiança arrogante fez, moralmente, terem um peso menor (o Talmude sugere que eles não eram "gentis e humildes") e é provável que os tenha levado a se tornarem menos perspicazes intelectualmente (afinal de contas, quão perspicaz você consegue ser se estiver estudando apenas um lado da questão?).

Como a Escola de Hillel estudava os argumentos do oponente, quando elaboraram uma regra, estavam completamente cientes de todos os argumentos que seriam apresentados contra a sua posição. Dessa forma, sua humildade não apenas os fez se tornarem pessoas mais agradáveis, como, provavelmente, com maior profundidade intelectual.

Podemos aprender uma lição com o comportamento de Hillel e seus seguidores: não leia somente livros e publicações que concordem e reforcem os seus pontos de vista. Se você o fizer, como muitas pessoas, nunca descobrirá no que acreditam aqueles que discordam de você (na melhor das hipóteses, ouvirá falar de maneira caricata sobre seu posicionamento, apresentado por pessoas que, como você, discordam). Seria algo bom na vida judaica se os judeus de diferentes denominações, ou em diversos campos políticos, começassem a ler com regularidade jornais e revistas dos grupos com os quais discordam.

Se você raramente ouve, lê ou escuta sobre perspectivas que se opõem às suas e se quase todos com quem você conversa veem o mundo da mesma forma que você, seu pensamento se tornará fraco e intolerante. Esse, muitas vezes, é o caso com ideologias de direita e esquerda, tanto em religião quanto em política.

Como nos ensina esse texto, as pessoas que praticam a humildade não somente são seres humanos mais agradáveis, como, em última análise, poderão ser os únicos que terão algo importante para ensinar, de forma duradoura.

Dia 132 Sexta-feira

Não é somente o que você faz para os seus pais que conta – é sua atitude

Um filho que alimente seu pai idoso com pratos caros poderia parecer um filho modelo, enquanto aquele que manda o pai para o campo para realizar trabalhos físicos extenuantes poderia parecer desprezível.

O Talmude nos lembra de que as aparências podem enganar:

> Um homem pode alimentar seu pai com pratos caros e herdar o inferno, enquanto outro pode colocar o pai para trabalhar em um moinho e herdar o Jardim do Éden.
>
> Como é possível um homem alimentar seu pai com pratos caros e herdar o inferno?

Havia um homem que costumava alimentar o pai com frangos gordos. Certa vez, seu pai lhe disse: "Meu filho, onde você os arranjou?". Ele respondeu: "Pai, pai, cale-se e coma, assim como os cães se calam quando comem". Um homem assim alimenta o pai com frangos gordos, mas herda o inferno.

Como é possível um homem colocar o pai para trabalhar em um moinho e ainda assim herdar o Jardim do Éden?

Havia um homem que trabalhava em um moinho. O rei ordenou que os moleiros fossem levados para trabalhar para ele. O homem disse ao pai: "Pai, fique aqui e trabalhe no moinho no meu lugar [e eu vou trabalhar para o rei]. Pois caso venham insultos aos trabalhadores, prefiro que eles recaiam sobre mim, não sobre você. Caso venham surras, deixe que batam em mim, não em você". Um homem como esse coloca o pai para trabalhar em um moinho e ainda herda o Jardim do Éden.

– Talmude, *Kiddushin* 1:7

Embora reis cruéis não recrutem mais os judeus para jornadas de trabalho forçado, esse ensinamento talmúdico permanece relevante. Há filhos que ajudam nas necessidades financeiras dos pais, mas os tratam de forma desrespeitosa ou os fazem se sentir como se fossem fardos.

O respeito ou desrespeito pelos pais de alguém é apresentado de diversas formas, mais obviamente na maneira como se fala com eles. Um homem que alimenta seu pai, mas se dirige a ele com desdém é visto pela tradição judaica como alguém que age de maneira desprezível, assim como seria visto aquele que dá uma grande contribuição a um mendigo, mas humilha a pessoa com palavras cruéis. A cultura tradicional judaica também atribui grande importância à forma como alguém fala *sobre* os pais. Assim, nas bênçãos declamadas após a refeição (*Birkat Hamazon*) na casa dos pais de alguém, a pessoa deve chamar o pai de *avi mori* (meu pai, meu professor) e a mãe de *eemi morati* (minha mãe, minha professora).

O respeito pelos pais também é demonstrado pela atenção contínua às suas necessidades. Se seus pais morarem perto de você, visite-os com frequência e receba-os em sua casa. Fale com eles ao telefone *diversas* vezes por semana (sobretudo se algum deles for viúvo e viver sozinho), mesmo se suas ligações forem breves. Acompanhe-os, quando possível, a uma consulta médica. Se estiverem hospitalizados, certifique-se de visitá-los com frequência. E continuamente solicite suas opiniões e seus conselhos, além de envolvê-los em sua vida e na dos seus filhos.

É maravilhoso ser financeiramente generoso com seus pais idosos, mas certifique-se de que também está sendo em termos de respeito. Nem todos têm dinheiro para oferecer aos pais (e, de fato, muitos pais não precisam desse tipo de ajuda), mas quase todos nós estamos em posição de ajudar a satisfazer suas necessidades emocionais (vide Dia 164). E isso, também, é parte da *mitzvá* de "Honrar seu pai e mãe".

Shabat Shalom!

Dia 133 Shabat

Ao longo deste Shabat, analise o material dos seis dias anteriores e use alguns dos textos estudados como base para discussões durante as refeições do Shabat:

DIA 127. O que significa honrar e reverenciar os pais?
DIA 128. O que você não deve a seus pais
DIA 129. Acompanhe seus convidados
DIA 130. Dois pedaços de papel
DIA 131. Leia e ouça os pontos de vista com os quais você discorda
DIA 132. Não é somente o que você faz para os seus pais que conta – é sua atitude

Shabat Shalom!

SEMANA 20

Dia 134 Domingo

"Ensina à criança o caminho que ela deve seguir"

Os filhos não saem do útero da mãe como uma *tabula rasa*, suas vidas não são determinadas exclusivamente pela hereditariedade e pelo meio em que vivem. Como os pais descobrem desde muito cedo, cada filho vem ao mundo com uma personalidade e um temperamento únicos.

Certa vez, um amigo meu confessou que gritar não funcionava com seus filhos. O mais velho era sensível demais e a crítica dos pais era devastadora para ele a ponto de ser cruel e contraproducente. O mais novo era tão resistente que apenas ignorava quando os pais gritavam com ele e o desaprovavam verbalmente, só reagindo a um discurso mais bem fundamentado. Em ambos os casos, os pais tiveram que descobrir a técnica mais adequada para lidar com cada filho.

"Ensina à criança o caminho que ela deve seguir", ensina o Livro dos Provérbios (22:6). Em outras palavras, embora todos os seus filhos tenham o direito de receber o mesmo amor, eles não devem ser tratados de forma semelhante, pois cada um deles é único. É obrigação dos pais descobrir o estilo emocional dos filhos e tratá-los de uma maneira que reconheça e valorize esse estilo.

De modo análogo, como pai ou mãe, você é obrigado a estar ciente das capacidades ou interesses intelectuais e artísticos do seu filho. Um fabricante de malas pode querer que cada mala produzida em sua fábrica seja idêntica, mas crianças não são malas. Contudo, já conheci pais com visões muito limitadas sobre exatamente que tipo de pessoa o filho deveria se tornar e que não levavam em consideração a personalidade e os interesses dele. Essa atitude renega a própria individualidade do filho, pois não é obrigação dele satisfazer os desejos não realizados ou viver a vida que os pais não viveram. Por exemplo, embora você não se interesse muito por ciências ou literatura, se sua filha mostrar afinidade por essas áreas, você é obrigado a ajudá-la nesse caminho.

Na teoria, isso pode parecer óbvio, mas na prática muitos pais querem que os filhos os imitem de todas as maneiras, inclusive em sua personalidade e interesses intelectuais e profissionais.

Educar uma criança de acordo com o caminho que ela própria deve seguir é reconhecer que seu filho é diferente de você e também dos irmãos e das irmãs. Portanto, trate seu filho como o indivíduo que ele é e com o mesmo reconhecimento de uma identidade única, pois é esse o tratamento que você deseja receber dos outros.

Aqui está um exercício: para incorporar efetivamente esse princípio à sua vida, uma vez por semana (a começar por hoje à noite, ou talvez na sexta-feira à noite, quando abençoar os seus filhos; vide Dia 13) separe um momento para elogiar cada um dos seus filhos ao enfatizar um talento ou atributo único que ele possa ter. Isso o forçará, como pai ou mãe, a descobrir o que é particular e característico de cada um deles.

Dia 135 Segunda-feira

Não ameace seus filhos com castigos físicos

Uma história dos rabinos: uma criança havia quebrado uma garrafa e o pai ameaçou dar-lhe um puxão de orelha. Temendo a ira do pai, a criança saiu de casa e matou-se, lançando-se em um poço profundo. Como resultado desse e de incidentes semelhantes, os rabis ensinavam: "Não se deve ameaçar uma criança, tampouco lhe dar [uma coisa pequena como] um puxão de orelha. Ao contrário, deve-se repreendê-la imediatamente ou não dizer nada" (tratado menor do *Semachot* 2:5-6).*

Essas sábias palavras dos rabis são ignoradas frequentemente, com terríveis

---

* Em outro exemplo, os rabis aconselham que "se você precisar bater em uma criança, faça-o somente com um cadarço" (Talmude Babilônico, *Bava Bathra* 21a), o que, se você analisar, significa que você nunca deveria machucar fisicamente uma criança.

consequências, como nos relata uma matéria publicada em 1998 no *The New York Times*, sobre um fato ocorrido em Morrilton, Arkansas (24 de outubro):

> Um garoto de oito anos matou-se com um tiro em casa, essa semana, enquanto a mãe foi ao lado de fora da casa para buscar uma chibata para chicoteá-lo por causa de suas notas baixas no boletim escolar, afirmou hoje a polícia da cidade, localizada a 55 quilômetros de Little Rock. Na tarde de quarta-feira, o garoto, Christopher Parks, aparentemente escalou um armário para pegar uma arma que estava pendurada na parede em um prego, e atirou na própria cabeça, afirmou o Detetive Rusty Quinn. Christopher, que estava na terceira série, morreu na quinta-feira.

O título do artigo no *The New York Times* foi: "Notas baixas no boletim escolar provocaram suicídio de menino, afirma a polícia".

O título, obviamente, é absurdo. Não foram as notas no boletim escolar que provocaram o suicídio, bem como não foi quebrar uma garrafa que levou a criança da história dos rabis a se matar. Ao contrário, foi a reação dos pais ao boletim (e, provavelmente, a outros incidentes que o antecederam) e à garrafa quebrada que incitaram os suicídios (combinada, no caso de Arkansas, à fácil disponibilidade de uma arma carregada). E embora seja verdade que crianças ameaçadas com agressões em geral não se matam, algumas sentem mais medo, ou são mais instáveis emocionalmente do que outras; os pais devem estar cientes do estrago emocional que causam quando fazem terríveis intimidações aos filhos. Na autobiografia de William Butler Yeats, o poeta cita as sábias palavras de William Middleton: "Não deveríamos trazer à tona os problemas das crianças. Eles são piores do que os nossos porque nós conseguimos ver o fim do nosso problema, porém elas nunca conseguem ver qualquer tipo de desfecho".

Muitos pais fazem ameaças cruéis. Minha esposa contou que, certo dia, estava com nossos filhos em um restaurante quando ouviu por acaso uma mãe dizendo ao filho pequeno: "Você é muito mal-educado. Se não mudar esse seu comportamento, vou que trocar você por uma criança mais educada, de outra família". Evidentemente, essa mulher não acredita que é ela quem precisa ser uma mãe melhor.

Tenha compaixão por seus filhos. Não lhes faça ameaças cruéis.

Dia 136 Terça-feira

Entre em silêncio na casa de quem está de luto

A Bíblia nos narra os terríveis desastres que aconteceram com Jó. Em poucas horas, perdeu fortuna e seus dez filhos foram mortos quando uma construção desmoronou sobre eles; pouco tempo depois, passou a ser atormentado por tumores que lhe causavam grande dor.

Estava Jó sentado no chão, lamentando-se por seus filhos, quando seus três amigos mais próximos foram visitá-lo. Assim que o viram, rasgaram suas vestimentas, choraram e sentaram-se no chão com ele. Durante sete dias e sete noites, não conversaram, "pois viram que a sua dor era enorme" (Jó 2:12-13; 3:1).

Somente quando Jó falou, seus amigos falaram também.*

Baseando-se no comportamento dos amigos de Jó, o Talmude ordena: "Todo aquele que consola não está autorizado a dizer nada antes que a pessoa que está de luto comece a falar" (*Mo'ed Kattan* 28b).

Qual é a lógica por trás dessa regra?

O objetivo de uma pessoa ao fazer uma visita de *shiva*** à enlutada é reconfortá-la. No entanto, nem sempre se sabe de que tipo de consolo a pessoa mais precisa. Talvez você comece a falar sobre a pessoa falecida no exato momento em que a enlutada quer desesperadamente falar sobre outra coisa. Ou talvez você tente distrair a pessoa de luto conversando sobre um assunto mais leve (já ouvi pessoas em lares enlutados conversando sobre eventos esportivos) no exato momento em que precisa falar sobre o falecido. E, talvez, a pessoa de luto simplesmente não queira falar.

---

* Ironicamente, assim que os amigos de Jó começaram a falar, disseram-lhe coisas terríveis, que seu sofrimento e o de seus filhos eram castigos de Deus por seus pecados. Se antes eram modelos morais de silêncio, os amigos de Jó se transformaram em modelos imorais de discurso (vide Dia 360).

** *Shiva* refere-se aos sete dias de luto que se iniciam após o enterro. Durante esse período (exceto no Shabat e em determinados feriados), as pessoas de luto não devem sair de casa nem realizar suas atividades profissionais normais.

Para nós, de modo geral, o silêncio é constrangedor. Rabi Jack Riemer observa: "Temos medo do silêncio. Entro no carro, ligo o rádio. Entro no elevador, há música tocando. Por quê? Porque temos medo de ficar sozinhos por dois segundos. Não há problema em ficar em silêncio. Não há problema em apenas sentar-se e ouvir. Não há problema em não encher o ar com conversa fiada, conversa barata e conversas sobre esportes. Permita que haja silêncio bastante para que algo possa ser sentido".

Riemer, um discípulo próximo do falecido Rabi Abraham Joshua Heschel, recorda-se de como Heschel, um dos mais eloquentes e poéticos filósofos judeus, mantinha-se em silêncio total quando visitava um amigo enlutado:

> Lembro-me de que quando o Rabi Wolfe Kelman, de abençoada memória, perdeu a irmã, o Dr. Heschel, de abençoada memória, disse: "Temos que ir". Fomos para o aeroporto, pegamos um voo para Boston, entramos em um táxi e fomos à casa dele. Heschel entrou, abraçou-os e sentou-se em silêncio por uma hora. Não pronunciou um único clichê: "Quantos anos ela tinha?" Que diferença isso faz? "O tempo vai aliviar a dor". O tempo não vai aliviar a dor. "Sei como se sente". Você não sabe como me sinto. Nenhum clichê. Ele apenas ficou ali, em silêncio, por uma hora. Depois levantou-se, abraçou-os e fomos embora. Aprendi que não é necessário ser superficial. Só é preciso se importar.*

Segundo a tradição judaica, todos aqueles que fazem uma visita de *shiva* devem dizer, ao se despedirem: "Que Deus o console dentre todos aqueles de luto por Sião e Jerusalém".

Essa simples frase lembra àqueles que estão em luto que não estão sozinhos em seu sofrimento; fazem parte de uma comunidade. Além disso, ao mencionar o infeliz destino de Sião (a destruição do Templo em 70 da E.C. e, por fim, o exílio dos judeus de sua terra natal), o convidado lembra à pessoa enlutada que sofrer faz parte da condição humana. Todavia, também não é a última palavra. Em nosso século, Sião foi recuperado. E a pessoa em luto também voltará a encontrar a felicidade.

---

* Wolfson, *A Time to Mourn, a Time to Comfort*, página 202.

Dia 137 Quarta-feira

"Não tire de mim a minha dor!"

Como discutimos ontem, a ética judaica dita que quem visita a casa de uma pessoa de luto não diga nada até que a pessoa de luto inicie a conversa. Todavia, e depois?

Anos de experiência rabínica ensinaram-me que se deve aprender primeiro o que não dizer. Muitas vezes, comentários bem intencionados dos visitantes, mas que também sejam pouco atenciosos e insensíveis, provocam muita angústia nas pessoas que perderam um ente querido. O escritor Doug Manning conta a história de uma jovem conhecida dele cujo filho havia falecido. Ela estava em completo desespero, atormentada por soluços incontroláveis. Amigos e familiares, pouco à vontade com a intensidade de sua dor, tentavam consolá-la com os clichês convencionais: "Acalme-se", "Você não pode continuar assim", "Vamos, pare de chorar".

A jovem lhes lançou um olhar de súplica: "Não tire de mim a minha dor. Eu a mereço! Vou vivenciá-la!".

Em uma abordagem sensata e equilibrada das responsabilidades éticas daqueles que visitam pessoas enlutadas, o educador Dr. Ron Wolfson fornece uma lista de clichês que muitos de nós já dissemos àqueles que já vivenciaram a morte de uma pessoa querida. E embora alguns desses comentários possam ser adequados, caso já se tenham passado muitos meses do falecimento, todos são inadequados nas semanas iniciais de dor:

"É hora de seguir em frente com a sua vida".
"Eu sei exatamente pelo que você está passando".
"Ela teve uma vida longa".
"Você teve sorte de tê-la por tanto tempo".
"Dê graças a Deus por ter outro filho".
"Você é jovem; há tempo de sobra para ter outro filho".
"Não chore".
"Não leve isso tão a sério".

"Controle-se".

"Acalme-se".

"Você precisa ficar forte pelos seus filhos".

A atitude mais compassiva que se pode ter é simplesmente aceitar e validar o que a pessoa em luto estiver sentindo: "Não há problema em chorar", "Você deve estar sofrendo muito", "Não posso sequer imaginar o que você está passando". Wolfson conclui:

> Os especialistas em condolências concordam que um dos presentes mais importantes que você pode dar a uma pessoa de luto é a aceitação, completa e sem julgamentos, de seus sentimentos, pensamentos, atitudes e comportamentos, por mais explosiva ou "constrangedora" que seja a reação, não importa quanto você queira desesperadamente acalmá-la e tranquilizá-la dizendo que as coisas vão melhorar...*

Como nos lembra a jovem angustiada, triste com os clichês de seus consoladores, sua função ao visitar uma pessoa em luto não é eliminar sua tristeza, mas lhe oferecer consolo com sua presença. Isso é tudo o que você pode fazer, mas se o fizer bem, *será* de fato um gesto grandioso de sua parte.

Dia 138 Quinta-feira

"Não carregarás o nome de Deus em vão": um pecado imperdoável

O terceiro dos Dez Mandamentos, geralmente traduzido como "Não pronunciarás o nome de Deus em vão", costuma ser entendido como a proibição, entre outras coisas, do uso do nome de Deus em uma blasfêmia, ou a exigência de se escrever "Deus" como "D'us".

---

* Wolfson, *A Time to Mourn, a Time to Comfort*, 202-24; Wolfson cita a história contada por Doug Manning em *Don´t Take My Grief Away*.

No entanto, durante muito tempo me intrigou o fato de esse ser o único dos mandamentos cuja violação Deus avisa que nunca perdoará ("porque o Senhor não terá por inocente" o que tomar o seu nome em vão [Êxodo 20:7]). Afinal de contas, tomar o nome de Deus em vão parece ser um crime menos sério do que matar, roubar ou cometer idolatria.

Certa vez, quando eu estudava esse mandamento com Dennis Prager, ele observou que o significado literal do hebraico é "Não carregarás o nome de Deus em vão". Em outras palavras, o que o mandamento proíbe é fazer algo ruim ou falso em nome de Deus. Esse é, por exemplo, sob a perspectiva do judaísmo, um dos pecados que os terroristas islâmicos fundamentalistas cometem quando dizem Allahu Akbar (Deus é grande) ao cometer assassinatos. A mesma coisa ocorreu quando o judeu Yigal Amir matou o Primeiro Ministro Yitzhak Rabin em nome de Deus e do judaísmo.

Traduzir esse versículo como "Não carregarás o nome de Deus em vão" deixa claro o motivo pelo qual Deus não perdoará a violação desse mandamento. É o único dos Dez Mandamentos cuja violação transforma Deus em vítima. Uma pessoa que comete assassinatos, roubos ou faz um falso juramento tira a própria honra, mas uma pessoa que comete um assassinato ou um ato odioso em nome de Deus também afasta as pessoas Dele. Dessa forma, Deus sofre com os atos daqueles que propagam o mal em Seu nome.

Portanto, judeus religiosos devem lembrar-se constantemente de que as pessoas que presenciam seu comportamento formam impressões não somente sobre elas, mas também sobre Deus e todos os judeus. O mesmo se aplica àquele que é reconhecidamente judeu, ou usa uma Estrela de David, ou tira folga no trabalho em feriados judaicos. Se as pessoas sabem que você é judeu, você representa os judeus e, se as pessoas sabem que você é religioso, você simboliza também o Deus judeu. Essa é uma responsabilidade enorme, mas também significa uma oportunidade extraordinária para ser *mekadesh shem shamayim*, santificar o nome de Deus.*

---

* Rabi David Woznica observa: "Se você levar esse mandamento a sério, ele pode aos poucos mudar sua forma de agir. Em um avião, se pedir uma refeição kosher, alertando aos comissários e aqueles sentados ao seu redor que você é judeu, você pode fazer um grande bem a Deus e aos judeus agindo de forma especialmente agradável. Da mesma maneira, se você agir de modo rude ou inadequado, causará um grande dano".

O Talmude ensina:

"Amarás o Senhor teu Deus" (Deuteronômio 6:5): Isso significa que você deve fazer com que Deus seja amado por meio dos seus atos. Dessa forma, se uma pessoa estuda a Bíblia e a Mishná ... e é honesta em seus negócios e fala com as pessoas de maneira cordata, o que as pessoas dizem sobre ela? "Feliz é o pai que lhe ensinou a Torá. Feliz é o professor que lhe ensinou a Torá. Pena daqueles que não aprenderam a Torá. Esse homem estudou a Torá; veja como suas maneiras são nobres, como suas ações são bondosas...". Entretanto, quando uma pessoa estuda a Bíblia e a Mishná ... mas é desonesta nos negócios e não fala de maneira cordata com as pessoas, o que elas falam dela? "Pena daquele que estuda a Torá ... esse homem estudou a Torá; veja como seus atos são corruptos, como suas maneiras são feias...". *Yoma* 86a

Vide também Dias 103 e 104.

Dia 139 Sexta-feira

Quando é bom ser tolo

Há 1800 anos, um homem deixou um testamento contendo uma cláusula que confundiu os tribunais rabínicos: "Meu filho só receberá sua herança depois que se tornar tolo". Dois proeminentes juízes rabínicos procuraram o grande intelectual Rabi Joshua ben Korcha para solicitar sua interpretação do significado dessa disposição incomum. À medida que se aproximaram de sua casa, encontraram-no rastejando sobre as mãos e os joelhos na grama, com uma corda saindo da boca. O rabino estava sendo conduzido como um cavalo pelo filho pequeno.

Os homens não disseram nada e saíram da casa do Rabi Joshua para esperar por ele. Quando ele chegou, mostraram-lhe o testamento. Rindo, o Rabi Joshua comentou: "A questão que os preocupa, agir como um tolo, aplicou-se a mim há apenas alguns minutos". Ele explicou que estava claro que o autor do testamento queria que o filho só recebesse sua herança depois de casar-se e formar família, pois "quando um homem tem filhos, não é incomum agir como um tolo quando se trata deles" (*Salmos Midrash* 93:12).

Em uma lembrança que nos recorda esse conto rabínico, a Professora Susannah Heschel, filha do grande intelectual religioso e líder moral, o Rabi Abraham Joshua Heschel, relembra:

> Mesmo depois de 25 anos ... quando penso [no meu pai], as primeiras lembranças que me vêm à cabeça são de seu humor e sua graça, ou de suas conversas suaves e tranquilas comigo. Lembro-me do seu prazer com as minhas brincadeiras de infância, brincando de escolinha, casinha ou zoológico, sentado no chão ao lado de minhas bonecas e meus brinquedos... Nas minhas festas de aniversário na infância, ele adorava inventar brincadeiras para as crianças participarem (às vezes, para meu incômodo, visto que ele se tornava o centro das atenções!) e nossa atividade familiar mais frequente depois do jantar era reencenar meu dia na escola: eu era a professora, minha mãe e meu pai tinham que atuar como os alunos arteiros.*

Essas histórias extravagantes nos lembram de que a vida raramente é sempre séria. É verdade, a tradição judaica impõe algumas obrigações firmes aos pais (para ensinar aos filhos a Torá, um ofício e como serem pessoas éticas) e aos filhos (honrar e reverenciar os pais; vide Dia 127). Todavia, como nos mostram esses contos sobre o Rabi Joshua ben Korcha e o Rabi Abraham Joshua Heschel, seus filhos não devem apenas honrá-lo, mas também se divertir com você.

Neste Shabat, separe um momento para fazer algo divertido, engraçado e agradável com os seus filhos.**

Tenha um Shabat Shalom!

---

* *Jewish Week*, janeiro de 1998, página 14.

** Rabi Irwin Kula observa que a defesa do Rabi Joshua de "bancar o tolo" com seus filhos alcança dois objetivos: humanizar os pais, equilibrando a aura de respeito que o judaísmo incentiva os filhos a terem pelos pais, e também permitir que estes demonstrem com mais facilidade amor e emoções.

Dia 140 Shabat

Ao longo deste Shabat, analise o material dos seis dias anteriores e use alguns dos textos estudados como base para discussões durante as refeições do Shabat:

Dia 134. "Ensina à criança o caminho que ela deve seguir"
Dia 135. Não ameace seus filhos com castigos físicos
Dia 136. Entre em silêncio na casa de quem está de luto
Dia 137. "Não tire de mim a minha dor!"
Dia 138. "Não carregarás o nome de Deus em vão": um pecado imperdoável
Dia 139. Quando é bom ser tolo

Shabat Shalom!

SEMANA 21

Dia 141 Domingo

Ajudando os não judeus

Embora os judeus dos Estados Unidos constituam pouco mais do que 2% da população do país, a United Jewish Communities (UJC) (antes conhecida como United Jewish Appeal) é uma das maiores instituições de caridade dos Estados Unidos, um fato notável, visto que muitas outras causas atraem um público até 40 vezes maior do que o da UJC.

Esse legado de judeus doarem para causas judaicas é tão conhecido que muitas pessoas não sabem que a lei judaica ordena que eles doem dinheiro para caridade e ajudem também os não judeus. O Talmude ensina que "o objetivo de toda a Torá é estabelecer a paz" (*Gittin* 59b). Com o interesse de propagar a paz e os bons sentimentos entre toda a humanidade, a Torá ordena:

> Devemos oferecer ajuda aos pobres não judeus, assim como aos pobres judeus; devemos visitar os não judeus quando estiverem doentes, assim como os judeus quando estiverem doentes, e devemos comparecer ao enterro de seus mortos, assim como ao enterro dos nossos próprios mortos, pois esses são os caminhos para a paz (*mipnei darkei shalom*) ...
> – Talmude Babilônico, *Gittin* 61a

Como todos os seres humanos são criados à imagem de Deus, todos, exceto os que são verdadeiramente maus, são dignos de ajuda. Se eles em geral doam um percentual desproporcionalmente alto de sua renda como filantropia para os judeus, isso deve acontecer porque os judeus geralmente confiam nos outros judeus para apoiar suas causas, e não, queira Deus que não, pelo fato de serem indiferentes ao sofrimento dos não judeus. De fato, muitas vezes se acredita que os judeus mais ligados ao sofrimento de outros judeus são aqueles mais ligados ao sofrimento dos não judeus também. Em *Holy Brother*, de Yitta Halberstam Mandelbaum, a autora relata uma história contada a ela por um membro da congregação do Rabi Shlomo Carlebach, em Manhattan:

> Ele tinha cerca de 1,87 m, era branco feito papel e tinha cabelos finos e loiros que desciam em cascatas até os ombros. Suas roupas amarrotadas, rasgadas e sujas emitiam um odor úmido e azedo. Entretanto, apenas alguns momentos antes, aparentemente inconsciente do odor repugnante, Shlomo Carlebach levara o jovem com orgulho até o meu lado, seu braço calorosamente pousado sobre o ombro, exclamando com alegria: "A Irmã Anne vai

ter o prazer de lhe ajudar!"* De modo furtivo, Shlomo sussurrou em meu ouvido: "Por favor, sirva-lhe da quantidade de comida que ele desejar".

Levantei em um pulo, corri para a cozinha e amontoei generosas quantidades de comida em um prato. Em questão de minutos, o jovem devorou a refeição, portanto, voltei à cozinha segundos depois. Essa outra refeição também foi consumida rapidamente e voltei para buscar mais. Por fim, quando ele parecia satisfeito, olhei para seus cabelos loiros e seus olhos azuis e deixei escapar de forma um pouco indelicada: "Você é judeu?".

"Não, madame", respondeu de forma cortês: "Sou um cristão do Texas".

"Então como acabou encontrando o nosso jantar na sinagoga?", perguntei.

Seus olhos se levantaram para o céu: "Eu estava sentado em um banco no Central Park no fim da tarde quando Rabi Carlebach passou. Eu nunca o havia visto antes, mas ele olhou para mim, voltou-se e veio andando na minha direção. Com os olhos mais gentis e o sorriso mais amável, perguntou com gentileza: 'Irmão, está com fome?'. Comecei a chorar e comecei a dizer que sim, precisava desesperadamente comer. Ele me deu o nome e o endereço de sua sinagoga e me disse que viesse. Disse que havia boa comida, e em grande quantidade. Foi assim que vim parar aqui hoje. Não sei o que seria de mim se o seu Rabi não tivesse aparecido", disse lentamente o texano loiro. "Serei sincero, essa é a primeira refeição que faço em três dias. Quando ele se aproximou de mim e perguntou: 'Irmão, está com fome?', eu disse a mim mesmo: 'Esse homem certamente é um anjo enviado por Deus'."

Que história maravilhosa para se lembrar na próxima vez em que você se vir inundado de lixo eletrônico e tentado a jogar fora todas as cartas, inclusive pedidos de instituições de caridade que não conhece. É melhor lembrar que você também, como Shlomo Carlebach, tem a oportunidade de ser um "anjo de Deus" na vida de outra pessoa.

---

* Na Carlebach *shul* (sinagoga), os membros são conhecidos como Irmão e Irmã.

Dia 142 Segunda-feira

Programe-se para incorporar a bondade no seu dia

Na cultura judaica tradicional, o estudo da Torá, do Talmude e de outros textos judaicos é visto como o ato mais sagrado que o ser humano pode praticar (vide, por exemplo, Dia 117), ao qual alunos comprometidos tentam dedicar-se o máximo possível de horas por dia. Na sociedade secular, as pessoas ambiciosas são incentivadas a trabalhar por horas a fio, muitas vezes sacrificando outras atividades. O tipo de pensamento que leva alguém a se dedicar *exclusivamente* ao estudo dos textos religiosos ou a se desenvolver profissionalmente pode desequilibrar e alterar uma pessoa. Conforme escreveu o Rabi Israel Meir Kagan, conhecido na vida judaica como Chaffetz Chayyim: "Às vezes, você vê um judeu aprendendo o máximo da Torá que consegue. Ele valoriza seu tempo e não o desperdiça por medo de não estudar tanto quanto deveria. Todavia, se não separar parte do dia para realizar atos de bondade – será um tolo".*

Programe-se para incorporar a bondade no seu dia, seja visitando um doente, indicando um emprego a alguém que você saiba que está precisando de trabalho ou conversando com uma pessoa que precisa de aconselhamento. Se você não se programar para incorporar a bondade (por exemplo, "entre duas e meia de hoje, dedicarei meu tempo a ajudar os outros"), provavelmente se esquecerá de fazê-lo.

Pegue a sua agenda e examine sua programação para amanhã. Se você não tiver nada marcado, que vá ajudar outra pessoa, por que não o fazer agora? E se a sua primeira tendência for pensar: "Amanhã parece ser um dia tão cheio, talvez eu o faça na semana que vem ou quando terminar este período atarefado", lembre-se das palavras do Rabi Nachman de Bratslav: "Se você não for melhor amanhã do que é hoje, que necessidade você terá para o amanhã?".

---

* Chaffetz Chayyim, *Michtivei ha-Chaffetz Chayyim he-Chadash*, vol. 2, II, página 85; citado em Shapiro, *Minyan*, páginas 127-28.

Dia 143 Terça-feira

Não seja um tolo religioso

Há alguns anos, em uma festa, comecei a conversar com uma suíça. Ela passou a expor sua visão de que não havia diferença moral entre os Estados Unidos e a União Soviética. Naquela época, a União Soviética não era só uma ditadura totalitária, era também um regime antissemita que oprimia os cidadãos judeus, oferecia apoio a governos estrangeiros que patrocinavam o terrorismo internacional e se envolviam na guerra extraordinariamente brutal contra os afegãos. Durante nossa conversa, fiquei sabendo também que a mulher era uma judia observante.

Um dos primeiros pensamentos que me passaram pela cabeça foi que eu havia topado com um tipo de personalidade que a Mishná descreve como "um tolo religioso" (*Sotah* 3:4). Os escritos judaicos oferecem diversos exemplos desse tipo de pessoa; aquele que se recusa a interromper suas orações enquanto alguém está se afogando, ou "que vê uma mulher se afogando no rio e diz: 'Não é adequado olhar para ela [vestida de forma inapropriada] ao salvá-la'."

O Rabi Benjamin Blech escreveu: "Permitir que um ser humano se afogue porque você está ocupado dizendo a Deus quanto se importa com Ele e Seu mundo é o máximo da hipocrisia".* A tradição judaica veria, da mesma maneira, como "um tolo religioso" aquele que se envolvesse em atos autodestrutivos inúteis, como no caso de uma pessoa cuja vida corre perigo jejuando, mas que mesmo assim não come nada no Yom Kippur.

Da mesma forma, a vontade dessa mulher de abençoar a Deus antes de comer pão enquanto mostra ter um coração de pedra com relação às vítimas das crueldades soviéticas a coloca na categoria de *chasid shoteh*, uma tola religiosa.

---

* Blech, *Understanding Judaism*, página 54 [Edição brasileira: *O mais completo guia sobre o judaísmo*].

Deus quer que nossa reação seja acabar com o sofrimento, não ignorá-lo. Ele quer que lutemos contra o mal, não que o reneguemos. Contudo, algumas pessoas religiosas, tanto cristãs quanto judias, desconhecem essa verdade óbvia.

Em 1982, quando a União Soviética ainda era, de acordo com as famosas e precisas palavras do presidente Reagan, "um império do mal", e havia cristãos definhando nos campos de prisioneiros soviéticos por praticar sua fé, o Reverendo Billy Graham visitou igrejas russas, onde disse aos paroquianos que Deus "lhes dá o poder de ser um trabalhador melhor, um cidadão mais leal, pois em Romanos 13 nos dizem para obedecer às autoridades". De acordo com Graham, o governo no poder, mesmo que seja mau, tem direito à lealdade e ao trabalho duro de seus cidadãos, enquanto Deus tem direito a sua fé e suas orações.*

Sempre que você supor que o que importa mais a Deus é a forma como você age perante Ele do que como você ou seu governo tratam os seres humanos, estará agindo como um "tolo religioso".**

A questão pode ser séria (como cumprir rituais enquanto se ignora os males perpetrados por um regime totalitário) ou relativamente menor. O Rabi Israel Salanter certa vez advertiu: "Não é incomum que um indivíduo enérgico se levante no meio da noite [para rezar as Selichot, declamadas no amanhecer nas semanas anteriores ao Ano-Novo] e faça tanto barulho ao se levantar da cama que acorda a casa inteira... Ele está inconsciente de que sua perda prevalece sobre seu ganho". (Em outras palavras, teria sido preferível que ele fosse menos "religioso" e permanecesse na cama, para não privar os outros de seu sono.)***

---

* Sobre a viagem do Reverendo Graham, em 1982, à União Soviética, vide George Will, *The Morning After*, páginas 368-69.

** Gostaria de notar aqui que tenho grande respeito por outras atividades do Reverendo Graham, mas especificamente por causa de sua grande notoriedade, a gafe que cometeu na União Soviética teve grande repercussão. Como os adversários cristãos do comunismo no país devem ter se sentido quando o cristão mais famoso dos Estados Unidos os instruiu que Deus queria que obedecessem a suas terríveis autoridades?

*** As palavras cautelosas do Rabi Israel Salanter são citadas em Dov Katz, *T'nuat Ha-Musar* (*The Musar Movement*), vol. 1, página 355.

Deus exige de nós religiosidade e bondade. A ética judaica ensina que quando sua religiosidade excede sua bondade, Deus não fica impressionado. O mundo poderia beneficiar-se de mais religiosidade – mas não de mais tolos religiosos.

Dia 144 Quarta-feira

Não seja excessivamente generoso ao servir bebidas alcoólicas

Um estereótipo comum em relação aos judeus é de que não gostamos de álcool. Uma antiga canção iídiche é deselegantemente intitulada "Shikker é um Goy" ("[Somente] um não judeu fica bêbado").

Apesar do estereótipo hostil dessa canção sobre os não judeus, hoje sabemos que há muitos judeus que bebem demais. Uma maneira importante de ajudar a desencorajar esse abuso é restringir a oferta de bebidas alcoólicas. Em muitas comemorações familiares, as bebidas são dispostas livremente, em especial em casamentos e recepções de *Bar* e *Bat Mitzvá*. Além de atrair aqueles que têm uma predileção maior a ficar bêbados, essa fácil disponibilidade incentiva muitas pessoas que bebem moderadamente a beber em excesso.

Uma lei da Torá ordena: "Não traga sobre a sua casa a culpa pelo derramamento de sangue inocente" (Deuteronômio 22:8). Em seu contexto original, a lei ordena construir um parapeito para o telhado da pessoa, para que os convidados não subissem até lá – o que era feito com frequência no mundo antigo –, escorregassem e caíssem. Há mais de 1500 anos, o Talmude estabeleceu que a base bíblica lógica para levantar um parapeito deveria ser ampliada, de modo que incluísse proibições contra ter em casa um cachorro bravo demais ou uma escada bamba, os quais poderiam provocar lesão ou morte (*Ketubot* 41b).

Talvez tenha chegado o momento de ampliar ainda mais essa lei, de modo que inclua não servir bebidas alcoólicas de maneira muito generosa em sua casa ou festa. Parece-me que esse versículo também impõe aos pais a obrigação de garantir que bebidas alcoólicas não sejam consumidas nas festas de seus filhos adolescentes. Sabemos que quase metade das mortes por acidentes automobilísticos nos Estados Unidos (cerca de 20 mil mortes por ano) são provocadas por acidentes com pessoas que dirigem depois de beber demais.

A missão de um casamento, uma festa ou qualquer ocasião social que você organize deve ser a de proporcionar prazer e bem-estar aos seus convidados, e não "trazer sobre a sua casa a culpa pelo derramamento de sangue inocente".

Dia 145 Quinta-feira

A verdadeira hospitalidade: você perguntou à sua esposa?

Uma famosa passagem talmúdica diz que "uma mulher é mais apta a agir de má vontade com os convidados do que um homem" (*Bava Mezia* 87a). Por razões compreensíveis, essa passagem, com sua implicação de que as mulheres têm disposições mais mesquinhas, é comumente vista como misógina. O Rabi Berel Wein, que me inspirou com o título e a ideia do dia de hoje, discorda: "Essa não é uma observação discriminatória, nem mesmo um comentário crítico. É uma declaração objetiva com relação a quem realmente lida com o ônus de receber os convidados em casa".*

Ao longo da história, e hoje em dia nos bares, de modo geral, a limpeza, os alimentos e o cuidado com os convidados recaem principalmente sobre a mulher. Portanto, não é de se surpreender que "uma mulher seja mais apta a agir de má vontade com [os] convidados" que seu marido hospitaleiro repentinamente traz para casa. Wein não vê o homem que traz convidados de surpresa para casa como uma figura generosa; ao contrário, ele é, nas palavras

---

* Wein, *Second Thoughts*, páginas 25-26.

de uma expressão iídiche: "um *tzaddik* (uma pessoa justa) sobre os ombros dos outros". A primeira pessoa a quem você deve satisfação é sua esposa.

Durante 3.000 anos, Abraão foi o modelo da hospitalidade judaica. A Torá relata que ele convidava viajantes supostamente beduínos (ele não sabia que eram anjos; vide Gênesis, Capítulo 18, e Dia 159) à sua tenda. Wein observa que o que caracteriza a hospitalidade de Abraão como algo especialmente impressionante é o fato de ele ajudar a esposa, Sara, em pé de igualdade, a suprir as necessidades de seus convidados. Enquanto Sara assa pão para eles, ele corre para preparar a carne e providenciar água para os convidados e oferecer-lhes um lugar para descansar. Conclui Wein: "Abraão é um companheiro completo de Sara não apenas nas alegrias e no mérito da hospitalidade, como também na preparação e no trabalho servil". Por isso, a verdadeira hospitalidade requer uma divisão justa do trabalho.

Antes de você convidar uma pessoa para casa, verifique se não terá problemas com sua esposa ao fazê-lo. Em seguida, quando o convidado chegar, divida igualmente com sua esposa as obrigações, bem como os prazeres, dessa maravilhosa *mitzvá*.

Dia 146 Sexta-feira

Não cause constrangimento ao seu convidado, não cause constrangimento aos seus filhos

O Rabi Akiva Eiger (1761-1837) estava entretendo os visitantes em sua mesa de Shabat quando um convidado esbarrou acidentalmente na mesa de jantar, derrubando uma taça cheia de vinho tinto sobre a toalha branca de tecido. Antes mesmo que o mortificado convidado pudesse reagir, o Rabi Eiger cutucou a mesa com a perna e derramou a taça de vinho à sua frente: "Nossa, há algo errado com a mesa", assegurou ao convidado. "É melhor eu consertá-la após o Shabat".

"Deixe que a dignidade do seu colega seja tão cara a você quanto a sua própria", um ensinamento de *Ética dos Pais* (2:13), obviamente foi internalizado por esse grande sábio rabínico. Na verdade, essas considerações sensatas devem ser demonstradas também aos nossos filhos. O Rabi Neil Kurshan relembra casos em que seus filhos derramavam bebidas na mesa. Ao contrário do Rabi Eiger, cuja única preocupação era poupar seu convidado do constrangimento, seu instinto era virar-se para eles e fazer acusações: "Qual é o seu problema? Como pode ser tão desajeitado? Eu ia ter que usar essa calça hoje. Você não sabe que suco de uva mancha a toalha?".

É claro, essas explosões não ajudam; a criança se sente mal com isso. Quão melhor seria, conforme observa o Rabi Kurshan, se quando essas coisas acontecessem, disséssemos: "'Não se preocupe. Foi um acidente. Vamos limpar isso juntos.' Todavia, em algumas ocasiões, quando a vida está agitada ou em situações de estresse, é muito mais fácil ficar irritado do que preocupado com os sentimentos de uma criança pequena".* Uma visão judaica bem conhecida sobre a vida após a morte a descreve como *yom she-koo-lo shabbat*, um perpétuo dia de Shabat, um dia no qual, entre outras coisas, nenhum convidado ou filho se sente constrangido por ter causado um pequeno acidente.

Tenha um Shabat Shalom!

Dia 147 Shabat

Ao longo deste Shabat, analise o material dos seis dias anteriores e use alguns dos textos estudados como base para discussões durante as refeições do Shabat:

DIA 141. Ajudando os não judeus
DIA 142. Programe-se para incorporar a bondade no seu dia
DIA 143. Não seja um tolo religioso

---

* Kurshan, *Raising Your Child to Be a Mensch*, página 12.

Dia 144. Não seja excessivamente generoso ao servir bebidas alcoólicas

Dia 145. A verdadeira hospitalidade: você perguntou à sua esposa?

Dia 146. Não cause constrangimento ao seu convidado, não cause constrangimento aos seus filhos

Shabat Shalom!

SEMANA 22

Dia 148 Domingo

Quando você suspeita de abuso conjugal

Abusos físicos de mulheres por seus maridos (e, em um grau muito menor, de homens por mulheres) ocorrem na comunidade judaica, bem como em todas as outras. Há poucos dados precisos sobre esse fenômeno porque algumas pessoas envolvidas nesses relacionamentos têm muita vergonha ou medo de falar sobre o assunto.

A lei bíblica "Não ficarás parado enquanto o sangue do próximo é derramado" (Levítico 19:16), no mínimo, obriga aquele que suspeita desses abusos a tentar aconselhar as vítimas. O caso a seguir, intitulado "Lea's Story: A Successful Intervention" ["A história de Lea: uma intervenção bem-sucedida"], escrito por Shirley Lebovics, L. C. S. W., psicoterapeuta especializada em terapia de casais, em Beverly Hills, na Califórnia, foi publicada em *Shalom Bayit: A Jewish Response to Child Abuse and Domestic Violence*. Ela descreve como um rabino ajudou uma mulher de 23 anos, com dois filhos, que ele conhecia desde a infância, quando começou a suspeitar que havia algo de muito errado em seu casamento. O rabino pediu que ela passasse em seu escritório e, quando ela mencionou algumas dificuldades em seu casamento, ele a encorajou a revelar mais detalhes:

Inicialmente, Lea foi reticente. Ao longo da conversa, ela pareceu se culpar pelos problemas conjugais. O rabino cuidadosamente foi fazendo perguntas para ajudar a determinar se Lea havia sido vítima de abuso. Perguntou, por exemplo:

- Quando vocês dois tinham uma briga feia, o que geralmente acontecia?
- Quando Jacob está de fato bravo, ele perde a cabeça? O que faz?
- Você tem medo dele?
- É difícil para você dizer a ele o que pensa ou do que gosta?

Em determinados momentos, o rabino fazia comentários que ajudavam Lea a reconhecer sua situação:

- Parece que você tem medo de chateá-lo. O que acha que ele poderia fazer?
- Parece que quando ele explode, perde o controle e você não sabe o que esperar.
- Parece que você se sente intimidada e não consegue falar abertamente com ele.

No fim das contas, o rabino descobriu que quando Jacob ficava irritado, jogava objetos na direção de Lea, batia portas e gritava...

O rabino perguntou a Lea se ela havia contado aos pais, sogros ou amigos sobre o que ele estava ouvindo. [Ela não havia contado.]

Sabendo que a compulsão pelo controle é um forte elemento em relacionamentos abusivos, o rabino perguntou: "Como Jacob reage quando você quer sair com amigas?". Ela afirmou que ele insistia em saber aonde ela ia e reprovava muitas das amigas com quem ela gostava de sair. Além disso, ele nunca lhe dava dinheiro para usar como quisesse.

Por fim, confrontando suas fortes suspeitas, o rabino perguntou a Lea: "Alguma vez ele já lhe deu um tapa, bateu em você ou ameaçou machucá-la fisicamente?". Ela contou que, por três vezes, levou um tapa ou foi empurrada com força contra a parede.

Para Lea, esse era um relato difícil. Ao final da conversa, o rabino observou: "Lea, você pode não perceber isso, mas o que você vivenciou com Jacob é considerado abuso emocional e físico. Você tem medo do homem com quem vive. E tem todos os motivos para isso, pois seus ataques e comportamentos intimidam; são de fato coisas muito assustadoras. Estou extremamente preocupado com tudo isso. Conflitos e brigas podem ser normais em um casamento, mas a forma como são resolvidos não pode ser por meio de compulsão pelo controle e abuso".

Lea aparentemente estava chocada. Nunca havia ouvido o termo "abuso" relacionado a casamentos, muito menos aplicado a ela. Respondeu com lágrimas nos olhos: "Eu sei que deveria ser uma esposa melhor... Não consigo evitar, às vezes eu o irrito e não tenho a intenção... Sei que preciso aprender a parar de fazê-lo ficar irritado assim...".

Ciente da tendência da vítima de assumir a responsabilidade pelo comportamento abusivo de seu companheiro, o rabino respondeu: "Lea, estou ouvindo você dizer que sente que provoca Jacob a ser violento. Lea, o que quer que você faça, nada justifica, perdoa ou autoriza um homem a ter um comportamento abusivo, emocional ou fisicamente. Jacob obviamente tem dificuldade de controlar a raiva dele. Além disso, ele tem noções de seu papel como marido que lhe permitem sentir que tem o direito de controlar você".*

O rabino encaminhou a mulher a um terapeuta especialista em violência familiar. Primeiro, ela se recusou a ir, com medo de que a consulta irritasse o marido. No final das contas, foi sete vezes ao terapeuta. Na época em que esse artigo foi escrito, Lea e Jacob estavam fazendo terapia individualmente. O tratamento dele também incluía um programa em grupo com o objetivo de ensinar aos homens como controlar a raiva.

Embora a lição de hoje se tenha concentrado na intervenção de um rabino, as perguntas que ele fez podem ser feitas também por qualquer

---

* *Resource Guide for Rabis: On Domestic Violence*, "Lea's Story: A Successful Intervention", páginas 61-65.

amigo: "Não ficarás parado enquanto o sangue do próximo é derramado" (Levítico 19:16) se aplica, é claro, a todas as pessoas.

Na seção final do artigo de Lebovics (que será discutido amanhã), ela analisa seis coisas que o rabino fez que lhe permitiram intervir de maneira eficaz, que pouparam Lea de mais abusos e que, possivelmente, salvaram sua vida.

Dia 149 Segunda-feira

Quando a esposa sofre abuso: como você pode ajudar

Ontem discutimos o caso de um rabino que desconfiava que uma conhecida sua estava sofrendo abusos de seu marido e como ele a ajudou a reconhecer sua situação. Shirley Lebovics, a assistente social que relatou o caso, apontou seis técnicas que o rabino empregou e que ajudaram a mulher a dialogar e pensar com clareza. Essas técnicas podem ser de grande valia para todos que porventura venham a lidar com alguém em um relacionamento abusivo:

1. O rabino confiou em seus instintos e seguiu suas preocupações iniciais sem alarmar Lea, ou mesmo lhe dizer o que fazer. Ele nunca sugeriu que ela voltasse para casa ou que ficasse lá. Ele percebeu que sua missão era sensibilizá-la e ajudá-la a perceber que precisava de ajuda profissional.
2. O rabino encorajou-a a falar:

    ◆ Abstendo-se de expressar choque, surpresa ou decepção.
    ◆ Usando tom de voz e linguagem empáticos e compreensivos (como, por exemplo: "Isso deve ter sido muito difícil para você" ou "Imagino que essa história seja muito constrangedora para você").

- Dando-lhe sua atenção completa e tornando-a uma prioridade, e dessa forma, fazendo-a saber que suas preocupações eram sinceras e que sua angústia merecia atenção.
- Fazendo perguntas abertas que a ajudaram a revelar o máximo possível (como, por exemplo: "Conte mais sobre o assunto" ou "Como foi isso para você?").

3. O rabino não tentou ouvir a versão de Jacob para a história e concluir de quem era a culpa ou quem estava falando a verdade. Muitas vezes, a situação pode tornar-se confusa quando o marido explica que é provocado. O ouvinte poderá sentir-se como um árbitro ou juiz de quem é a verdadeira vítima no relacionamento. Quando há elementos de medo e controle em uma união, não é necessário que o rabino tente determinar quem provoca quem. É preciso lidar decisivamente com o convívio abusivo.
4. O rabino nunca minimizou as declarações de Lea e fez questão de validar seus medos. Nessa ocasião, Jacob não estava na cidade. Na verdade, mesmo se ele estivesse na cidade, teria sido essencial entrevistar Lea sozinha. As mulheres muitas vezes não conseguem verbalizar o que acontece em casa na presença do cônjuge e não se deveria esperar que o fizessem. Mesmo quando entrevistadas sozinhas, as mulheres poderão tender a minimizar suas experiências por causa da própria culpa interna e por constrangimento.
5. O rabino deixou claro para Lea que ele não a estava julgando ou tentando determinar de quem era a culpa. As mulheres, às vezes, sentem que os homens (especialmente os rabinos) são aliados de seus maridos e não compreenderão sua situação. Também sentem, com frequência, que os rabinos podem reprovar qualquer iniciativa de separação por parte da mulher.
6. Assim que soube que estava havendo abuso nesse casamento, o rabino fez uma indicação adequada a um terapeuta especializado em violência familiar para Lea, em vez de incentivá-la a voltar para casa e continuar indo com o marido a um profissional especializado em terapia de casal. Em casos de violência doméstica, a terapia de casal é

inadequada. É importante lembrar que o abuso nunca "vai embora" sozinho. Pode ser tentador para um rabino ter a expectativa de que chamar um agressor para uma conversa ou sugerir como sua esposa possa evitar provocar o marido seja uma forma adequada de resolver o problema. Lembre-se de que estas são intervenções ineficazes e que a segurança da vítima está em jogo.

As diretrizes de Shirley Lebovics para os rabinos obviamente se aplicam a todos os que desconfiam que alguém conhecido está sofrendo abuso. E a ordem bíblica "Não ficarás parado enquanto o sangue do próximo é derramado" (Levítico 19:16) nos obriga a nos envolvermos.

Dia 150 Terça-feira

O conselho de Maimônides: como mudar o comportamento negativo

O filósofo e intelectual rabínico do século XX, Moisés Maimônides (*Rambam*), acreditava que os seres humanos deveriam evitar extremos e buscar o *shvil hazahav*, um meio-termo de ouro em todas as suas ações. Por exemplo, não se deve usar roupas caras e sofisticadas no dia a dia, mas também não se deve vestir trapos. Deve-se doar entre 10% e 20% do rendimento líquido para caridade, mas não mais de 20%, gastando inadequadamente os recursos (vide Dia 236). Não se deve sobreviver com uma alimentação parca, mas também não deveríamos acostumar-nos a jantar nos melhores restaurantes. Não se deve reagir com raiva a cada insulto e ato de desrespeito, mas também não se deve ficar totalmente indiferente ao que as pessoas dizem *para* e *sobre* alguém (*Mishné Torá*, "Leis de Desenvolvimento da Personalidade" 1:4).

E se você já manifestar essas características negativas? E se for muito avarento, um glutão ou sentir raiva com facilidade? Nesses casos, afirma

Maimônides, não basta simplesmente fazer um esforço para tentar mudar para o "meio-termo de ouro", visto que sua tendência natural será voltar à característica negativa. Um comentário sobre Maimônides oferece a seguinte ilustração: "Se um bambu inclina-se em uma direção e você quiser endireitá-lo, não adianta simplesmente segurá-lo da forma correta, pois ele voltará a se encurvar. É preciso incliná-lo na direção oposta para ele endireitar".

Na prática, isso significa que a melhor esperança para curar um traço ruim é ir temporariamente para o extremo oposto. Portanto, se você for avarento, durante os próximos dois meses, faça alguma contribuição a todas as instituições filantrópicas que lhe direcionarem seus apelos, e faça doações de pelo menos o dobro do valor que costuma doar para instituições de caridade conhecidas na sua comunidade. Se a sua tendência for ignorar mendigos na rua, durante esses meses, dê-lhes alguma coisa e acompanhe suas contribuições generosas com palavras bondosas, como "Deus lhe abençoe".

Se você tiver se acostumado a comer em restaurantes sofisticados e a beber vinhos muito bons, durante os próximos dois meses, frequente restaurantes e beba vinhos mais baratos. Em casa, coma carnes menos nobres do que está acostumado a comer.

Se você tiver um comportamento irritadiço, faça o que estiver ao seu alcance para controlá-lo. Nas palavras de Maimônides: "Dizemos ao homem colérico para treinar-se a não ter reação, mesmo se ele for ... xingado" (*Mishné Torá*, "Leis de Desenvolvimento da Personalidade" 2:2). Uma possível sugestão é multar-se quando você perder a cabeça e fazer a multa, que será doada para caridade, ser uma quantia suficientemente alta para lhe impedir de perder a cabeça de novo (para consultar outras discussões sobre o funcionamento desse método, vide Dia 156). Se mesmo depois que trabalhar seu gênio você perceber que ainda não consegue controlá-lo, estará moralmente obrigado a buscar ajuda profissional; uma pessoa que não consegue controlar a expressão de sua raiva provoca muito sofrimento emocional àqueles que estão ao seu redor.

Ao fim de dois meses (o próprio Maimônides não estipula um período específico para adotar esse comportamento além de dizer que se deve seguir esse comportamento "por muito tempo"), faça uma avaliação: veja se consegue tornar-se uma pessoa caridosa sem reverter à avareza, comer boa comida sem se tornar novamente um glutão e expressar a raiva com moderação e proporcionalmente à provocação.

Um período temporário de extremismo pode ser o segredo para acabar com traços prejudiciais de personalidade, mas o objetivo desse comportamento não é praticar a postura radical pelo resto de sua vida, e sim conduzi-lo de volta ao "meio-termo de ouro".* Antes de fechar este livro, reflita por um momento: que traços negativos você tem que possam ser beneficiados por uma viagem de dois meses ao extremo oposto? Se não conseguir pensar em nenhum, pergunte ao seu cônjuge ou a um amigo íntimo se tem alguma sugestão de uma área na sua vida que precise de aperfeiçoamento. E lembre-se, não reaja com raiva e sensibilidade excessiva quando lhe derem sugestões.

Dia 151 Quarta-feira

A infinita obrigação de ser bondoso

Dezoito meses antes de morrer, meu pai sofreu um derrame que o deixou parcialmente paralisado e, muitas vezes, desorientado. Contudo, embora sofresse dores praticamente contínuas, a personalidade doce de meu pai permaneceu inalterada. Até o fim de sua vida, quem viesse até ele era cumprimentado de maneira calorosa e ele sempre agradecia a quem lhe trouxesse alguma coisa.

Ao comportar-se do modo como se comportava, o meu pai, que era um homem profundamente religioso, estava agindo como espera a tradição judaica, pois a obrigação de ser gentil se estende por toda a vida das pessoas.**

Dessa forma, alguns dias antes de morrer, o Rabi Simcha Zissel Ziv pediu que todas as suas roupas fossem lavadas. Algum tempo antes, ele havia

---

* Vide Jacobs, *Jewish Personal and Social Ethics*, páginas 15-17.
** Obviamente, não desejo denegrir aqueles cuja amargura é ocasionada por extrema dor física ou que se tornam altamente irritadiços em função de doenças mentais.

deixado claro que deixaria suas roupas para os pobres e queria se certificar de que eles receberiam roupas limpas.*

Dov Katz, autor de um estudo de cinco volumes do Rabi Israel Salanter e do movimento Musar por ele fundado, narra uma história extraordinária sobre a última noite desse rabino:

> Durante o último ano da vida do Rabi Israel Salanter, ele estava doente e a comunidade judaica contratou um cuidador para lhe fazer companhia. O cuidador era um homem de boa natureza, porém, simples. Certa vez, tarde da noite, quando o Rabi Salanter sentiu que a morte se aproximava, passou os últimos momentos de sua vida explicando ao cuidador que ele não deveria sentir medo ou ficar nervoso por estar em um quarto com um cadáver.**

Essas histórias me lembram de uma observação feita em *Man's Search for Meaning*, o relato de Viktor Frankl sobre suas experiências em um campo de concentração nazista. No inferno de Auschwitz, Frankl teve a percepção de que os seres humanos sempre retêm algum livre-arbítrio: "Nós, que vivíamos em campos de concentração, nos lembramos dos homens que passavam pelas cabanas, consolando os outros, doando seu último pedaço de pão. Numericamente, podem ter sido poucos, mas são provas suficientes de que tudo pode ser tirado de uma pessoa, menos uma coisa: a última das liberdades humanas – escolher uma atitude em determinado conjunto de circunstâncias, escolher o próprio caminho".

Há aqueles que morrem na amargura ou com uma maldição nos lábios e há aqueles cuja personalidade refinada e preocupação com os outros os acompanham até o fim.

---

* A história é narrada em Himelstein, *Words of Wisdom, Words of Wit*, página 104.
** O relato da última noite do Rabi Israel Salanter está em Katz, *T'nuat Ha-Musar* (The Musar Movement), vol. 1, página 376.

Dia 152 Quinta-feira

"O que for odioso para você..."

Os estudiosos muitas vezes resistem a oferecer definições concisas sobre a essência de sua fé. Essa relutância é compreensível. Para alguém que passou os últimos 20, 30 ou mais anos estudando uma disciplina ou um estilo de vida, parece improvável que sua verdade essencial seja reduzida a algumas frases. Assim, há cerca de 2.000 anos, quando um não judeu se aproximou do Rabi Shammai e pediu que ele definisse a essência do judaísmo no tempo em que ele conseguisse se equilibrar em um pé só, o rabino enfurecido pegou uma vara e expulsou o homem.

Resoluto, o não judeu seguiu para o colega de Rabi Shammai, Rabi Hillel.

Hillel não só tratou o homem gentilmente, como também viu a pergunta como uma boa questão. Respondeu: "O que for odioso para você, não faça ao seu próximo. O resto é comentário. Agora vá e estude" (Talmude Babilônico, *Shabbat* 31a).

Com essa definição concisa, Hillel estabeleceu a Regra de Ouro como o ensinamento essencial do judaísmo. Com sua insistência para que o homem "fosse e estudasse", enfatizou que aprender a aplicar a Regra de Ouro ao comportamento pode levar anos, talvez uma vida de estudo.

A mesma página do Talmude relata a história de dois outros com potencial para se converterem que se aproximaram de Shammai e foram expulsos: um desejava aceitar as leis da Torá, mas não a Lei Oral (os ensinamentos e as leis dos Rabis, conforme estabelecidos no Talmude).*

O outro desejava tornar-se judeu sob a condição de que fosse nomeado sumo sacerdote. Em seguida, ambos foram até Hillel. Ele os converteu, depois mostrou ao primeiro homem, por meio da lógica, por que o judaísmo

---

* Isso é comparável a um candidato a cidadão norte-americano anunciar que aceita a validade da Constituição Norte-Americana, mas nenhum dos julgamentos da Suprema Corte elaborados com base nela.

era inexplicável sem a Lei Oral e, ao segundo homem, por meio do estudo, por que a Torá não permitia que uma pessoa que se havia convertido (ou qualquer judeu que não tivesse nascido em uma família sacerdotal) se tornasse sumo sacerdote.*

Assim, qual abordagem é a correta, a recusa de Shammai de "reduzir" o judaísmo a uma essência ou a abertura de Hillel ao fazê-lo?

Deixe para o Talmude a última palavra: "Algum tempo depois, os três que haviam se convertido se encontraram em um lugar. Disseram: 'A impaciência de Shammai tentou nos afastar do mundo, mas a gentileza de Hillel nos colocou sob as asas da *Shechiná* (presença divina)'."

Dia 153 Sexta-feira

"Nem tudo o que se pensa deveria ser dito"

Um homem que conheço estava fazendo um breve discurso em uma comemoração familiar sobre seu pai, que morrera muitos anos antes em circunstâncias trágicas. Depois de terminar suas observações comoventes, um amigo lhe disse: "Sua vida está tão boa agora. Aprecie-a e pare de viver nas situações tristes do seu passado". Essa resposta magoou e ofendeu o homem. Embora apreciasse várias coisas em sua vida que agora iam bem, ele ainda sofria a dor da perda prematura do pai.

Muitas vezes, as pessoas que fazem críticas não solicitadas não têm dispositivos de censura interna. Quando um pensamento vem à mente, elas o expressam, embora seja doloroso e não necessariamente útil ao interlocutor.

---

* A boa vontade de Hillel, em todos esses exemplos, a incentivar a se converterem aqueles interessados e atraídos pelo judaísmo sugere uma atitude de grande abertura àqueles que desejam se tornar judeus.

Se você tiver a tendência de compartilhar comentários críticos não solicitados com as pessoas, tente nortear-se pelas palavras do Rabi Israel Salanter: "Nem tudo o que é pensado deveria ser dito". Ciente do quão frequentemente as pessoas difundem informações inadequadas e opiniões injustas, ele adicionou: "E nem tudo o que é dito deveria ser repetido. E nem tudo o que é repetido deveria ser lembrado".

O conselho do Rabi Salanter aplica-se com força específica àqueles que se orgulham de seu suposto senso de humor afiado. Essas pessoas muitas vezes arranjam problemas ou causam dor a outras pessoas ao fazer piadas de mau gosto, às vezes até engraçadas, em momentos inapropriados. Um antigo dito espirituoso iídiche ensina: "Quem é um herói? Aquele que consegue suprimir uma observação mordaz".

Tenha um Shabat Shalom!

Dia 154 Shabat

Ao longo deste Shabat, analise o material dos seis dias anteriores e use alguns dos textos estudados como base para discussões durante as refeições do Shabat:

DIA 148. Quando você suspeita de abuso conjugal
DIA 149. Quando a esposa sofre abuso: como você pode ajudar
DIA 150. O conselho de Maimônides: como mudar o comportamento negativo
DIA 151. A infinita obrigação de ser bondoso
DIA 152. "O que for odioso para você..."
DIA 153. "Nem tudo o que se pensa deveria ser dito"

Shabat Shalom!

SEMANA 23

Dia 155 Domingo

Um dia de atos de bondade

Certa vez, em uma viagem de avião, uma jovem estava tendo dificuldades para cuidar de três crianças pequenas. Uma estava chorando, a outra corria pelos corredores e a terceira falava muito alto. Nem é preciso dizer que a mãe se tornou alvo de olhares irritados e comentários maldosos. Porém, uma senhora de meia-idade ofereceu-se para ajudá-la. Durante o restante do voo, essa mulher andou pelos corredores carregando no colo o bebê que chorava, permitindo que a mãe acalmasse e apaziguasse as duas outras crianças.

Fiquei impressionado com o comportamento da mulher e constrangido por não lhe ter oferecido ajuda. Enquanto eu a observava carregar o bebê, ocorreu-me que todos nós, periodicamente (uma vez por semana, por mês ou pelo menos uma vez por ano), deveríamos tornar o fato de realizar atos de gentileza nossa prioridade número um durante 24 horas. Assim, se você estiver em um avião e vir alguém tendo dificuldades como a mãe assoberbada, não reclame nem olhe para o outro lado; ofereça-se para ajudar.

Em Nova York, onde moro, há oportunidades constantes de realizar atos de bondade. Na cidade vivem muitas pessoas idosas e frágeis, por isso algumas voltam para casa dos supermercados com sacolas muito pesadas para elas. Ofereça ajuda. Da mesma forma, nas esquinas, muitas vezes é possível ver idosos frágeis, que mal conseguem se sustentar de pé, temendo que o sinal abra enquanto atravessam a rua. Ofereça-se para ajudá-las a atravessar a rua.

Se você for mais ambicioso, há muito a fazer. Conheço uma mulher que já tem seus 70 e tantos anos e vive em um prédio residencial para idosos de baixa renda. Várias vezes por semana, ela dá banho em mulheres mais velhas e mais fracas do que ela, em torno dos 80 e 90 e poucos anos.

A gentileza é realizada tanto por palavras quanto por ações. Dedique um tempo para aqueles que precisam de alguém para ouvi-los ou que possam precisar dos seus conselhos. Deixe-os expressarem inteiramente seu dilema e não os "apresse".

E seja especialmente gentil com aqueles que lhe são mais íntimos, seus familiares. Faça um esforço especial para não brigar com seus filhos e para brincar com eles do que eles quiserem.

Durante 24 horas, viva da maneira que, no fundo do seu coração, você sabe que Deus gostaria de que você vivesse o tempo todo.

Dia 156 Segunda-feira

Uma técnica cara para superar a raiva

Conheço um homem muito rico que se tornou um judeu religioso. Ele tinha um temperamento irritadiço e xingava muito, o que parecia incoerente com seu comportamento religioso. Um rabino que havia ajudado a influenciar o homem a se tornar religioso me explicou: "Ele está tentando parar de xingar. Então fizemos um acordo: toda vez que ele xinga, aplica a si mesmo uma multa de 180 dólares e doa o dinheiro a uma causa judaica. Até agora, já doou dezenas de milhares de dólares".

Esse incidente aconteceu há mais de 30 anos e perdi o contato com o homem. Não sei se as multas de 180 dólares o ajudaram a restringir seus xingamentos, mas desconfio que sim.

Se não ajudaram, talvez 180 dólares fossem um desincentivo insuficiente para fazê-lo parar com um hábito profundamente enraizado.

Todavia, a técnica é antiga e saudável.

Um texto judaico de cunho moral da época medieval, conhecido como *Reishit Chochmah* (O começo da sabedoria) sugere um ensinamento semelhante àqueles que aparentemente não conseguem controlar a raiva: "Estipule uma quantia que você doará caso tenha algum comportamento destemperado. Certifique-se de que a quantia que você estipular seja suficiente para forçá-lo a pensar duas vezes antes de perder a cabeça".

Se você estiver fazendo um esforço para controlar seu gênio, faça o seguinte: durante a próxima semana ou o próximo mês, toda vez que você expressar algum tipo de raiva que seja desproporcional à provocação, faça uma doação para uma instituição de caridade. Como observa o Reishit Chochmah, a quantia deve ser suficiente para inibi-lo e deve ser bem acima da que você doaria para caridade; em outras palavras, deve funcionar como uma multa.* Se essa técnica não funcionar, eis outra sugestão: dê o dinheiro para uma causa que você não apoiaria.** Se você for um judeu ortodoxo, doe para uma instituição reformista ou conservadora; se for reformista ou conservador, doe o seu dinheiro para uma instituição ortodoxa. Você pode não estar satisfeito em enviar dinheiro para uma causa que reprova (isso, em si, deveria fazer você se esforçar para ter mais controle sobre o seu temperamento), mas pelo menos a sua raiva fará algo pela causa da unidade judaica.

Se você achar essa técnica cara demais para o seu gosto, não faça nada para conter o seu temperamento. Durante alguns anos, essa abordagem não lhe custará nada – mas poderá lhe custar seus amigos, sua esposa e seu relacionamento com os filhos.

Vale a pena pensar sobre a sugestão do *Reishit Chochmah*. Pode-lhe custar muito dinheiro, mas no longo prazo vai sair barato.

---

* A sugestão de *Reishit Chochmah* é citada na edição ArtScroll de Nachmanides, *A Letter for the Ages* (Iggeret HaRamban), páginas 30-31.

** O psicólogo Solomon Schimmel sugere essa técnica no livro *The Seven Deadly Sins*, página 105.

Dia 157 Terça-feira

Quando você está bravo com seu cônjuge: colocando as coisas em perspectiva

Alfred Lunt e Lynn Fontanne, um dos casais de atores mais famosos da história, foram casados por mais de 50 anos. Certa vez, um entrevistador perguntou à senhora. Fontanne se ela já havia pensado em se separar e ela respondeu: "Divorciar, nunca, matar, muitas vezes".

Essa resposta brincalhona reflete uma verdade dolorosa. Os casais, mesmo aqueles profundamente apaixonados, muitas vezes se irritam e com frequência se veem expressando uma raiva que é excessiva e injusta. Problemas menores que deveriam provocar, no máximo, incômodo, às vezes deflagram ataques intensos, durante os quais são feitos comentários cruéis e incidentes dolorosos do passado são relembrados.

Em outras ocasiões, quando uma das partes está sofrendo, a outra reage de maneira injusta. Encontramos um exemplo na Bíblia. Jacob amava profundamente sua esposa, Rachel. Entretanto, quando ela reclamava com amargura com ele sobre o fato de não ter filhos: "Dê-me filhos ou morrerei!" (Gênesis 30:1), ele não a abraçava ou dizia quanto a amava se ela tivesse filhos ou não. Em vez disso, ele respondia com palavras que apenas intensificavam sua dor: "Por acaso estou no lugar de Deus, que a impediu de ter filhos?" (Gênesis 30:2).

Mais tarde, Rachel deu à luz José; algum tempo depois, faleceu ao dar à luz Benjamin. Eu me questiono com que frequência Jacob relembrava das palavras cruéis que havia dito a Rachel em momentos de raiva e quanto se arrependia quando já era tarde demais para retirar suas palavras.

A raiva muitas vezes emana de uma das qualidades humanas menos admiráveis, a mesquinhez. Há momentos em que qualquer coisa que nosso cônjuge faça nos irrita. Quando estamos em um estado de espírito mesquinho (e, para algumas pessoas, isso pode durar dias ou meses), podemos exagerar bastante as más qualidades do cônjuge, minimizando ou dando por certas suas boas qualidades.

Escrevi estas palavras uma semana depois que um avião da Swissair caiu no Oceano Atlântico, matando mais de 200 pessoas. Posteriormente, foi revelado que os passageiros do avião souberam cerca de seis minutos antes que o avião iria cair. Minha esposa me disse que se questionava o que os casais no avião teriam dito e feito durante esses terríveis momentos finais. De uma coisa ela tinha certeza: "Ninguém disse: 'Eu realmente não suporto essa sua mania de deixar as roupas espalhadas pelo chão' ou 'Eu odiava a forma descuidada como você gastava'."

O avião devia estar cheio de pessoas fazendo declarações de amor eterno, casais expressando uns aos outros a esperança que tinham de se reencontrarem no paraíso ou na terra, e com pedidos de perdão por traições e palavras cruéis que haviam sido ditas. Esses últimos momentos, por todo seu terror (Deus queira que ninguém mais tenha que suportar tamanho terror), também devem ter sido momentos de grande beleza.

Não deveríamos pensar nisso na próxima vez em que estivermos prestes a "explodir" com nosso cônjuge por não ter colocado o lixo fora?

Dia 158 Quarta-feira

Tratando seus empregados com respeito

De vez em quando, alguém me conta uma história que me faz ter vergonha de ser humano – não relatos dos horrores nazistas, mas das pequenas indecências e humilhações que os seres humanos infligem uns aos outros. Certa vez uma babá me contou sobre uma amiga que trabalhava para uma família muito rica no Upper East Side de Nova York, cujas obrigações incluíam preparar o jantar das crianças. Entretanto, a babá não era autorizada a comer os alimentos que preparava para as crianças; seus empregadores separavam comida mais barata para ela.

O Talmude compreende Deuteronômio 23:25 ("Quando entrares na seara do teu próximo, com a tua mão arrancarás as espigas ...") como ordenando que um trabalhador envolvido em realizar a colheita do empregador tem o direito de comer quanto quiser enquanto trabalha* (entretanto, os empregados não têm o direito de levar a comida consigo para casa).

Por mais compassiva e moralmente óbvia que essa lei pareça, ela é violada com frequência, até por pessoas que provavelmente alegam acreditar que os ensinamentos da Bíblia sejam verdade. O Rabi Joseph Hertz, em seu conhecido comentário sobre a Torá, fala sobre um rico proprietário italiano de terras que, quando colhia suas uvas, "colocava focinheiras de ferro em seus trabalhadores miseráveis e febris, para que não pudesse passar pela cabeça desses pobres camponeses, que trabalhavam por salários de fome sob o sol escaldante do sul da Itália, saciar sua sede ardente e sua fome torturante com algumas dos milhares de uvas do proprietário".** Se você confia em uma pessoa o suficiente para lhe entregar aqueles que são os seres mais preciosos para você, seus filhos, cuide o suficiente da pessoa para deixar que ela desfrute dos alimentos que você oferece aos seus filhos e a si mesmo.

---

* Outro versículo da Torá (Deuteronômio 25:4) concede o mesmo direito até aos animais: "Não amordace o boi enquanto ele estiver debulhando o cereal".

** Hertz, *The Pentateuch and Haftorahs*, página 854. Mesmo quando a lei judaica, baseando-se na Torá, permitia algum tipo de trabalho escravo (imposto durante um máximo de seis anos sobre os israelitas que haviam roubado e não podiam devolver o valor do roubo, ou sobre aqueles que se vendiam para liquidar suas dívidas), o Talmude legislava que esses trabalhadores deveriam ser tratados de forma mais do que justa. Assim, baseando-se no versículo bíblico de que "seu irmão deve conviver bem com você", o Talmude ordenava que se um senhor dormisse em uma cama com travesseiros, deveria ser fornecida ao seu escravo uma cama igualmente confortável e, se o senhor tivesse apenas um travesseiro, teria que dá-lo ao escravo (*Tosafot em Kiddushin* 20a). O senhor também deveria alimentar seus servos antes de si mesmo (Maimônides, *Mishné Torá*, "Leis dos Empregados", 9:8).

Dia 159 Quinta-feira

Abraão, o modelo da hospitalidade

Embora a Bíblia não nos conte muitos detalhes da vida de Abraão, Gênesis 18 deixa claro que ele era um anfitrião exemplar, cujo comportamento ainda tem bastante a nos ensinar sobre como agir com os convidados.

Era um dia quente na antiga Canaã, e Abraão estava sentado na entrada de sua tenda. Como o capítulo anterior relatava que o idoso Abraão havia sido circuncidado (17:24), presume-se que ele devia estar recuperando-se. Contudo, assim que vê três homens andando em sua direção, levanta-se e corre até eles. Quando os alcança, cumprimenta-os respeitosamente e pede que sejam seus convidados.

Abraão oferece aos homens água para se lavar, um pedaço de pão para comer e um lugar à sombra para descansar. Quando os convidados aceitam seu convite, Abraão corre até a barraca para pedir que sua esposa Sara prepare bolinhos; em seguida, vai até o jovem que cuida de seu gado e lhe pede que mate e prepare um vitelo. Assim que consegue, Abraão leva comida para seus convidados e cuida de suas necessidades enquanto eles comem.

A primeira coisa que aprendemos com Abraão é a benevolência (ele deixa claro aos estranhos que se sentirá honrado se eles aceitarem seu convite): "Meus senhores, se eu encontrar benevolência em seus olhos, não ignorem seu servo".

Abraão também está determinado a apressar-se para fornecer aos viajantes tudo de que precisam. De fato, a ação que ocorre com mais frequência nesse relato bíblico é se apressar. Abraão apressa-se para cumprimentar os homens, apressa-se para pedir a Sara e seu servo que trabalhem depressa para preparar a comida. Também é o mais atencioso dos anfitriões, ficando ao lado dos convidados enquanto comem, para que possa rapidamente atender todas as suas necessidades.

Finalmente, Abraão fornece mais do que promete: "Vou buscar um pedaço de pão que os sustente" é o que ele inicialmente diz aos convidados, mas logo lhes oferece creme e leite, seguidos de um banquete suntuoso de carne macia de vitelo e bolinhos. A tradição judaica aprende com o comportamento de Abraão: "Os justos falam pouco e fazem muito" (Talmude Babilônico, *Bava Mezia* 87a).

Durante milhares de anos, Abraão foi o modelo dos judeus que desejavam praticar a *mitzvá* da hospitalidade (*hachnasat orchim*).* Ele procurava convidados ativamente, corria para satisfazer suas necessidades e lhes fornecia mais do que o prometido. Quem não iria querer ser entretido por um anfitrião assim?

Dia 160 Sexta-feira

"Não existe almoço grátis"

Uma história do século XIX conta sobre dois rabinos do leste europeu que viajavam juntos e fizeram uma refeição na pousada de uma viúva religiosa. Enquanto comiam, um dos rabinos iniciou uma conversa longa e detalhada com a mulher faladora; o outro se sentou em silêncio e, quando não estava comendo, voltava sua atenção para o texto religioso que estava estudando.

Quando se levantaram para ir embora, a viúva se recusou a deixar que os rabinos pagassem pela refeição. Já do lado de fora, o mais sociável dos dois virou-se para o amigo, comentando: "Parece-me que você está se sentindo culpado por roubar uma refeição daquela mulher".

Seu amigo o olhou com assombro: "Ela mesma nos disse que não tínhamos que pagar".

"Ela não queria que pagássemos em dinheiro", respondeu o primeiro rabino; "o pagamento que queria era que o ouvíssemos e falássemos com ela. Isso você não fez".

---

* Vide também Dia 145.

Os convidados, não apenas os anfitriões, têm obrigações éticas. Por exemplo, a tradição judaica ensina que durante o *Birkat Hamazon* (as bênçãos após a refeição), os convidados invoquem uma bênção especial para a família que os recebe.* E como a história acima nos lembra, eles têm o dever de ser atenciosos e educados, de trazer prazer à pessoa que os recebe. Portanto, os convidados deveriam expressar gratidão pelo que lhes é servido, esforçar-se para ser sociáveis (e não se sentar em silêncio, afastados em uma mesa) e, como todo pai sabe, convidados trazem grande alegria aos anfitriões ao encontrar coisas para elogiar nos filhos da família.

A lei judaica insere uma obrigação adicional e surpreendente sobre o convidado. Se ele tiver sido tratado com hospitalidade verdadeiramente generosa, não deveria sair por aí elogiando seus anfitriões para muitas pessoas, pois elogios generosos podem fazer outras pessoas se aproveitarem da família anfitriã e explorarem sua generosidade.

Todavia, acima de tudo, envolva seus anfitriões. Se precisarem falar, saiba ouvi-los.

Tenha um Shabat Shalom!

Dia 161 Shabat

Ao longo deste Shabat, analise o material dos seis dias anteriores e use alguns dos textos estudados como base para discussões durante as refeições do Shabat:

Dia 155. Um dia de atos de bondade
Dia 156. Uma técnica cara para superar a raiva
Dia 157. Quando você está bravo com seu cônjuge: colocando as coisas em perspectiva

---

* "Que o Misericordioso abençoe o senhor desta casa, a senhora desta casa, ambos e sua família e tudo o que têm".

Dia 158. Tratando seus empregados com respeito
Dia 159. Abraão, o modelo da hospitalidade
Dia 160. "Não existe almoço grátis"

Shabat Shalom!

SEMANA 24

Dia 162 Domingo

Como o temor a Deus pode torná-lo uma pessoa melhor (1)

Em geral, associamos o "temor a Deus" a tradições religiosas que envolvem o fogo do inferno e enxofre. Por exemplo, há quem acredite que, se desobedecer a qualquer um dos mandamentos de Deus, ou tiver crenças teológicas incorretas, o Senhor lhe imporá punições terríveis e possivelmente eternas.

Embora eu acredite que esses ensinamentos sejam detestáveis, por várias vezes a Torá ordena de modo específico: "Mas temerás a teu Deus" (vide, por exemplo, Levítico 19:14). Entretanto, um estudo dos versículos nos quais esse termo é usado sugere que dois benefícios podem ser provenientes do temor a Deus, nenhum dos quais tem a ver com a condenação eterna ou com viver em um estado de horror permanente.

Em primeiro lugar, esse medo pode ser libertador. As pessoas, em geral, são intimidadas por outras; em sociedades não democráticas, quase todos têm medo dos funcionários do governo. O capítulo de abertura de Êxodo conta a ordem de Faraó às duas parteiras que trabalhavam com os israelitas de matarem todos os bebês recém-nascidos do sexo masculino no momento do nascimento. Entretanto, as mulheres desobedeceram ao comando de Faraó e salvaram as crianças. O que motiva sua desobediência? "As parteiras temeram a Deus e não obedeceram às ordens do rei do Egito" (Êxodo 1:17); em outras palavras, temiam a Deus muito mais do que ao Faraó. Os outros egípcios temiam somente ao Faraó, por isso eles, ao contrário das parteiras, seguiram sua ordem posterior de caçar e afogar as crianças israelitas.

Essa história é a primeira ocasião de um ato de desobediência civil registrada na literatura e, como tal, estabelece um padrão seguido desde então. Ao longo da história, um percentual desproporcional de dissidentes em sociedades autoritárias e totalitárias era de religiosos. Assim como as outras, essas pessoas temem os líderes de seus países e sua capacidade de puni-las, torturá-las e matá-las. Todavia, temem a Deus e Sua lei moral ainda mais, o que as libera para resistir ao mal.

Em uma sociedade democrática como a existente nos Estados Unidos, onde as pessoas não têm motivo para temer que seus líderes as aprisionem ou matem,* os cidadãos têm uma responsabilidade ainda maior de não se permitirem ser desencorajados de fazer o que é certo por medo.

Deveríamos todos ter em mente a história das parteiras nos momentos em que víssemos uma figura de autoridade agindo de maneira injusta; como as parteiras, deveríamos tentar impedi-la. Por exemplo, se nosso chefe for injusto com outro empregado e, ainda pior, quiser que nos juntemos a ele em seu comportamento injusto, somos proibidos de fazê-lo. Talvez temamos nosso chefe, mas somos instruídos a temer a Deus ainda mais.

Sim, o temor a Deus pode ser libertador.

Uma segunda forma pela qual o temor a Deus pode tornar-lhe uma pessoa melhor será discutida amanhã.

---

* Certa vez, perguntei a Elie Wiesel se ele teve medo antes de criticar o presidente Reagan em cerimônia na Casa Branca sobre a futura visita dele, em 1985, a um cemitério nazista em Bitburg. Wiesel respondeu que não teve medo: "O que o presidente poderia fazer comigo?", perguntou. Entretanto, Wiesel observou que, tendo sido criado em uma cidade europeia onde a polícia geralmente era formada por valentões e antissemitas, ele ainda tinha receio de policiais.

Dia 163 Segunda-feira

Como o temor a Deus pode torná-lo uma pessoa melhor (2)

Poucos são santos; muitos, senão a maioria de nós, são de modo apropriado caracterizados em uma avaliação bíblica da natureza humana: "Seu coração é inteiramente inclinado para o mal desde a infância" (Gênesis 8:21). Esse versículo ajuda a explicar por que muitos agem imoral e injustamente quando estão confiantes de que não serão pegos, ou quando lidam com pessoas mais fracas do que eles próprios.

A Torá, compreendendo a forte inclinação humana para o mal, ordena: "Não porás tropeço diante do cego; mas temerás a teu Deus" (Levítico 19:14). Por que a Torá acrescenta as palavras "mas temerás a teu Deus"? Obviamente, até uma pessoa descarada seria cautelosa antes de enganar outra, nem que seja apenas por medo que a pessoa enganada exigisse vingança ou enviasse um parente ou amigo mais forte para fazê-lo. Contudo, aquele que engana um cego parece não ter nada a temer, pois a vítima não saberá quem a magoou.*

É especificamente quando lidamos com aqueles mais fracos do que nós mesmos que a Torá nos lembra de temer a Deus:

- "Honrem os anciãos, temam a seu Deus" (Levítico 19:32).
- "Não cobrarás juro algum [daquele que empobreceu] e temerás a teu Deus" (Levítico 25:36).

---

* Os rabis ampliaram essa lei de modo que seja proibido que se ofereçam a outra pessoa conselhos com a intenção de tirar benefício próprio (vide Dia 113), compreendendo esse versículo como uma proibição à obtenção de vantagem sobre quem é "cego" no assunto em questão. Nesses casos, seria impossível um tribunal de justiça provar que a pessoa que deu o conselho sabia que estava errada. Assim, esse versículo nos lembra de temer a Deus, que sabe se nossas intenções são honrosas ou não.

- "Não dominem impiedosamente [sobre seus empregados], mas temam o seu Deus" (Levítico 25:43).

O último mandamento serve para nos lembrar de que, ao longo da história, muitas pessoas trataram mal seus empregados, certas de que havia pouco ou nada que seus subalternos pudessem fazer. Especificamente porque os senhores não têm motivo para temer seus empregados, a Bíblia os lembra de temer a Deus.

O temor a Deus significa ter a noção e a compreensão de que você é responsável por mais do que somente a si mesmo, que você não deve se ver como um todo-poderoso. É por isso que o "temor a Deus" na Torá é mencionado no contexto de relações desiguais de poder. Portanto, sempre que você lidar com uma pessoa em uma posição inferior à sua – um empregado no local de trabalho, uma babá, uma faxineira – e se sentir tentado a tirar vantagem de sua posição superior, lembre-se: "Mas temerás a teu Deus".

Dia 164 Terça-feira

Demonstre gratidão aos seus pais

Um amigo meu alimentou ressentimentos pelos pais durante muito tempo: "Eles nunca tentaram entender quem eu era de verdade", contou-me, "e o pior de tudo é que eles me ignoravam. Simplesmente não ficavam muito comigo".

Anos mais tarde, quando ele se casou e teve um filho, sua atitude atenuou-se: "O fato de eu ter sobrevivido à infância com todos os meus membros e dedos intactos é a prova do cuidado que meus pais devem me ter dispensado".

As experiências do meu amigo como pai o fizeram perceber a frequência com que seus pais devem ter se levantado de um sono profundo no meio da noite para acalmá-lo e alimentá-lo. Como ouvi, certa vez, uma mulher me dizer: "Somente quando me tornei mãe percebi quanto minha mãe me amava".

Esses esforços dos pais merecem gratidão. Conforme o clássico *Sefer Hachinnuch*, um texto hebraico que lista e analisa os 613 mandamentos da Torá, explica (Mandamento 33): "A raiz desse mandamento [de honrar seu pai e sua mãe] é que a pessoa deveria reconhecer e praticar atos de generosidade para aqueles que foram bons com ela". O autor escreve que um filho que não trata os pais com gentileza é um ingrato, "e esse é um traço mau e desprezível".

Há um século, Oscar Wilde escreveu: "Os filhos começam amando os pais. Mais tarde, julgam-nos. E muito raramente os perdoam". Contrariando o ceticismo de Wilde, a tradição judaica lembra-nos de que mesmo se passarmos por um período de distância de nossos pais, devemos honrá-los (vide Dia 242) e demonstrar gratidão.

Como expressar essa gratidão? A forma mais óbvia é verbalmente, por meio de declarações de amor, afeto e reconhecimento. Todavia, o Talmude, falando em um contexto diferente, também ensina o conceito de "medida por medida"; dessa forma, a gratidão deveria ser exprimida da mesma maneira pela qual as ações que a evocam são realizadas. Por exemplo, se durante um período de dificuldade financeira em sua vida, um amigo seu lhe tiver emprestado dinheiro, a "medida por medida" ordena que quando o seu amigo precisar de dinheiro, você lhe faça um empréstimo. Da mesma forma, seus pais passaram muito tempo cuidando de você quando você era jovem, e tempo é o mais precioso de todos os bens. Portanto, você também deve passar tempo com eles e atender suas necessidades à medida que envelhecem e precisam de ajuda.

Não precisa ser a mesma quantidade de tempo que seus pais passaram com você. No entanto, é importante que você os visite com frequência, se possível, para lhes permitir compartilhar a alegria de ver e brincar com seus filhos, os netos deles, e falar com eles ao telefone com frequência (em especial quando um dos pais enviuvar). Durante muitos anos, descobri que dois dos rabinos que mais influenciaram o meu desenvolvimento pessoal falavam diariamente com suas mães viúvas. Os dois estão entre as pessoas mais atarefadas que conheço, mas mesmo assim faziam questão de ter tempo para as mães.

Uma sugestão: além de outras conversas que você tiver com eles durante o próximo mês, ligue para seus pais todas as sextas-feiras antes do Shabat.

Dia 165 Quarta-feira

Quando seu cônjuge e seus pais estão em conflito

A lei judaica atribui uma ênfase extraordinária à devoção filial; de fato, "Honrar pai e mãe" talvez seja o mais conhecido dos Dez Mandamentos. Contudo, se seu cônjuge e os pais não se dão bem (estou referindo-me a um conflito de personalidades, não a um caso de maus tratos), a ética judaica insiste que sua principal lealdade seja ao seu/sua cônjuge. A origem dessa obrigação se encontra no primeiro versículo bíblico que fala sobre o casamento: "Portanto deixará o homem seu pai e sua mãe, e apegar-se-á à sua mulher, e serão ambos uma carne" (Gênesis 2:24).

O casamento significa que a pessoa deixa a casa dos pais para criar um novo lar. E seu cônjuge tem o direito de saber que sua primeira (mas não exclusiva) lealdade é à casa criada pelo casal.

Assim, se surgir uma controvérsia entre seu cônjuge e seus pais, mesmo que você discorde de seu cônjuge, evite brigar na presença de seus pais. É melhor você falar em particular com o seu marido ou sua esposa e explicar os motivos dos seus sentimentos; caso contrário, a pessoa poderá concluir que você se importa mais com os seus pais do que com ela.

Da mesma forma, provavelmente é imprudente compartilhar com os seus pais suas insatisfações com seu cônjuge. Fale com seu marido ou sua esposa sobre os motivos da sua infelicidade, procure um terapeuta ou amigo íntimo, mas seja muito cauteloso antes de revelar aos pais esses sentimentos. Em primeiro lugar, eles provavelmente não são as melhores pessoas para lhe aconselhar; embora conselhos úteis em geral sejam oferecidos por aqueles que podem avaliá-lo com objetividade, poucos pais podem ser objetivos quando os interesses de seus filhos estão em jogo. Além disso, os traços de personalidade que podem estar contribuindo para suas tensões com seu cônjuge podem ser traços que um ou ambos os seus pais têm; portanto, eis aí outra razão pela qual será difícil para um pai avaliar a situação objetivamente.

Uma série de respostas rabínicas estabeleceram que você não deveria permitir que seu pai ou sua mãe se mudem para sua casa contra a vontade do seu cônjuge. Essas ordens foram escritas em períodos nos quais a lei judaica era, muitas vezes, parcial a favor dos homens e a pessoa que se opunha ao movimento era a nora.

A mensagem para os pais? Tomem cuidado antes de intervir no casamento dos filhos ou criticar a nora ou o genro. Como ensina um antigo provérbio judaico: "Toda sogra deveria se lembrar de que já foi nora um dia".

Dia 166 Quinta-feira

"Vindo de uma criança, tudo é belo"

Allen Sherman, o compositor cômico mais conhecido por "Hello Muddah, Hello Faddah", certa vez estava no meio de uma conversa intensa com sua esposa quando seu filho pequeno entrou para mostrar um desenho que acabara de fazer. Os rabiscos infantis foram rapidamente repudiados por Sherman, irritado porque a criança interrompera sua conversa. O garoto, magoado pela rejeição do pai ao desenho, jogou-o no chão, saiu correndo para o quarto e bateu a porta.

A porta batendo lembrou o agora envergonhado Sherman de uma porta que ele havia batido 25 anos antes. Certa manhã, ele ouviu a avó anunciar, em iiídiche, que precisava de uma "chuteira" para uma grande festa que organizaria naquela noite. Embora o jovem Sherman se questionasse por que a avó precisava de uma chuteira, estava determinado a conseguir uma para ela. Saiu pela vizinhança e finalmente encontrou um garoto, um valentão que lhe deu um soco no nariz antes de concordar em dar sua chuteira em troca dos melhores brinquedos de Sherman.

Sherman levou a chuteira para casa, poliu-a até brilhar e a deixou para a avó. A mãe viu a chuteira primeiro e ficou chateada com ele por abrir mão de seus brinquedos. Quando ele explicou que era para a festa da avó, a mãe explodiu em gargalhadas: "Uma chuteira para a festa? Você não entende sua própria avó? Não era uma chuteira, mas uma fruteira. Vovó precisa de uma fruteira para a festa".

Constrangido, o garoto correu para o quarto, bateu a porta e se recusou a descer para a festa. Pouco tempo depois, porém, a mãe subiu para buscá-lo. Quando o levou para o andar de baixo, ele viu sua avó andando orgulhosamente pela sala com uma grande fruteira com uma variedade de lindas frutas e, no meio, a chuteira encerada que ele havia trazido para casa. Quando um convidado pediu que sua avó explicasse o que uma chuteira fazia no meio de sua fruteira, ela lhe contou sobre o presente do neto e acrescentou: "Vindo de uma criança, tudo é belo".*

Ao longo dos anos, muitos amigos me contaram sobre presentes que levaram para os pais e que foram recebidos com entusiasmo vago e, às vezes, sem entusiasmo algum. O fato de contarem essa história já adultos indica como essas lembranças de infância ainda não haviam cicatrizado.

As crianças merecem mais do que isso; merecem ter adultos que compreendam, como o fez a avó de Allen Sherman, que "vindo de uma criança, tudo é belo".

Dia 167 Sexta-feira

"Este é o muffin mais delicioso que já provei"

Ben Zoma certa vez viu uma multidão nos degraus do Monte do Templo. Ele disse: "(...) Abençoado seja Ele, que criou todas essas pessoas para me servir". Pois ele costumava dizer: "Que trabalhos Adão teve que realizar antes de ter pão para comer? Ele arou, semeou, colheu, juntou os maços, debulhou o grão, crivou os farelos, selecionou as espigas, moeu, peneirou a farinha, sovou a massa e assou o pão. Só então

---

* Allen Sherman, "A Gift of Laughter", *in* Jay David, org., *Growing Up Jewish*, páginas 63-66.

comeu. Enquanto eu me levanto e encontro todas essas coisas feitas para mim. E quantos trabalhos Adão teve que realizar antes de ter uma vestimenta para vestir? Precisou tosquiar as ovelhas, lavar a lã, penteá-la, torcê-la, tecê-la e só então teve uma vestimenta para vestir. Enquanto eu me levanto e encontro todas essas coisas feitas para mim. Todos os tipos de artesãos vêm até a porta da minha casa e quando me levanto de manhã, encontro todas essas coisas prontas para mim.

– TALMUDE BABILÔNICO, *BERACHOT* 58A

Rabi Ben Zoma com certeza se especializou na *mitzvá* de expressar gratidão (*hakarat hatov*), a visão de uma multidão enorme de pessoas, o tipo de visão que provoca algumas observações misantrópicas ("um rebanho de ovelhas", "uma plebe pouco inteligente"), inspirou gratidão em Ben Zoma. Não apenas gratidão, mas também uma forma criativa de ação de graças. Ele não disse: "Olhe para essas pessoas, cada uma criada à imagem de Deus". Embora essa declaração seja verdade, não necessariamente inspiraria nele uma reação pessoal a cada um na multidão. Em vez disso, Ben Zoma evocou quantas pessoas no grupo sem rosto o ajudavam em sua vida cotidiana, preparando seus alimentos e suas vestimentas e, dessa forma, permitindo dedicar-se à sua paixão: uma vida de Torá.

Mendel Sternhull, um homem que passou muito tempo ao lado do Rabi Shlomo Carlebach, costumava falar sobre sua capacidade de elogiar e expressar gratidão ... até por um muffin.

Certa ocasião, Sternhull sentou-se com Reb Shlomo em um restaurante sujo, comandado por uma proprietária e garçonete de olhar amargo. A mulher era extraordinariamente rude e desagradável. Sternhull ficou feliz quando ela anotou seu pedido de café da manhã na mesa e voltou ao balcão. No entanto, depois de dar a primeira mordida no muffin que ela lhe havia trazido, Reb Shlomo a chamou de volta: "Minha mais bela amiga", disse-lhe gentilmente, "por algum acaso teria sido você a pessoa que assou este muffin?".

"Sim, sou eu, o que há com ele?"

"Só quero que você saiba que esse é o muffin mais delicioso que já provei na minha vida".

A mulher esboçou um sorriso, agradeceu e começou a se afastar.

"E também quero que você saiba", continuou Reb Shlomo, "que já comi muffins em todo lugar do mundo, mas nenhum chegou perto desse aqui".

Novamente, a mulher lhe agradeceu, mas Reb Shlomo ainda não havia acabado:

"E *mamesh* (de verdade), tenho que lhe agradecer porque eu estava com tanta fome e você me fez o maior favor do mundo ao assar tão habilmente este muffin, que é certamente o sabor do Mundo Vindouro".

A essa altura, a mulher abriu um largo sorriso: "Nossa, muito obrigada. É muito gentil da sua parte dizer isso. A maioria das pessoas nunca comenta quando a comida está boa; só ouço comentários quando é para reclamar da comida".

Reb Shlomo seguiu em frente, perguntando à mulher quais haviam sido os ingredientes especiais que ela tinha usado para preparar o muffin e ouviu atentamente. Foi específico nos elogios também, comentando sobre a textura aerada do muffin, sua qualidade amanteigada e perfumada. Sternhull se lembra de que estava assistindo ao hino de Reb Shlomo a um muffin com uma mistura de admiração e divertimento, até que olhou para a mulher: "Fiquei desconcertado. A mulher rude havia desaparecido. Alguns minutos com Shlomo haviam feito o milagre. Ela estava transformada. Havia se tornado linda".

"Com Shlomo aprendi muitas coisas", lembrou Sternhull posteriormente, "mas a principal delas foi *hakarat hatov* (reconhecer o bem que alguém fez por você) e como fazer elogios. E talvez um dia, se eu me esforçar bastante no meu crescimento ... também me torne capaz de adquirir a capacidade abençoada de Shlomo – cantar hinos para muffins e deixar as pessoas lindas".* Neste Shabat e nesta semana, escolha uma coisa a cada dia e examine-a *à la* Reb Shlomo; pode ser um prato que sua esposa preparou, o desenho do seu filho, o trabalho de um empregado. Aprenda com mestre Shlomo Carlebach a fazer um elogio.

Tenha um Shabat Shalom!

---

* Halberstam, *Holy Brother*, páginas 138-39.

Dia 168 Shabat

Ao longo deste Shabat, analise o material dos seis dias anteriores e use alguns dos textos estudados como base para discussões durante as refeições do Shabat:

Dia 162. Como o temor a Deus pode torná-lo uma pessoa melhor (1)
Dia 163. Como o temor a Deus pode torná-lo uma pessoa melhor (2)
Dia 164. Demonstre gratidão aos seus pais
Dia 165. Quando seu cônjuge e seus pais estão em conflito
Dia 166. "Vindo de uma criança, tudo é belo"
Dia 167. "Este é o muffin mais delicioso que já provei"

Shabat Shalom!

SEMANA 25

Dia 169 Domingo

Quando você souber que alguém vai fazer uma longa viagem, certifique-se de que levará dinheiro extra

O Talmude ensina que Deus protege aqueles em uma jornada para fazer o bem: "Emissários no caminho para realizar uma *mitzvá* nunca encontrarão problemas" (*Pesachim* 8b). Com base nesse ensinamento, desenvolveu-se um costume entre os judeus religiosos de que quando alguém parte para uma viagem longa, particularmente se for perigosa, parentes e amigos lhe dão dinheiro para distribuir como caridade no destino do viajante.

Essa doação para caridade eleva a viagem da condição de uma simples viagem de negócios ou excursão de turismo para uma oportunidade de realizar a importante *mitzvá* da caridade. Os judeus referem-se a esse dinheiro como *shaliach mitzvá gelt*, ou "dinheiro para um emissário fazer o bem".

Meu pai levava esse costume a sério. Sempre que eu ia para Israel ou fazia qualquer outra viagem ao exterior, ele me dava 18 dólares para distribuir entre pedintes, ou para qualquer outra causa que eu encontrasse e considerasse válida. Ao chegar a Israel, meu destino mais frequente, uma das minhas primeiras paradas era no Muro das Lamentações; lá, eu encontrava mendigos ou outras pessoas pobres a quem distribuía o dinheiro.

É considerado especialmente louvável dar dinheiro para pessoas que vão começar uma viagem perigosa. No final da década de 1960, quando o virtuoso Reb Aryeh Levine enviou uma contribuição à Magen David Adom (o equivalente israelense da Cruz Vermelha) para adquirir alimentos a serem distribuídos aos cidadãos famintos da região africana sitiada de Biafra, o chefe da Magen David Adom disse ao representante que estava enviando para lá: "Aqui está a contribuição de Reb Aryeh... Você sabe o que os Sábios dizem, que emissários no caminho para realizar um *mitzvá* nunca encontrarão problemas".

Da próxima vez que você souber de alguém que vai fazer uma viagem ao exterior, dê-lhe dinheiro para distribuir para caridade. Além do bem que esse dinheiro fará ao destinatário, o presente também mudará a natureza do passeio para o viajante. Seja sua viagem a negócios ou de turismo, a pessoa descobrirá, ao chegar ao seu destino, que precisa pensar por alguns minutos para quem deve doar seu dinheiro de caridade; em seguida, passará mais um ou dois minutos distribuindo-o.

Você consegue pensar em uma maneira mais bonita de ajudar outra pessoa a dar início a uma viagem?

Dia 170 Segunda-feira

Doações constantes

Uma pessoa caridosa não espera ser solicitada para doar; sabe que há pessoas necessitadas, independentemente de um pedido formal lhe ter sido feito de modo direto. É por isso que a lei e a tradição judaicas incentivam as pessoas a doar repetidamente: "É bom doar para caridade antes de rezar" (*Shulchan Aruch, Orach Chayyim* 92:10).

Para cumprir essa sugestão, em muitas sinagogas exige-se uma *pushke* (caixa de caridade), passada durante a reza semanal (a lei judaica proíbe manusear dinheiro no sábado e nas férias, em geral); espera-se que os participantes contribuam, mesmo que com um valor pequeno.

Um ensinamento talmúdico sugere um tipo especial de doação antes dos dias de jejum, como o Yom Kippur: "O mérito de jejuar é a caridade [distribuída]" (*Berachot* 6b).

Várias pessoas têm muita dificuldade com o jejum do Yom Kippur. Ao longo dos anos, ouvi algumas alegarem que sentem tanta fome durante o dia que têm dificuldade de se concentrar na oração. Se enfrentar a fome pode ser tão difícil, deixe algo bom surgir dela: permita que ela nos lembre de que há pessoas que sentem essa fome centenas de dias por ano. O Maharsha, do século XVI (Rabi Solomon Elazar Eideles), observa que essa passagem talmúdica serviu como base para um antigo costume judaico; antes de jejuar, as pessoas distribuíam para caridade o valor de dinheiro que economizariam em alimentos naquele dia.

Infelizmente, esse costume é menos conhecido entre os judeus modernos, embora devesse ser relembrado. Antes de Yom Kippur ou de Tisha Be'Av*

---

* O dia de jejum que comemora a destruição do Primeiro e Segundo Templo cai no nono do mês de Av (geralmente entre meados de julho e começo de agosto). Embora a tradição judaica ordene vários jejuns de meio dia (de manhã até a noite), Tisha Be'Av e Yom Kippur são os únicos dias inteiros de jejum; duram do pôr do sol de um dia até o anoitecer do dia seguinte.

neste ano, descubra quanto sua família gasta semanalmente com alimentos, divida a quantia por sete e envie-a para uma instituição de caridade que ofereça comida aos necessitados. De fato, na *Haftorá* (leitura profética) no Yom Kippur, Isaías cita Deus, declarando: "Seria este o jejum que eu escolheria ... que repartas o teu pão com o faminto" (Isaías 58:6-7; obviamente, a comida deve ser compartilhada antes ou depois do jejum).

No Yom Kippur, Deus nos ordenou a não comer. Todavia, podemos aprender, com a fome que sentimos nesse dia muito especial, a fazer o que pudermos para ajudar aos outros. Pois essa também é uma ordem divina.*

Dia 171 Terça-feira

Prevenção da crueldade contra os animais: o que diz a Torá

Qual dos Dez Mandamentos lida, em parte, com os animais? Se você não tiver a resposta, não se sinta mal, pois as pessoas, de modo geral, não sabem. O Quarto Mandamento, que regula o Shabat, ordena que nesse dia "não farás qualquer trabalho – nem tu, nem o teu filho, nem a tua filha, nem o teu servo, nem a tua serva, *nem o teu animal...*" (Êxodo 20:9).

Essa é uma das diversas leis da Torá que regulam o tratamento humano que deve ser dispensado aos animais. Deuteronômio 25:4 ordena: "Não amordace o boi enquanto ele estiver debulhando o cereal", pois é cruel fazê-lo com um animal que trabalha na presença de comida. Assim como outra lei da Torá permite que aquele que trabalha no campo coma enquanto trabalha

---

* Muitas sinagogas participam do "Projeto Isaías", no qual alimentos são recolhidos antes da oração de Kol Nidre, na véspera do Yom Kippur, e doados aos pobres. Uma organização fundada por Leonard Fein, Mazon, insiste que os judeus doem 3% dos custos de um *Bar Mitzvá* ou *Bat Mitzvá*, casamento ou outra comemoração para alimentar os famintos.

(mas proíbe que o empregado leve embora qualquer alimento; vide Deuteronômio 23:25-26 e o Talmude Babilônico, *Bava Mezia* 87b), a Torá concede aos animais o mesmo direito.

Deuteronômio 22:10 proíbe couraçar dois animais de força desigual (exemplo: um boi e um burro) em um campo, pois um sofrerá frustração e o outro, esforço.

O termo legal para as leis judaicas que protegem os animais do sofrimento é *tza'ar ba'alei chayyim*, a prevenção da crueldade contra os animais.

Como a lei judaica vê os seres humanos como superiores aos animais (ao contrário dos animais, as pessoas são criadas à imagem de Deus), permite que as pessoas os comam. Ainda assim, as leis do abate kosher (*shechitah*) ordenam que a morte deles seja a mais rápida possível. Se houver qualquer entalhe na faca do abatedor ou atraso no abate, o animal deixa de ser kosher, sua carne passa a ser proibida. Assim, aqueles que abatem animais têm um incentivo econômico e religioso para fazê-lo da forma mais indolor possível.

Talvez o ato mais cruel que um pai possa suportar seja ver seus filhos sendo mortos. O rei babilônico Nabucodonosor, o arquétipo bíblico do sádico, ficou tão furioso com o Rei Zedekiah por liderar uma revolta contra ele que depois de capturar o rei, assassinou os dois filhos de Zedekiah na sua frente, em seguida cegou-o, para que a morte de seus filhos fosse a última coisa que visse na vida (II Reis 25:7). Em tempos mais recentes, os nazistas muitas vezes se divertiam ao assassinar crianças judias na frente de seus pais.

Uma lei da Torá proíbe tratar os animais da forma que pessoas como Nabucodonosor e os nazistas tratavam os seres humanos: dessa maneira, Deuteronômio 22:6 ordena que, se uma pessoa passar por um ninho de pássaros, não pode levar a mãe pássaro com os filhos, deve mandá-la embora para poupar seus sentimentos. Com relação à lógica dessa lei, Maimônides escreve: "pois a dor dos animais nessas circunstâncias é muito grande" (*Guia dos Perplexos* 3:48).

Embora essas leis tivessem como intenção proteger os animais da crueldade, pretendiam igualmente desencorajar os seres humanos a agir de forma cruel. As leis bíblica e rabínica compreendiam que uma pessoa que age de maneira cruel com os animais se comportará da mesma forma com os seres humanos. Essa é outra razão pela qual é tão importante que os pais que veem uma criança torturando um gato ou partindo um inseto impeçam-na firmemente e deixem claro para ela os princípios das leis judaicas que ordenam o tratamento gentil aos animais.

A gentileza com os animais é tão importante que é vista como a marca registrada de uma pessoa boa: "O justo tem consideração pela vida [alternativamente, "pelas necessidades"] de seus animais" (Provérbios 12:10).

Um pensamento: se você tiver um bicho de estimação, dê-lhe um presente extra uma vez por semana; torne o Shabat especial para o seu bicho de estimação também.

Dia 172 Quarta-feira

Carne de vitela pode ser kosher?

Diversas leis judaicas (vide o título de ontem) regulam o tratamento gentil aos animais. Por exemplo, deve-se alimentar o animal antes de alimentarmos a nós mesmos e deve-se permitir que um animal coma os alimentos no campo onde estiver trabalhando. E quando se tratar de abater um animal que se pretenda comer, deve-se fazê-lo da maneira mais rápida e indolor possível.

Entretanto, a criação de vitela na maior parte do mundo não obedece, no meu ponto de vista, às leis bíblicas e rabínicas que protegem os animais do sofrimento desnecessário. Até pouco tempo atrás, as condições eram verdadeiramente horríveis:

> Depois de ser amamentado por somente um dia ou dois, o vitelo bovino é retirado de perto da mãe, sem considerações com suas necessidades de nutrição, afeto e contato físico maternos. O vitelo é trancado em uma minúscula baia, sem espaço suficiente para mexer-se, esticar-se ou mesmo deitar-se. Para obter a carne de vitela pálida e tenra desejada pelos consumidores, o bezerro é mantido anêmico de propósito ao receber

uma alimentação especial altamente calórica e sem ferro. O bezerro anseia tanto por ferro que é capaz de lamber as ferragens de seu estábulo e a própria urina se pudesse, mas é impedido de se virar ao ter sua cabeça acorrentada ao estábulo... O bezerro deixa a baia somente quando levado para o abate".*

Depois de verificar com as autoridades rabínicas envolvidas em supervisionar o *kashrut*, foi-me garantido que esse tratamento não acontece mais. Os bezerros hoje em dia são confinados em baias onde podem sentar-se e levantar, e não ficam acorrentados. Entretanto, não há espaço suficiente para andarem. Além disso, foi-me garantido que os bezerros não são mais retirados de suas mães um ou dois dias após o nascimento, mas somente depois de duas ou três semanas. As autoridades rabínicas com quem conversei não acreditavam que esse comportamento constituísse *tza'ar ba'alei chayyim*, o tratamento cruel dos animais, pois os bezerros nunca haviam sido acostumados a vagar, portanto, não sofriam com esse confinamento.

Não fiquei convencido. Para mim, parece que mesmo que esses bezerros fossem abatidos posteriormente de acordo com as leis do *kashrut*, sua carne ainda assim seria proibida. Dizer que é permissível confinar um animal dessa maneira durante semanas (esses bezerros geralmente são abatidos com 18 ou 20 semanas), contanto que sejam seguidas determinadas diretrizes de rituais, parece-me errado. A Bíblia e o Talmude desejavam proteger os animais do sofrimento desnecessário. Comer vitela, a menos que você tenha verificado e se certificado de que o bezerro foi criado ao ar livre, é compactuar com a crueldade com os animais – mostrar aos animais um coração empedernido para que você possa ter carne macia. Se uma quantidade suficiente de pessoas, a começar por você e eu, parar de comer carne de vitela, a não ser que verifiquemos e nos certifiquemos de que o bezerro foi criado em condições humanas, o tratamento cruel aos jovens animais será interrompido. Ou não será mais vendida a carne de vitela ou todos os bezerros serão criados ao ar livre. A resposta está em nossas mãos.

---

* Schwartz, *Judaism and Vegetarianism*, página 28.

Dia 173 Quinta-feira

O judeu pode usar casaco de pele?

A pergunta quase soa engraçada. A afinidade dos judeus por casacos de pele é conhecida; como aprendi quando pesquisava sobre um livro acerca do humor judaico, é até assunto de piada: "O que um vison diz para o outro?", "Vejo você no *shul* no próximo Shabbos".

Nos últimos anos, ativistas em prol dos direitos dos animais contestaram fortemente o uso de casacos de pele. Em um tratamento sensível, diferenciado, o Rabi Nachum Amsel, autor de *The Jewish Encyclopedia of Moral and Ethical Issues*, sugere alguns parâmetros que tornariam certos casacos de pele "kosher" para uso, e outros proibidos:

> Se vestir casacos de pele prover uma legítima necessidade humana, o homem pode usá-lo. Portanto, se a pele do animal mantiver mesmo uma pessoa mais aquecida do que outros materiais, [essa é] uma necessidade legítima [e] a pele de animal seria admissível. Entretanto, se o calor pudesse ser igualmente obtido a partir de outro material que evitasse o abate de animais, os judeus seriam obrigados a vestir um casaco desse outro material. Da mesma forma, se a única razão pela qual uma pessoa quiser vestir um casaco de pele for para "exibir" sua fortuna ou comunicar-se por meio de uma mera afirmação da moda, isso seria considerado frívolo e não uma necessidade legítima. Deveria ser enfatizado que mesmo quando casacos de pele são permitidos, não poderão ser adquiridos a partir de animais que tenham sido presos e passado por dores torturantes, quando os mesmos animais puderem ter sido criados em uma fazenda e abatidos de forma indolor. Utilizar animais presos nesse caso ocasionaria uma violação do *tza'ar ba'alei chayyim*, desnecessariamente causando dor aos animais.*

---

* Amsel, *The Jewish Encyclopedia of Moral and Ethical Issues*, página 11.

De fato, se você não verificar como o animal foi abatido, poderá estar compactuando uma grande crueldade. Não é incomum que esses animais sejam presos em armadilhas feitas de aço com molas para prender as pernas, e sofram uma média de 15 horas de dor antes de serem abatidos por um caçador. Rabi Bradley Artson, que acredita que as pessoas deveriam simplesmente não usar casacos de pele, observa que "essas armadilhas, muitas vezes, são tão dolorosas para o animal que geralmente ele arranca a própria perna com a boca, mancando até morrer de infecção, perda de sangue ou inanição". Para cada animal que os caçadores capturam, outros dois ou até mais são capturados – inclusive cachorros, gatos e cervos; os caçadores chamam esses animais indesejados de "animais de lixo". Com relação a animais criados em fazendas, Artson observa que as condições em muitas fazendas são tão horríveis que em um único ano, 450 mil animais morreram de estresse por calor. Os métodos para matá-los incluem sufocamento, envenenamento e inserção de eletrodos no ânus do animal. Além disso, o ato de vestir casacos de pele leva a assassinatos de animais em larga escala; um casaco de 1 metro requer a morte de 60 visons, 42 raposas ou 40 guaxinins.

Embora de fato alguns animais possam ser mortos da maneira indolor defendida pelo Rabi Amsel, fazendo a pele ser, muito possivelmente "kosher" para uso, Rabi Artson chega a uma conclusão diferente: "A pele de animais é elegante somente em seus donos originais; em seres humanos, é um sinal de insensível barbaridade".*

Dia 174 Sexta-feira

Quando dar o suficiente não é suficiente

O grande intelectual do século XIX, Rabi Joseph Dov Soloveichik, estava sentado certa vez com seus alunos quando um homem se aproximou dele com uma pergunta estranha: "Posso tomar leite em vez de vinho no Sêder de Pessach?".

---

* Artson, *It's a Mitzvá!*, páginas 204-5.

"Você é proibido de tomar vinho por motivos de saúde?", perguntou o Rabi.

"Não, é que vinho é muito caro. Não posso arcar com o custo".

Em vez de responder a pergunta do homem, o Rabi lhe deu 25 rublos: "Agora você pode tomar vinho no Sêder", disse.

Depois que o homem foi embora, um aluno perguntou ao Rabi: "Mas por que você tinha que lhe dar 25 rublos? Cinco teriam sido mais do que suficientes para comprar a quantidade necessária de vinho".

O Rabi Soloveichik respondeu: "Se ele pretendia tomar leite no Sêder, isso significa que ele também não tem dinheiro para carne [a lei judaica proíbe o consumo de leite e carne na mesma refeição] e provavelmente também não tem dinheiro para os outros itens servidos no Sêder. Queria lhe dar o suficiente para que pudesse ter um Sêder completo".

Agora, uma versão do século XX para essa história: um casal que conheço estava conversando com um amigo mais velho que sofria de terríveis dores nas costas. A mulher perguntou ao homem se havia algum medicamento que pudesse aliviar a dor.

"Existe sim, mas custa 60 dólares, não tenho como arcar com esse custo".

Naquela noite, a mulher deu um cheque de mil dólares e sugeriu que ele fosse imediatamente comprar o medicamento.

Ela então explicou o polpudo presente ao marido: "Se ele sente tanta dor, mas ainda assim não compra os medicamentos, isso deve significar que ele também não tem dinheiro para várias outras coisas".

Há diversas pessoas que pedem muito para si, mas também há as que pedem pouquíssimo. Aprenda a reconhecer essas pessoas, como fez o Rabi Soloveichik e essa mulher. Eles compreenderam que, às vezes, é preciso dar mais do que o suficiente se você realmente quiser dar o suficiente.

Tenha um Shabat Shalom!

Dia 175 Shabat

Ao longo deste Shabat, analise o material dos seis dias anteriores e use alguns dos textos estudados como base para discussões durante as refeições do Shabat:

Dia 169. Quando você souber que alguém vai fazer uma longa viagem, certifique-se de que levará dinheiro extra
Dia 170. Doações constantes
Dia 171. Prevenção da crueldade contra os animais: o que diz a Torá
Dia 172. Carne de vitela pode ser kosher?
Dia 173. O judeu pode usar casaco de pele?
Dia 174. Quando dar o suficiente não é suficiente

Shabat Shalom!

SEMANA 26

Dia 176 Domingo

Do que a pessoa doente precisa?

Rabi Aaron Levine narra a história uma mulher que visitou uma senhora doente no hospital e lhe levou uma capa de chuva. Ela disse à paciente: "O tempo está feio. Em breve, você precisará de uma capa de chuva".*

---

* Levine, *How to Perform the Great Mitzvah*, página 39.

Eis uma mulher que cumpria o mandamento do *bikur cholim*, usando sua imaginação. Seu presente e suas palavras inspiraram a doente, incentivando-a a se ver com saúde em breve e, portanto, retomando a vida normal.

Rabi Hanoch Teller conta que o falecido sábio de Jerusalém, Rabi Shlomo Zalman Auerbach (conhecido ao redor do mundo como Reb Shlomo Zalman), certa vez visitou um intelectual rabínico que estava fraco e perto da morte. Quando o intelectual doente viu Reb Shlomo Zalman, pediu desculpas por um artigo que escrevera anos antes criticando algo que o Rabi havia publicado. O Rabi garantiu ao homem que não havia por que pedir desculpas; a crítica não havia sido pessoal ou injusta. Portanto, continuou Reb Shlomo Zalman: "Não há necessidade para pedir perdão. No entanto, você está completamente errado na sua opinião e no motivo pelo qual você diverge". A crítica do Reb Shlomo Zalman energizou o homem doente e os dois Rabis deram início a uma discussão extensa e vibrante sobre o assunto.*

Reb Shlomo Zalman sabia que o que ele melhor poderia oferecer ao doente não seria sua piedade, que era o que tantos outros visitantes vinham lhe oferecendo, mas uma última chance de ser chamado mais uma vez para o "debate justo de ... assuntos que eram a própria essência de sua vida. Nenhum dos dispositivos de ressuscitação do hospital poderia oferecer a aprendizagem mútua – o próprio oxigênio da vida – que lhe era negado naquele momento".

Em 1986, meu pai, Shlomo Telushkin, de abençoada memória, teve um derrame do qual nunca se recuperou. Até aquele dia, meu pai trabalhava tempo integral como contador. Um dos clientes para quem trabalhava e que era particularmente especial para ele era o movimento chassídico Lubavitch. Meu pai também era contador pessoal do Rebbe Menachem Mendel Schneersohn, o Rebbe de Lubavitch. Certo dia, enquanto ele ainda estava no hospital, recebi uma ligação de um dos principais assessores do Rebbe, que tinha uma pergunta de contabilidade que desejava que eu fizesse ao meu pai. Expressei minha perplexidade diante do pedido; havia apenas alguns dias que meu pai tinha recuperado a consciência e ainda estava um pouco confuso. O homem explicou que em uma reunião da liderança do Lubavitch, naquele mesmo

---

* Teller, *And From Jerusalem*, páginas 318-20.

dia, surgiu uma pergunta de contabilidade e o Rebbe havia dito: "Pergunte ao Shlomo". É claro, sabendo que a pergunta vinha do Rebbe, fui ao quarto do meu pai e o indaguei. Meu pai respondeu na mesma hora; descobri que a pergunta não era difícil. O que percebi naquele momento foi o brilho e compaixão do Rebbe. Ele sabia a gravidade da doença do meu pai, mas também compreendia como era importante para ele, preso ao leito do hospital, confuso e com metade do corpo paralisado, sentir-se produtivo.

Ao visitar um doente, pense no que ele mais precisa. Em seguida, se estiver sob seu poder, ofereça-lhe isso – seja uma capa de chuva, uma discussão ou apenas uma pergunta.

Dia 177 Segunda-feira

Quem deve contar a verdade a uma pessoa à beira da morte, o médico ou um membro da família?

Dizer "a verdade, somente a verdade, nada mais que a verdade" pode ter um impacto devastador sobre uma pessoa doente. Assim, a tradição judaica é muito tolerante com as mentiras que são contadas a pessoas com doenças graves e possivelmente terminais. A Bíblia nos diz que quando Ben Hadad, antigo rei de Aram, ficou doente, enviou um mensageiro para perguntar ao profeta israelita Elisha se ele se recuperaria. Elisha disse que o rei morreria, mas que o mensageiro deveria lhe dizer: "Você certamente se recuperará" (II Reis 8:7-10).

O Rabi J. David Bleich, um estudioso jurídico contemporâneo, observa que o filósofo medieval Gersonides (1288-1344), ao comentar sobre essa passagem, sugere que a sinceridade absoluta pode acelerar a morte do paciente. Assim, a ausência de verdade nessas situações não apenas é admissível ou louvável, mas até obrigatória.

Bleich observa que a lei judaica aprova ocultar do paciente todas as informações que poderiam desmoralizá-lo. Assim, o Talmude ensina que um enfermo não deveria ser informado sobre o falecimento de um parente próximo para que isso não acelere sua própria morte (*Mo'ed Kattan* 26b).

De acordo com Rabi Bleich, a mera "possibilidade de reação adversa é motivo suficiente para evitar uma política de sinceridade total". Ele prossegue observando como o próprio medo pode levar à morte. Por exemplo, costumam ser relatadas mortes de pessoas que ingeriram quantidades subletais de veneno, que provocaram ferimentos menores, não letais sobre si mesmas: "Nesses casos, a única causa da morte consiste simplesmente na crença das vítimas em sua desgraça iminente".

Todavia, se alguém estiver sofrendo de uma doença que geralmente seja fatal, é correto ocultar essa informação? As pessoas não precisam de um aviso prévio para resolver seus problemas e se arrependerem?

Com base no *Shulchan Aruch*, Rabi Bleich escreve que um paciente deveria ser instruído a cuidar de seus problemas e tomar as providências necessárias, mas também deve ser dito a ele que esse conselho não pode ser interpretado como uma indicação de que a morte está próxima. Além disso, embora a lei judaica incentive que as pessoas declamem o *vidui* (confissão) antes de falecer (vide Dia 289), a pessoa deve ser aconselhada de que "muitos já se confessaram e não faleceram, enquanto muitos que não se confessaram faleceram" (*Shulchan Aruch, Yoreh Deah* 335:7 e 338:1).*

O *Chokhmat he-Adam*, código da lei judaica de Abraham Danzig, do começo do século XIX, relata que "os membros da *Hevra Kadisha* [organização que lida com os falecidos e moribundos] em Berlim e várias outras comunidades visitavam todas as pessoas doentes no terceiro dia de suas doenças. Ao assegurar à pessoa visitada sob essas condições de que *todos* os doentes eram tratados da mesma forma, independentemente da gravidade de sua doença, passavam a ser capazes de discutir questões relacionadas aos preparativos finais e à morte como uma questão de política comunitária".**

O Rabi Bleich acredita que a política de Berlim no século XIX deveria servir como modelo para os médicos atuais que orientam pacientes gravemente doentes. Deveriam deixar claro que oferecem conselhos idênticos a

---

* Bleich, *Judaism and Healing*, páginas 27-33.
** Herring, *Jewish Ethics and Halakhah for Our Time*, página 62.

todos os enfermos sobre cuidarem de seus problemas, não apenas quando temem o pior: "Dessa forma, o paciente não será nem acalmado com uma falsa sensação de segurança nem perceberá um motivo para alerta desnecessário".

Embora eu acredite que as diretrizes sugeridas pelo Rabi Bleich sejam aplicáveis à *maioria dos casos, na maior parte* do tempo, claramente existem exceções. A própria Bíblia observa uma delas: quando o Rei Ezequias ficou desesperadamente doente (em torno de 701 A.E.C.), o profeta Isaías foi até ele com a mensagem mais desanimadora: "Assim, disse o Senhor: põe todos os teus assuntos em ordem, e prepara-te para morreres. Não recobrarás a saúde" (II Reis, 20:1).*

Talvez Deus quisesse que Isaías falasse de forma tão abrupta porque quando se fala com o líder de uma nação, deve-se, às vezes, dizer duras verdades, para que ele organize sua sucessão, algo que não faria se acreditasse que se recuperaria em breve.

Contudo, há também outras exceções. O psiquiatra Samuel Klagsbrun cuidava de um homem que havia sido advertido pelo médico de sua esposa a mentir sobre a gravidade da doença dela, uma estratégia que teve consequências horríveis. Eles estavam casados havia 50 anos. Ela tinha um câncer que já se havia espalhado, estava morrendo: "O casal havia literalmente passado a vida juntos, tanto no trabalho quanto na vida particular. Juntos, eles comandavam uma pequena editora de livros científicos. Como eram judeus idosos nascidos na Alemanha, não usavam de meias-palavras. Eles iam direto ao ponto".

O homem disse ao Dr. Klagsbrun que nunca haviam mentido um para o outro sobre assunto algum. Entretanto, o oncologista que cuidava da mulher disse ao marido que interromperia seu tratamento, a não ser que o marido concordasse com seu artifício de nunca revelar a um paciente toda a gravidade de sua doença. O marido, grato por um médico tão notável estar cuidando de sua mulher, aceitou.

---

* Curiosamente, essa profecia não se cumpriu. Quando Isaías deixou o quarto de Ezequias, o rei orou fervorosamente a Deus e o profeta retornou pouco depois para lhe dizer que Deus se havia emocionado com suas orações e prolongaria sua vida por mais 15 anos.

Quando a esposa viu o marido conversando com o médico, perguntou-lhe o que haviam conversado. Ele pigarreou e hesitou, dizendo que conversavam sobre o seguro médico ou a conta do médico. Em seguida, disse à mulher: "Você sabe que está indo bem, isso é maravilhoso".

"A mulher, vendo a expressão do rosto de seu marido, e conhecia muito bem sua expressão, sabia que o tópico da conversa era outro. Ela conhecia sua doença, compreendia seu corpo. Sem saber que havia sido feito um pacto, sentiu que algo estava sendo ocultado dela pela primeira vez em seu casamento... Nesse momento, a mulher mergulhou em uma fase de delírios. Qualquer que fosse o motivo ou a fonte desse delírio, ela se tornou incoerente e confusa. Depois de um tempo, tornou-se paranoica e começou a acusar o marido de todo tipo de coisa. Acusava-o de ser um traidor, de tê-la traído. É claro que havia um elemento de verdade nisso. Em seguida, sua paranoia intensificou-se e atingiu a todos os tipos de outras fantasias".

Com medo de que o médico fosse deixar de atender sua esposa se lhe contasse a verdade, o marido não disse nada. No fim das contas, "a mulher faleceu em um estado paranoico, cheia de calúnias contra o marido, com raiva e ódio. Faleceu gritando com o marido. Após sua morte, o marido não conseguia voltar à editora que ambos haviam criado. A presença da esposa era forte demais. Depois, vendeu-a por uma ninharia. Mergulhado em profunda depressão, me foi encaminhado para tratamento. O tratamento consistia em ajudá-lo a liberar a raiva contra a ordem injusta do médico, que o forçou a estar com a esposa no momento da morte de uma forma que contradizia completamente a forma como vivera. Era uma mentira, uma mentira monstruosa. Sua morte era uma mentira, uma mentira forçada sobre esse homem por meio das terríveis condições impostas pelo médico".*

---

* As memórias de Samuel Klagsbrun podem ser encontradas em Riemer, *Jewish Thoughts on Death and Mourning*, páginas 57-58. Meu amigo, o Dr. Stephen Marmer, psiquiatra, me contou sobre seus professores na faculdade de medicina, que aconselhavam os alunos que, quando um paciente falecesse e o médico ligasse para os parentes, lhes deveria dizer que o paciente piorou um pouco, para evitar que ficassem desnorteados a ponto de se envolverem em um acidente no caminho para o hospital. Quando chegassem, o médico deveria dizer que avisou ao paciente que os parentes estavam a caminho, mas que ele faleceu antes que chegassem.

A ética judaica aprova mentir ou ocultar informações de um paciente se o ajudar e se a verdade o prejudicar. Essa abordagem deve ser seguida na maior parte do tempo. Porém, como nos lembra o Dr. Klagsbrun, diretrizes são apenas diretrizes. Às vezes, uma verdade feia é muito melhor do que uma bela mentira. (Para ver um exemplo de quando uma bela mentira é preferível a uma verdade feia, vide Dia 72.)

Dia 178 Terça-feira

Seu trabalho é sagrado?

Certa vez, Rabi Jeffrey Salkin conversava com um taxista que o levava ao aeroporto e cuja família havia feito parte da congregação onde ele agora era rabino: "Então, o que você diz para um judeu como eu, que não vai à sinagoga desde sua cerimônia de *Bar Mitzvá*?", perguntou o taxista enquanto estavam presos no engarrafamento.

"Poderíamos falar sobre o seu trabalho", respondeu o Rabi Salkin.

"O que o meu trabalho tem a ver com a religião?"

"Bem, nós escolhemos a forma como vemos o mundo e a vida. Você é taxista, mas também é um pedaço do tecido que conecta toda a humanidade. Você está me levando ao aeroporto. Vou para outra cidade, darei algumas palestras que poderão comover, ou ajudar, ou mudar alguém. Eu não poderia ter chegado lá sem você. Você ajuda a realizar essa conexão... Ouvi no seu aparelho de rádio que depois de me desembarcar, você vai buscar uma mulher e levá-la do hospital para casa. Isso significa que você será a primeira pessoa não médica que ela encontrará depois de ter ficado no hospital. Você será uma pequena parte no processo de recuperação dela, um agente em sua reentrada no mundo da saúde. Em seguida, você poderá buscar alguém na estação de trem que voltou para casa depois de visitar um pai à beira da morte. Você poderá levar um passageiro para a casa de uma moça que ele pedirá em casamento. Você é um conector, um construtor de pontes. Você é uma das pessoas invisíveis que fazem o mundo funcionar bem. Esse trabalho é sagrado. Você pode não pensar dessa forma, mas a sua missão é sagrada".*

Há poucos empregos tão intrinsecamente seculares que não possam ser compreendidos como espirituais, de certa forma, e assim transformados em trabalho sagrado. Pense no mais antigo dos negócios, vestuário, setor há muito associado aos judeus. Salkin observa que esse campo de trabalho também pode ser relacionado à nobreza espiritual e a alguns dos mandamentos mais básicos do judaísmo. Por exemplo, os judeus praticantes oferecem diariamente a seguinte bênção a Deus: "Louvado seja o Eterno, nosso Deus, Rei do universo, que veste os que estão despidos". Ao ajudar Deus a realizar essa missão, aqueles que fornecem vestimentas estão fazendo um trabalho sagrado. Pense em quão melhor as pessoas que estão bem vestidas se sentem consigo mesmas. Da mesma forma, Salkin afirma que as pessoas que trabalham no ramo de vestidos de noiva estão ajudando na realização da *mitzvá* de *hachnasat kallah*, auxiliando o noivo e a noiva a se casarem. (Como um ato espiritual adicional, a pessoa que trabalha nesse ramo pode talvez doar vestidos que já saíram de moda a noivas com recursos limitados.) Um vendedor em uma loja de roupa que compassivamente ajuda pessoas acima do peso ou com deficiências físicas a encontrar roupas adequadas e atraentes está levando espiritualidade e sensibilidade ética para o seu trabalho.

Professores, médicos, advogados, contadores, juízes de paz ou recepcionistas têm muitas oportunidades de fazer o trabalho de Deus mesmo realizando o próprio ofício. Rabi Shlomo Zalman Auerbach certa vez encontrou-se por acaso com Rabi Aryeh Levine, o grande homem santo de Jerusalém, nos dias anteriores ao Yom Kippur. Rabi Levine, a quem as pessoas rotineiramente recorriam para solicitar uma bênção, estava indo para a casa da Dra. Miriam Munin, uma médica local muito conhecida: "Ela trata as pessoas tão bem e com tamanha gentileza", explicou Reb Aryeh, "vou até a casa dela lhe pedir uma bênção".* Como bem compreendia Reb Aryeh Levine, qualquer que seja o seu trabalho, pode ajudar-lhe a alcançar a grandeza espiritual. **

---

* Salkin, *Being God's Partner*, páginas 65-68, 171.
** Raz, *A Tzaddik in Our Time*, páginas 356-57.

Um exercício: antes de ir para o trabalho de manhã, dedique um momento a descobrir o significado mais profundo do seu ofício. Onde no seu trabalho há a oportunidade de aprimorar o mundo ou melhorar a qualidade de vida de alguém? Localize a oportunidade e medite sobre isso.

Dia 179 Quarta-feira

Aborto é assassinato? O direito da mulher ao aborto deve ser absoluto?

Para os conservadores e liberais, de modo geral, as respostas às perguntas acima parecem óbvias. As pessoas de direita, especialmente da direita religiosa, em geral acreditam que a vida começa na concepção e que aborto é assassinato. Os liberais costumam defender que a vida começa no nascimento e que, como a mulher deveria ter o direito de fazer o que quiser com o próprio corpo, teria o direito de decidir abortar o feto, pelo menos durante os seis primeiros meses de gravidez.

De modo estranho, muitas pessoas que adotam esses posicionamentos não necessariamente vivem suas vidas de acordo com eles. Por exemplo, mesmo entre aqueles que defendem que a vida começa na concepção, é raro se ver abortos sendo lamentados da mesma forma que a morte de um ser humano. E embora todas as tradições religiosas tenham cerimônias de funerais para crianças que faleceram, não conheço cerimônia religiosa para fetos mortos. Por outro lado, muitos que alegam acreditar que a mulher deveria ter o direito de fazer o que quiser com o próprio corpo se opõem à legalização da prostituição.

A resposta do judaísmo para as perguntas acima? Não e não.

Com relação a considerar aborto um assassinato, a visão judaica é que um feto é "uma parte da mãe" (literalmente, "a coxa da mãe") e não possui identidade independente. Dessa forma, se uma mulher não judia que tem um filho quiser se converter ao judaísmo, ela e sua prole devem submeter-se à conversão. Entretanto, se ela, mesmo no nono mês de gravidez, converter-se ao judaísmo, o feto também adquire identidade judaica.

De acordo com a Torá, a vida do feto não pode ser equiparada à de um ser humano. Assim, determina que um homem que mata uma grávida esteja sujeito à pena de morte, mas se o agressor provocar a perda do bebê por parte da mulher, e nenhuma outra lesão se suceder, estará sujeito somente a uma multa em dinheiro (Êxodo 21:22-23). O pressuposto por trás dessa regra é que embora um assassino deva ser executado (vide, por exemplo, Êxodo 21:12-14), aquele que provoca o aborto de um feto não é um assassino, pois o feto não é uma vida humana.

A Mishná (por volta do ano 200 da Era Comum) determina a autorização do aborto quando a vida da mãe estiver em risco: "Se a mulher estiver em um difícil trabalho de parto [e sua vida estiver em perigo], cortam o feto de seu útero... Pois sua vida prevalece sobre a do feto" (Mishné, *Ohalot* 7:6).

Portanto, isso significa que o fato de a vida da mãe correr perigo é a única base para a lei judaica permitir o aborto? Aqueles que interpretam rigorosamente a regra da Mishná afirmam que sim. Entretanto, intelectuais judeus mais liberais enfatizam, ainda, outra regra da Mishná para provar que o judaísmo permite o aborto, mesmo quando somente o *bem-estar mental* da mulher estiver em jogo.

Em uma regra que provavelmente era apenas teórica, o Talmude declarava que se uma mulher for condenada à morte e, posteriormente, descobrir-se que ela está grávida, o feto deve ser abortado e a execução deve proceder conforme programada (Mishné, *Arachin* 1:4). A lei judaica via o adiamento de uma execução como uma forma de "tortura" para o prisioneiro e, portanto, proibido.*

O que, então, se pode concluir da atitude do judaísmo com relação ao aborto? Não é assassinato, mas como o feto é uma vida em potencial, ele não deveria realizado, exceto por um motivo bem sério. Dessa forma, a ética judaica condenaria o aborto praticado como uma forma de controle de natalidade tardio, ou porque a criança é do sexo "errado".**

---

* Sugiro que a regra fosse apenas teórica porque o Talmude observa que execuções de qualquer tipo eram raras e ocorriam cerca de uma vez a cada sete anos. Mesmo se essa afirmação for um exagero, ainda assim se supõe que as execuções eram incomuns.

** Se os futuros pais tiverem fortes objeções a criar o filho nesses casos, devem pensar em dar continuidade à gravidez e encaminhar a criança para adoção.

No entanto, haveria um fundamento para permitir o aborto devido a um sério risco ao bem-estar físico e emocional da mãe (como pode ocorrer se a gravidez for consequência de estupro, ou se a mulher tiver descoberto que terá um filho com a Doença de Tay-Sachs ou alguma outra ou deformidade grave).*
Em todos os casos questionáveis, deve-se consultar um rabino qualificado.

Dia 180 Quinta-feira

A mulher deve ter o direito de fazer o que quiser com o próprio corpo?

A resposta a essa pergunta geralmente reflete a orientação política do indivíduo. Os conservadores, sobretudo aqueles da direita religiosa, respondem que não, a mulher não tem o direito absoluto de fazer o que quiser com o próprio corpo, principalmente se ela pretender fazer um aborto. Os liberais, também compreendendo essa pergunta como referente ao direito da mulher ao aborto, argumentam que ela deve ter o direito de fazer o que quiser com o próprio corpo.

---

* Alguns intelectuais ortodoxos – talvez a maioria – discordam do conteúdo acima. O Dr. Fred Rosner, intelectual médico ortodoxo, afirma que os rabinos ortodoxos, em geral, não permitiriam o aborto em casos de incesto ou estupro e questionariam se o nascimento de uma criança deformada atormentaria tanto a mente da mãe "a ponto de infringir danos à sua saúde".

Com relação ao direito de uma mulher estuprada a abortar um feto, há muito me impressiono com a regra do rabino do século XIX, Yehuda Perilman, que "[uma mulher] difere da 'mãe terra' porque não precisa alimentar a semente plantada dentro dela *contra sua vontade*; de fato, ela pode extirpar a semente plantada ilegalmente".

Parece-me que esses rabinos que negariam a uma mulher estuprada o direito de abortar um feto demonstram menos compaixão por uma mulher que foi violentada do que o fizeram os rabinos talmúdicos com relação àquela que tivesse cometido um crime grave.

O judaísmo afirma que o corpo de uma pessoa (homem ou mulher) pertence a Deus e que a vontade Dele, conforme nos revelam os ensinamentos da ética judaica, deve determinar o que uma pessoa pode ou não fazer com ele. Assim, por exemplo, a lei judaica proíbe o suicídio, considerando-o uma forma de assassinato. Também proíbe que os cadáveres sejam cremados, considerando esse ato um desrespeito com o corpo. A Torá também proíbe tatuagens: "Não fareis ... marca alguma sobre vós" (Levítico 19:28).

A lei judaica também proíbe o uso de drogas que coloquem a vida em risco e destruam a mente, como heroína e cocaína, pois é errado colocar em perigo desnecessariamente a vida e o bem-estar mental de uma pessoa. Também proibiria que uma mulher grávida fumasse, pois a nicotina pode muito bem infligir danos permanentes sobre o feto que ela carrega em seu ventre (vide Dia 36).

Da perspectiva do judaísmo, a decisão de um aborto ser ou não permitido deveria basear-se nos motivos para interromper a gravidez (vide o título de ontem) e não em qualquer direito absoluto da mulher e também do homem de fazer o que quiser com o próprio corpo.

Dia 181 Sexta-feira

O Rabi Aryeh Levine e a mitzvá de visitar os doentes

Rabi Aryeh Levine (1885-1969) foi uma das grandes figuras da vida judaica moderna, um homem santo como poucos na história judaica. Pouco tempo depois de sua morte, seu amigo Simcha Raz entrevistou centenas de pessoas que o conheciam e registrou suas lembranças em *A Tzaddik in Our Time*. Muitas das histórias narradas no livro refletem o compromisso de Reb Aryeh, ao longo da vida, em visitar pessoas doentes. Selecionei três delas que sugerem as várias formas nas quais se pode realizar a *mitzvá* de *bikur cholim* (visitar os doentes).

Ele fazia questão de visitar aqueles que mais precisassem de sua ajuda:

No próprio bairro onde morava, havia uma mulher acamada por uma doença longa e grave. Chamava-se Rivka Weiss... ela era conhecida por seu trabalho de caridade e seus conhecimentos de judaísmo. Durante sua difícil doença, Reb Aryeh a visitava pelo menos uma vez por semana.

Reb Aryeh sabia o quão devota a mulher era. No Yom Kippur, o dia mais solene do ano, ela certamente iria querer jejuar. Portanto, bem no meio desse solene dia sagrado, enrolado em seu manto branco e *tallit*, Reb Aryeh saiu da sinagoga e foi até a casa da viúva doente e solitária que teve que ficar sozinha. Quando entrou, foi direto para a cozinha e preparou uma xícara de chá. Em seguida, procurou e encontrou alguns biscoitos na despensa, colocou-os em um prato e entrou no quarto da mulher. Mandou que consumisse o chá e os biscoitos e começasse a comer imediatamente. Diante de seu pedido, ela não poderia recusar.

Depois de obedecer, comer e beber, seus olhos se iluminaram. E, por ordem dele, ela prometeu que comeria mais nesse dia sagrado, assim como em qualquer outro dia.*

Ele visitava não apenas os doentes físicos, mas também os deficientes mentais:

[O filho de Reb Aryeh relembra]: Certa vez, ao caminharmos, um homem aproximou-se do meu pai e perguntou: "Como está progredindo o seu parente no hospital psiquiátrico?". Meu pai respondeu: "Deus seja louvado" (*Baruch Hashem*) e continuamos a caminhar. "Pai", perguntei, "que parente nosso está no hospital psiquiátrico?". Então ele me contou que, certa vez, foi ao hospital para pedir ou recomendar que alguém fosse aceito para tratamento; e como já estava lá, foi visitar as enfermarias. Um homem que estava lá chamou sua atenção: a pobre alma estava cheia de vergões e ferimentos e, nem é preciso dizer, meu pai imediatamente interessou-se por ele.

---

* Raz, *A Tzaddik in Our Time*, páginas 136-37.

Bem, explicaram os outros pacientes: "Afinal de contas, somos doentes, você sabe; e há momentos em que perdemos o controle. Em seguida, os funcionários do hospital nos retêm à força e, às vezes, até batem na gente. Ora, todos temos parentes e famílias, então os funcionários do hospital têm medo de que um visitante venha e descubra que machucaram seu parente, que com certeza reclamará e levantará clamor. O pobre inválido ali é o único sem família, nenhum parente. Então... sempre que os funcionários do hospital perdem a cabeça, eles descontam nele.

Sem dar uma palavra sequer, meu pai procurou os funcionários do hospital e disse-lhes que o paciente era parente seu. Daquele momento em diante, ele continuou sendo "parente" do meu pai; e aí ele passou a visitá-lo em todo *rosh chodesh* (o primeiro dia de cada novo mês) e a lhe levar pequenos presentes.

Portanto, tornou-se de conhecimento de todos, no hospital e, por fim, fora dele, que o homem era um parente do Reb Aryeh.*

Ele visitava e ajudava os pais de crianças doentes:

Há um professor na escola Etz Hayyim [em Jerusalém, onde Reb Aryeh lecionou por muitos anos] cujas lembranças remontam a uma época em que um de seus filhos ficou gravemente doente, e sua esposa e ele precisavam ficar na cabeceira de sua cama à noite – até que os efeitos das muitas noites maldormidas começaram a afetar seus nervos e sua saúde. Certa noite, Reb Aryeh apareceu em casa [com a esposa]. "Vão dormir, vocês dois", disse o bom Rabi. "Nós dois vamos ficar com o seu filho. Vejam bem", disse com seu estilo genial e charmoso de se explicar, "precisamos conversar sobre algo muito importante e não podemos fazê-lo em casa, onde as crianças podem escutar sem querer".**

---

* Ibid., páginas 129-30.
** Ibid., página 132.

Além disso, quando Reb Aryeh visitava alguém no hospital, lembrava-se de perguntar às enfermeiras sobre os pacientes que não recebiam visitas e passava algum tempo com eles.

Há uma arte em saber como se comportar ao visitar os doentes. Quem melhor para nos ensinar como obedecer esse mandamento do que Reb Aryeh Levine, o artista consumado dessa *mitzvá*?

Tenha um Shabat Shalom!

Dia 182 Shabat

Ao longo deste Shabat, analise o material dos seis dias anteriores e use alguns dos textos estudados como base para discussões durante as refeições do Shabat:

DIA 176. Do que a pessoa doente precisa?
DIA 177. Quem deve contar a verdade a uma pessoa à beira da morte, o médico ou um membro da família?
DIA 178. Seu trabalho é sagrado?
DIA 179. Aborto é assassinato? O direito da mulher ao aborto deve ser absoluto?
DIA 180. A mulher deve ter o direito de fazer o que quiser com o próprio corpo?
DIA 181. O Rabi Aryeh Levine e a *mitzvá* de visitar os doentes

Shabat Shalom!

SEMANA 27

Dia 183 Domingo

Ajude alguém a encontrar um cônjuge, ajude alguém a encontrar um emprego

Tenho um amigo querido que já fez as apresentações íntimas, as quais resultaram mais de cem casais, que, posteriormente, se casaram. Certa vez, perguntei-lhe como ele conseguia ter tantas pessoas em mente e, dessa forma, "apresentar" indivíduos a outros que eram apropriados para eles. Ele abriu a carteira e tirou uma pequena pilha de folhas dobradas. Listados nelas estavam os nomes, as idades e outras informações relevantes sobre pessoas solteiras que ele conhecia e que estavam interessadas em conhecer alguém romanticamente. Dessa forma, sempre que ele descobria que uma pessoa queria encontrar alguém, além de obter as informações, conseguia rapidamente pesquisar os nomes que já estavam em sua lista e ver se conhecia alguém que fosse apropriado.

Que sistema maravilhoso e prático! Sem essa abordagem, por mais que queiramos fazer um favor para outra pessoa, geralmente vamos esquecer a quem ajudar.

Esse sistema, é claro, é insuficiente por si só. Também se deve ter o desejo e a persistência de auxiliar a outra pessoa. Assim, um rabino amigo meu descobriu que um membro de sua congregação, um homem que trabalhava para uma empresa que estava demitindo funcionários, havia acabado de perder seu emprego. Depois de expressar compaixão pelo homem, meu amigo lhe fez perguntas sobre seu trabalho anterior e suas habilidades profissionais; em seguida, pediu que o homem lhe enviasse uma folha com outros dados relevantes.

Assim que recebeu as informações, meu amigo ligou para outro membro de sua congregação, que era dono de uma grande fábrica, descreveu os apuros do primeiro homem e perguntou ao dono da fábrica se ele tinha alguma vaga de emprego disponível. O homem perguntou se meu amigo poderia garantir o caráter do homem desempregado, e ele podia, então o dono da fábrica imediatamente o contratou.

Meu amigo me disse que esse foi um dos dias mais felizes de sua vida como rabino. Ele se sentiu abençoado por ter a oportunidade de cumprir o que a tradição judaica vê como o mais alto grau de caridade. Conforme ensina Maimônides:

> O mais alto grau [de caridade], ultrapassado por nenhum outro, é aquele da pessoa que auxilia um judeu pobre ao lhe oferecer um presente ou um empréstimo, ou ao firmar sociedade com ele *ou ao lhe ajudar a encontrar um emprego* [grifos meus]; resumindo, ao colocar-se em uma posição na qual ele pudesse dispensar a ajuda de outras pessoas.
> – Moisés Maimônides, *Mishné Torá*,
> "Leis Referentes aos Presentes aos Pobres", 10:7

Obviamente, você não precisa ser um rabino para fazer esse tipo de favor para alguém. Quando souber de algum amigo ou outra pessoa procurando emprego, escreva o nome e os dados relevantes da pessoa e mantenha as informações em sua carteira ou bolsa. Se você tiver o desejo e a persistência de ajudar os outros, descobrirá que terá muito mais oportunidades do que poderia imaginar.

Dia 184 Segunda-feira

Faça o bem... Agora

Se uma ordem vier a você, não a adie [e cumpra-a].
– Mechilta Bo, Parasha 9

Muitas pessoas têm impulsos de fazer o bem ao outro, mas se não o fizermos rapidamente, algumas vezes, acabamos não o fazendo. Descobrimos que uma pessoa que conhecemos está doente e quer receber visitas e temos o impulso de visitá-la, mas se não agirmos imediatamente, seja ao visitar ou programar um momento definitivo para isso, em geral não o fazemos.

Às vezes, agimos de maneira injusta com o outro e sentimos o impulso de pedir desculpas e desfazer o dano. Contudo, o ímpeto passa e nunca contatamos a pessoa. Ou descobrimos sobre uma família com extrema necessidade de dinheiro; nosso coração fica emocionado e sabemos que queremos ajudá-los. Todavia, se não escrevermos um cheque de imediato, provavelmente, nunca o faremos.

Hoje e nesta semana, quando você tiver um impulso de fazer o bem, não fique parado sentado, pensando: "Veja como estou emocionado. Devo ser uma boa pessoa".

Ao contrário, aja no estímulo. Como ensinavam os rabinos: "Se uma ordem vier a você, não a adie".

Faça-o. Agora.

Dia 185 Terça-feira

Ensine a Torá aos seus filhos

> *O pai é obrigado a ... ensinar a Torá [ao filho].*
>
> – Talmude Babilônico, *Kiddushin* 29a

A lei judaica registra com clareza a obrigação dos pais de ensinar aos filhos a Torá pelas palavras declamadas no *Shemá*: "E estas palavras, que hoje te ordeno, estarão no teu coração; e as ensinarás a teus filhos" (Deuteronômio 6:6-7).

Ao longo da história, os judeus compreenderam esse versículo como se obrigasse os pais judeus a fornecer aos filhos a educação básica judaica. Teoricamente, um pai pode cumprir o dever por conta própria ao realmente ensinar aos filhos o hebraico, a Torá, o livro de orações e as outras obras sagradas do judaísmo. No entanto, embora os pais certamente devessem envolver-se na educação judaica de seus filhos, a maioria se livra dessa obrigação ao mandá-los para colégios judaicos.

Há dois tipos de colégios judaicos nos Estados Unidos: hebraicos menos intensivos à tarde ou aos domingos (também conhecidos como "colégios suplementares") e os colégios judaicos em regime integral e as *yeshivot*. Os pais que querem que seus filhos adquiram a capacidade de ler e compreender textos judaicos geralmente os enviarão para colégios em regime integral e *yeshivots*, cujos programas de estudos atribuem, além da gama completa de instruções seculares, duas a três horas por dia ou mais para os conhecimentos judaicos. Embora isso possa soar exigente, é necessário se a pessoa quiser estudar toda uma cultura (a alfabetização básica judaica inclui o conhecimento de hebraico, da Bíblia, do livro de orações [*siddur*], do Talmude e dos ensinamentos da ética judaica, história, literatura e acontecimentos do ciclo da vida) e se sentir alfabetizado e integrado em duas civilizações. Hoje em dia, todas as principais denominações do judaísmo têm colégios integrais. Nas maiores cidades, em geral, um pai pode encontrar um que corresponda mais ou menos à sua visão judaica de mundo.

Colégios que só funcionam à tarde e que têm um período muito mais limitado para ensinar o judaísmo às crianças geralmente têm dificuldades para fazer mais do que lhes ensinar um vocabulário bem básico em hebraico, prepará-las para um *Bar* ou *Bat Mitzvá* e expô-las às alegrias dos feriados judaicos. Um problema adicional é que os pais, de modo geral, que enviam seus filhos para colégios que só funcionam à tarde descontinuam a educação judaica de seus filhos após o *Bar* ou *Bat Mitzvá* (aos 13 anos para os meninos e aos 12 anos para as meninas).* Uma história narrada pelo Rabi Bradley Artson demonstra como essa abordagem é equivocada e limitada:

> Um membro da minha sinagoga me revelou que a filha, então com 11 anos, certamente faria o *Bat Mitzvá*. O pai insistia para que sua filha aprendesse o básico da formação religiosa, mas que depois disso ela escolhesse se

---

* Encerrar a educação judaica de um filho aos 13 anos também transmite a mensagem de que o judaísmo é apenas para crianças.

continuaria ou não em um colégio hebraico. Perguntei se ele também lhe permitiria escolher descontinuar suas aulas de ciências depois de completar 13 anos. Questionei: será que sua filha seria autorizada a escolher nunca mais fazer outro curso de redação no colégio? Incrédulo, o pai disse que não, sua filha deveria continuar fazendo as aulas de ciências e redação, pois nenhuma pessoa de 13 anos está pronta para fazer uma escolha importante assim... Ao estabelecer essa preferência [por ciências, redação e conhecimento secular, em vez do judaísmo] ... expressamos aos nossos filhos que essas questões fundamentais – Qual é o meu lugar no universo? Qual é o propósito da vida? e Como devemos tratar os outros seres humanos? – devem nos preocupar apenas até a puberdade.*

Não deixe a educação judaica do seu filho terminar muitos anos antes de sua educação secular.

Dia 186 Quarta-feira

Ensine ao seu filho o valor da vida humana

Há alguns anos, Dennis Prager estava viajando de avião. A mulher sentada ao seu lado recebeu uma refeição vegetariana, ele recebeu uma kosher. Quando começaram a conversar sobre suas preferências culinárias, a mulher lhe disse que acreditava ser errado matar animais, argumentando que: "Quem somos nós para determinar que nossas vidas são mais valiosas do que a de um animal?".

---

* Artson, *It's a Mitzvah!*, página 4. É claro, esse padrão impõe sobre os pais a responsabilidade não apenas de enviar seus filhos a um colégio judaico, como também de se certificar de que o colégio ajude no crescimento, questione a pessoa e propicie a formação do comportamento ético.

Prager, certo de que essa última afirmação era hiperbólica, disse-lhe: "Eu certamente compreendo sua oposição ao ato de matar animais, mas você não pode de fato acreditar no que disse sobre as pessoas não serem mais valiosas do que os animais. Afinal de contas, se um animal e uma pessoa estivessem se afogando, quem você salvaria primeiro?".

Após uma longa pausa, a mulher respondeu: "Não sei". Pouco tempo depois, Prager começou a perguntar a alunos de ensino médio ao redor dos Estados Unidos: "Se o seu cachorro e uma pessoa que você não conhece estivessem se afogando, quem você tentaria salvar primeiro?".

Durante 15 anos, ele fez essa pergunta a milhares de alunos em escolas seculares e não mais do que um terço votou na pessoa. Prager compreendeu: "Com a ruína da religião, a crença de que os seres humanos são criados à imagem de Deus não é mais ensinada. De onde, então, deriva a crença na santidade humana? Que motivo não religioso poderia ser apresentado para que as pessoas sejam percebidas como mais valiosas do que os animais?"

Algumas pessoas não religiosas tentaram oferecer essas respostas, mas seus argumentos não foram convincentes. Por exemplo, afirmam que os seres humanos são mais valiosos do que os animais porque são mais inteligentes. Todavia, será que essa deveria ser a base do valor maior da vida humana? Se um cachorro estivesse afogando-se próximo a uma criança com sérios retardos mentais, a vida desta não deveria ter prioridade? Além disso, se comentarmos a superioridade na inteligência humana, isso sugere que se duas pessoas estiverem afogando-se, deve-se sempre salvar aquela que é mais inteligente?

Outros argumentam que o ser humano deveria ser salvo primeiro por uma empatia natural com outra pessoa. Justificam o seguinte: se eu estivesse afogando-me ao lado de um cachorro, gostaria de ser salvo primeiro; dessa forma, se eu vir outra pessoa se afogando ao lado de um cachorro, deveria salvá-la primeiro. Entretanto, esse exemplo não prova qualquer coisa. Se eu estivesse afogando-me ao lado de outro ser humano, gostaria de ser salvo primeiro, embora isso não prove que minha vida é mais valiosa, mas apenas que todos nós, humanos e animais, desejamos sobreviver.

O judaísmo ensina que os seres humanos são mais valiosos do que os animais porque somente eles são criados "à imagem de Deus" (Gênesis 1:27). Isso não significa que Deus, como os seres humanos, tenha um corpo, mas que as pessoas compartilham com Deus, não com os animais, a consciência do bem e do mal.* Essa consciência e a capacidade de escolher ter uma vida moral e sagrada faz a vida humana ser dotada de uma santidade inerente que é maior do que a vida animal.

É por isso também que somente em colégios religiosos Prager rotineiramente encontrava alunos votando para salvar o ser humano, em vez do animal. Os alunos desses colégios, inclusive aqueles que tinham animais de estimação, compreendiam o ensinamento bíblico de que os seres humanos são criados "à imagem de Deus": o que significa que uma pessoa, mesmo que seja um estranho, tem mais valor inerente do que um animal (com relação à atitude do judaísmo perante os animais, vide Dias 95 e 171).**

Apresente a pergunta de Prager aos seus filhos. Se eles lhe disserem que salvariam o animal de estimação, converse com eles sobre a noção da criação das pessoas "à imagem de Deus" e sobre a crença do judaísmo de que embora os animais tenham grande valor, o dos humanos é sagrado e infinito.

---

* As palavras "bom" e "mau", quando aplicadas aos animais, geralmente são sinônimos de "obediente" e "desobediente". Um cachorro treinado por guerreiros antinazistas para atacar soldados nazistas não estava fazendo uma escolha moral de fazer o bem mais do que um pastor alemão treinado pelos oficiais nazistas para atacar os confinados nos campos de concentração estava fazendo uma escolha moral de fazer o mal.

** Algumas pessoas desafiaram a pergunta de Prager com sua própria pergunta: "E se um cachorro e Hitler estivessem afogando-se, quem você salvaria?". No caso de uma pessoa excepcionalmente má, deve-se salvar o cachorro, não porque os animais são mais valiosos do que os seres humanos, mas porque pessoas como Hitler não merecem estar vivas. Dessa forma, mesmo se Hitler estivesse afogando-se sozinho, ainda assim seria errado salvá-lo.

Dia 187 Quinta-feira

Uma razão pragmática para perdoar os outros

Ese uma pessoa lhe magoar e lhe pedir perdão, mas você simplesmente não quiser perdoá-la? Talvez você acredite que seu apelo não é inteiramente sincero, ou ainda esteja muito magoado ou apenas queira provocar um pouco de sofrimento na pessoa que o magoou.

Contudo, há uma razão pragmática para conceder perdão sem demora; é um daqueles atos pelos quais a tradição judaica promete uma recompensa generosa e única de Deus: "Raba disse... Qual o pecado que é perdoado? O pecado daquele que perdoa um pecado [cometido contra si]" (Talmude Babilônico, *Megillah* 28a).

Em outras palavras, se você for misericordioso com aqueles que o ofendem, Deus será com você quando você O ofender. Compreendo esse ensinamento talmúdico como uma espécie de bom senso divino. Se você não perdoar aqueles que o insultaram, perde o direito de pedir a Deus que o trate com a misericórdia que você não quer estender aos outros. Em contrapartida, se você for compassivo, isso lhe dá o direito a uma parte maior da compaixão de Deus. (Para outras discussões acerca de determinados pecados serem graves a ponto de estarem além do perdão, vide os Dias 193 e 269).

Ben Sira (também conhecido como Eclesiástico), um dos livros bíblicos apócrifos, expressa o mesmo pensamento: "Perdoa ao teu próximo o mal que te fez, e teus pecados serão perdoados quando o pedires. Um homem guarda rancor contra outro homem, e pede a Deus a sua cura! Não tem misericórdia para com o seu semelhante, e roga o perdão dos seus pecados!" (*Ben Sira* 28:2-4).

Portanto, na próxima vez em que alguém lhe pedir perdão, seja misericordioso. Você consegue imaginar alguma maneira mais fácil de obter perdão pelos seus pecados?

Dia 188 Sexta-feira

Caridade não é suficiente

Algumas pessoas utilizam sua sagaz inteligência para enganar os outros, muitas a empregam para encontrar aberturas e tecnicalidades que lhes renderão benefícios pessoais e vários a praticam para encontrar formas inovadoras para poupar outros seres humanos da vergonha.

Esse é o assunto de uma história incomum no tratado talmúdico *Shabat*. O sábio babilônico do século III, Samuel, estava sentado com seu amigo Ablat, um astrólogo não judeu, quando um grupo de trabalhadores passou por eles. Ablat apontou para um homem e disse: "Este homem vai, mas não vai voltar; uma cobra o picará e ele morrerá". Samuel, que parecia ter aceitado a crença de Ablat na astrologia, mas que acreditava que orações e boas ações poderiam reverter o destino de uma pessoa, respondeu: "Se ele for um israelita, irá e voltará". Algum tempo mais tarde, os homens retornaram, inclusive aquele cuja morte Ablat havia previsto. Este correu e tirou a mochila do homem; dentro, encontrou uma cobra partida ao meio.

Samuel foi até o homem e lhe perguntou: "O que você fez [para escapar do seu destino]?".

O homem respondeu: "Todos os dias, eu e todos os outros trabalhadores juntamos nossos alimentos e comemos, mas hoje, vi que havia um homem que não tinha pão e estava envergonhado. Portanto, disse a todos os outros homens: 'Hoje, vou recolher os alimentos'. Quando fui até o homem, fingi que pegava um pão dele, para ele não se sentir envergonhado".

Samuel lhe disse: "Você fez uma boa ação" [ou seja, foi o mérito de sua boa ação que fez com que Deus lhe poupasse da cobra fatal; *Shabat* 156b].

Alimentar os que têm fome é um bem enorme, mas para esse trabalhador anônimo não era suficiente certificar-se de que o homem sem comida fosse autorizado a compartilhá-la na refeição comunal; ele desejava poupá-lo da vergonha, bem como da fome.

Poupar os pobres da vergonha e da fome é o ideal do Talmude. E aqueles que o praticam têm o direito a uma porção especial dos milagres de Deus. Tenha um Shabat Shalom!

Dia 189 Shabat

Ao longo deste Shabat, analise o material dos seis dias anteriores e use alguns dos textos estudados como base para discussões durante as refeições do Shabat:

DIA 183. Ajude alguém a encontrar um cônjuge, ajude alguém a encontrar um emprego
DIA 184. Faça o bem... Agora
DIA 185. Ensine a Torá aos seus filhos
DIA 186. Ensine ao seu filho o valor da vida humana
DIA 187. Uma razão pragmática para perdoar os outros
DIA 188. Caridade não é suficiente

Shabat Shalom!

SEMANA 28

Dia 190 Domingo

Encontre emprego para os portadores de deficiência mental

O Conselho Nacional Judaico para os Deficientes, em Nova York, regularmente coloca anúncios em jornais judaicos, desafiando os leitores: "Você quer fazer algo de fato significativo para uma pessoa que seja portadora de deficiência mental?" O anúncio continua com uma citação do código de Maimônides sobre a lei judaica, a *Mishné Torá*: "O grau mais alto de ajuda a um judeu em necessidade é... oferecer trabalho para que ele possa se sustentar" ("Leis Referentes aos Presentes aos Pobres", 10:7; vide, por exemplo, Dia 183). Como a nota sugere, pense se há uma vaga em seu emprego que se adequaria a uma pessoa portadora de deficiência mental.

Há 20, 30 ou 50 anos, tenho certeza de que anúncios assim não apareciam nos jornais judaicos ou em qualquer outro. Quando ouvimos as pessoas nostálgicas se vangloriando dos "bons velhos tempos", elas não estão pensando na situação das pessoas portadoras de deficiência física ou mental. No passado, elas eram rotineiramente discriminadas e ignoradas. No caso de crianças com retardo mental, os pais, às vezes, tentavam manter em segredo a existência da criança, até levando-a para passeios à noite, quando era menos provável que encontrassem os outros por acaso. No passado ainda mais distante, sociedades como a de Esparta, na Grécia antiga, aprovavam o assassinato de crianças recém-nascidas com imperfeições, ao deixá-las expostas aos criminosos.

Hoje em dia, no entanto, o mundo está tornando-se muito mais acolhedor aos portadores de deficiência mental e há empresas que propositalmente estabelecem a contratação de pessoas portadoras de deficiência para trabalhos que estejam dentro de suas capacidades. O meu querido sobrinho Meir, que tem síndrome de Down, trabalha em uma cafeteria na Universidade de Boston.

Você tem condições de oferecer emprego a alguém com deficiência física ou mental? Há outras *mitzvot* que são tão boas quanto essa – mas acredito que poucas sejam melhores.

Dia 191 Segunda-feira

Um empregador deve saber como vivem seus funcionários

Há patrões que dão festas anuais em suas casas para seus funcionários. Esse ato generoso expressa o senso de que a pessoa vê seus funcionários com respeito e afeição.

Entretanto, uma história narrada no Talmude sugere que um bem igual, se não maior, pode ser alcançado pelos empregadores ao visitar as casas de seus funcionários, especialmente dos trabalhadores com salários mais baixos.

Em certa ocasião, o (Rabi) Rabban Gamliel, do século II, líder rico, intelectual e um pouco autocrático de sua época, humilhou publicamente o Rabi Joshua. Ultrajados pelo comportamento de Gamliel, os outros Rabis o destituíram e nomearam outro em seu lugar.

Arrependendo-se de seu comportamento e desejando recuperar seu cargo anterior, Gamliel foi até a casa de Rabi Joshua para pedir desculpas. Ao entrar, viu que as paredes eram negras. Disse ao Rabi Joshua: "Pelo que vejo nas paredes de sua casa, parece que você ganha a vida como queimador de carvão vegetal" (ou como ferreiro; em todo caso, são trabalhos difíceis e de baixo salário).

Rabi Joshua respondeu: "Angústia da geração da qual você for líder e do navio cujo capitão for você! Você não sabe nada das dificuldades dos intelectuais, como ganham a vida e como se sustentam" (*Berachot* 28a).* Pensei nesse encontro dramático há alguns anos, quando o Congresso debatia uma medida para aumentar o salário-mínimo. Havia quem argumentasse contra, embora soubesse muito bem que um alguém que trabalhe 40 ou 50 horas por semana ganhava um salário que mal era suficiente para sustentar uma pessoa ou uma esposa, e, muito menos, os filhos.** Eu me pergunto quantos dos

---

* Magoado como estava pela arrogância condescendente de Gamliel, Rabi Joshua o perdoou somente em seu terceiro apelo, quando Gamliel suplicou por perdão em nome de seu distinto pai [de Gamliel]; sobre a necessidade de perdoar no terceiro apelo, vide Dia 269.

** Algumas pessoas apoiavam o aumento, mas queriam que uma exceção fosse feita para funcionários adolescentes, argumentando que um salário mínimo mais alto deixaria os empregadores mais relutantes em contratar funcionários adolescentes. Em consideração a isso, eu observaria que alguns dos que se opunham ao aumento do salário mínimo sentiam que elevá-lo ofereceria a uma pequena quantidade de funcionários uma renda melhor, ao mesmo tempo garantindo que um grande número de pessoas ficasse desempregada. Discordo, mas seria injusto caracterizar como antiéticos aqueles que se opunham ao aumento do salário-mínimo porque acreditavam que resultaria em mais desemprego e sofrimento.

deputados que se opunham ao aumento do salário mínimo para os adultos já visitaram a casa de uma pessoa que tivesse que viver com esse salário.

A crença de Rabi Joshua de que o mundo seria um lugar mais compassivo e melhor se os Rabban Gamliels do mundo moderno (os líderes e empregadores) visitassem as casas dos trabalhadores pobres permanece válida nos dias de hoje.

Dia 192 Terça-feira

Confissão e a alma do próximo

Como observamos (Dias 107 e 108), a lei judaica insiste que quando pecamos uns contra os outros, devemos confessar nossa injustiça à pessoa, desfazer o máximo possível do dano cometido e implorar por perdão. Entretanto, às vezes, a ética judaica afirma que é melhor *não* detalhar por que você está pedindo perdão. Por exemplo, se você tiver dito coisas muito feias sobre alguém, poderá ser insensato contar exatamente o que você disse, pois o ouvinte sofrerá uma grande angústia por lhe ouvir articular as coisas cruéis que você disse (embora, ainda assim, você fosse obrigado a dizer a todos com quem fez os comentários injustos que as coisas que disse foram erradas e infundadas).

Às vezes, quando se peca muito profundamente contra outra pessoa, sua obrigação pode exigir que você permaneça em silêncio e sofra as dores da culpa, pois manifestar-se pode apenas aumentar o seu pecado original. No diário de Somerset Maugham, ele conta o seguinte:

> Ele era um advogado bem-sucedido e foi um choque para sua família e seus amigos quando cometeu suicídio. Era um homem jovial, enérgico, exuberante e a última pessoa que se esperaria que acabasse com a própria vida. Ele gostava da vida. Suas origens eram humildes, mas por seus serviços na guerra, havia-lhe sido concedido o título de baronete. Ele adorava seu

único filho, que sucederia ao seu título, seguiria seus negócios, entraria para o Parlamento e construiria seu próprio nome. Ninguém conseguia adivinhar por que ele havia se matado. Ele havia organizado tudo para que parecesse um acidente e assim teria sido considerado, se não fosse por um pequeno descuido de sua parte. Era verdade que sua esposa estava lhe causando certa ansiedade... Ela não era louca o suficiente para ser colocada em um hospital psiquiátrico, mas certamente não era sã. Sofria de melancolia severa. Não lhe disseram que o marido havia cometido suicídio, apenas que havia sido morto em um acidente automobilístico. Ela aceitou isso melhor do que o esperado. Foi seu médico que lhe deu a notícia: "Graças a Deus eu lhe contei quando o fiz", disse ela. "Se não tivesse contado, nunca mais teria tido um momento de paz na minha vida". O médico quis saber o que ela queria dizer. Depois de um tempo, ela lhe contou: ela havia confessado ao marido que o filho que ele amava cegamente, o filho sobre quem estavam todas as suas esperanças, não era dele.

Parece-me que contar essa verdade no momento em que essa mulher escolheu para fazê-lo era um ato muito pior do que seu ato original de adultério. Essa divulgação perniciosa da verdade deve ser evitada. Pois embora a confissão seja boa para a alma de uma pessoa, nossa responsabilidade deve estender-se à alma da outra. E há momentos em que confessar os pecados para alguém pode ser terrível para a alma dessa pessoa.

Dia 193 Quarta-feira

Como pode se arrepender aquele que cometeu o último e imperdoável pecado?

Em 1922, três assassinos antissemitas de extrema direita mataram Walter Rathenau, Ministro dos Negócios Estrangeiros da Alemanha e judeu. Quando a polícia perseguiu os assassinos, dois cometeram suicídio, enquanto o terceiro, Ernst Werner Techow, foi capturado. Pouco tempo mais tarde, a mãe de Rathenau enviou uma carta para a mãe de Techow:

> Com uma tristeza indizível, dou-lhe minha mão – a você, de todas as mulheres a que mais merece piedade. Diga ao seu filho que, pelo nome e espírito daquele que ele matou, eu perdoo, mesmo que Deus possa perdoar, mesmo se antes de um julgamento terreno seu filho fizer uma confissão completa e sincera de sua culpa... e mesmo que se arrependa diante de um juiz divino. Se ele tivesse conhecido meu filho, o homem mais nobre que a terra já viu, ele teria voltado a arma contra si mesmo. Que essas palavras deem paz à sua alma.

É impressionante que a Sra. Rathenau não tenha oferecido ao assassino de seu filho o perdão incondicional. Em vez disso, ela fez duas exigências: que o assassino fizesse uma confissão completa e sincera de sua culpa, assim aceitando qualquer punição que o tribunal lhe impusesse, e que ele oferecesse o verdadeiro arrependimento diante de Deus.

A carta da Sra. Rathenau teve um atrasado, porém profundo efeito sobre Techow. Liberado da prisão por bom comportamento depois de apenas cinco anos, viu-se vivendo em uma Alemanha governada pelos nazistas, as pessoas que mais apoiavam seu assassinato. Entretanto, Techow se arrependeu de verdade de seu antissemitismo e de seu ato horrível. Em 1940, depois de a França se render à Alemanha, foi a Marselha e ajudou mais de 700 judeus a fugirem para a Espanha com vistos marroquinos. Alguns tinham dinheiro e lhe pagaram; outros não tinham dinheiro, então Techow organizou fugas para eles, gratuitamente. Conforme observou a um sobrinho de Rathenau, que encontrou por acaso: "Assim como Frau Rathenau se controlou quando escreveu aquela carta de perdão, tenho tentado me controlar. Eu só desejava ter uma oportunidade para reparar o erro que cometi".*

---

* A história de Techow foi contada pela primeira vez em My Favorite Assassin, de George Herald, um artigo que apareceu na *Harper's*, em abril de 1943. Uma dramatização muito poderosa desse incidente, que apareceu no programa de rádio *Eternal Light*, foi impressa em *The World of the High Holy Days*, Rabi Jack Riemer, org., páginas 179-80.

Na vida judaica dos tempos antigos, quando um assassino era conduzido para ser executado, um oficial de justiça lhe instruiu a dizer: "Que a minha morte sirva como expiação para todos os meus pecados" (Mishna, *Sanhedrin* 6:2). Portanto, embora o judaísmo ensine que não há perdão completo para assassinato neste mundo, se uma pessoa que o comete dedicar sua vida ao arrependimento e a atos de bondade, pode haver perdão para ela no mundo vindouro.

Dia 194 Quinta-feira

Quando um judeu age de forma desonesta com um não judeu

Há alguns anos, eu proferia uma palestra sobre ética judaica quando uma pessoa me fez esta pergunta: "Uma das coisas que me afastaram do judaísmo foi quando um rabino na minha *yeshivá* ensinou que a lei judaica ordena que se um não judeu cometer um erro em favor de um judeu em uma negociação, o judeu não é obrigado a devolver o dinheiro extra. Isso é verdade?".

Respondi com uma pergunta: "O seu rabino também lhe ensinou que os judeus podem comer carne de porco no Yom Kippur?".

"É claro que não", respondeu.

"Isso, claro, geralmente é verdade. Todavia, em um campo de concentração nazista, se fosse necessário que uma pessoa comesse carne de porco no Yom Kippur para se manter viva, a lei judaica a instruiria a fazê-lo. Contudo, um rabino dizer que um judeu pode comer carne de porco no Yom Kippur, sem explicar o contexto, é dizer uma mentira. Da mesma forma, ensinar que o judaísmo ordena que um judeu seja autorizado a ser desonesto em uma negociação com um não judeu, como fez o seu professor, também é dizer uma mentira. É verdade, o Talmude disse que o judeu não era obrigado a corrigir o erro cometido por um não judeu em uma negociação. Entretanto, essa ordem foi feita em uma sociedade na qual governos e leis não judaicas discriminavam os judeus e os não judeus não eram obrigados a corrigir erros de negócios cometidos pelos judeus. Nessas sociedades, parecia que os Rabis ordenavam de forma *pragmática* que os judeus não eram obrigados a praticar maior moralidade nos negócios com os não judeus do que os não judeus eram obrigados a praticar com eles. Entretanto, uma coisa é dizer que um Rabi com a estatura de um Hillel ou Akiva ordenava que, caso os não judeus fossem autorizados a ser desonestos com os judeus, os judeus eram autorizados a *certa* desonestidade com os não judeus.* Contudo, é uma questão completamente diferente imaginar que um Rabi Hillel ou Akiva teria dito, como seu professor aparentemente acreditava: 'Mesmo em uma sociedade na qual os judeus têm direitos iguais, uma sociedade na qual os não judeus são obrigados a ser completamente honestos em suas negociações com os judeus, mesmo nessa sociedade, os judeus não precisam corrigir erros de negócios cometidos pelos não judeus'. Esse raciocínio transforma um Rabi Hillel ou Akiva de pragmatistas em pessoas que faziam apologia ao roubo".

Desonestidade é desonestidade e, lamentavelmente, sempre houve judeus desonestos. No entanto, um judeu atribuir isso ao judaísmo é transformar Deus em seu cúmplice no crime. Esse ato é conhecido na lei judaica como *chillul Hashem*, profanação do nome de Deus; é um dos únicos pecados que a tradição considera imperdoáveis.

Dia 195 Sexta-feira

Um chefe em um milhão

Em dezembro de 1995, um empresário de Boston, Aaron Feuerstein, havia acabado de voltar para casa depois de sua festa de aniversário de 70 anos quando uma ligação o informou de que sua fábrica

---

* Eu enfatizo "certa" desonestidade porque enganar ou roubar de não judeus é, e sempre foi, proibido (exemplo: "Roubar de um não judeu é pior do que roubar de um judeu por causa da profanação do nome de Deus", Tosefta, *Bava Kamma* 10:15).

têxtil Malden Mills, em Lawrence, Massachusetts, havia sofrido um incêndio. Vinte e seis funcionários haviam-se ferido, alguns gravemente.

Três mil pessoas trabalhavam na Malden Mills. Quando os funcionários viram a devastação provocada pelo incêndio, presumiram, como disse um funcionário: "O incêndio está fora de controle. Não temos mais emprego".

O incêndio estava, de fato, fora de controle, mas Feuerstein não estava. Judeu ortodoxo que estuda diariamente o Talmude e Shakespeare, Feuerstein lembrou-se de como seu pai gostava de citar o aforismo da Mishná: "Onde não houver homem, seja um homem" (*Ética dos Pais* 2:5). Como resultado imediato do incêndio, encontrou-se com mil funcionários e lhes disse: "Quando todas as fábricas têxteis de Lawrence fugiram para obter mão de obra mais barata no Sul, nós permanecemos aqui. Vamos ficar – e vamos reconstruí-la".

Dois dias mais tarde, era dia de pagamento dos salários: "Pague integralmente a todos", ordenou Feuerstein. "E pontualmente". Junto com as folhas de pagamento, Feuerstein incluiu um bônus de 275 dólares para o Natal e um bilhete: "Não se desesperem. Deus abençoe cada um de vocês".

No dia seguinte, Feuerstein convocou uma assembleia com todos os funcionários e anunciou: "Pelos próximos 30 dias, talvez mais, todos os funcionários receberão salário integral". Nas semanas seguintes, Feuerstein recorreu aos próprios recursos para fazer esses pagamentos. Um funcionário na assembleia bradou: "Quando você trabalha para Aaron, você é alguém".

Mais tarde naquele dia, Feuerstein, um líder filantrópico de causas ortodoxas e de outras causas judaicas, fez seu percurso anual pré-Natal por Lawrence, desembolsando 80 mil dólares a organizações como o Exército da Salvação, Vizinhos em Necessidade e a Cozinha da Sopa de Pão e Rosas.

A lei norte-americana ou judaica obrigava Feuerstein a agir da forma como agiu? Não; por isso suas atitudes generosas receberam aclamação nacional e foram o assunto de diversos artigos em revistas e jornais.*

Todavia, além de sentir compaixão por seus funcionários e querer reconstruir sua empresa, Feuerstein também estava obedecendo aos preceitos

---

* Peter Michelmore. One Boss in a Million, *Reader's Digest*, outubro de 1996, páginas 94-99.

de um exaltado valor judaico: santificar o nome de Deus (*Kiddush Hashem*). Em uma célebre passagem talmúdica que ajuda a definir o significado desse termo, conta-se a forma como o Rabi Samuel agiu perante uma imperatriz romana, com uma nobreza de caráter que a fez declarar: "[Se esse for o tipo de pessoas que os judeus são, então] Abençoado seja o Deus dos judeus" (vide Dia 103).

O comportamento de Aaron Feuerstein nos lembra de que a religiosidade não é testada apenas na sinagoga ou em torno da mesa de Shabat, mas também no mercado.

Aqueles que fazem qualquer coisa por dinheiro mostram que este é seu valor mais importante. Aqueles que arriscam sua fortuna, como fez Aaron Feuerstein, para agir com compaixão, mostram que Deus e Suas exigências éticas são seu maior valor. É este o significado de santificar o nome de Deus.

Tenha um Shabat Shalom!

Dia 196 Shabat

Ao longo deste Shabat, analise o material dos seis dias anteriores e use alguns dos textos estudados como base para discussões durante as refeições do Shabat:

DIA 190. Encontre emprego para os portadores de deficiência mental
DIA 191. Um empregador deve saber como vivem seus funcionários
DIA 192. Confissão e a alma do próximo
DIA 193. Como pode se arrepender aquele que cometeu o último e imperdoável pecado?
DIA 194. Quando um judeu age de forma desonesta com um não judeu
DIA 195. Um chefe em um milhão

Shabat Shalom!

SEMANA 29

Dia 197 Domingo

Você já escreveu um testamento ético?

O testamento, documento final que os pais, em geral, transmitem aos filhos, não contém qualquer conselho, lições de vida ou algo sobre o amor ou expectativas dos pais com relação ao tipo de vida que seus filhos terão. Ao contrário, tem um objetivo específico: a disposição dos ativos da pessoa falecida.

Necessário como esse testamento é, a tradição judaica também está familiarizada com um segundo tipo, o testamento ético, também conhecido como *tza'va'a*. O Rabi Jack Riemer dedicou 20 anos a influenciar pais contemporâneos a adotar a tradição de deixar um testamento ético para seus filhos, uma carta na qual registrassem um legado muito valioso: uma declaração do que a vida lhes ensinou e o que esperavam que isso ensinasse a seus filhos.

Conforme Riemer assegurava aos pais, não é necessário ser um intelectual ou escritor profissional para elaborar um testamento ético. Um dos favoritos de Riemer foi escrito por Rose Weiss Baygel, uma mulher nascida em Riga, na Lituânia, que imigrou ainda criança para Cleveland. A Sra. Baygel teve pouca educação formal; passou sua adolescência trabalhando em um emprego escravizante e mais tarde marchou em piquetes durante a luta para estabelecer o Sindicato Internacional Feminino de Vestuário. Com seu marido, Sam Baygel, também imigrante, ela criou e educou três filhos.

Já no fim da vida e quando estava em um banco – talvez consciente ali dos ativos materiais que deixaria para os filhos –, a Sra. Baygel percebeu que ainda tinha uma mensagem importante para transmitir aos filhos. Assim, pegou uma folha de papel em branco e escreveu o seguinte:

Meus queridos filhos:
Estou escrevendo isso no banco. É isto o que quero de vocês, crianças: que Evelyn, Bernice e Allen sejam, um para o outro – boas irmãs e irmão. O papai e eu amamos muito vocês e fizemos o melhor que podíamos para criá-los e lhes dar a melhor educação que pudéssemos pagar. Sejam bons um para o outro. Ajudem-se em caso de, "Deus os livre", necessidade. Esta é a minha vontade.

Amo todos vocês,
Sua mãe

Nessa última carta para os filhos, Rose Baygel expressou somente uma preocupação, que eles permanecessem próximos. Sem dúvida, ela havia visto e ouvido falar de casos nos quais os irmãos travavam batalhas na justiça por causa de uma propriedade ou se separavam depois da morte de seus pais e ela não queria que isso acontecesse com seus filhos. Riemer sugere que é improvável que "filhos que recebam um último pedido como esse – 'amar e ajudar um ao outro' – terminem brigando entre si na justiça ou se afastem".

O processo de elaborar esse testamento também lhe pode ensinar muito sobre si mesmo. Alguém disse a Riemer: "Tentei escrever uma carta para minha família e descobri que não podia porque não somos realmente uma família. Temos pouco a ver uns com os outros. Então, escrevi três cartas separadas, uma para a minha esposa e uma para cada um dos meus filhos. Essa é uma coisa muito triste de perceber sobre você mesmo e sua família, mas acredito que seja melhor descobrir isso agora, enquanto ainda se pode fazer algo a respeito, do que descobrir depois, quando for tarde demais".

Para ajudar os pais a começar o que, de outra maneira, pode ser uma tarefa assustadora, Rabi Riemer e Rabi Nathaniel Stampfer, coautores de *So That Your Values Live On – Ethical Wills and How to Prepare Them*, sugerem estes seis passos:

1. Comece escrevendo sobre os acontecimentos, as paixões e os pensamentos importantes da sua vida. Por exemplo:

    ◆ Os eventos formativos da minha vida...
    ◆ As pessoas que mais me influenciaram...

- ◆ As pessoas da nossa família e os motivos pelos quais eu gostaria que vocês tivessem um senso de responsabilidade...
- ◆ Os erros que mais me arrependo de ter cometido na minha vida e que espero que vocês não repitam...
- ◆ As importantes lições que aprendi na minha vida...
- ◆ Gostaria de lhes pedir perdão por... E lhes perdoo por...
- ◆ Quero que vocês saibam quanto amo vocês e como sou grato a vocês por...

2. Como organizar o testamento ético:

- ◆ Introdução: Escrevo isso para você(s), meu(s) _____ para _____.
- ◆ A família:
  Meus pais, irmãos, antecedentes que eram/são...
  Eventos que ajudaram a formar a nossa família...
- ◆ Histórico pessoal:
  Pessoas que influenciaram fortemente a minha vida...
  Eventos que ajudaram a formar a minha vida...
- ◆ Costumes religiosos, pensamentos:
  O(s) ritual(is) mais significativo(s) para mim...
  Ensinamentos específicos das fontes judaicas que mais me emocionam...
- ◆ Ideais e práticas éticas:
  Ideais que encontraram expressão na minha vida...
  Gostaria de sugerir a vocês o seguinte...
- ◆ Conclusão:
  Meus desejos ardentes para que vocês...
  Que o Todo-Poderoso...

3. Personalize e fortifique os laços com memórias compartilhadas de família, histórias pessoais e provérbios favoritos.
4. Escreva o testamento em papel branco.
5. Decida se quer apresentar o testamento enquanto ainda está vivo, como legado após sua morte – ou compartilhá-lo com sua família enquanto ainda está vivo e depois deixar como parte de suas propriedades.

6. Anexe o testamento ético como uma cláusula adicional ao seu testamento referente a propriedades. Além disso, se perceber que há questões inacabadas pendências entre você e seus filhos, agora é o momento de fazer um esforço para solucionar essas questões e fazer as pazes.*

Algumas considerações finais: nunca permita que o seu testamento ético se degenere em uma tentativa de controlar sua família desde o túmulo e certifique-se de omitir sentimentos que possam deixar seus filhos com uma sensação permanente de mágoa. O objetivo de um testamento ético é transmitir um senso do que importa para você e o que você espera que afete seus filhos, em vez de deixar as pessoas que você mais ama se sentindo culpadas.

A Torá conclui com uma *mitzvá* relacionada à escrita: o último dos 613 mandamentos ordena que todo judeu copie à mão uma Torá inteira (essa *mitzvá* geralmente é cumprida ao contribuir com dinheiro para ajudar a pagar pela elaboração de um pergaminho da Torá, um Sefer Torá). Faz todo sentido que um dos últimos atos da vida de uma pessoa seja deixar uma pequena "Torá" ("Torá" significa ensinamento) escrita especialmente para sua família. Que legado precioso para aqueles que o amam e para netos e bisnetos que, de outra maneira, poderiam nunca conhecê-lo.

Dia 198 Segunda-feira

Três traços que revelam o seu caráter

Uma máxima hebraica citada no Talmude sugere que o caráter de uma pessoa é revelado por meio de três características: "seu copo, seu bolso e sua raiva" (Talmude Babilônico, *Eruvin* 65b).

Por meio de seu copo (*be-koso*): A pessoa bebe com moderação ou é ébria? E como age sob influência do álcool?

---

* Riemer e Stampfer, *So That Your Values Live On: Ethical Wills and How to Prepare Them*.

Embora a lei judaica aprove o ato de beber (no Shabat, a oração *kiddush* é declamada duas vezes com vinho, e no Sêder de Pessach são consumidas quatro taças de vinho), a Bíblia abomina a embriaguez. Por exemplo, Lot, depois de ficar espantosamente bêbado, dorme com suas filhas e as engravida (Gênesis 19:33-38). Levítico adverte severamente os sacerdotes para não exercerem suas funções sacerdotais depois de ingerir bebida alcoólica (Levítico 10:8-11).

Por meio de seu bolso (*be-keeso*): A pessoa é generosa ou avarenta? De acordo com os Rabis, alguém avarento que não doa para filantropia e para caridade é como uma pessoa que adora ídolos. De fato, conforme observam fontes judaicas, de certa forma a pessoa é assim, ao adorar o ouro em vez de Deus.

Por meio de sua raiva (*be-ka'aso*): A pessoa é facilmente provocada a sentir raiva? Mais importante, quando irritada, ela diz coisas injustas a quem a provocou? Ela se acalma com facilidade e faz as pazes com o outro?

Os três traços reveladores de caráter – *koso, keeso, ka'aso*:
Você bebe com moderação ou fica bêbado?
Você é generoso ou avarento?
Você fica irritado quando apropriado e expressa sua raiva de forma justa ou sente fúria e diz coisas injustas?
Koso, keeso, ka'aso.

Dia 199 Terça-feira

"Até o dia de sua morte"

Adriano [imperador romano do século II da Era Comum] estava andando na estrada perto de Tiberíades quando viu um senhor plantando árvores. Adriano lhe perguntou: "Quantos anos o senhor tem?" e o homem respondeu: "Tenho 100 anos". Em seguida, Adriano observou:

> *"Seu tolo, você acha que viverá o suficiente para comer os frutos dessas árvores?"* e o homem respondeu: *"Se eu for digno, comerei; se não for digno, assim como meus ancestrais plantaram para mim, estou plantando para meus filhos e netos".*
>
> – ECLESIASTES RABÁ 2:20

Não há muito que possa ser encontrado nas fontes tradicionais judaicas sobre a aposentadoria. Ao longo da história, as pessoas, em geral, não viviam tempo suficiente para se aposentarem e, mesmo dentre aqueles que viviam, muitos continuavam a trabalhar. As pessoas, geralmente, eram pobres e as famílias precisavam de qualquer rendimento adicional.

Além disso, as figuras modelares do judaísmo não eram do tipo que incentivavam alguém a pensar em termos de aposentadoria. A Bíblia nos conta que Moisés conduziu os israelitas ao longo de sua velhice e que "era Moisés da idade de 120 anos quando morreu; os seus olhos nunca se escureceram, nem perdeu o seu vigor" (Deuteronômio 34:7). A tradição judaica afirma que alguns dos seus maiores sábios, mais notavelmente os Rabis Hillel, Yochanan ben Zakkai e Akiva, lideravam os judeus mesmo depois de terem completado 100 anos.

O que esses modelos nos ensinam nos dias de hoje, quando as pessoas geralmente esperam se aposentar aos 65, 70 anos? O que a tradição judaica espera dos mais velhos?

Tendo-se aposentado ou não de seus empregos, o judaísmo não espera que seus adeptos se aposentem da vida. Os idosos estão tão presos aos mandamentos quanto os jovens. Em muitas sinagogas, as pessoas mais velhas aposentadas constituem um grande percentual daqueles que estão presentes nas orações diárias. O Rabi Dayle Friedman argumenta que obrigar os idosos a cumprirem os mandamentos confere dignidade àqueles que foram liberados de muitas outras responsabilidades: "Dizer aos adultos mais velhos que eles estão tão vinculados às *mitzvot* quanto qualquer outro judeu significa lhes dizer que se espera algo deles, que suas ações [ainda] fazem diferença".*

---

* Friedman, *"The Crown of Glory"*, páginas 215-16.

Em palavras proferidas há 800 anos, Maimônides oferece uma diretriz ainda aplicável a pessoas de todas as idades: "Todo judeu é obrigado a estudar a Torá, seja ele rico ou pobre, saudável ou doente, no vigor da juventude ou muito velho e fraco... Até que período da vida se deve estudar a Torá? Até o dia de sua morte" (*Mishné Torá*, "Leis Referentes ao Estudo da Torá", 1:8, 10).

Embora a comunidade judaica sempre tenha enfatizado bastante a educação judaica aos jovens, Maimônides lembra que os idosos precisam preencher sua vida com o estudo. O Livro de Jó sugere que o aprendizado dos idosos pode ter um valor especial: "Com a idade vem a sabedoria e a extensão dos dias traz a compreensão" (Jó 12:12).

A noção de Jó de que "com a idade vem a sabedoria" contrasta marcadamente com a adoração da juventude e da beleza na sociedade contemporânea. De fato, a abordagem bíblica e judaica é inerentemente mais otimista. Na sociedade contemporânea, que coloca essa ênfase na aparência física das pessoas, nosso valor pode diminuir com o tempo, enquanto a ênfase judaica na sabedoria e na experiência sugere que nosso valor pode continuar a aumentar ao longo da vida.

Dia 200 Quarta-feira

Quando os idosos se tornam frágeis

> *Quando éramos jovens, éramos tratados como homens [diziam-nos para agirmos como adultos]; agora que envelhecemos, somos cuidados como bebês.*
>
> – Talmude Babilônico, *Bava Kamma* 92b

Em uma sociedade cujos heróis em geral são atores, estrelas do rock e esportistas, não é surpreendente que, muitas vezes, exista pouca consideração com aqueles que estão deteriorando-se fisicamente e, às vezes, mentalmente. Contudo, é exatamente essas pessoas que uma passagem poética do Talmude seleciona para uma medida especial de compaixão: "Mostre respeito para com um idoso que esqueceu seu aprendizado não por culpa própria, pois aprendemos que os fragmentos das antigas tábuas [os Dez Mandamentos] foram mantidas junto com as novas tábuas na Arca da Aliança" (Talmude Babilônico, *Berachot* 8b).

O Talmude, em sua menção aos "fragmentos das antigas tábuas", está aludindo a um dos mais famosos acontecimentos narrados pela Torá. Quando Moisés, descendo do Monte Sinai carregando os Dez Mandamentos, testemunhou os israelitas adorando o Bezerro de Ouro (Êxodo 32), jogou as tábuas e as quebrou. Mais tarde, os cacos quebrados foram reunidos e colocados na Arca com os novos Dez Mandamentos que Deus fez para Israel. E, conforme o Talmude nos ordena, da mesma forma que os restos quebrados das tábuas sagradas foram vistos como sagrados e tratados com respeito, devemos ver e tratar os idosos que se tornaram intelectualmente partidos e emocionalmente quebrados.

Ao longo da semana que vem, mantenha esse ensinamento em mente quando vir essas pessoas – "fragmentos quebrados das antigas tábuas" – na rua, no metrô, na sinagoga.

Dia 201 Quinta-feira

Além da letra da lei

Um lavador de janelas, certa vez, foi ao apartamento de um amigo em Manhattan e, enquanto se preparava para limpar uma janela, desajeitadamente quebrou um vaso valioso.

O meu amigo tinha o direito de insistir no reembolso de seu valor? Sim, mas não o fez. Ele tinha a prerrogativa de deduzir do dinheiro que devia ao homem para pagar pelo vaso? Sim, mas não o fez. Ao decidir renunciar à sua reivindicação, contou-me que se viu guiado por um caso notavelmente semelhante descrito no Talmude:

> Alguns funcionários negligentemente quebraram uma garrafa de vinho que pertencia a Rabá, filho de Bar Hanan e ele confiscou suas capas [quando não puderam pagar pelo dano]. Foram e reclamaram ao Rav.

"Devolva as capas para eles", ordenou.

"É essa a lei?", perguntou Rabá.

"Sim", respondeu, "pois está escrito: 'Siga o caminho dos bons'" (Provérbios 2:20).

Ele devolveu as capas aos empregados. Em seguida, queixaram-se [para o Rav]: "Somos homens pobres, trabalhamos o dia inteiro e estamos com fome, não temos nada".

"Vá e pague a eles", Rav ordenou a Rabá.

"É essa a lei?", perguntou.

"Sim", respondeu, [pois se lê no fim do versículo] 'e mantenha o caminho dos justos'." (Provérbios 2:20)*

Como os empregados haviam sido descuidados, Rabá estava no seu direito de insistir no reembolso completo pelo dano causado por eles. Porém, como não haviam agido maliciosamente, Rav se opunha a seguir a letra da lei, sentindo que se o fizesse, isso levaria a uma grande injustiça. Portanto, manteve Rabá em um padrão moral, não jurídico, o que a lei judaica chama de *lifnim meshurat hadin*, ir além da letra da lei.

No comportamento diário, o judaísmo espera que seus adeptos, especialmente aqueles que são ricos, ajam *lifnim meshurat hadin* e perdoem uma reivindicação contra uma pessoa com menos recursos.

Por que, então, se os Rabis acreditam que renunciar à reivindicação de alguém nesse caso é a forma moral de agir, designam esse comportamento como "além da letra da lei" e não apenas declaram que ele seja obrigatório?

Aparentemente, a lei judaica estava relutante em declarar como obrigatório um padrão que exige que uma pessoa desista de uma reivindicação que, por direito, é dela. Contudo, a tradição também lembra a todos aqueles que insistem na letra da lei (especialmente ao lidar com alguém em circunstâncias financeiras mais difíceis do que eles mesmos) que se quiserem que Deus os julguem com misericórdia, e não de acordo com a letra da lei, Ele examinará primeiro o padrão praticado por vocês em suas relações com os

---

* Talmude Babilônico, *Bava Mezia* 83a.

outros. Conforme ensinou o Rabi: "A quem se perdoa o pecado? Àquele que perdoa pecados [cometidos contra si"; *Megillah* 28a; vide Dia 187]. Da mesma forma, quem merece a misericórdia de Deus? Aquele que é misericordioso com os que erraram e são menos afortunados do que ele.

Dia 202 Sexta-feira

Consulte a sua esposa, consulte os seus amigos

Há muitos anos, fui visitar um antigo colega rabínico que estava chateado por uma carta que recebera naquela manhã.

Escrita por um intelectual cujo livro havia sido resenhado em um periódico de cujo conselho editorial meu amigo fazia parte, a carta atacava várias pessoas. Com relação ao meu amigo, o autor escreveu: "Como você não evitou a impressão dessa resenha, considero-o morto". Depois, na carta, fez um trocadilho que zombava de um rabino cuja filha havia falecido e ele também escreveu sobre um intelectual judeu falecido de quem não gostava: "Que seus ossos apodreçam no inferno".

Li a carta em choque, depois percebi que o escritor havia riscado uma palavra e substituído por outra. Isso significava, é claro, que ele não havia apenas enviado a carta em um momento de raiva incontida, mas a havia, na verdade, relido e editado primeiro.

Disse ao meu amigo que havia uma coisa da qual eu tinha certeza: esse homem tinha um casamento horrível e provavelmente não tinha amigos.

"Por que você diz isso?"

"Porque se um homem tiver uma boa relação com sua esposa e tiver amigos, ele lhes mostraria uma carta assim antes de enviá-la e eles não o deixariam fazer isso".

A Torá diz aos homens que suas esposas devem ser companheiras (Gênesis 2:18), enquanto o sábio talmúdico, Rabi Pappa, oferece alguns conselhos inesperados aos homens casados com mulheres de baixa estatura:

"Se sua esposa for baixa, curve-se e sussurre para ela [e obtenha sua opinião]" (*Bava Mezia* 59a).

O Rabi Pappa estava, presumivelmente, sendo excêntrico ao restringir esse conselho a homens casados com mulheres baixas; ele é aplicável, é claro, a todos os homens e e todas as mulheres. O poeta britânico do século XVII, John Milton, observou que a primeira coisa no universo que Deus declarou como não sendo boa era a solidão: "Não é bom que o homem esteja só" (Gênesis 2:18). Um motivo para isso é que as pessoas precisam do aconselhamento dos outros; certamente não é bom ser forçado a tomar todas as principais decisões da vida sozinho, especialmente quando, assim como o escritor da carta citada, você estiver perturbado e/ou irritado.

Tão importante quanto compartilhar os bons momentos com a esposa e os amigos é beneficiar-se de seu apoio e sua sabedoria quando estiver enfrentando um dilema.

Tenha um Shabat Shalom!

Dia 203 Shabat

Ao longo deste Shabat, analise o material dos seis dias anteriores e use alguns dos textos estudados como base para discussões durante as refeições do Shabat:

DIA 197. Você já escreveu um testamento ético?
DIA 198. Três traços que revelam o seu caráter
DIA 199. "Até o dia de sua morte"
DIA 200. Quando os idosos se tornam frágeis
DIA 201. Além da letra da lei
DIA 202. Consulte a sua esposa, consulte os seus amigos

Shabat Shalom!

SEMANA 30

Dia 204 Domingo

"O pó do discurso proibido"

As leis judaicas que proíbem *lashon hara* (literalmente, o "discurso mau") proíbem falar dos outros de maneira desabonadora (vide Dia 43). A ética judaica também proíbe denegrir a reputação de outra pessoa, mesmo quando você o fizer não verbalmente. Portanto, é errado fazer uma careta ou virar os olhos quando o nome de alguém for mencionado. Também é errado fazer um comentário sarcástico: "É, ele é um verdadeiro gênio, né?". Quando era garoto, as crianças muitas vezes diziam algo positivo sobre outra, depois limpavam a garganta de uma maneira que expressava que queriam dizer precisamente o contrário. Entretanto, tendo em vista que a lei judaica define *lashon hara* como qualquer coisa que rebaixe a reputação de outra pessoa, é irrelevante o fato de você expressar o seu desprezo silenciosamente ou em um tom sarcástico.

Os escritos jurídicos judaicos designam essas ações como *avak lashon hara* ("o pó de *lashon hara*") e as consideram imorais: "O pó de *lashon hara*" inclui qualquer modalidade pela qual uma pessoa tente prejudicar o nome da outra sem expressamente dizer qualquer coisa crítica. Por exemplo, suponhamos que você recebeu uma carta que contenha erros de ortografia e gramática. É moralmente errado mostrá-la para outra pessoa se o seu objetivo for rebaixar o respeito do leitor pelo autor da carta. Também é errado mostrar a uma pessoa uma foto desfavorável de outra e vocês dois rirem da foto.

O "pó de *lashon hara*" também abrange insinuações verbais. Por exemplo, é errado sugerir que você sabe algo ruim sobre outra pessoa, mesmo que você não revele o que é, como em: "Não diga o nome do Roberto perto de mim. Não quero dizer o que sei sobre ele". E assim como é errado dizer a uma pessoa que se aperfeiçoou "lembre-se de como você agia" (vide Dia 360), é igualmente errado transmitir uma impressão negativa do passado da pessoa para os outros, como em: "Nenhum de nós que conhecia Barbara aos 20 e poucos anos poderia imaginar que ela se tornaria uma pessoa legal como se tornou".

Quando se trata de *lashon hara*, se o seu objetivo for denegrir a reputação de outra pessoa, isso pode ser feito por meio de palavras, uma risada sarcástica ao compartilhar uma carta que desabone o autor. Cada um desses métodos é efetivo, cruel e errado.

Com relação a outro exemplo do "pó da fala proibido", vide Dia 317.

Dia 205 Segunda-feira

Um experimento de 24 horas

Você consegue passar 24 horas sem dizer qualquer coisa cruel *sobre* ou *para* alguém? Quando desafio as plateias a fazerem isso, invariavelmente alguém solta um riso nervoso. Elas têm certeza de que não conseguem passar um dia inteiro sem pelo menos fazer uma referência cruel sobre alguém.

"Então vocês têm um sério problema", digo-lhes. "Porque se eu lhes pedisse para passar 24 horas sem tomar qualquer bebida alcoólica e vocês dissessem que não conseguiriam, isso significaria que vocês são alcoólatras. E se vocês não conseguissem passar 24 horas sem fumar um cigarro, isso significaria que vocês são viciados em nicotina. E se vocês não conseguem passar 24 horas sem dizer qualquer coisa cruel sobre ou para alguém, isso significa que vocês perderam o controle da boca e recuperar esse controle vai demandar vigilância".

Se você desejar fazer esse experimento, verifique o seu relógio. Decida que até esta hora amanhã, você não dirá qualquer coisa negativa sobre outra pessoa (exceto no caso muito raro em que for necessário transmitir essa informação; por exemplo, se tiver descoberto que uma amiga sua pretendia namorar um cara que já havia batido na ex-mulher). Ao longo do dia, em suas relações com os outros, você monitorará constantemente o que fala e manterá sua raiva e seus impulsos de julgamento sob controle. Se precisar criticar, restrinja sua crítica ao incidente que provocou sua ira, não se envolva em um ataque generalizado contra a pessoa que o irritou. Se você se envolver em uma briga, argumentará de maneira justa, não permitindo que sua discordância se degenere a ponto de você xingar ou utilizar outras formas de abuso verbal. Ao longo do dia, você não disseminará rumores negativos e se absterá de difamar grupos e indivíduos.

Em outras palavras, durante 24 horas completas, você seguirá a Regra de Ouro e falará *sobre* e *com* os outros com a mesma gentileza e justiça que deseja que eles tenham ao falarem sobre e com você.

Certa vez, um Rabi me contou sobre uma expressão favorita de sua avó: "As pessoas não têm o poder de ser lindas, mas podem se certificar de que as palavras que saem de sua boca o sejam".

Quando você estiver pronto para começar esse experimento, verifique seu relógio e anote a hora.

Desejo-lhe 24 horas de conversas puras e conciliadoras.

Dia 206 Terça-feira

Não guarde rancor

Dentre as leis da Torá mais difíceis de serem obedecidas encontra-se uma que ocorre no mesmo versículo em que está escrito "Amarás o teu próximo como a ti mesmo". Antes de anunciar a Regra de Ouro, a Torá ordena: "Não ... guardarás rancor contra os filhos do teu povo" (Levítico 19:18).

Os Rabis do Talmude explicam em termos bem concretos o que significa obedecer a essa lei: "O que é guardar rancor? Se A disser para B: 'Empreste-me o seu machado' e B disser: 'Não' e, no dia seguinte, B disser para A: 'Empreste-me suas roupas' e A responder: 'Aqui estão. Eu não sou como você, que não me emprestou o que pedi', isso é guardar rancor" (Talmude Babilônico, *Yoma* 23a).

É óbvio que, aquele que nos magoou claramente se beneficiará se observarmos esse preceito. Ele se recusou a nos emprestar algo, mas agora receberá o que quer, sem nem mesmo ter que sofrer a vergonha de uma repreensão.

Entretanto, o Rabi Abraham Twerski, psiquiatra, lembra-nos de que ao renunciar ou suprimir nosso rancor, beneficiamo-nos muito mais do que aquele que nos ofendeu. O Rabi Twerski, cuja carreira é em grande medida dedicada a tratar o alcoolismo e outros vícios, observa que a incapacidade de uma pessoa magoada de suprimir ressentimentos e rancor está entre os fatores mais significativos responsáveis por recaídas dentre os viciados em recuperação.

Em uma poderosa declaração sobre o preço que as pessoas pagam por guardar rancor, um alcoólatra em recuperação escreveu: "Nutrir ressentimentos é como deixar que alguém de que você não gosta more na sua cabeça sem pagar aluguel".

Essa declaração é tão importante que acredito que valha a pena repeti-la: "Nutrir ressentimentos é como deixar que alguém de que você não gosta more na sua cabeça sem pagar aluguel".

Como um Rabi que já teve a chance de aconselhar pessoas, eu já vi indivíduos que passavam horas por dia pensando em quem não gostavam. Não sei se sua raiva e seus pensamentos vingativos frequentes provocavam qualquer dano tangível às pessoas que elas desprezavam, mas esse sentimento certamente consome seus dias e, às vezes, suas vidas.

Sei que naqueles dias em que estou consumido pela raiva, raramente consigo escrever qualquer coisa que valha a pena ou estudar, ou ter alguma interação significativa com alguém. Como poderia? Minha mente está constantemente sendo desviada do que estou escrevendo, lendo ou falando, para pensamentos sobre a pessoa de quem tenho mágoa.

Como diz tão sabiamente o Dr. Twerski: "Por que alguém permitiria isso?".*

---

* Twerski e Schwartz, *Positive Parenting*.

Dia 207 Quarta-feira

Recolhendo as pedras no caminho

Um aluno de uma *yeshivá* viu um pedaço de papel no chão. Acreditando que tivesse caído de um texto religioso contendo o nome de Deus, pegou-o. Quando o examinou, viu uma folha comum de papel e a jogou de volta.

Um Rabi, observando o jovem, chamou-o e pediu que explicasse seu comportamento. O aluno explicou que quando viu que o papel não continha escritos religiosos, apenas o soltou.

O Rabi lhe disse: "Em primeiro lugar, você deveria tê-lo jogado no lixo. Limpeza também é um valor. O mais importante, porém, você não percebe que outro aluno ou Rabi vai passar por ali, ver o papel, pensar que possa conter o nome de Deus e curvar-se exatamente como você fez para pegá-lo?"

É claro, pedaços de papel no chão não são os únicos itens que as pessoas deveriam pegar. Uma famosa lei bíblica ensina: "Não porás tropeço diante do cego" (Levítico 19:14; vide Dias 58 e 113): a lógica por trás dessa lei sugere, da mesma forma, que as pessoas devem pegar qualquer coisa que esteja no chão da rua e que possa fazer outra pessoa tropeçar. Por exemplo, se você vir uma pedra ou outra coisa em que uma pessoa possa tropeçar, pegue-a e coloque-a no lixo, ou no canto da estrada. Além disso, cuidado com fumantes que casualmente jogam cigarros acesos e não os apagam; uma criança poderia pegá-lo e queimar-se. Apagar cigarros acesos deveria tornar-se um hábito seu.

A Torá proíbe especificamente que coloquemos pedras no caminho, mas a ética também ordena que levantemos as pedras no caminho colocadas por pessoas ou pela natureza.

Dia 208 Quinta-feira

Os limites do autossacrifício

Dois homens estão viajando juntos [no deserto] e um deles tem um cântaro de água. Se ambos tomarem a água, ambos morrerão, mas se apenas um tomá-la, poderá alcançar a civilização e sobreviver. [O que o homem com a água deveria fazer?] Ben Petura ensina: "É melhor que ambos tomem a água e morram, em vez de um olhar enquanto o companheiro morre". Todavia, o Rabi Akiva veio e ensinou: [o versículo na Torá] 'para que teu irmão viva contigo' (Levítico 25:36) significa [somente se ele também puder viver você deve compartilhar a água, mas em casos de conflito] sua vida prevalece sobre a dele".

— TALMUDE BABILÔNICO, BAVA MEZIA 62A

Na situação acima, quando A e B estão no deserto e A tem toda a água, há três cursos de ação possíveis:

- A agir como um mártir e dar a água para B.
- A compartilhar a água com B e ambos morrerem.
- A tomar a água sozinho.

Com relação à primeira possibilidade, o judaísmo nunca exigiria que A agisse como um mártir. Embora em determinadas circunstâncias esse comportamento seja louvável (como uma pessoa com uma doença terminal que abre mão da água por alguém saudável), a lei judaica nunca tornaria esse comportamento obrigatório. Pois se A fosse impelido a dar sua água para B, então B, por sua vez, seria obrigado a devolver a água para A. Na verdade, eles continuariam passando o recipiente, um para o outro, até o momento em que alguém encontrasse dois corpos no deserto, o cântaro entre eles.

Com relação à posição de Ben Petura, de que A deveria compartilhar a água, e a posição de Rabi Akiva, de que A deveria tomar a água, o Talmude nunca se pronuncia de maneira definitiva. Entretanto, por causa da proeminência do Rabi Akiva na lei judaica, as autoridades rabínicas, em geral, presumem que a lei judaica estará em harmonia com ele. Dessa forma, de acordo com essa posição, os judeus nos campos de concentração nazistas não eram obrigados a compartilhar suas provisões insuficientes de alimentos com os outros que morriam de inanição.

Se Deus quiser, poucos de nós passarão por uma situação em que terão que escolher entre morrer com o amigo ou salvar a própria vida enquanto ele morre. No entanto, acredito que esse texto talmúdico ainda tenha aplicações diárias. Por exemplo, todos reconheceriam que se A tivesse mais do que água suficiente para sobreviver, seria obrigado a compartilhá-la com B. Contudo, isso não acontece também nas situações em que todos nós nos encontramos? Não temos mais do que "água", alimentos e posses suficientes em um mundo onde muitas pessoas não têm o suficiente para sobreviver? Essa, claro, é uma das razões pelas quais a lei judaica ordena nossa obrigação de doar para caridade, para os necessitados. Tal como o Rabi Akiva, ela não determina que as pessoas deem o cântaro d'água de que precisam para sobreviver, mas impõe que seja doado para caridade pelo menos 10% dos nossos rendimentos líquidos, para que possamos sobreviver e os outros também (vide Dia 50).

Dia 209 Sexta-feira

"Vá e recolha as penas"

As crianças cantam: "Paus e pedras podem quebrar os meus ossos, mas as palavras jamais me atingirão". Entretanto, os adultos sabem muito bem que, ao longo da história, as pessoas usaram nomes e palavras para incitar os outros a pegar paus e pedras, facas e armas para machucar terceiros.

As palavras também podem ferir os indivíduos de outra maneira, ao prejudicar sua reputação de uma forma que nunca possa ser desfeita. Um conto popular judaico do século XIX conta sobre um homem que saiu pela cidade difamando o rabino. Certo dia, ao perceber que muitas das coisas que havia dito eram injustas, foi até a casa do rabino e implorou por perdão. O rabino disse ao homem que o perdoaria sob uma condição: que ele fosse para casa, pegasse um travesseiro de penas, cortasse-o e espalhasse as penas ao vento. Depois que ele tivesse feito isso, deveria voltar à casa do rabino.

Embora intrigado pelo pedido estranho do rabino, o homem estava feliz por ser perdoado com um castigo tão fácil. Rapidamente cortou o travesseiro, espalhou as penas e voltou ao rabino.

"Estou perdoado agora?", perguntou.

"Apenas mais uma coisa", disse o rabino. "Vá e recolha todas as penas".

"Mas isso é impossível. O vento já as espalhou".

"Exatamente", respondeu o rabino. "Embora você deseje de verdade corrigir o mal que fez, é tão impossível reparar os danos provocados pelas suas palavras quanto recolher as penas".

Neste Shabat e nesta semana, antes de falar de maneira negativa sobre os outros, e talvez injusta, certifique-se de que você não está espalhando penas ao vento, penas que você nunca será capaz de recuperar.

Tenha um Shabat Shalom!

Dia 210 Shabat

Ao longo deste Shabat, analise o material dos seis dias anteriores e use alguns dos textos estudados como base para discussões durante as refeições do Shabat:

Dia 204. "O pó do discurso proibido"
Dia 205. Um experimento de 24 horas
Dia 206. Não guarde rancor

Dia 207. Recolhendo as pedras no caminho
Dia 208. Os limites do autossacrifício
Dia 209. "Vá e recolha as penas"

Shabat Shalom!

SEMANA 31

Dia 211 Domingo

Certifique-se de ter um amigo que o critique

Um amigo meu estava em um jantar anual de uma instituição filantrópica e se viu sentado ao lado de uma mulher muito rica. Quando a mulher começou a falar, teceu várias críticas amargas sobre outras pessoas presentes. Seus comentários desagradáveis arruinaram a noite do meu amigo; ele compreendeu que por causa da grande riqueza dessa mulher, todos ouviam suas opiniões sem contradizê-las (o meu amigo mesmo tinha medo de dizer qualquer coisa porque sua esposa tinha negócios com o marido da mulher). Ao que parecia, ninguém jamais havia dito a ela que controlasse a língua.

Todos nós, *sem exceção*, precisamos de pessoas em quem possamos confiar para falar honesta e criticamente conosco quando agirmos de forma errada. O Capítulo 11 do Segundo Livro de Samuel conta sobre um pecado chocante cometido pelo Rei David. Do telhado de seu palácio em Jerusalém, ele viu uma bela mulher em uma casa ali perto e fez seus servos a trazerem para ele. Depois de dormir com ela e engravidá-la, David tomou providências para que seu marido, um oficial de seu exército, fosse morto em batalha e, em seguida, casou-se com ela.

Algumas pessoas em sua corte sabiam sobre seu pecado, sobretudo os servos que trouxeram a mulher para o palácio e aqueles a quem eles provavelmente confidenciaram a informação. Contudo, ninguém disse qualquer coisa ao rei. Por fim, o profeta Natan confrontou e reprovou David (vide II Samuel, Capítulo 12, para as palavras de Natan, um modelo de como repreender o outro). Se não fosse por ele, David teria continuado um pecador sem arrependimentos. Por causa de Natan, ele se arrependeu.

Você tem pelo menos um amigo (poderia ser sua esposa) que fale honestamente com você e que possa criticá-lo? Se você não tiver, não possui amigos de verdade.

Dia 212 Segunda-feira

Bar Mitzvás, Bat Mitzvás e a necessidade de um novo tipo de herói

Uma passagem talmúdica nos informa que, há cerca de 1800 anos, "os funerais em Israel se tornaram tão caros que a despesa era mais difícil para alguns parentes do que suportar a morte em si. Alguns parentes até abandonavam o cadáver e fugiam". Outros, como podemos imaginar, gastavam grandes quantias e empobreciam.

Essa situação infeliz finalmente acabou quando Rabi Gamliel, o proeminente líder de sua geração e um homem rico, "deu ordens para que seu corpo fosse carregado até o túmulo em uma simples túnica de linho".*

---

* As vestimentas caras com as quais se enterrravam as pessoas eram uma das maiores despesas dos funerais. Como, naquela época, os caixões não eram usados nos funerais judaicos, todos os passantes podiam ver as vestimentas simples com as quais Rabi Gamliel foi enterrado.

Rabi Pappa disse: "E agora é a prática geral carregar os mortos, mesmo que apenas em roupas ásperas, que valem apenas um *zuz*" (*Ketubot* 8b).

O exemplo de Gamliel provou ser tão poderoso que, desde então, os funerais judaicos *religiosos* quase sempre seguiram seu modelo. Mesmo entre os judeus religiosos abastados, os funerais e caixões continuam simples e relativamente baratos.

A comunidade judaica, hoje em dia, precisa de um Rabi Gamliel para mudar a natureza das recepções de *Bar Mitzvá* e *Bat Mitzvá*. Agora é comum que os judeus gastem mais de 60 mil dólares nessas celebrações e que muitos outros gastem 30 mil dólares ou mais.

Para não parecer avarento ou descuidado com seus filhos, vários judeus menos prósperos se sentem forçados a gastar muito mais nessas festas do que podem ou gostariam. Além disso, as festas nas quais se esbanja dinheiro diversas vezes acabam diminuindo, ou até eliminando, o sentido religioso do *Bar Mitzvá*.* Para muitos dos celebrantes, o que conta é o "*bar*", e não a *mitzvá*.

Chegou a hora de alguns heróis morais abastados organizarem uma celebração simples de *Bar* ou *Bat Mitzvá*, na qual a festa seja bem agradável e comemorativa, mas que não se esbanje dinheiro. Se as primeiras pessoas que fizerem esse evento temerem que seus conhecidos os vejam como "avarentos", ou que sejam espalhados boatos de que estão sofrendo dificuldades financeiras, deixe que se levantem e anunciem que os 70 mil dólares (ou qualquer outra quantia) que estão economizando serão doados para instituições de caridade da escolha da pessoa que está celebrando o *Bar* ou *Bat Mitzvá*.

---

* Um artigo publicado na *New York Magazine* (9 de março de 1988) descrevia uma recepção de *Bar Mitzvá* na qual foram gastos 20 mil dólares em uma exibição de fogos de artifício, outra em Las Vegas, na qual a estrela Natalie Cole cobrou 150 mil dólares para cantar em uma festa no porta-aviões *Intrepid* e uma terceira, em que foi alugado um computador para mesclar a imagem de um garoto com sua namorada para mostrar o possível rosto de seus futuros filhos. O artigo também detalhava um *Bat Mitzvá* para o qual os pais utilizaram um mural de 18 metros de comprimento retratando os Beatles, a banda favorita da menina. Os convidados sentados na mesa chamada "Yellow Submarine" foram presenteados com um ornamento que consistia em um tanque cheio de peixes de verdade.

Se os judeus ricos proeminentes fizessem *Bar* ou *Bat Mitzvás* simples, o bem que fariam a tantos de seus companheiros judeus menos ricos seria quase incalculável.* *Mazal tov!*

Dia 213 Terça-feira

Comece seu dia com gratidão

Eu não fiz o ar que respiro
Nem o sol que me aquece...
Não dotei os músculos
Das mãos e do cérebro
Com a força
Para arar, plantar e colher...
Sei que não sou um homem
Que se fez sozinho.

– Rabi Ben Zion Bokser

Conheço muitos indivíduos, principalmente crianças e adolescentes, que fazem todos os dias duas coisas que odeiam: ir dormir à noite e levantar-se de manhã. Alguns dos meus amigos alegam que não são completamente humanos e sociáveis até tomarem sua xícara de café de manhã.

---

* Rebbe Gerrer determinou diretrizes bem específicas para seus milhares de seguidores chassídicos com relação ao que deveria ser servido e gasto em uma refeição de celebração. Também nos últimos anos, a UAHC, organização das sinagogas reformistas, emitiu uma diretriz aos seus membros, observando que "muitos dos nossos eventos sociais de *Bar* e *Bat Mitzvá* explodiram em celebrações excessivas. Devemos resistir a essa comercialização implacável dos nossos eventos sagrados".

A tradição judaica indica uma maneira diferente de começar bem o seu dia: deixe que suas primeiras palavras sejam uma expressão de gratidão e alegria. Ao levantar-se, as primeiras palavras que um judeu deve proferir estão em uma oração:

Modeh ani le-fa-necha, melech chai ve-kayyam, she-he-che-zarta be nishmati be-chem-la, rabba eh-mu-na-techa (Sou grato a Ti, Rei vivo e eterno, por ter restaurado dentro de mim com misericórdia. Tua lealdade é grande.)

Se você já não o fizer, comece cada dia desta semana com o *Modeh Ani*, agradecendo a Deus pelo presente mais precioso de todos – a vida. Se você já recitar essa oração ao se levantar, ao longo da próxima semana, faça um esforço especial para se concentrar nas palavras conforme as declama; certifique-se de que sua declamação não é mecânica. Antes de dizer o *Modeh Ani*, pense em pelo menos um motivo pelo qual você é verdadeiramente feliz por estar vivo e o senso de admiração e gratidão virá automaticamente.

Dia 214 Quarta-feira

Se você tiver uma tendência a reclamar dos outros

Você é uma daquelas pessoas que deixam claro quando sente que foi tratada de forma injusta? Você escreve cartas de reclamação quando um funcionário é grosseiro, o voo de uma companhia aérea está atrasado ou um trabalho é realizado de maneira ineficiente?

Você tem todo o direito de fazê-lo, mas tem certeza de que sempre age de forma justa? Uma pessoa íntegra certifica-se de deixar clara sua satisfação, não apenas sua reprovação. Dennis Prager sugere que se você for uma daquelas pessoas que sempre escrevem cartas de reclamação, decida que, para cada uma que você escrever, também escreverá um bilhete de agradecimento. Há algo mesquinho e egoísta em apenas deixar claro o seu descontentamento.

Em suas "Leis Referentes ao Desenvolvimento da Personalidade", Maimônides argumenta que a única maneira de corrigir uma falha de caráter consiste em temporariamente ir para o outro extremo (vide Dia 150). Por exemplo, se você sempre chega atrasado em seus compromissos, deixe claro que de agora em diante você não apenas chegará na hora, porém mais cedo. Da mesma forma, se você tiver uma tendência a reclamar sobre os outros, estabeleça um período durante o qual você buscará maneiras de elogiar as pessoas. Talvez você pudesse beneficiar-se de uma sugestão do Rabi Rami Shapiro, que se habituou a escrever bilhetes de agradecimento para pessoas solícitas. Ele mantém uma pilha de cartões carimbados à mão: "Escrevo para gerentes de lojas, autores de livros que me emocionaram, até para amigos, de vez em quando. Da mesma forma, faço elogios a funcionários solícitos aos seus superiores".

Rabi Shapiro cita o conselho que ouviu de David Reynolds, fundador da Vida Construtiva: "Diga 'obrigado' pelo menos dez vezes por dia".*

O conselho de Reynolds é reminiscente da tradição judaica que incentiva uma "atitude de gratidão" a Deus por todas as coisas boas na vida de uma pessoa ao ordenar um mínimo de 100 bênçãos (*berachot*) a serem declamadas por dia.

Durante o resto do dia, monitore o seu comportamento, não o altere e verifique ao longo do dia quantas vezes você disse obrigado. Se o número for inferior a dez ou se você perceber que deveria ter dito "obrigado" em determinados momentos, mas não o fez, busque oportunidades no dia seguinte para dizer "obrigado" pelo menos dez vezes. E se encontrar as oportunidades para dizê-lo 20 vezes, quem sabe, você poderá ajudar a apressar a vinda do Messias.

---

* Shapiro, Minyan: *Ten Principles for Living a Life of Integrity*, página 137.

Dia 215 Quinta-feira

Respeite a privacidade de sua família

Acreditando que seus filhos não têm ou não deveriam ter segredos, muitos pais entram em seus quartos sem antes bater na porta. A tradição judaica opõe-se a esse comportamento; o Talmude ordena especificamente: "Não entre repentinamente em sua casa" (ou seja, sem bater ou se anunciar. *Pesachim* 112a).

Outro texto estende essa proibição a se intrometer na vida de seus amigos. O texto que comprova essa proibição deriva de Gênesis. No começo do capítulo 3, Adão e Eva pecam contra a ordem de Deus ao comer o fruto da proibida Árvore do Conhecimento. Quando Deus os confronta, Ele grita primeiro: "Onde estás?" (Gênesis 3:9). A partir disso, os Rabis deduzem que "um homem nunca deve entrar repentinamente na casa do amigo e todos nós podemos aprender *derech eretz* (boas maneiras) com o Todo-Poderoso, que ficou na entrada do Jardim do Éden e chamou por Adão..." (*Derech Eretz Rabbah* 5:2).

Obviamente, Deus, o Onisciente, sabia onde Adão e Eva estavam, mas não queria surgir repentinamente. O comportamento de Deus deveria servir como modelo eterno de etiqueta para todos nós. Não assuste as pessoas.

Na próxima vez em que for abrir a porta do quarto do seu filho, contenha-se – e bata na porta.

Dia 216 Sexta-feira

"O que diz um bom convidado?"

Ben Zoma costumava dizer: O que diz um bom convidado? "Quanto trabalho dei ao meu anfitrião. Quanta carne colocou diante de mim. Quanto vinho trouxe para mim. Quantos bolos me serviu. E tudo isso pelo meu bem!"

> *Mas o que diz um mau convidado? "Que tipo de esforço o anfitrião fez por mim? Comi apenas uma fatia de pão. Comi apenas um pedaço de carne e tomei apenas uma taça de vinho! Seja lá o trabalho que teve o meu anfitrião, foi pelo bem de sua esposa e de seus filhos".*
>
> – TALMUDE BABILÔNICO, *Berachot* 58A

Infelizmente, muitos de nós se iludem, acreditando que sabemos expressar gratidão quando não sabemos. Assim, acreditamos que agradecer aos nossos anfitriões ao fim da noite é suficiente. Contudo, se você já saiu de um evento social depois de dizer a eles sobre a maravilhosa noite que teve e depois, a caminho de casa, envolveu-se em uma análise crítica do caráter das pessoas que o receberam, você praticou ingratidão, não gratidão.

Sei que quando eu e minha esposa recebemos pessoas, passamos horas arrumando a casa e planejando o evento para que nossos convidados possam ter a noite mais agradável possível. O pensamento de que algum deles possa nos dissecar criticamente depois me magoa. E não acredito que esteja sendo paranoico ao suspeitar que muitos deles façam isso; estou ciente de quantas vezes eu mesmo já fiz isso.

Depois de sair da casa de pessoas que tentaram oferecer-lhe uma noite agradável, a coisa mais justa a se fazer é não dizer nada sobre eles que os denigra. Se você acreditar que não possa obedecer a essa norma, pelo menos não o faça no caminho de volta para casa. Segure-se por 24 horas. Em seguida, quando então fizer seus comentários, eles provavelmente terão sido suavizados. Além disso, antes de verbalizar uma crítica, pense nos esforços que essas pessoas fizeram para lhe oferecer uma noite divertida. É justo reagir ao comportamento delas com observações críticas?

É injusto partilhar a hospitalidade dos outros, agradecê-los e depois, como um espião, utilizar informações adquiridas ao estar na casa deles para criticá-los e denegri-los. Se você tiver certeza de que as observações que faz sobre os outros raramente são negativas ou desrespeitosas, pergunte-se se você falaria da mesma maneira se soubesse que seus anfitriões poderiam ouvir sua conversa. Se você não gostaria, tem certeza de que é correto fazer esses comentários?

É claro, não é suficiente apenas tentar abster-se de dizer coisas críticas. Como sugere Ben Zoma, deve-se cultivar a gratidão: "Quanto trabalho dei ao meu anfitrião" é um bom começo para aquele que deseja se tornar um bom convidado na mesa da vida.

Tenha um Shabat Shalom!

Dia 217 Shabat

Ao longo deste Shabat, analise o material dos seis dias anteriores e use alguns dos textos estudados como base para discussões durante as refeições do Shabat:

DIA 211. Certifique-se de ter um amigo que o critique
DIA 212. *Bar Mitzvás, Bat Mitzvás* e a necessidade de um novo tipo de herói
DIA 213. Comece seu dia com gratidão
DIA 214. Se você tiver uma tendência a reclamar dos outros
DIA 215. Respeite a privacidade de sua família
DIA 216. "O que diz um bom convidado?"

Shabat Shalom!

SEMANA 32

Dia 218 Domingo

Perguntas para se fazer antes de sair criticando os outros

As pessoas que têm muita liberdade para expressar suas visões negativas dos outros, muitas vezes, não estão cientes de quanta dor e agonia provocam. Conheço uma mulher que teme as visitas prolongadas de sua sogra porque a idosa expressa tudo o que reprova na forma como a nora comanda a casa. Conheço outra mulher que se orgulha de ser honesta e de falar para as pessoas (até para quem ela conhece pouco) o que elas precisam aperfeiçoar em si.

Sua esposa, seus parentes ou seus amigos também devem ter traços que o chateiam, mas nem tudo que o aborreça nos outros deve ser mencionado. Mesmo quando você testemunha coisas que reprova, é melhor reservar sua crítica para questões importantes. Caso contrário, segure sua língua. Uma mulher que conheço estava prestes a viajar com o marido quando um vizinho a criticou por sair de férias e deixar os filhos com a babá. As palavras não ajudaram; tiraram o ânimo da viagem.* O Talmude registra uma história incomum sobre o Rabi Shimon bar Yochai. Oponente ardente do domínio romano sobre Israel no século II da Era Comum, Rabi Shimon descobriu que o governo havia lançado uma sentença de morte contra ele e fugiu com o filho para uma caverna. Ocorreu um milagre e uma árvore de alfarroba e uma mina d'água surgiram para proporcionar-lhes o sustento.

Durante 12 anos, os dois homens permaneceram escondidos, passando os dias estudando a Torá. Finalmente, chegou a eles a notícia de que a sentença de morte havia sido anulada. Quando saíram da caverna, viram pessoas arando e semeando. Como se acostumou a passar todo o tempo estudando a Torá, o Rabi Shimon estava ultrajado: "Essas pessoas abandonam a vida eterna para se envolver na vida temporária". Lançou um olhar tão desanimado sobre o que via que, nas palavras do Talmude, tudo, inclusive a colheita, foi "imediatamente incinerado". Nesse momento, uma voz divina gritou: "Você emergiu para destruir o meu mundo? Volte para sua caverna!" Apenas depois de um ano os dois homens estavam prontos para julgar aqueles que viviam de forma diferente da deles de maneira mais moderada e justa, e eles foram considerados aptos a viver entre as pessoas normais (*Shabbat* 33b).

---

* Um vizinho crítico pode muito bem ter acreditado que seus comentários eram importantes. No entanto, dizer para alguém que está prestes a viajar o que você acredita que é errado não vai impedir a pessoa de viajar. Se você acreditar que a questão é importante, é melhor ter a discussão com bastante antecedência à viagem, quando puderem ser consideradas alternativas, ou esperar até a pessoa retornar e discuti-las, quando as coisas estiverem menos apressadas e a pessoa estiver menos apta a ficar na defensiva.

Na próxima vez em que você se vir pronto para começar a dizer a alguém exatamente o que você reprova na pessoa, primeiro faça as seguintes perguntas a si mesmo:

- Minhas palavras são necessárias?
- Estou sendo justo na minha crítica?
- Minhas palavras vão magoar os sentimentos da outra pessoa e, em caso afirmativo, há alguma maneira de dizê-las que minimize a mágoa?
- É provável que minhas palavras tragam uma mudança no comportamento da outra pessoa?
- Como eu me sentiria se alguém me criticasse da mesma maneira que estou fazendo com o outro?
- Como me sinto ao fazer essa crítica? Eu realmente quero fazê-la? Como é mais provável que uma pessoa que agiu de forma inadequada mude seu comportamento quando a crítica for feita de maneira amável, se você se vir ansioso para censurar alguém, não o faça. Seus motivos provavelmente não são sinceros e sua crítica será ineficaz.

Só fale depois de ter respondido adequadamente a essas perguntas.

Dia 219 Segunda-feira

Saber quando se afastar

Com justiça julgarás o teu próximo.
— LEVÍTICO 19:15

Essa determinação da Torá de julgar com justiça o próximo foi direcionada aos juízes. O Rabi Pappa adverte um juiz a não julgar o caso de alguém que ame ou odeie, pois "em caso de uma pessoa querida, não se vê suas falhas; em caso de uma pessoa odiada, não se vê seus méritos" (*Ketubot* 105b).

Michael Katz e Gershon Schwartz, autores de *Swimming in The Sea of The Talmud*, ampliam a aplicabilidade dessa determinação talmúdica para cobrir situações contemporâneas, inclusive casos não relacionados a tribunais e juízes. Ao fazê-lo, os autores mostram como até as pessoas mais bem intencionadas podem agir de forma insensata e injusta quando as próprias emoções estão envolvidas:

> Um pai que é o técnico de um time juvenil há muitos anos coloca o próprio filho na equipe. Muitos amigos sugerem que ser técnico do seu filho não é a melhor das situações, mas o pai acredita que pode lidar com isso. Em um jogo fundamental, com o campeonato em risco, o técnico escolhe seu filho para ser o principal centroavante, apesar do histórico medíocre do garoto. A criança tem um desempenho ruim; o time oposto rechaça praticamente todos os ataques. Apesar da infelicidade dos outros membros do time e das reclamações dos muitos pais nas arquibancadas, o técnico se recusa a tirar seu filho e colocar outro jogador. Mais tarde, ele culpa a derrota à injustiça do árbitro e à atuação ruim dos jogadores. O que o treinador-pai se recusou a reconhecer é que é muito difícil ver as deficiências daqueles que amamos. Um técnico deve tratar todos os jogadores da mesma maneira; um pai deve mostrar atenção especial ao seu filho. Às vezes, esses dois papéis são mutuamente excludentes.
>
> Uma supervisora no trabalho é solicitada a fazer uma avaliação de uma das funcionárias da empresa que está sendo considerada para uma promoção. No ano anterior, entretanto, as duas mulheres discutiram amargamente sobre a maneira como um trabalho deveria ser executado. Foram trocadas palavras ásperas e sentimentos foram feridos. A funcionária questionou a competência da supervisora e fez uma reclamação ao chefe. A supervisora nunca esqueceu ou perdoou. Agora, *ela* terá a última palavra, certificando-se de que a funcionária pagará pelo que lhe fez. Apesar do fato de que todos valorizam a funcionária e elogiam seu trabalho, a supervisora não consegue encontrar nada positivo para dizer sobre ela.

Talvez existam aqueles que possam avaliar objetivamente o trabalho ou as capacidades de uma pessoa que amam ou odeiam, mas são uma raridade. Katz e Schwartz apontam que é por isso que o já citado Rabi Pappa "sugere que reconheçamos isso e nos afastemos, permitindo que alguém mais objetivo e menos envolvido julgue a situação e tome as decisões difíceis".*

A Torá ordena que julguemos de maneira justa. Quando nossos sentimentos são muito intensos para que possamos ser objetivos, somos obrigados a nos afastar.

Dia 220 Terça-feira

Quando você julgou alguém injustamente

O Primeiro Livro de Samuel começa com a história de Hannah, uma mulher casada que está profundamente angustiada por sua incapacidade de engravidar. Ela entra no templo israelita em Siló, onde chora e suplica em silêncio para que Deus lhe dê um filho.

Eli, o sumo sacerdote, vendo os lábios de Hannah movendo-se, mas sem ouvir qualquer som, presume que ela esteja bêbada. Aproxima-se e a repreende: "Por quanto tempo fará um espetáculo bêbado de si? Trate de ficar sóbria!" (1:14).

Hannah sente-se ferida pelas palavras cruéis de Eli: "Não, meu senhor, sou uma mulher muito infeliz". Ela explica a ele que estava abrindo o coração para Deus por causa de sua angústia e aflição.

Como Eli deve ter ficado constrangido quando percebeu quão injusto havia sido com Hannah. Em vez de obedecer a determinação da Torá, "com justiça julgarás o teu próximo" (Levítico 19:15), ele havia chegado a uma conclusão injusta.

---

* Katz e Schwartz, *Swimming in The Sea of The Talmud*, páginas 195-96.

Assim que Eli percebe seu erro, abençoa Hannah para que ela vá em paz e que Deus lhe conceda tudo o que foi pedido. Um ano mais tarde, ela dá à luz o futuro profeta Samuel, a quem a Bíblia compara a Moisés e Arão (Salmos 99:6).

Muitos de nós se comportam como Eli; quando vemos alguém fazendo algo que não compreendemos, condenamos a pessoa sem connhecer todos os fatos. Um pecado que os judeus confessam no Yom Kippur é "pelo pecado que cometemos diante de Ti por julgamento precipitado [dos outros]". As conclusões cruéis às quais os julgamentos precipitados podem conduzir foram enfatizadas em "Na rua", um poema de Roger Bush:

Ela era bela e sorria aos homens que se aproximavam.
Podia vê-la de perfil. Doce e também atrevida.
Os homens constrangidos se afastavam.
Apressavam o passo; pareciam culpados, alguns enrubesciam.
Destemida, porém, ela olhava para o próximo com um sorriso expectante,
Para ser rejeitada novamente.
Abordagem, pensei; uma prostituta em plena luz do dia;
Até que ela se voltou
E vi que vendia botões para caridade.

Ele tropeçou nos degraus e caiu, Senhor,
Uma massa amassada na calçada.
Sua garrafa quebrou e o líquido se derramou ao redor.
Está bêbado, pensei. Aversão. Desdém. Até que...
Duas garotas saíram correndo de um carro próximo e gritaram:
"É o papai. Por favor, ajudem. Ele está doente".

Ele percebeu o meu olhar fixo. Esse jovem de olhos gananciosos,
Ele também havia visto a bolsa aberta sobre o braço envelhecido,
Com os poucos dólares expostos à vista,
Perseguia a presa e a idosa apenas olhava as vitrines.
Ele vai pegar e correr, pensei, mas não,
Em silêncio, tocou seu ombro, apontou para a bolsa,

Trocaram sorrisos.
Seguiram seus caminhos.
Ó Senhor, perdoe-me, perdoe-me.
Por que eu sempre penso o pior sobre seus filhos?

Se você julgou outra pessoa injustamente, sobretudo se tiver compartilhado com os outros quanto você desconsidera essa pessoa, você é obrigado a ir até todos com quem falou mal da pessoa e confessar a elas quanto estava errado.*

Em segundo lugar, assim como Eli, você deveria fazer um favor ou algum ato de gentileza pela pessoa que menosprezou.

Por fim, comece a tentar julgar os demais de maneira menos crítica e mais compassiva.

Dia 221 Quarta-feira

*"Por isso o homem foi criado sozinho"***

Na antiga Israel, quando uma testemunha dava um passo à frente para oferecer um testemunho em um caso de pena de morte, os juízes lhe davam um aviso extenso e bem sombrio. Primeiro, informavam-lhe que seu testemunho não poderia ser baseado em suposições ou boatos e que estaria sujeita a um interrogatório extremamente detalhado. Também lembravam a ela que os casos civis se diferenciavam dos casos de pena de morte: em um caso civil, se uma testemunha mentir ou enganar e depois desejar arrepender-se, "poderá ganhar reparação por meio de restituição monetária, mas em um caso de pena de morte, o sangue do inocente, executado por meio de falso testemunho, e aquele dos descendentes que

---

* A ética ordena que você também diga à pessoa que você difamou o que você disse sobre ela para os outros? Geralmente não. Se a pessoa descobrir o que você disse, isso pode causar uma dor terrível a ela (vide Dia 192).

** Mishná, *Sanhedrin* 4:5.

possam ter nascido dele assombrarão a testemunha até o fim dos tempos".*
Contudo, essa advertência ainda era considerada insuficiente. O tribunal, então, sujeitava a testemunha a mais uma lição bíblica:

> Por isso o homem [em hebraico, *Adão*, tanto o nome da primeira pessoa quanto o termo para "pessoa"] foi criado sozinho, para nos ensinar que quem leva uma vida isolada é como se tivesse destruído o mundo inteiro, enquanto quem salva uma única vida é como se tivesse salvo o mundo inteiro.
>
> Isso também tem por objetivo a manutenção da paz entre as pessoas, pois ninguém pode se gabar diante do próximo: "Meu ancestral era melhor do que o seu"...
>
> Isso também serve para enfatizar a grandeza do Eterno, abençoado seja Ele, pois uma pessoa cunha várias moedas de um molde e todas são iguais, mas o Rei dos Reis, o Santificado, forma toda a humanidade a partir da forma do primeiro homem, e cada um é único. Portanto, cada pessoa é obrigada a dizer: "Para o bem o mundo foi criado".
>
> – Mishná, *Sanhedrin* 4:5

Como essa passagem esclarece, a ética judaica insiste no grande valor do indivíduo. Os Rabis basearam isso na criação de um homem, Adão, por parte de Deus. Se Adão tivesse morrido, o mundo teria sucumbido com ele. A partir disso, os Rabis deduziram que cada ser humano, criado à imagem de Deus e de Adão, é tão valioso quanto o mundo.

Perturbadoramente, em muitos textos da Mishná, encontramos uma redação diferente: "... aquele que destrói uma única vida *judia* é como se destruísse um mundo inteiro, e aquele que salva uma única vida *judia* é como se salvasse um mundo inteiro". Contudo, essa redação não faz sentido. Adão não era judeu (o primeiro judeu foi Abraão). Tudo o que podemos aprender com a vida de Adão é a sacralidade de cada indivíduo, não a do *judeu*. Como todos os seres humanos descendem de Adão e como são criados

---

* Os Rabis ofereceram à testemunha uma lição da Bíblia, lembrando-a de que quando Caim matou Abel, Deus fez uma denúncia estranhamente formulada: "A voz dos *sangues* do teu irmão clama a mim desde a terra" (Gênesis 4:10). Como não há plural para a palavra "sangue" em hebraico, os Rabis compreendiam "sangues" como sugestão do sangue de Abel e de todos os seus descendentes não nascidos.

à imagem divina, toda vida humana é sagrada. Claramente, *essa* era a redação original da Mishná.

Esse texto também é um antídoto efetivo contra o racismo. Todas as pessoas descendem do mesmo homem, assim, estão relacionadas. Não há raças superiores e inferiores.

Finalmente, o texto ensina que cada indivíduo é único. Quando um governo ou governante cunha moedas, cada uma aparenta ser exatamente igual. Contudo, Deus fez os seres humanos e todos são diferentes (até os gêmeos idênticos têm digitais diferentes). Portanto, cada pessoa deveria sentir orgulho: todos nós somos criados à imagem de Deus e não nos parecemos com qualquer outro que já tenha sido criado.

O ato mais religioso que uma pessoa pode realizar é entrar em sintonia com quem ela encontra, que também foi criado à imagem de Deus e com valor infinito. Aquele que segue essa diretriz mostrará respeito a todas as pessoas, não apenas aos ricos e poderosos. Da mesma forma, talvez o ato mais irreligioso que alguém possa realizar seja tratar outro ser humano sem respeito. Fazê-lo mostra que a pessoa não acredita realmente que o outro tenha sido feito à imagem de Deus. Portanto, enquanto o mau tratamento a uma pessoa é um pecado contra ela, também é um pecado contra Deus.

Por fim, como nos recorda a Mishná, tratar-se mal também é pecado. Se o mundo foi criado para o seu bem, você não é digno de respeito e gentileza?

Dia 222 Quinta-feira

"Se alguém quiser matá-lo, levante-se cedo e mate a pessoa primeiro"*

Embora a lei judaica ensine que cada vida humana possui valor infinito (vide o título de ontem), também ordena que um ser humano que mata pessoas inocentes seja privado de seu direito de

---
* Talmude Babilônico, *Sanhedrin* 72a.

viver. A única lei bíblica repetida em cada um dos cinco livros da Torá é aquela que ordena a pena de morte para todo aquele que comete assassinatos premeditados (vide, por exemplo, Gênesis 9:6, "Quem derramar o sangue do ser humano; pelo próprio homem seu sangue será derramado").* Com relação àqueles que se propõem a matar os outros, o Livro do Êxodo ensina que se um ladrão cavar um túnel para a casa de alguém à noite e for descoberto, o dono da casa tem o direito de matá-lo. Na primeira leitura, essa regra parece surpreendente, pois a lei judaica proíbe matar alguém que infrinja a propriedade de outra pessoa. Entretanto, a Torá presume que um ladrão que arrombar a casa de alguém à noite, ciente de que provavelmente há pessoas na casa, está pronto para matar o dono dela; portanto, se este preventivamente matar o ladrão, "o que feriu não será culpado do sangue" (Êxodo 22:2). A única exceção é quando o dono tiver certeza de que o ladrão não tem a intenção de matá-lo (vide Êxodo 22:2).

Na linguagem do Talmude, "Se alguém quiser matá-lo, levante-se cedo e mate a pessoa primeiro".** A lógica contida nesse ensinamento talmúdico é aplicável a ameaças a uma nação ou a indivíduos. Antes da Guerra dos Seis Dias, os inimigos árabes de Israel repetidamente deixaram claro que pretendiam destruir o país, uma ameaça que induziu Israel a lançar um ataque preventivo no dia 5 de junho de 1967. Da mesma forma, no começo da década de 1980, o Iraque estava preparando uma bomba atômica para usar em uma guerra contra Israel. Em 1981, quando o país destruiu o reator nuclear iraquiano que poderia produzir uma bomba, os judeus ao redor do mundo entenderam esse ataque como o cumprimento legítimo da máxima

---

* Vide também Êxodo 21:12, Levítico 24:17, Números 35:31 e Deuteronômio 19:11-13 e 19:19.

** Um amigo argumentou comigo que esse aforismo talmúdico em apoio à autodefesa é tão óbvio que nem precisaria ser ensinado. Isso, porém, é realmente tão óbvio? Há menos de 60 anos, Mahatma Gandhi, considerado um dos grandes homens santos do século XX, afirmou que era melhor deixar os nazistas conquistarem o mundo todo do que os Aliados lutarem contra eles (vide Dia 30). E há 2000 anos, o Novo Testamento atribuiu a Jesus o ensinamento: "Não resistam ao perverso. Se alguém o ferir na face direita, ofereça-lhe também a outra" (Mateus 5:39).

talmúdica.* De acordo com a ética judaica – e o ensinamento talmúdico deixa isso claro –, indivíduos e países têm o direito de atacar aqueles que planejam destruí-los.

Dia 223 Sexta-feira

Tenha consciência da bondade e doçura nos outros

A Bíblia, o Talmude e o *Midrash* são fascinantes ao quererem descrever até os defeitos de suas maiores figuras. Assim, a Bíblia não esconde a jovem arrogância de José (Gênesis 37:5-11), a ingenuidade de Isaac com relação ao caráter de seus filhos (Gênesis 27) e o adultério de David (II Samuel 11-12). Também no Talmude e no *Midrash* descobrimos as falhas de outras grandes figuras rabínicas. Não nos dão essas informações para diminuir nossa consideração por esses Rabis, mas para nos dizer como superaram esses defeitos – e, por extensão, como podemos sobrepujar os nossos próprios (vide Dia 150 para o conselho de Maimônides sobre como superar hábitos e comportamentos negativos).

Sobre um Rabi proeminente, descobrimos:

Rabi Yannai estava caminhando e viu um homem de incrível aparência [que aparentava ser um intelectual]. O Rabi Yannai lhe perguntou: "Você seria meu convidado?".

"Sim", respondeu.

---

* O restante do mundo era muito menos compreensivo e Israel foi quase universalmente condenado por bombardear o reator nuclear do Iraque. Como o governo iraquiano tinha deixado claro sua extrema animosidade e seu desejo de destruir Israel, a pergunta é por que tantos se opunham ao que Israel havia feito?

Assim, o Rabi Yannai levou-o para sua casa e lhe deu comida e bebida. Conversou com ele sobre questões talmúdicas e descobriu que o homem nada sabia; em seguida, conversou com ele sobre a Mishna, a Agadá e a Bíblia, e viu que o homem era ignorante de todos eles. Em seguida, disse-lhe: "Pegue a taça de vinho e declame a bênção".

O homem disse: "Deixe Yannai fazer a bênção em sua própria casa".

O Rabi Yannai retrucou: "Você pode repetir o que eu lhe disser?".

O homem respondeu: "Sim".

Então diga: "Um cachorro comeu o pão de Yannai".

O homem deu um salto, agarrou Yannai e disse: "Você tem a minha herança, que está retendo de mim".

Yannai perguntou: "Que herança sua eu tenho?".

O homem respondeu: "Certa vez, passei por um colégio e ouvi as vozes das crianças declamando: 'Moisés nos deu a lei, como herança da congregação de [todos os filhos de] Jacob (Deuteronômio 33:4); não disseram: 'como herança [somente] da congregação de Yannai".

Em seguida, o Rabi Yannai disse: "Que mérito você tem [ou seja, que boas ações realizou] para merecer comer na minha mesa?"

O homem respondeu: "Nunca ouvi uma fofoca maliciosa e a repeti, nem sequer vi duas pessoas brigando sem promover a paz entre elas".

O Rabi Yannai retrucou: "Você tem qualidades tão encantadoras [derech eretz] e eu lhe chamei de cachorro".*

Às vezes, sabemos de alguns detalhes sobre uma pessoa e fazemos suposições injustas sobre ela, mas quando observamos mais profundamente, descobrimos virtudes que nunca imaginamos. "O homem observa a aparência externa, mas Deus vê o coração", ensina a Bíblia (I Samuel 16:7). Há momentos em que precisamos aprender a tentar ver com os olhos de Deus.

Shabat Shalom!

---

* *Levítico Rabá* 9:3.

Dia 224 Shabat

Ao longo deste Shabat, analise o material dos seis dias anteriores e use alguns dos textos estudados como base para discussões durante as refeições do Shabat:

Dia 218. Perguntas para se fazer antes de sair criticando os outros
Dia 219. Saber quando se afastar
Dia 220. Quando você julgou alguém injustamente
Dia 221. "Por isso o homem foi criado sozinho"
Dia 222. "Se alguém quiser matá-lo, levante-se cedo e mate a pessoa primeiro"
Dia 223. Tenha consciência da bondade e doçura nos outros

Shabat Shalom!

SEMANA 33

Dia 225 Domingo

O bem que você faz sobrevive

Em várias sinagogas ao redor do mundo, há um adulto que se voluntaria para ser o "homem dos doces". Durante todo o longo serviço religioso matinal dos sábados, ele distribui chocolates e outros doces para as crianças. Certa vez, ouvi o Rabi Jack Riemer relembrar antigas histórias sobre o que o influenciou a se tornar o homem dos doces de sua congregação:

Adquiri o costume de Mayer Grumet, que sentava na nossa frente na sinagoga onde cresci [em Pittsburgh]. Mayer Grumet não era um homem muito rico. Ele tinha uma espécie de mercearia. Não era um grande intelectual, nem mesmo muito religioso. No entanto, tinha uma qualidade maravilhosa: ele gostava de crianças. Logo, em todo Shabat que ele vinha à *shul*, trazia uma sacola de barras de chocolate Hershey. E devo confessar que quando eu era criança, não ia à *shul* somente para ouvir a prédica do rabino ou o cantor. Eu ia à *shul*, pelo menos em parte, para ganhar uma barra de chocolate Hershey de Mayer Grumet. E agora eu faço isso. E acredito que nunca planejei isso, mas de alguma forma o exemplo do que ele fazia me marcou. E quem sabe? Um dia, alguma das crianças da minha sinagoga poderá crescer e se tornar o homem dos doces para as crianças da próxima geração por minha causa. Quem sabe em que cidade ou país isso poderia acontecer, mas poderia. E se isso acontecer, Mayer Grumet, que já faleceu há mais de 40 anos, vai continuar influenciando as crianças daqui a 40 anos.

Além da imortalidade que o judaísmo acredita que Deus conceda aos seres humanos, as boas ações também propiciam vida após a morte. Como um amigo disse, certa ocasião, ao rabino Jeffrey Salkin: "Toda vez que recomendo um livro para meus filhos lerem, e esse livro me foi recomendado pela Sra. Cohen, minha professora do quarto ano, isso é [parte] da imortalidade da Sra. Cohen".

À medida que a pessoa envelhece e se aproxima da morte, há consolo mais gentil do que saber que o bem que você já fez pelos outros continuará sendo feito, mesmo pelas pessoas que você nunca conheceu e nem nunca conhecerá?

Dia 226 Segunda-feira

Quando é correto chegar cedo

Shmaryahu Levine, um dos primeiros líderes sionistas, afirmava que ao longo de toda sua vida tentou chegar atrasado a uma reunião judaica e nunca conseguia.

Os eventos judaicos têm uma reputação bem merecida de começar tarde. Por isso, quando Rabi Shlomo Zalman Auerbach, o grande sábio de Jerusalém, foi solicitado a oficializar um casamento, o motorista que o levava programou-se para levar o Rabi ao local do casamento cerca de meia hora depois do horário previsto.

Quando o Rabi perguntou ao motorista por que ele havia chegado tarde, o jovem respondeu: "As cerimônias de casamento sempre começam tarde, eu não queria desperdiçar o tempo do Rabi".

Rabi Auerbach não ficou satisfeito com essa explicação: "Há tantas coisas que passam pela cabeça de um noivo. Incontáveis preocupações... Uma delas é que o Rabi que vai realizar a cerimônia chegue na hora. Não suporto a ideia de contribuir para a ansiedade do *chassan* [noivo]. Não me incomodo de chegar meia hora mais cedo. Posso sentar no canto e não incomodar ninguém. Qualquer coisa é melhor do que não ser mais uma preocupação para o noivo".* Uma mulher que conheço foi à escola de sua filha para assistir uma peça de teatro do segundo ano. Ela chegou logo antes de a peça começar. Todos os outros alunos do segundo ano pareciam animados, mas sua filha estava chorando quando correu para a mãe: "Eu não sabia se você viria", disse ela entre soluços.

A mãe contou-me que, naquele dia, decidiu sempre chegar cedo a esses eventos.

Embora sempre devamos nos esforçar para chegar no horário, quando o evento for extremamente importante para a outra pessoa, não tente chegar no horário, mas bem antes. Na pior das hipóteses, alguns minutos do seu tempo serão desperdiçados, e se você se deparar com atrasos inesperados, ainda assim chegará a tempo. Por outro lado, sempre leve algo para ler; dessa forma, mesmo se você chegar cedo, não precisará desperdiçar tempo algum.

O mandamento "amarás o teu próximo como a ti mesmo" significa fazer pela outra pessoa o que você gostaria que os outros fizessem por você. Se for importante para você que os outros cheguem na hora, você gosta de quando eles chegam pontualmente ou até um pouco cedo. Faça o mesmo por eles.

---

* Teller, *And From Jerusalem, His Word*, páginas 170-72.

Dia 227 Terça-feira

"Sua misericórdia está em todos os Seus trabalhos"

Em duas ocasiões em que a Bíblia descreve um mundo utópico, as criaturas que o habitam são vegetarianas. No Jardim do Éden, Deus instrui Adão e Eva a restringirem sua alimentação a frutas e legumes (Gênesis 1:29). Mais tarde, na época de Noé, Deus dá permissão à humanidade para comer carne (Gênesis 9:3). Contudo, o profeta Isaías prevê uma futura era messiânica, na qual até os animais serão herbívoros, um mundo em que "o lobo viverá com o cordeiro e o leopardo se deitará com a criança" e "a vaca e o urso pastarão e seus filhotes se deitarão juntos" (11:6,7).

Embora a permissão para comer carne tivesse aparentemente sido concedida, de início, como uma concessão para a natureza humana,* o ato de comer carne, desde então, tornou-se parte importante da cultura tradicional judaica. Na tradição judaica, uma das características de uma alegre refeição durante as festas consiste na carne e no vinho servidos (Talmude Babilônico, *Pesachim* 109a; obviamente, os vegetarianos e os alcoólatras em recuperação não devem sentir-se ligados a essa tradição, pois comer carne ou consumir bebidas alcoólicas destruiria sua alegria).

No entanto, a lei judaica nunca quis que a permissão para comer carne conduzisse a uma indiferença pelo sofrimento animal. Dessa forma, o abate de animais era estritamente regulado e grandes esforços eram feitos para limitar sua dor (vide Dias 171 e 172).

E embora os rabinos considerassem a vida humana muito mais valiosa do que a animal (porque as pessoas, ao contrário dos animais, são criadas "à imagem de Deus"), também defendiam que o tratamento dos animais é preocupação não apenas de animais e humanos, mas também de Deus. Sobre

---

* O Talmude ensina: "O homem não deveria comer carne, exceto se tiver uma ânsia especial por isso" (*Hullin* 84a).

ninguém menos do que o Rabi Judá, o Príncipe (editor da Mishná e o mais distinto Rabi do começo do século III da Era Comum), o Talmude relata:

> Os sofrimentos do Rabi Judá vieram a ele por causa de um certo incidente e o deixaram da mesma forma. Qual foi o incidente que levou ao seu sofrimento?
>
> Certa vez, um bezerro foi levado para o abate. Ele [fugiu e] correu para Rabi Judá, escondeu a cabeça debaixo de sua capa e chorou.
>
> Entretanto, Rabi Judá [o empurrou e] disse: "Vá. Foi para isso que você foi criado".
>
> Então, foi dito [no paraíso]: "Como não há piedade, vamos levar sofrimento a ele". [Durante os 13 anos seguintes, o Rabi Judá sofreu com diversas doenças penosas].
>
> E como acabou seu sofrimento?
>
> Um dia, sua empregada estava varrendo sua casa e encontrou alguns ratos. Estava prestes a varrê-los para fora de casa quando o Rabi Judá a interrompeu: "Deixe-os aí. Conforme está escrito nos Salmos, 'Sua misericórdia está em todos os seus trabalhos'" (145:9).
>
> Então, foi dito [no paraíso]: "Como ele é misericordioso, sejamos misericordiosos com ele" [e ele foi imediatamente curado].*

No pensamento judaico tradicional, a preocupação afetuosa com os animais é vista há muito tempo como uma característica importante de um grande líder. Um famoso *Midrash* rabínico sugere que a gentileza de Moisés como pastor foi um dos motivos que incentivaram Deus a escolhê-lo para conduzir os judeus ao Egito:

> Certa vez, enquanto Moisés cuidava do rebanho de seu sogro, Jetro, uma jovem ovelha fugiu. Moisés correu atrás dela até ela alcançar um lugar escuro, onde encontrou uma poça d'água e começou a beber. Quando Moisés alcançou a ovelha, disse: "Não sabia que você fugiu porque estava

---

* *Bava Mezia* 85a.

com sede. Ora, você deve estar exausta [de tanto correr]. Moisés colocou a ovelha em seus ombros e a carregou de volta [ao rebanho]. Deus disse: "Como você cuida das ovelhas que pertencem aos seres humanos com tamanha misericórdia, pela sua vida Eu juro que você será o pastor da Minha ovelha, Israel".*

Dia 228 Quarta-feira

Seja gentil com o animal cujo dono é seu inimigo

Em um famoso episódio do livro *O Poderoso Chefão*, de Mario Puzo, um gângster manda cortar a cabeça do cavalo de um homem que tentou contrariá-lo e coloca a cabeça ensanguentada na cama do homem. A Torá, elaborada cerca de 3000 anos antes, ordena que se você odeia alguém, você não pode descontar isso nos membros da família dessa pessoa, ou até em seu animal: "Se vires o jumento daquele que te odeia caído debaixo da sua carga, deixarás pois de ajudá-lo? Certamente o ajudarás a levantá-lo" (Êxodo 23:5).

A Torá não ordena que se você vir o seu inimigo tendo dificuldades com uma carga pesada, é obrigado a ajudá-lo (embora, obviamente, a ética judaica o incentive a fazê-lo). Todavia, ordena que você não pode deixar um animal sofrer por causa de uma disputa pessoal entre você e o dono dele. Embora o animal sobrecarregado seja o óbvio beneficiário dessa lei da Torá, um *Midrash* rabínico do século III da E.C. enfatiza que obedecer a essa regra também pode transformar sua relação com seu antagonista:

> Rabi Alexandri disse: "Dois condutores de burros que se odiavam estavam andando em uma estrada quando o burro de um deles deitou-se debaixo de sua carga. Seu colega viu isso e sua primeira reação foi passar direto.

---

* *Êxodo Rabá* 2:2.

Em seguida, porém, refletiu: Não está escrito na Torá que "se vires o jumento daquele que te odeia caído debaixo da sua carga..."? Sendo assim, retornou e ajudou seu inimigo a carregar e descarregar. Começou a falar para o inimigo: "Solte um pouco aqui, levante ali, descarregue aqui". Dessa forma surgiu a paz entre eles, tanto que o condutor do burro sobrecarregado disse: "Eu achava que ele me odiava, mas veja como ele foi compassivo". Dali a pouco, os dois entraram em uma pousada, comeram e beberam juntos e se tornaram amigos rapidamente. [O que os levou a fazer as pazes e se tornarem amigos rapidamente? O fato de que um deles seguiu o que está escrito na Torá].

– *Tanhuma, Mishpatim #1**

Muitas pessoas têm dificuldades para serem justas com aqueles de quem não gostam, menos ainda com o animal da pessoa odiada. A Torá nos ensina como ser justo com ambos.

Dia 229 Quinta-feira

"Procura a paz e segue-a"

Muitos judeus, cientes do ensinamento talmúdico de que há 613 mandamentos na Torá, acreditam que o objetivo da vida de um judeu comprometido é obedecer a todos os 613. Contudo, não é o caso. Por exemplo, um mandamento determina que um homem que se divorciar de sua esposa escreva uma "carta de repúdio" para ela (Deuteronômio 24:1-3).** Você é obrigado a cumprir isso? Somente se você se divorciar, mas

---

* Com pequenas variações. Segui a tradução de William Braude, em Bialik e Ravnitzky, eds., *Book of Legends*, página 459.

** De acordo com a Torá, somente um homem pode emitir um *get*, um divórcio. Entretanto, a lei judaica posteriormente foi alterada para proibir que um homem emitisse um *get* contra a vontade de sua esposa (vide Dia 253).

obviamente é muito mais preferível que você continue casado e feliz e nunca tenha a necessidade de praticar esse mandamento específico.

Há outras leis bíblicas como essa que somente precisam ser obedecidas quando a oportunidade se apresenta. Por exemplo, Êxodo 23:5 ordena (vide o título de ontem): "Se vires o jumento daquele que te odeia caído debaixo da sua carga, deixarás pois de ajudá-lo? Certamente o ajudarás a levantá-lo". A palavra de ordem é "se". *Se* você vir o jumento daquele que te odeia com dificuldades debaixo da sua carga, é obrigado a ajudar o seu inimigo e o animal, mas não sair por aí procurando por jumentos em dificuldades que precisem de ajuda.

Entretanto, com relação à paz, o Salmista ensina: "Procura a paz, e segue-a" (Salmos 34:15). Os Rabis compreendem que isso significa: "Procure a paz onde estiver e siga-a até outro lugar" (*Levítico Rabá* 9:9).

Embora "Procure a paz onde estiver" nos imponha uma obrigação de nos reconciliar com aqueles com quem *tivemos* uma briga, o que significa "siga-a até outro lugar"?

Faça a pergunta a si mesmo: dentre sua família e seus amigos, há aqueles que se desentenderam; que você pode fazer para reconciliar as partes rivais? Aparentemente, de acordo com os ensinamentos do Salmista, não se deve esperar que as partes rivais venham até você; provavelmente nunca o farão. Em vez disso, "procure" a oportunidade. Fale com elas e tente fazê-las se entenderem.

Dia 230 Sexta-feira

Sobre amar a ti mesmo

O versículo bíblico que ordena explicitamente: "Amarás a teu próximo como a ti mesmo" contém a ordem implícita para você "se amar".

Amar-se não apenas tem consequências sobre como nos vemos e nos tratamos, mas como tratamos os outros. Por exemplo, eu me pergunto se já existiu na história um pai abusivo que se amasse. É muito mais provável que as pessoas que se desprezam ajam brutalmente com os filhos e com os outros do que as pessoas com uma autoimagem melhor.

Uma história chassídica de 200 anos reflete sobre como preocupar-se consigo mesmo pode afetar a maneira como tratamos os outros. Rabi Dov Baer de Mezeritch (1704-1772), sucessor de Israel Baal Shem Tov, o fundador do chassidismo, foi com diversos discípulos solicitar uma doação de caridade de um homem muito rico. Na casa deste, Dov Baer descobriu que o rico homem vivia em circunstâncias de penúria. Comia pão velho e seco e raramente tinha carne e frutas em suas refeições. Em vez de se concentrar na doação que pretendia solicitar, Dov Baer conversou com o homem sobre a necessidade que ele tinha de viver melhor, ter pão fresco à mesa e aumentar suas refeições de legumes com carne, fruta e sobremesas.

Quando foram embora, os discípulos de Dov Baer expressaram espanto com seu comportamento: "Por que você se importa com o que o homem escolhe para comer? O que temos a ver com isso?".

"Você não entende", respondeu Dov Baer. "Se esse homem comer pão fresco, pelo menos dará aos pobres pão velho. Se, porém, ele mesmo comer pão velho, presumirá que os pobres conseguem se virar com pedras".

Resumindo, o mandamento da Torá nos lembra de não apenas amar o próximo, mas amar e tratar bem a nós mesmos também.

Shabat Shalom!

Dia 231 Shabat

Ao longo deste Shabat, analise o material dos seis dias anteriores e use alguns dos textos estudados como base para discussões durante as refeições do Shabat:

DIA 225. O bem que você faz sobrevive
DIA 226. Quando é correto chegar cedo

Dia 227. "Sua misericórdia está em todos os Seus trabalhos"
Dia 228. Seja gentil com o animal cujo dono é seu inimigo
Dia 229. "Procura a paz e segue-a"
Dia 230. Sobre amar a ti mesmo

Shabat Shalom!

SEMANA 34

Dia 232 Domingo

"Não há mensageiro em caso de pecado"

O fato de cada ser humano ser criado à imagem de Deus deveria fazer cada um de nós se sentir valorizado; significa que somos semelhantes a Deus por sabermos discernir o bem do mal. Todavia, esse conhecimento tem uma desvantagem, pois como sabemos discernir o bem do mal, somos responsáveis pelo mal que causamos, *mesmo* se formos ordenados a fazê-lo pelos pais, por um chefe ou superior militar.

Assim, o Talmude ordena que se um pai instruir uma criança a guardar um objeto perdido que encontrou, em vez de devolvê-lo ao dono, ela deveria desobedecê-lo (*Bava Mezia* 32a). Como a lei bíblica ordena que uma pessoa devolva um objeto perdido, o pai está mandando a criança desobedecer a uma lei de Deus, uma ordem que não tem o direito de dar. Obviamente, uma criança bem pequena, até se for familiarizada com a lei da Torá, vai sentir-se desconfortável se desprezar uma ordem paterna. Entretanto, uma pessoa mais madura não deveria permitir que um pai a forçasse a participar de qualquer ato de roubo.

Da mesma forma, embora os norte-americanos, de modo geral, considerem um chefe que manda um funcionário fazer algo ilegal (como, por exemplo, cobrar uma quantidade exagerada de horas, utilizar material de qualidade inferior àquele pelo qual o cliente está pagando) como o responsável pelo crime cometido, a lei judaica insiste que aquele que, de fato, o pratica é o principal culpado.* O Talmude argumenta: "Não há mensageiro em caso de pecado" (*Kiddushin* 42b). Normalmente, não se pode culpar um mensageiro pelo conteúdo que entrega; não importa quão má ou irritante ela seja, a culpa deve recair somente sobre aquele que a enviou. Se, porém, uma pessoa for conduzida a cometer um ato de maldade, não pode defender seu ato afirmando que estava agindo somente como mensageira de outra pessoa. Como "não há mensageiro em caso de pecado", a pessoa que realiza o ato de maldade arca com a responsabilidade pelo mal que comete. O Talmude pergunta retoricamente: "Quando as palavras do mestre [Deus] e as palavras de um pupilo [ser humano] estão em conflito, as palavras de quem devem ser obedecidas? [Obviamente, do mestre]" (*Kiddushin* 42b).** O mesmo raciocínio ético é aplicável a crimes ordenados por um superior militar. Nos julgamentos de crimes de guerra de assassinos nazistas, os réus muitas vezes tentaram escapar da responsabilidade afirmando que estavam "apenas seguindo ordens". Da perspectiva do judaísmo, esse argumento é absurdo. Porque a ordem de um oficial nazista dizendo "matarás" teria mais peso do que a ordem de Deus dizendo "não matarás"?

Em outubro de 1956, na véspera da campanha do Sinai contra o Egito, o governo israelense ordenou que os árabes israelenses ficassem em casa. Alguns aldeões árabes em Kfar Kassim, que talvez não soubessem do toque de recolher, saíram para trabalhar. Quando as tropas israelenses os encontraram, abriram fogo e mataram 49 pessoas.

Na corte marcial, os soldados defenderam-se com o argumento de que estavam apenas seguindo ordens. Oito soldados foram condenados por um

---

* O fato de aquele que realizou o ato impiedoso ser responsabilizado, é claro, não absolve da responsabilidade moral quem ordenou o ato.

** Dessa forma, se A instruir B a cometer um erro e B o fizer, este terá agido por sua própria vontade, pois se ele simplesmente seguisse instruções, obedeceria o comando de Deus preferencialmente ao da pessoa que o ordenou a agir de forma incorreta.

tribunal israelense que decidiu que nenhuma "ordem" de oficial superior poderia justificar o assassinato de inocentes.

Sempre que um "superior" mandar você realizar algum ato de maldade, ou simplesmente injusto, tenha em mente que o seu verdadeiro superior, Deus, é o superior daquele que lhe deu a ordem.

Dia 233 Segunda-feira

O poder da bondade

Em *Do Unto Others,* Rabi Dr. Abraham Twerski, psiquiatra e rabino chassídico, conta uma história definitiva de *bikur cholim* (visitar os doentes), um exemplo poderoso de como a *mitzvá* de visitar os doentes pode transformar e elevar a vida, tanto destes, como dos visitantes:

> Yossi nasceu com um coração imperfeito. Seus pais foram avisados que ele precisaria de uma cirurgia quando completasse 7 anos e que os melhores profissionais para esse tipo de operação se encontravam nos Estados Unidos.
>
> Os pais de Yossi, ambos israelenses, não conheciam ninguém nos Estados Unidos. Portanto, quando chegou o momento, um amigo comum os colocou em contato comigo e eu encontrei um centro médico em Pittsburgh, onde moro, onde a cirurgia poderia ser realizada. Vários meses depois, Yossi e os pais chegaram.
>
> Nem Yossi nem seus pais compreendiam uma palavra sequer de inglês, então, divulguei na comunidade de Pittsburgh que alguém que falasse hebraico entrasse em contato comigo. Vinte e nove pessoas se apresentaram como voluntários e entrei em contato com todas para uma reunião de emergência.
>
> Nessa reunião, expliquei o problema. Yossi ficaria hospitalizado durante pelo menos duas semanas e era absolutamente essencial que o

intérprete estivesse disponível o tempo todo. De forma nenhuma ele conseguiria se fazer entender com os funcionários do hospital. Pedi que as pessoas voluntariassem várias horas de seu tempo para comparecer e organizamos um cronograma que cobria 24 horas por dia durante duas semanas. Cada pessoa tinha um horário designado e definimos que uma pessoa não iria embora até que a seguinte chegasse. O plano funcionou como um relógio. Yossi e seus pais nunca ficaram sozinhos e não somente os intérpretes funcionaram perfeitamente, como a família também recebeu o suporte de muitas pessoas. O período pós-operatório teve vários momentos de aflição e os pais de Yossi disseram que sem o apoio moral de tantos amigos, nunca conseguiriam ter sobrevivido a isso.

Todo o hospital ficou impressionado com essa cooperação e dedicação da comunidade e, quando Yossi recebeu alta, o cirurgião não cobrou pela cirurgia! A família não tinha cobertura de seguro e o hospital eliminou o que podia e cobrou deles as menores taxas. Isso foi pago por meio de doações feitas por amigos da pequena comunidade que havia surgido ao redor de Yossi. Antes de Yossi voltar para casa, foi dada uma festa de gala, com a participação dos voluntários, colaboradores, cirurgião e outros membros da equipe do hospital. Houve despedidas cheias de lágrimas, muitos abraços, muitas pessoas deram de si e receberam isso de volta: haviam ajudado a salvar um garotinho. Ao longo do caminho, cada um descobriu qualidades dentro de si que talvez nunca fossem aproveitadas se não fosse por Yossi. E o principal, muitas amizades se formaram durante esse período e essas pessoas, que não se conheciam, tornaram-se amigos íntimos depois de trabalhar por uma causa comum.

Seis anos depois, em uma viagem a Israel, fiz uma visita de surpresa a Yossi, mas ele não estava em casa: estava jogando basquete! Fui até o pátio e não pude evitar as lágrimas de alegria quando vi o menininho robusto, que outrora fora tão estorvado pela doença, jogando basquete. Quando voltei para Pittsburgh, contatei os participantes da operação de Yossi para uma reunião e todos nos reunimos novamente para compartilhar as novidades. Um homem, de início, estava relutante em ajudar porque tinha muito medo de hospitais. Agora ele contou que não hesitava mais em visitar os amigos quando estavam doentes; havia superado a fobia que o dominava.

Vinte anos depois. Yossi está bem casado e tem um filho. Envia cartões duas vezes por ano, que circulamos. Dessa forma, o grupo continua em contato e quando um membro precisa de ajuda ou quer compartilhar alegrias, estamos ali. O que fizemos por Yossi empalidece em comparação ao que Yossi fez por nós. Cada um de nós ficou mais forte como resultado desse acontecimento. Esse é o poder da bondade.*

Dia 234 Terça-feira

Ensine uma profissão ao seu filho

O judaísmo defende uma vida de equilíbrio; por exemplo, condena como incongruente um pai que cuida das necessidades espirituais do filho (ao criá-lo em um lar religioso e ensinar-lhe a Torá), mas não o prepara para viver como um adulto produtivo que pode ganhar a vida. Nas palavras do Talmude: "O pai é obrigado ... a ensinar [a seu filho] um ofício ou profissão ... o Rabi Judá diz: Aquele que não ensina um ofício ou profissão ao filho, ensina-lhe a ser um ladrão" (Talmude Babilônico, *Kiddushin* 29a).

No mundo moderno, em que as mulheres têm oportunidades profissionais e necessidades iguais de ganhar dinheiro, o pai é obrigado a garantir que suas filhas, como seus filhos, aprendam um ofício ou profissão.

Qual é a ligação entre não ensinar uma profissão a um filho e ensinar-lhe a tornar-se um ladrão? Um ser humano que não tem uma maneira produtiva de ganhar dinheiro será induzido a fazê-lo de formas improdutivas e ilegais.

---

* Twerski, *Do Unto Others*, páginas 16-18.

É claro, a aquisição de habilidades profissionais, por si só, não é garantia de honestidade. Há médicos, advogados, contadores, professores e executivos honestos e desonestos. Essa é uma das razões pelas quais a lei judaica enfatiza tanto a obrigação de os pais ensinarem a Torá aos filhos (Talmude Babilônico, *Kiddushin* 29a). De fato, os Rabinos acreditavam que a forma mais poderosa de produzir cidadãos honestos era por meio da combinação de uma vida de Torá acompanhada de trabalho: "O Rabban Gamliel ... afirma: O estudo da Torá combinado a uma profissão é algo excelente, pois a energia necessária para ambos mantém a pessoa afastada do pecado. Todo o estudo da Torá que não vier acompanhado de um trabalho acaba sendo inútil e uma fonte de pecado". (*Ética dos Pais*, 2:2).

Como Rabban Gamliel nos lembra, nem a aquisição de competência profissional por si só nem apenas a competência da Torá garante competência moral. Uma vida que combine treinamento religioso/moral e profissional quase sempre será capaz de garantir isso.

Dia 235 Quarta-feira

Ensine a seu filho que o mais importante para Deus é a bondade

A palavra em hebraico para pai, *horeh*, está relacionada à palavra para professor, *moreh*. Da perspectiva do judaísmo, a tarefa fundamental de um pai (além de dar amor e o cuidado físico adequado ao filho) é ensinar-lhe a ser um judeu comprometido e uma pessoa gentil e imbuída de bons princípios morais.

Embora muitos pais reconheçam a importância suprema de criar os filhos para serem boas pessoas, na prática, aqueles, de modo geral, adotam um conjunto completamente diferente de prioridades para os filhos. Há muitos anos, Dennis Prager vem pedindo que pais perguntem aos filhos de todas as idades: "O que você acredita que importe mais para a sua mãe e seu pai – que você seja bem-sucedido, popular, musical ou atleticamente talentoso, ou bom?". Os pais que fazem isso muitas vezes ficam chocados ao descobrir que pouquíssimos filhos listaram "boa pessoa" como a maior prioridade de seus pais.

Entretanto, ser bom *vem* em primeiro lugar na escala de valores do judaísmo. Conforme observado anteriormente (vide Dia 120), o Talmude ensina que a primeira pergunta feita a todo ser humano quando morre não é "Você se formou entre os 10% mais inteligentes da sua turma?" ou "Você ganhou muito dinheiro?", mas sim: "Você conduziu seus negócios de forma honesta?". E o profeta Micá (século VIII A.E.C.) ensinou que a essência do que Deus quer dos seres humanos é "fazer justiça, amar a misericórdia e andar humildemente ao lado de Deus" (*Micá* 6:8). Assim, há grandes figuras na tradição judaica que não eram profissionalmente bem-sucedidas (o Rabi Joshua bem Hannaniah era um homem pobre que ganhava a vida fabricando agulhas; Talmude de Jerusalém, *Berachot* 4:1), ou populares (muitos dos contemporâneos de Jeremias queriam matá-lo), ou musical ou atleticamente talentosas (se o grande intelectual rabínico do século XIX, o Rabi Israel Salanter, tinha esse talento, os intelectuais ainda não descobriram). O que une essas pessoas é a bondade.

Os textos tradicionais (a Torá e o Talmude) são a fonte de ensinamento da bondade na tradição judaica. Portanto, o comprometimento com a ética judaica requer que os pais garantam que seus filhos recebam uma educação que enfatize a insistência do judaísmo no comportamento ético (por exemplo, enviar seu filho a uma escola judaica que tenha como ênfase principal a observância das leis rituais judaicas e não coloque ênfase suficiente nas leis éticas não cumpriria esse requisito). Certifique-se de verificar os valores morais ensinados na escola para onde você enviará seus filhos com a mesma intensidade que examina as credenciais acadêmicas da escola.

Um pai que satisfaz as necessidades materiais de seu filho e o envia para boas escolas faz o bastante. Todavia, se um pai não tiver criado o filho com um sistema abrangente de valores éticos e com a compreensão de que o que mais importa para Deus é a bondade, ele não realizou a tarefa mais importante imposta pela tradição judaica sobre si como *horeh*: ser um *moreh*.

Dia 236 — Quinta-feira

Não doe em excesso

Há vários anos, vi por acaso um livro intitulado *Mulheres que namoram demais... E as que morrem de vontade de ter a mesma sorte*. Talvez o dia de hoje devesse se chamar "Pessoas que doam demais... E as que morrem de vontade de ser generosas assim".

Surpreendentemente, a lei judaica ensina que ser generoso demais é algo que de fato existe. Assim, embora, seja adequado doar 10% ou mais dos seus rendimentos para filantropia, os Rabinos do Talmude aprovaram uma deliberação de que ninguém deveria doar mais do que 20% de seus rendimentos (*Ketubot* 50a).

Sua base lógica? Temiam que doações excessivas fizessem o doador empobrecer e acabasse precisando da ajuda dos outros. Alguns historiadores especulam que a ordem dos Rabinos, que foi emitida durante o início da ascensão do cristianismo, foi direcionada à idealização cristã da pobreza, conforme simbolizado pelos votos de monges e freiras.

De sua parte, o judaísmo há muito tempo condena a pobreza como uma maldição. Conforme um *Midrash* ensina: "Nada nesse mundo é mais grave do que a pobreza, o mais terrível dos sofrimentos... Pois aquele que é atingido pela pobreza é como aquele sobre quem recaem todos os problemas do mundo e todas as maldições de Deuteronômio (28:15-68). Nossos Rabinos diziam: se todo o sofrimento e dor do mundo fossem reunidos [de um lado da balança] e a pobreza estivesse do outro lado, a pobreza se sobreporia a todos" (*Êxodo Rabá* 31:12 e 31:14).* A luta persiste entre aqueles que idealizam

---

* Desconfio que esse *Midrash* seja hiperbólico, pois as pessoas, de modo geral, considerariam a morte dos filhos uma perspectiva mais aterrorizante do que a pobreza. Contudo, muitos outros textos judaicos atestam os horrores e as degradações impostos pela pobreza. Eclesiastes ensinava: "A sabedoria do pobre é desprezada e suas palavras não são ouvidas" (10:16), e o Talmude observava: "Quando a cesta de pão estiver vazia, o conflito baterá à porta" (*Bava Mezia* 59a).

a doação total e os que questionam sua justiça e lógica. Assim, depois de a revista *People* ter publicado um artigo sobre a decisão de um homem doar as economias de sua vida inteira para a *Habitat for Humanity* – uma conhecida instituição de caridade que ajuda a construir e restaurar casas de pessoas pobres – ela publicou as cartas de dois leitores, com reações que, de certa maneira, refletem as diferentes abordagens do cristianismo e do judaísmo.

A primeira carta enaltecia a generosidade do homem: "Em um mundo no qual há uma preocupação crescente com relação à Previdência Social e construir o próprio pé-de-meia, fui verdadeiramente incentivado pela fé desse homem no Deus todo-poderoso e amável para cuidar das necessidades de sua família".

O segundo leitor foi bem menos aprovador: "Esse homem ficou louco? Ele realmente acredita que Deus queira que ele doe todas as suas economias? Como ele foi incapaz de pensar no futuro de sua família quando sua capacidade de sustentá-la acabasse? Quem vai doar para suas necessidades? Se ele queria doar algo, que tal seu tempo?" (*People*, 9 de fevereiro de 1998, página 4).

Notoriamente, não muitas pessoas se sentem tentadas pela ideia de doar mais do que 20% de seus rendimentos ou suas economias para caridade, muito menos doar tudo. Contudo, a ordem rabínica nos lembra de que o que o judaísmo estima, em especial, é uma vida de apaixonada moderação. Doe para caridade e faça-o com alegria (vide Dia 8), mas não doe tudo o que você possui. É melhor doar generosamente e fazê-lo durante muito tempo. Conforme nos lembra o medieval *Orchot Tzaddikim* (*Paths of the Righteous*), é melhor doar mil moedas de ouro durante anos do que fazer uma única doação de mil moedas de ouro.* Doe generosamente e você será capaz de fazê-lo durante muitos anos.

---

* Rabi Irwin Kula opõe-se: "Não está claro, de forma alguma, que isso seja sempre verdade. Imagine uma situação em que 'mil moedas de ouro' permitam que uma pessoa abra uma empresa que empregue várias pessoas no futuro previsível contra uma moeda de ouro que renderá algumas refeições para uma pessoa".

Dia 237 Sexta-feira

Uma pessoa religiosa pode ser cruel?

A resposta do judaísmo, que pode surpreender muitas pessoas, é não. Isso é inusitado, pois ao longo da história não faltaram exemplos de pessoas que se afirmavam religiosas, mas que eram horrivelmente cruéis. De fato, nós, judeus, já fomos vítimas delas várias vezes.* Na verdade, da perspectiva do judaísmo, uma pessoa religiosa ser cruel faz tanto sentido quanto alguém fundar uma organização chamada Carnívoros para o vegetarianismo. Se você come carne, não é vegetariano. Se você trata outras pessoas de forma má e cruel, não é religioso e o judaísmo o vê como uma pessoa que peca contra a humanidade e contra Deus. Assim, ao falar sobre um sujeito que humilha outro, o *Midrash* diz: "Se você o fizer, saiba quem você está humilhando. [Como ensina o versículo bíblico]: 'Ele o fez [Adão] à semelhança de Deus'" (*Gênesis Rabá* 24:7). Em outras palavras, como o judaísmo ensina que todos os seres humanos são criados à imagem de Deus, qualquer ato de crueldade perante o outro é, ao mesmo tempo, um ato de agressão contra Deus.** Há cerca de 2000 anos, o Talmude retratou a bondade como a marca registrada de um judeu religioso: "A nação judaica se distingue por três características: são misericordiosos, reservados [alternativamente, modestos] e realizam atos de bondade" (*Yevamot* 79a). Embora eu conheça mais do que alguns judeus que não são reconhecidos por sua

---

* Assim, os Cruzados afirmavam ser os mais piedosos dos cristãos, mas marchavam pelas cidades matando judeus que se recusavam a ser batizados, enquanto os Inquisidores da Espanha torturavam indivíduos em nome de Deus.

** É por isso que quando os Cruzados e os Inquisidores mataram pessoas inocentes, também estavam atacando seu Criador. E mesmo se uma pessoa conseguir imaginar um religioso atacando outro ser humano, como alguém que afirma ser religioso pode atacar Deus?

modéstia, nem por sua timidez, os Rabinos adotaram essa definição de forma tão séria que afirmavam que aquele que é cruel não pode não apenas não se afirmar religioso, como também não pode se afirmar judeu de maneira alguma: "Aquele que não for misericordioso com o próximo certamente não é um dos descendentes de nosso pai Abraão" (Talmude Babilônico, *Beizah* 32b).

Até as palavras "pessoa religiosa cruel" se tornarem um oximoro, as pessoas de todas as crenças terão muito o que expiar. (Para um exemplo do que seria outro oximoro, vide Dia 296.)

Tenha um Shabat Shalom!

Dia 238 Shabat

Ao longo deste Shabat, analise o material dos seis dias anteriores e use alguns dos textos estudados como base para discussões durante as refeições do Shabat:

DIA 232. "Não há mensageiro em caso de pecado"
DIA 233. O poder da bondade
DIA 234. Ensine uma profissão ao seu filho
DIA 235. Ensine a seu filho que o mais importante para Deus é a bondade
DIA 236. Não doe em excesso
DIA 237. Uma pessoa religiosa pode ser cruel?

Shabat Shalom!

SEMANA 35

Dia 239 Domingo

O antídoto para a arrogância

Ao ver uma grande multidão, muitos de nós desprezamos as pessoas fazendo parte dela, considerando-a uma aglomeração. Para se opor à tendência natural a desvalorizar todos que fazem parte de uma multidão, a lei judaica ordena que uma bênção especial seja recitada ao ver uma grande quantidade de pessoas: "Abençoado seja Ele, que é sábio nos segredos, pois assim como dois rostos não se parecem, duas mentes também não são exatamente semelhantes" (Talmude Babilônico, *Berachot* 58a). A bênção nos lembra de que cada uma dessas pessoas é um indivíduo como nós, com uma relação especial com Deus, e que assim como Deus conhece nossa mente, Ele também conhece a mente de cada um na multidão.

É claro, não são apenas as multidões que incitam sentimentos arrogantes em muitos de nós. Muitas pessoas se sentem superiores ao encontrar outras menos atraentes, inteligentes, bem-sucedidas profissionalmente, educadas e populares do que elas. O Talmude conta sobre um rabino que, sentindo-se vaidoso depois de aprender muito da Torá com seu professor, foi cumprimentado por um homem bem feio e respondeu: Ó, pessoa vazia, será que todos da sua cidade são tão feias quanto você?" (vide Dia 335).

Se você tende a ser vaidoso, e poucos de nós não são assim, guie-se pelas palavras de Bahya ibn Pakuda, autor do clássico texto do século XI, *Chovot Halevavot* (*Obrigações do coração*):

> Certa vez, perguntaram a um sábio: "Por que você é aceito como o líder incontestado da sua geração?". E ele respondeu: "Nunca encontrei uma pessoa na qual não detectasse alguma qualidade em que fosse superior a mim... Se a pessoa fosse menos sábia do que eu, eu supunha que no Dia

do Julgamento ela seria menos responsabilizada do que eu, pois minhas transgressões foram todas cometidas com pleno conhecimento, enquanto as dela foram cometidas por erro. Se a pessoa fosse mais velha, eu concluiria que o mérito alcançado por ela deveria exceder o meu. Se fosse mais jovem, eu calculava que havia cometido menos pecados do que eu... Se o homem fosse mais rico, talvez sua riqueza lhe tivesse possibilitado ser melhor do que eu ao servir a Deus [por meio de atos de caridade]. Se ele fosse mais pobre, eu o consideraria contrito e com um espírito mais humilde do que o meu. Dessa forma, honrei todos os homens e me tornei humilde diante deles" (Capítulo 10).

O antídoto para a arrogância: quando você conhecer pessoas, em vez de examiná-las por meio de seus defeitos, procure a qualidade na qual sejam superiores a você, e com a qual você possa aprender.

Dia 240 Segunda-feira

Não finja ter virtudes que não tem

Uma antiga piada judaica conta sobre uma sinagoga na qual, em certo Yom Kippur, o cantor se levantou para iniciar o serviço religioso quando, de repente, foi dominado por tremores. Correu para a arca que continha os pergaminhos da Torá e clamou a Deus: "Senhor, não sou digno para conduzir esta congregação sagrada nas orações. O que sou eu, se não pó e cinzas?".

O rabino, emocionado com as palavras do cantor, correu para a arca e clamou a Deus: "Não sou nada aos Seus olhos. O que já fiz que fosse digno?".

Nesse momento, o *shammes* (assistente da sinagoga) também ficou emocionado. Pulou de seu assento, correu para a arca e clamou: "Deus, sou um homem sem valor, um pecador miserável, um nada".

O rabino tocou o cantor no ombro e disse: "Agora veja quem está chamando-se de um nada!".

Embora todos queiramos que os outros pensem boas coisas sobre nós, ficar obcecado com suas opiniões muitas vezes nos impede de nos tornarmos o tipo de pessoa que queremos que todos acreditem que somos. Isso se aplica a todas as áreas da vida, não apenas às éticas. Por exemplo, conheci um homem que há muito eu acreditava que fosse rico; ele morava em uma casa enorme, em dois acres de terra, em um dos bairros mais caros de São Francisco, dirigia um Rolls-Royce e era dono de uma empresa que empregava centenas de pessoas.

Uma de suas filhas contou, em segredo, que pouco antes de sua morte, ele a levou para tomar café da manhã e pediu perdão pela herança pequena que ele deixaria a ela e seu irmão. Explicou que gastara tanto dinheiro para manter a ostentação de seu estilo de vida e impressionar os vizinhos, que perdeu milhões de dólares.

Como esse homem estava preocupado em fazer todos acreditarem que ele era rico, tornou-se muito menos rico do que poderia ter sido.

Na piada judaica, o rabino e o cantor obviamente compreendem que a humildade é uma virtude importante. Contudo, o que importa mais a eles do que ser humilde é que os vejam como pessoas humildes. Por causa dessa preocupação, perdem a humildade.

Meu avô, Rabi Nissen Telushkin, de abençoada memória, me contou sobre um homem que conhecia que, sendo um membro altamente respeitado da comunidade, tinha o direito, pela tradição judaica, a ocupar um assento proeminente na parte da frente da sinagoga. Em vez disso, escolheu sentar-se em um assento qualquer em uma fileira de trás. Meu avô, porém, logo percebeu que os olhos do homem estavam constantemente olhando ao redor para ver se as pessoas percebiam como era humilde o assento que pegou para si.

Meu avô disse a ele: "Seria melhor sentar-se na parte da frente da sinagoga e pensar que você deveria sentar-se mais atrás, do que sentar-se na parte de trás e pensar o tempo todo que você deveria estar sentado na frente".

Se você acredita que é importante a ponto de as pessoas conhecerem sobre uma virtude que você possui, cuidado: você provavelmente não a possui por inteiro. E não a possuirá até o que mais lhe importar seja o que Deus pensa, não as outras pessoas.

E quem sou eu para dizer isso?

Lembro-me das palavras do Rabi Israel Salanter, que estava pregando em uma sinagoga, reprovando as pessoas por seus defeitos e incitando-as a se aperfeiçoarem. Ele comentou: "Eu também sou culpado por esses defeitos. Na verdade, estou pregando para mim mesmo em voz alta e o que estou dizendo para mim é de utilidade para vocês também".

Dia 241 Terça-feira

"Ame o próximo": qual é a responsabilidade do próximo?

Estava trabalhando em meu escritório em certa manhã quando um amigo querido me telefonou. Sua mãe havia sido operada na tarde do dia anterior e os médicos haviam acabado de descobrir que seria necessário um segundo procedimento. Quando perguntei ao meu amigo se ele queria que eu fosse e me sentasse com ele no hospital, ele respondeu: "Eu adoraria".

Fui direto para o hospital e passei o restante do dia com ele. Assim que cheguei, ficou imediatamente aparente que era muito importante para ele que eu estivesse lá e fiquei muito feliz por poder passar esse tempo com ele.

Mais tarde, questionei-me o que teria acontecido se meu amigo não tivesse sido tão direto – se, quando lhe perguntei se deveria ir, ele tivesse dito: "Não, estou bem. Não se preocupe". Nessa situação, principalmente pelo fato de que outras circunstâncias, nos três dias anteriores, me impediram de trabalhar, seria provável que eu ficasse no telefone com ele por mais alguns minutos, pedisse que ele me ligasse e contasse como foi a operação e desligasse.

Como meu amigo foi direto e me disse do que realmente precisava, eu pude responder à sua necessidade. E como eu o conhecia como uma pessoa justa, não manipuladora, soube que seu apelo para que eu ficasse com ele era verdadeiro.

Isso me lembrou de uma história chassídica, que há muito tempo me emociona e me incomoda. Diz-se que o Rabi Moshe Leib, de Sassov, surpreendeu seus seguidores ao lhes dizer:

> Como ter apreço pelos homens é algo que eu aprendi com um camponês. Ele estava sentado com outros camponeses em uma pousada, bebendo. Durante um bom tempo, ficou em silêncio, assim como todos os outros, mas quando ficou alterado pelo vinho, perguntou a um dos homens sentados ao seu lado: "Diga-me, você gosta de mim ou não?". O outro respondeu: "Eu tenho grande apreço por você". Contudo, o primeiro camponês disse: "Você diz que gosta de mim, mas não sabe do que eu preciso. Se você realmente gostasse de mim, saberia". O outro não respondeu e o camponês que havia feito a pergunta ficou em silêncio novamente. No entanto, eu compreendi. Saber as necessidades dos homens e arcar com o ônus de sua tristeza, esse é o verdadeiro amor dos homens.*

Para o rebbe de Sassov, a lição era óbvia; amar os outros é saber o que os magoa e do que precisam. Eu certamente sei, quando sinto dor, quanto aprecio aqueles que conseguem intuir o meu sofrimento e seus motivos.

Todavia, também tenho compaixão pelo segundo camponês. Seu apreço pelo amigo pode ter sido bem verdadeiro, mesmo que ele não soubesse por que o outro sentia dor. Acredito que seja responsabilidade daquele que está carente de dizer aos outros do que precisa.

Embora muitos traços humanos se dividam uniformemente entre homens e mulheres, minha impressão é de que há muitas mulheres que querem que seus cônjuges ou companheiros saibam do que precisam sem terem que dizê-lo explicitamente.

Compreendo o mandamento "ame o próximo" como uma obrigação implícita para que façamos o que for possível para que o próximo aja de

---

* Buber, *Tales of the Hasidim: Later Masters*, página 86.

maneira amável conosco. Isso significa que temos uma responsabilidade de deixar claro aos outros do que precisamos. O próximo não lê mentes. A pessoa pode nem mesmo ser intuitiva, mas isso não a torna uma pessoa má ou fria.

Portanto, não apenas ame o próximo, certifique-se de dar a ele uma chance de amá-lo.

Dia 242 Quarta-feira

"Honrarás pai e mãe": a surpreendente redação do mandamento bíblico

Por que a Torá – no Quinto dos Dez Mandamentos – nos ordena a "honrar" nossos pais, mas não a amá-los? Certamente não porque hesite em ordenar o sentimento de amor e compaixão; afinal de contas, ordena: "Ame o próximo como a si mesmo" (Levítico 19:18); "Amarás, pois, o Senhor teu Deus de todo o teu coração, e de toda a tua alma, e de todas as tuas forças" (Deuteronômio 6:5); e "Ame-o [o estranho] como a si mesmo" (Levítico 19:34).

Por que não um mandamento para amar os pais?

Duas possíveis razões: em primeiro lugar, é possível que a obrigação de amar os seus pais esteja classificada sob o mandamento para você amar o próximo (ou seja, como seus pais também são, de certa forma, seus próximos, você é obrigado a amá-los).

Entretanto, a verdadeira razão, acredito, tem a ver com a compreensão da Torá sobre a natureza humana. Muitas pessoas, tanto os adolescentes quanto os adultos, vivenciam períodos de alienação dos pais e quase passam por períodos de ambivalência. Isso não é de se espantar. Os pais têm um papel tão importante em nossas vidas (entre outras coisas, são nossos modelos do que significa ser um homem e uma mulher, uma mãe e um pai, um marido e uma esposa, e um adulto), que inevitavelmente conectamos alguns dos nossos problemas pessoais em relacionamentos e em nós mesmos com coisas que nossos pais fizeram ou deixarem de fazer.

Para nos fornecer uma orientação nesses períodos de alienação e ambivalência, durante os quais podemos não nos sentir muito acolhedores, a Torá nos ordena a honrar nossos pais e mostrar certo grau de respeito. Filhos irritados às vezes expressam o tipo de coisas duras e cruéis aos pais que não diriam, mesmo em momentos de raiva, a conhecidos e amigos. Conheço pessoas que já disseram aos pais: "Eu odeio vocês" ou "Eu queria ter pais decentes, não vocês". Esses são exatamente os tipos de comentário que a Torá proíbe. Se você estiver irritado com os seus pais, diga isso a eles, mas ponha limites ao que diz. Você ainda está ligado, mesmo quando enfurecido e talvez não sentindo apreço, à obrigação de mostrar honra aos seus pais.

Para mais informações sobre como expressar a raiva de forma justa, vide o Dia 23.

Dia 243 Quinta-feira

Se os pais se tornarem senis

Certa vez, ele [Dama, filho de Netiná] estava sentado entre os grandes homens de Roma, vestido com trajes dourados de seda, quando sua mãe veio e rasgou sua vestimenta, deu-lhe um tapa na cabeça e cuspiu em seu rosto. Contudo, ele não a envergonhou.

— TALMUDE BABILÔNICO, *KIDDUSHIN* 31A*

---

* O Rabi Guershon Winkler e Lakme Batya Elior sugerem que é inadequado ensinar essa passagem talmúdica para crianças pequenas, pois podem compreender a história como se devessem permanecer em silêncio se os pais abusarem física e/ou verbalmente delas. Obviamente, o judaísmo não defende que os filhos menores de idade aceitem o comportamento cruel e opressivo dos pais. Como Dama, o herói dessa história, era um homem maduro, os rabinos consideravam sua moderação e sua compaixão pela mãe como admirável (vide Winkler e Elior, *The Place Where You Are Standing Is Holy*, página 133).

O Talmude cita várias histórias sobre Dama, um não judeu, a quem os rabinos viam como um modelo do cumprimento do mandamento de honrar pai e mãe. A partir desta história, aprendemos que um filho nunca deve humilhar os pais publicamente, mesmo se estiver perturbado ou se comportar de forma abominável.

Em vez disso, a lei judaica ordena que os filhos são obrigados a tentar cuidar dos pais senis durante o máximo de tempo possível. Somente quando não for mais possível, deve contratar outras pessoas para fazê-lo:

> Se o pai ou a mãe de uma pessoa tornar-se uma pessoa com problemas mentais, [o filho] deve tentar satisfazer os caprichos do pai ou da mãe doente, até que a pessoa [o pai ou a mãe] desperte a piedade de Deus [e faleça]. Se, porém, ele descobrir que não consegue suportar a situação por causa da alienação mental dos pais, deixe-o ir embora e designar outras pessoas para cuidar adequadamente dos pais.
>
> – Moisés Maimônides, *Mishné Torá*,
> "Leis Referentes aos Rebeldes", 6:10

Nos tempos modernos, isso sugeriria que os filhos primeiro tentassem cuidar dos pais por conta própria e/ou com ajuda externa. Quando isso não for mais possível (como no caso de um pai acometido pela doença de Alzheimer), deveriam contratar outras pessoas para trabalharem como cuidadoras. Quanto a enviar um pai para viver em um lar para idosos, esse deveria ser o último passo, nunca o primeiro.

Os pais cuidaram de nós quando éramos jovens e exigentes, e a lei judaica nos instrui a fazer o mesmo por eles durante o máximo de tempo que pudermos. Gur Aryeh ha-Levi, um comentarista da Bíblia do século XVII, acreditava que o mandamento "Honrarás pai e mãe" diz respeito principalmente aos anos finais e mais difíceis dos pais: "É natural que os mais velhos sejam desprezados pela população em geral quando não conseguem mais funcionar como antigamente, e ficam sentados, ociosos e sem propósito. O mandamento 'Honrarás pai e mãe' foi feito especificamente para essa situação".*

---

* Gur Aryeh ha-Levi em *Melekhet Makhshevet,* citado em Klagsbrun, *Voices of Wisdom*, página 198.

Dia 244 Sexta-feira

Como aprender a ter empatia

Quando uma cidadezinha do leste europeu do século XIX foi cercada por condições invernais inclementes, o rebbe chassídico local precisou angariar fundos para aquecer a casa dos pobres da cidade. Partiu para a casa do homem mais rico dela e bateu à sua porta.

O homem, seguidor do rebbe, abriu a porta e convidou-o a entrar. O rebbe hesitou, dizendo que ficaria apenas um minuto e que eles poderiam conversar na porta. Em seguida, o rebbe começou a fazer perguntas gerais ao homem rico sobre sua esposa e seus filhos. O homem, que havia aberto a porta vestido apenas com uma camiseta, sentiu seus dentes começarem a bater: "O rebbe poderia, por gentileza, entrar?", pediu novamente.

O rebbe disse que não e começou a fazer perguntas ao homem sobre seus negócios.

O homem agora estava tendo tremores: "O rebbe poderia, por gentileza, entrar e me dizer por que veio até a minha casa?".

O rebbe permaneceu do lado de fora, mas disse ao homem: "Eu vim lhe pedir 100 rublos. Precisamos do dinheiro para aquecer as casas dos pobres".

"Se eu prometer doá-los, o rebbe entrará?".

"Sim".

"Então darei o dinheiro agora mesmo".

Depois de o rebbe seguir o homem com tremores pela casa, o homem abriu seu cofre e lhe deu 100 rublos.

Ele perguntou ao rebbe: "Se você sabia o tempo todo o que planejava me pedir, por que não veio logo e pediu?".

Ele respondeu: "Se eu tivesse entrado assim que você abriu a porta, você teria me acompanhado até uma cadeira confortável em sua sala de estar e trazido uma xícara de chá quente para você e para mim. Estaríamos sentados em cadeiras de veludo, aquecidos por uma lareira e quando eu lhe pedisse dinheiro para aquecer as casas dos pobres, você teria oferecido 5 rublos, talvez 10. No entanto, ao ficar do lado de fora, você vivenciou durante alguns minutos a amargura do frio que os pobres vivenciam o tempo todo. Eu queria que você estivesse sentindo esse mesmo frio cortante quando lhe pedisse os 100 rublos".

A compaixão é um uma característica louvável, mas a empatia é o que realmente abre o nosso coração. Neste ano, no Yom Kippur, quando você estiver sentado na sinagoga e sentir fome, decida nesse momento que você doará para instituições que distribuem alimentos aos pobres. E, saia de casa sem casaco no auge do inverno; quando você começar a tremer de frio, decida doar para instituições que ajudam os necessitados.

Shabat Shalom!

Dia 245 Shabat

Ao longo deste Shabat, analise o material dos seis dias anteriores e use alguns dos textos estudados como base para discussões durante as refeições do Shabat:

Dia 239. O antídoto para a arrogância
Dia 240. Não finja ter virtudes que não tem
Dia 241. "Ame o próximo": qual é a responsabilidade do próximo?
Dia 242. "Honrarás pai e mãe": a surpreendente redação do mandamento bíblico
Dia 243. Se os pais se tornarem senis
Dia 244. Como aprender a ter empatia

Shabat Shalom!

SEMANA 36

Dia 246 Domingo

Não grite com sua esposa

As pessoas podem pensar que os outros agem da forma mais gentil com os mais íntimos e reservam sua grosseria, seu mau humor e sua impaciência aos desconhecidos. Entretanto, não é assim que o mundo geralmente funciona. As pessoas são, na maior parte das vezes, cruéis com aqueles que são mais íntimos delas.

Conheço um homem que aguenta de sua esposa várias explosões de destruir o ego. Quando ela posteriormente pede desculpas, garante-lhe que, segundo seu psiquiatra, ele é a única pessoa em quem ela confia o suficiente para mostrar seu lado negro. De fato, muitos que são delicados e agradáveis com estranhos e conhecidos têm pouco remorso ao gritar e estourar com cônjuges e filhos.

A Torá nos informa que o Patriarca Jacob amava mais Rachel, de suas quatro esposas; na verdade, segundo a Bíblia ela era a única que ele amava. Rachel também era a única de suas esposas que era estéril. Sentindo muita angústia por isso e sabendo que seu marido era um homem sagrado com uma ligação especial com Deus, Rachel confrontou Jacob e disse: "Dê-me filhos ou morrerei!" (Gênesis 30:1).

Jacob virou-se para a esposa em fúria: "Por acaso estou no lugar de Deus, que a impediu de ter filhos?".

Que palavras duras! Talvez Jacob, frustrado pela infertilidade de sua esposa,* tenha ficado chateado com a insinuação das palavras dela de que estava em seu poder lhe "dar" filhos. Talvez ele tenha acreditado que fosse ofensivo o fato de ela pensar que sua vida não merecia ser vivida se ela não pudesse procriar.

---

* Rachel, mais tarde, teve dois filhos.

O que quer que Jacob tenha pensado, as palavras de Rachel, obviamente provocadas pela dor, mereciam uma resposta mais gentil. O *Midrash* rabínico comenta: "É assim que se responde a uma pessoa em sofrimento?" (*Gênesis Rabá* 71:7).

Um episódio bíblico posterior retrata de maneira semelhante um encontro entre uma esposa sem filhos e seu marido, embora seja concluído de forma mais gentil. Elkaná, vendo sua esposa estéril afundando-se na depressão, diz a ela: "Hanna, por que chora? Por que não come e por que se sente mal? Não sou melhor para você do que dez filhos?" (I Samuel 1:8).

Embora a insistência de Elkaná para sua esposa estéril de que ela não tinha motivos para se sentir triste ("Por que você se sente mal?") possa ter sido insensível, sua resposta pelo menos expressa amor e encorajamento ("Não sou melhor para você do que dez filhos?"), em vez de desprezo e fúria.

Às vezes, é difícil reagir à aflição de seu cônjuge com compaixão. Talvez você sinta que a outra pessoa está exagerando em sua dor, vem reclamando disso há muito tempo ou que não há nada que você possa fazer para aliviar o sofrimento e, portanto, gostaria de mudar de assunto. Entretanto, independentemente do que você sinta, tente se abster de falar palavras raivosas e ofensivas. Às vezes, você não conseguirá; os seres humanos que vivem juntos em proximidade tendem a se chatear e hostilizar um ao outro de vez em quando. Contudo, se você frequentemente falar de forma rude com as pessoas mais próximas a você, deve encontrar uma maneira de se controlar.

O Talmude observa que as mulheres geralmente choram com mais facilidade do que os homens e que estes devem tomar muito cuidado para não magoar suas esposas (*Bava Mezia* 59a). Não sei se os homens vêm ficando mais sensíveis desde a época do Talmude, mas conheço alguns maridos que já foram levados às lágrimas pelas palavras cruéis de suas esposas.

O mundo sempre precisa de mais bondade. Quem a merece mais do que o marido ou a esposa que escolheu compartilhar sua vida com você?

Dia 247 Segunda-feira

Você está em um relacionamento abusivo?

Uma hora ou outra, todos os casais discutem, brigam ou pelo menos testam dolorosamente a paciência um do outro. Entretanto, há formas adequadas de discordar, e, desde que as discussões do casal aconteçam dentro desses parâmetros (vide Dia 51), um casamento pode continuar saudável. Muitas vezes, os companheiros podem até evoluir a partir dessas divergências.

A Jewish Women International (ex-B'nai Brith Women) formulou uma série de perguntas para ajudar a caracterizar um relacionamento no qual as brigas são unilaterais e injustas. Se Deus quiser, você conseguirá responder a todas as perguntas com um "não". Se você responder "sim" a qualquer uma delas, você pode estar em um relacionamento abusivo e deveria consultar o seu rabino ou até um abrigo (eu editei levemente algumas perguntas, para torná-las mais claras).

O seu companheiro:

- Xinga ou grita quando discute com você?
- Denigre você na frente de outras pessoas?
- Diz que você não presta?
- Age de forma muito ciumenta e possessiva?
- Controla suas finanças e faz você pedir dinheiro?
- Tenta controlar quem você encontra e o que você faz?
- Repreende você pelo que veste, diz e pela maneira como age?
- Culpa você pelas atitudes violentas dele?
- Destrói os seus pertences ou machuca seus animais de estimação?
- Empurra, bate, chuta ou estapeia você?
- Força você a ter sexo com ele(a)?

No judaísmo, *shalom bayit* (um lar pacífico) é altamente valorizado e os rabinos geralmente não incentivam o divórcio se houver motivos para acreditar que o casamento pode retornar a seu estado de tranquilidade. No entanto, se não puder, é errado continuar no relacionamento. A própria Torá ordena: "Preservem cuidadosamente suas vidas" (Deuteronômio 4:15), que as fontes judaicas compreendem como a proibição de uma pessoa se colocar em perigo desnecessário. Assim, é proibido continuar em um relacionamento com uma pessoa que lhe atormenta física ou emocionalmente. Como lembra a Jewish Women International às pessoas que responderam "sim" a qualquer das perguntas anteriores: "Você pode estar em um relacionamento abusivo... [e] pode estar pondo em perigo sua saúde e sua segurança ao permanecer em uma situação perigosa".*

Dia 248 Terça-feira

Não seja elitista

O ilustre rabino do século III da E.C., Judá, o Príncipe, editor dos seis volumes da Mishná – a primeira coleção abrangente da lei oral judaica – parece ter sido um pouco ascético. Em seu leito de morte, levantou as mãos e declarou diante de Deus: "O Senhor sabe que não desfrutei dos prazeres deste mundo nem com o dedo mindinho" (Talmude Babilônico, *Ketubot* 104a). Virtuoso como era, o Rabi Judá sofria de um defeito: quando distribuía para caridade, era um elitista que acreditava que apenas os judeus eruditos deveriam ter direito à assistência.

Certa vez, quando houve uma [onda de fome em Israel], o Rabi Judá, o Príncipe, abriu os armazéns de alimentos e anunciou: "Deixem que todos

---

* *Resource Guide for Rabbis: On Domestic Violence.*

os que estudaram a Bíblia, Mishná, Gemara, Halachá e Aggadá entrem, mas aqueles que são ignorantes da Torá não devem entrar".

Rabi Yonatanben Amram forçou-se a entrar [sem divulgar sua identidade] e disse a ele: "Meu professor, alimente-me!".

Ele lhe disse: "Meu filho, você estudou a Bíblia?".

Ele respondeu: "Não".

"Você estudou a Mishná?".

Ele respondeu: "Não".

"Se é esse o caso, como posso alimentá-lo?".

Ele respondeu: "Alimente-me como você alimentaria um cachorro ou um corvo".

Ele o alimentou.

Quando [Rabi Yonatanben Amram] foi embora, o Rabi Judá, o Príncipe, continuou incomodado, dizendo: "Ai de mim! Dei comida a uma pessoa ignorante da Torá".

Seu filho, Rabi Shimon, disse: "Talvez aquele tenha sido o seu aluno, o Rabi Yonatan bem Amram, que nunca quis obter qualquer vantagem por ter estudado a Torá".

Eles verificaram e descobriram que, de fato, era esse o caso. O Rabi Judá, o Príncipe, disse em seguida: "Deixem todos entrarem".*

Embora tenha uma conclusão reconfortante, essa história é perturbadora. Segundo Danny Siegel – sendo ele mesmo generoso em termos de caridade –, "o começo da história não faz qualquer sentido para mim".

Por que o Talmude incluiu essa história? Os rabinos que o compilaram poderiam facilmente tê-la suprimido. Talvez tenham inserido essa história para lembrar aos judeus de todas as gerações que *todas* as pessoas com fome têm direito aos alimentos. Aqueles como o Rabi Judá, que restringem sua doação para os colegas intelectuais religiosos, estão agindo de maneira

---

* Talmude Babilônico, *Bava Bathra* 8a. Segui quase literalmente a tradução de Danny Siegel; vide *Family Reunion*, páginas 42-43; além disso, o dia de hoje foi profundamente influenciado pelo comentário de Siegel sobre essa passagem.

errada, assim como aqueles que restringem suas doações aos que estão envolvidos em atividades culturais, ou aqueles do mundo acadêmico.*

Conforme Haggadah de Pessach nos orienta, em palavras que muitas pessoas ignoram: "Deixe que todos os que sentem fome entrem e comam".

Dia 249 Quarta-feira

Não incentive seus filhos a namorarem pessoas ricas

Eu tinha um amigo na faculdade cujos pais lhe faziam sempre as mesmas duas perguntas quando ele voltava de um primeiro encontro com uma garota: "Ela é bonita?" e "A família dela é rica?". Outras pessoas me contaram que foram criadas por pais com conselhos como: "Você não deve se casar somente por dinheiro, mas é tão fácil se apaixonar por uma pessoa rica quanto por uma pessoa pobre".

Da perspectiva do judaísmo, fazer escolhas conjugais com base no dinheiro é imoral e reflete um caráter duvidoso. O Talmude ensina: "Quem quer que se case com uma mulher pelo seu dinheiro terá filhos desonrosos" (Talmude Babilônico, *Kiddushin* 70a). Embora muitas pessoas compreendam essa máxima como uma maldição, eu acredito que isso simplesmente significa que o pai terá um filho como ele próprio, que fará qualquer coisa por ganho material.

O casamento por dinheiro geralmente acontece entre homens ricos e mulheres muito mais novas e atraentes. Há 2000 anos, quando os pais organizavam o casamento dos filhos, os rabinos condenavam um pai que casasse

---

* Meu amigo Daniel Taub tem uma explicação um pouco diferente para essa história: "Houve uma onda de escassez generalizada em Israel e Rabi Judá pensou que poderia priorizar a quem os alimentos deveriam ser doados, com base no conhecimento. A história, porém, parece nos ensinar que não se deve valorizar a vida de um intelectual mais do que de outra pessoa; alguém que, na verdade, pode nunca ter tido a chance de estudar".

sua filha com um homem idoso e muito influente. Rabi Shlomo Yosef Zevin, citando o *Shulchan Aruch*, resume a tradição judaica nesse aspecto: "Um idoso não deveria casar com uma mulher jovem, pois essa discrepância leva à imoralidade".* Claramente, os rabinos temiam que uma jovem mulher casada com um homem muito mais velho estivesse muito mais propensa a trair os laços matrimoniais e buscar amantes mais jovens e viris.

Casar-se por dinheiro também pode levar à desgraça, bem como à imoralidade. Conforme o falecido Rabi Wolfe Kelman costumava dizer: "Quem se casa por dinheiro acaba pagando por isso".

Com quem, então, você deveria incentivar seus filhos a se casar? Com pessoas que se comprometem a estabelecer lares regidos pelos valores judaicos, por quem sejam física e emocionalmente atraídos, que tenham alguma ambição pessoal e/ou profissional e pessoas que sejam muito, muito boas; o resto é comentário.

Dia 250 Quinta-feira

A pergunta dolorosa e desafiadora que os pais devem fazer aos filhos

Quando o Rei David estava idoso, nos últimos momentos de sua vida, Adonias, seu filho sobrevivente mais velho, saiu por Jerusalém vangloriando-se de que seria rei em breve.

Que vil da parte de um filho deixar claro que está aguardando ansiosamente a morte do pai para assumir o poder! Contudo, é importante o fato de que a Bíblia não considera David inocente pelo comportamento ofensivo de Adonias. O texto relata que ao longo da vida do filho, seu pai nunca lhe havia repreendido quando agia de maneira errada, nem perguntava: "Por que você fez isso?" (I Reis 1:6).

---

* Rabi Shlomo Yosef Zevin, "[The Old] by the Light of Halacha", in Lamm, org. *The Good Society*, página 129.

Conheço um casal cuja filha maltratava cruelmente o irmão mais novo, muitas vezes insultando-o e agredindo-o fisicamente. Os pais costumavam reconfortar o jovem, mas raramente confrontavam, desafiavam ou puniam a garota por seu comportamento. Conheço outro casal que testemunhou sua filha de 5 anos maltratar, em diversas ocasiões, uma menina um pouco mais nova que era sua vizinha, que saía correndo e chorando. Os pais ficavam alertas em não deixar que a filha saísse impune por seu comportamento. Diziam-lhe repetidamente que esse comportamento era inaceitável, injusto e cruel e a desafiavam cada vez que isso acontecia.

Deixo a cargo da sua imaginação adivinhar qual dessas duas crianças se tornou egocêntrica e indelicada, e qual se tornou justa e boa.

Alguns podem argumentar que os pais têm influência limitada, que não importa o que David tivesse feito, Adonias, em última análise, teria se tornado arrogante e egoísta. Contudo, a Bíblia, ao nos dizer que: "seu pai nunca o repreendeu, [perguntando] 'Por que você fez isso?'" discorda claramente; acredita que os pais, ao fazerem a pergunta correta – repetidamente, se for o caso –, podem influenciar os filhos a agirem de maneira mais gentil, justa e ética.

"Por que você fez isso?" Uma boa pergunta para crianças – e para nós também.

Dia 251 Sexta-feira

O casamento também pode ser sinônimo de alegria e diversão

Em geral, acredita-se que as pessoas religiosas são solenes, no sentido de estarem tão preocupadas em tentar cumprir suas obrigações que raramente pensam em alegrias ou têm pouco tempo para diversão. Todavia, uma breve análise da Torá nos lembra de que a alegria e a diversão são vistas pela Bíblia como partes intrínsecas e importantes do relacionamento no contexto de um casamento. Leve em consideração a linguagem que a Torá utiliza para discutir o relacionamento de Isaac e Rebeca:

Yitzchak metzachek et Rivkah ishto. Isso pode ser traduzido como "Isaac estava acariciando [ou brincando com] sua esposa, Rebeca", ou como "Isaac estava fazendo sua esposa, Rebeca, rir"; pelo contexto, a alusão parece ser sexual (Gênesis 26:8).

É possível encontrar novamente a linguagem da alegria em uma passagem distinta não romântica de Deuteronômio, na qual a Torá ordena que uma pessoa da categoria dos homens seja dispensada do recrutamento militar (exceto em caso de guerra para sobrevivência nacional): "Se um homem tiver se casado recentemente, não será enviado à guerra, nem assumirá nenhum compromisso público. Durante um ano estará livre para ficar em casa e fazer feliz a mulher com quem se casou" (Deuteronômio 24:5).

Fazer feliz a mulher com quem se casou, brincar com seu cônjuge, acariciá-la, fazê-la rir – essas coisas não são apenas bom senso ou pensamento da New Age, são descrições e prescrições diretas da Torá.

Se você descobrir que você e sua esposa, muitas vezes, ficam sobrecarregados com o fardo de criar filhos, com as finanças da casa e de uma falta geral de sono e de tempo, ainda assim devem certificar-se de encontrar tempo para brincar não apenas com os filhos, mas entre si. As outras pressões permanecerão, mas quando um casamento for alegre e sensual, como o de Isaac e Rebeca, tudo, de alguma forma, valerá a pena.

Shabat Shalom!

Dia 252 Shabat

Ao longo deste Shabat, analise o material dos seis dias anteriores e use alguns dos textos estudados como base para discussões durante as refeições do Shabat:

Dia 246. Não grite com sua esposa
Dia 247. Você está em um relacionamento abusivo?
Dia 248. Não seja elitista

Dia 249. Não incentive seus filhos a namorarem pessoas ricas
Dia 250. A pergunta dolorosa e desafiadora que os pais devem fazer aos filhos
Dia 251. O casamento também pode ser sinônimo de alegria e diversão

Shabat Shalom!

SEMANA 37

Dia 253 Domingo

Rabeinu Guershom e a proibição de ser bisbilhoteiro

Uma das figuras mais famosas da história judaica medieval é Rabeinu Guershom, um intelectual alemão do século X, de Mayence, também conhecido como *Me'or Hagolah*, "a Luz do Exílio". Várias abrangentes decisões judiciais lhe foram atribuídas. Por exemplo, creditam-se a ele os créditos por proibir a poligamia entre os judeus, algo que era permitido desde os tempos bíblicos.* Ele também ordenou que uma mulher não poderia divorciar-se contra sua vontade, embora a lei da Torá e também o Talmude o permitissem.** Desde o tempo de Rabeinu Guershom, um casal somente pode divorciar-se quando ambos os parceiros concordarem.

---

* A proibição de Rabeinu Guershom não foi aceita pelas comunidades judaicas residentes no mundo muçulmano e alguns de seus membros mantiveram várias esposas até no século XX.

** De acordo com a Torá, se um homem se casasse com uma mulher e encontrasse nela "algo inadequado", poderia divorciar-se dela (Deuteronômio 24:1). O Talmude registra a visão de que as palavras "algo inadequado" se aplicavam a qualquer coisa de que o homem não gostasse em sua esposa (*Mishna Gittin* 9:10).

Uma de suas decisões bem menos conhecidas, mas ainda assim igualmente aplicável, é a proibição de se ler correspondências destinadas a outra pessoa. Isso se aplica mesmo quando a carta for destinada a alguém de quem você for íntimo. Você está proibido de abrir e ler uma carta particular destinada a sua esposa ou ao seu filho. Exceto se a pessoa a quem a carta foi destinada lhe der permissão para lê-la, você não está autorizado a fazê-lo.

Muitas pessoas, especialmente os pais, violam essa decisão, o que muitas vezes evoca um ultraje compreensível nos filhos. Nem preciso acrescentar que ler outros documentos ainda mais particulares de alguém, como o diário, é igualmente proibido.

Por extensão, a proibição do Rabeinu Guershom se estenderia a ouvir as conversas telefônicas ou mensagens particulares de voz no telefone destinadas a outra pessoa. Como regra geral, quando alguém está tendo uma conversa ao telefone, é melhor sair do recinto; é difícil alguém conversar abertamente quando outra pessoa está presente.

Conforme observado em um outro dia (vide Dia 215), a lei judaica proíbe até que uma pessoa entre na casa de outra sem bater à porta antes, para que você não invada a privacidade e constranja alguém na casa. Resumindo, o judaísmo leva bem a sério o direito de todas as pessoas – inclusive dos filhos das pessoas – à privacidade.

Dia 254 Segunda-feira

Seja generoso com o poder

Quando um rei e uma noiva a caminho de sua festa de casamento se encontram, a noiva deve abrir caminho para o rei. Contudo, o Rei Agrippa [do século I da E.C.] abriu caminho para uma noiva e os sábios o elogiaram. Quando lhe perguntaram: "O que o levou a fazer isso?", ele respondeu: "Eu uso uma coroa todos os dias, ela usará sua coroa apenas por poucas horas".

– TRATADO PÓS-TALMÚDICO SEMACHOT 11:6

Há alguns anos, um periódico judaico homenageou um amigo meu ao nomeá-lo um dos três jurados para conceder um prêmio a um educador bem-sucedido. O prêmio não tinha valor monetário, mas o meu amigo ficou surpreso sobre como foi pressionado pelos diferentes candidatos e seus apoiadores.

Ele expressou seu espanto com relação a isso ao falecido Rabi Wolfe Kelman. Em vez de compartilhar de sua surpresa, Rabi Kelman lhe fez uma pergunta: "Você frequentemente é solicitado a discursar em banquetes e jantares de organizações judaicas, não é?".

Meu amigo acenou com a cabeça. Há muitos anos ele dá palestras em várias comunidades judaicas.

"Portanto, você está acostumado a ser solicitado a sentar-se no trono. Entretanto, muitas pessoas, inclusive muitas que fazem trabalhos tão importantes quanto o seu e o meu, nunca têm a chance de sentar-se no trono. E, assim como você, também querem reconhecimento".

Humilhado pelas palavras do Rabi Kerman, meu amigo retornou à sua função de jurado com dedicação renovada.

O comportamento do Rei Agrippa lembra-nos de que se estivermos, em algum momento, em uma posição de poder, nossa primeira responsabilidade deve ser ajudar os outros, não nos engrandecermos. Na verdade, o benefício mais positivo que se adquire com o poder é a capacidade de usá-lo generosamente. Outro amigo, uma figura proeminente da mídia, me contou que sente prazer em ligar para pessoas doentes que são fãs de seu programa de rádio e desejar-lhe felicidades. Ele sabe que por causa de sua proeminência, receber uma ligação dele é algo que elas guardarão com carinho na memória.

O Rabi Hanoch Teller nos conta: quando o falecido rabino israelense Shlomo Zalman Auerbach, um homem muito humilde, ouviu falar sobre uma família nos Estados Unidos que havia sofrido a perda grave de um marido e pai ficou tão perturbado que imediatamente fez uma ligação para o exterior, para essa família. Quando a viúva atendeu, ele se apresentou como Shlomo Zalman Auerbach. De início, ela não reconheceu seu nome, então ele repetiu: "Aqui é Shlomo Zalman Auerbach, de Jerusalém". "Ah", respondeu a mulher com espanto, maravilhada com o fato de um rabino tão

proeminente estar ligando para ela. Rabi Auerbach passou 20 minutos consolando a viúva e, em seguida, falou com cada um dos filhos. Para o filho mais novo, ciente de que isso ajudaria a situação do garoto no colégio, ele disse: "Quando você voltar para a escola, diga a todos os seus amigos que Rabi Shlomo Zalman ligou para você e falou com você de Jerusalém".*
O que todos reconhecem é que talvez o benefício mais importante da fama é o fato de ela permitir que alguém ajude muito mais pessoas do que conseguiriam de outra maneira.

Dia 255 Terça-feira

Quando o silêncio vale ouro

O Rabi Shimon ben Elazar costumava dizer: Não tente acalmar seu companheiro no auge de sua raiva, nem lhe diga palavras de consolo enquanto seu morto estiver diante dele...

– ÉTICA DOS PAIS 4:23

Muitos associam boas maneiras a saber exatamente a coisa certa a dizer, mas como nos recorda o ensinamento rabínico, há momentos em que as boas maneiras ditam que não se diga nada.

É o que geralmente acontece quando outra pessoa sofreu um golpe emocional, e no caso de falecimento de um ente querido. Oferecer consolo imediatamente após o falecimento, quando alguém de luto ainda está em choque, poderá banalizar a perda. Nesse momento, o maior presente que você pode oferecer é sua presença. O simples fato de você estar ali fará com que o enlutado sinta que não está sozinho em seu sofrimento. Já palavras de consolo, que tantas vezes sugerem que a pessoa de luto não deveria se sentir tão mal, provavelmente fará o enlutado se sentir ainda mais isolado e sozinho.

---

* Teller, *And From Jerusalem, His Word*, página 323.

Da mesma forma, conforme observado no Dia 136, a ética judaica ensina que quando se visita uma pessoa enlutada, deve-se permanecer em silêncio até ela iniciar uma conversa. Seu objetivo durante uma visita de *shiva* é ajudar a pessoa de luto. Se esta desejar conversar sobre o falecido ou distrair a mente e conversar sobre outra coisa, converse com a pessoa sobre o que quer que ela queira conversar. E se ela desejar apenas permanecer em silêncio, sente-se com ela e compartilhe seu silêncio.

Igualmente, controle sua língua quando estiver com uma pessoa no auge de sua raiva. Muitos ficam enfurecidos quando são provocados, mas depois de algum tempo (às vezes, pode ser apenas alguns minutos, às vezes horas ou até mais tempo), continuam com raiva, porém, mais calmos. Esse é o momento de conversar e tentar acalmar sua raiva. Entretanto, se você tentar acalmá-los no momento de sua ira mais intensa, provavelmente estimulará uma raiva ainda maior, agravada pela frustração da pessoa de que você, também, não entende a "justeza" de sua fúria.

As palavras devem ser ditas quando puderem fazer bem. Quando apenas inflamarem a sensação de desolação ou raiva de uma pessoa, é preferível segurar a língua. Como nos recorda Moshe ibn Ezra, o poeta hebraico medieval: "Se a palavra vale prata, o silêncio vale ouro".

Dia 256 Quarta-feira

Aprenda até com aqueles de quem você discorda

Dos cerca de 1500 rabinos citados no Talmude, apenas um aparentemente se tornou um herege e deixou o judaísmo; Elisha ben Abuyah, um contemporâneo do Rabi Akiva, do século II. Em uma crise de meia-idade, cujos motivos estão envolvidos em lendas, Elisha perdeu sua fé e convenceu-se de que "Não há Juiz e não há justiça".

Compreensivelmente, os outros rabinos se viraram contra Elisha em retaliação por ele rejeitar a eles e ao seu estilo de vida. Pararam de se referir a ele por seu nome, insistindo em chamá-lo de *Acher*, "o outro". Um deles, entretanto, o Rabi Meir, que era discípulo e amigo de Elisha, recusou-se a abandoná-lo. Continuou a encontrar-se com Elisha e tentou influenciá-lo a voltar ao judaísmo. O Rabi Meir também citava ensinamentos anteriores de Elisha que ainda acreditava serem válidos. Quando os outros criticavam Meir por não repudiar Elisha e os ensinamentos que havia aprendido com ele, o Rabá bar Rab Shila, contemporâneo do Rabi Meir, defendeu-o: "Rabi Meir encontrou uma romã. Comeu o recheio, mas jogou fora a casca". (Talmude Babilônico, *Hagigah* 15b).* Quando discordamos de outra pessoa sobre assuntos básicos, muitos de nós ficamos tentados a repudiar os ensinamentos daquele sobre todos os outros assuntos. Conforme já foi observado, esse parece ter sido um dos erros dos discípulos do Rabi Shammai, que se recusaram até a estudar e levar em consideração as posições contrárias dos seguidores do Rabi Hillel (vide Dia 131). Ao não examinar o que seus oponentes diziam, os alunos de Shammai tornaram-se mentalmente inferiores aos de Hillel (que ressaltava estudar pontos de vida opostos), um motivo pelo qual a lei judaica pode ter rejeitado seus ensinamentos em favor daqueles de Hillel e seus discípulos.

Na vida contemporânea, devemos nos lembrar de que os liberais têm coisas a aprender com os conservadores, os conservadores com os liberais, os judeus ortodoxos com os judeus conservadores e reformistas, e os judeus conservadores e reformistas com os judeus ortodoxos.

Todos nós precisamos nos tornar discípulos do Rabi Meir e aprender a comer o recheio da romã e descartar o que considerarmos a "casca".

---

* Há um excelente romance, de Milton Steinberg, sobre a vida de Elisha ben Abuyah, *As a Driven Leaf*, que aborda também sua relação com o Rabi Meir.

Dia 257 Quinta-feira

A vingança e o mandamento de amar o próximo

Muitos judeus não estão cientes de que um dos 613 mandamentos da Torá é uma proibição da vingança, mesmo que ocorra no que deve ser o versículo mais famoso dela: "Não procurem vingança nem guardem rancor contra alguém do seu povo, mas ame cada um o seu próximo como a si mesmo. Eu sou o Senhor" (Levítico 19:18).

Qual é a lógica por trás do ato de colocar "ame cada um o seu próximo como a si mesmo" com a proibição de se vingar ou guardar rancor? Todos nós, às vezes, já agimos de forma errada ou injusta com outra pessoa. Em certos momentos há algumas que sentem que você as magoou e que emocionalmente gostariam de ter a oportunidade de o magoar. Porém, ao instruir às pessoas "ame cada um o seu próximo como a si mesmo", a Torá nos diz que, assim como gostaríamos que o próximo que ferimos nos amasse e renunciasse ao desejo de vingança, deveríamos renunciar a este contra aqueles que nos magoaram.

A medida na qual os sábios judeus suprimiram o desejo de buscar vingança é, talvez, mais bem refletida nas experiências do Rabi Abraham Isaac Kook, um dos principais rabinos do início do século XX. Além de ser um intelectual de primeira linha e um homem profundamente religioso, o Rabi Kook era um sionista dedicado. Consequentemente, os membros do Neturei Karta, um pequeno grupo de judeus antissionistas e ultraortodoxos, desprezavam-no por suas crenças políticas. Muitas vezes, falavam e escreviam sobre ele com o maior desprezo e, às vezes, até o ofendiam.

Em certa ocasião, a filha de um líder do Neturei Karta foi afligida por uma doença grave, sobre a qual os médicos que a examinaram tinham apenas uma conclusão: a jovem precisava ser enviada para o exterior, a fim de se consultar com o maior especialista no tratamento da doença.

Quando o pai pesquisou, descobriu que o médico era muito ocupado e muito caro. Ele era um homem pobre, portanto, era altamente improvável que o médico aceitasse sua filha como paciente. No entanto, também descobriu que o médico era um grande admirador do Rabi Kook. Se o rabino lhe pedisse, o médico definitivamente trataria a jovem.

O homem, que em muitas ocasiões havia denunciado publicamente o Rabi Kook, estava muito constrangido para ir diretamente a ele. Em vez disso, procurou um grande querido amigo do rabino, o Rebbe Aryeh Levine, e lhe pediu que falasse com ele em nome de sua filha. Assim que o Rebbe Aryeh explicou o problema, o Rabi Kook concordou em escrever uma carta ao médico. E tendo em vista que ele tinha muitos motivos para guardar rancor do pai fez um grande esforço para descrever a jovem e seu pai em termos favoráveis. Como disse ele a Rebbe Aryeh: "Não vou deixar nenhuma inclinação particular me influenciar ao escrever isto". Quando terminou a carta, o Rabi Kook escreveu outra, para uma companhia de navegação que quase sempre respeitava suas solicitações, pedindo-lhes que desse um grande desconto à jovem e à sua família.* Ao longo de sua vida, o Rabi Kook escolheu não responder da mesma forma ou com vingança aos que o odiavam. Conforme já foi observado, ele frequentemente ensinava: "O Talmude ensina que o Segundo Templo foi destruído por causa do ódio sem causa. Talvez o Terceiro Templo seja reconstruído por causa do amor sem causa".

Dia 258 Sexta-feira

Quem é um herói? Uma perspectiva judaica

Em quase todas as culturas, o heroísmo é associado à força física. Um herói é mais forte do que os outros, uma pessoa que usa sua força física para derrotar oponentes e muitas vezes, nem sempre,

---

* Raz, *A Tzaddik in Our Time*, páginas 115-16.

fazer o bem. A porcentagem de pessoas em uma sociedade que podem ser heroínas é limitada; em geral, elas não têm a força física ou a coragem para tal.* No judaísmo, o heroísmo geralmente é compreendido como a força interior, não exterior. "Quem é um herói?", é a pergunta que encontramos em *Ética dos Pais* (Pirkei Avot). "Aquele que supera a tentação" (4:1).** Assim, um homem ou uma mulher pobre que encontra um objeto de valor que pertença a outra pessoa e resiste à tentação de guardá-lo, ao invés disso devolvendo-o, é um herói, ou é uma pessoa viciada em bebidas alcoólicas, mas que não fica bêbada. O judaísmo compreende a resistência à tentação não apenas como positivo, mas também como um ato heroico.

Da perspectiva do judaísmo, uma pessoa fisicamente forte que não consegue resistir às tentações é fraca, e um sujeito fraco fisicamente que não cede às tentações é um herói.

E você? O que o tenta? Que impulsos são difíceis para você controlar? Se você estiver tentado a ser desonesto, pode resistir? Se quiser ter um relacionamento sexual com alguém que é proibido para você, pode resistir ao impulso? Se tiver um temperamento irritadiço, pode evitar exagerar e explodir de raiva?

No mundo externo, o heroísmo é um grande valor, mas que se aplica a poucas pessoas e que é testado com pouca frequência. No judaísmo, o heroísmo é uma possibilidade para cada um, e somos testados quase todos os dias de nossas vidas.***

Shabat Shalom!

---

* O judaísmo está muito familiarizado com essa definição de herói. Assim, o Talmude, em um contexto limitado, define um herói como alguém que é "temido pelos companheiros por causa de sua força" (*Kiddushin* 49b).

** Assim, na verdade, não há medida objetiva de heroísmo, pois cada um de nós tem as próprias tentações contra as quais lutar e resistir.

*** Uma discussão interessante sobre o heroísmo da perspectiva judaica é encontrada em Nachum Amsel, *The Jewish Encyclopedia of Moral and Ethical Issues*, página 249.

Dia 259 — Shabat

Ao longo deste Shabat, analise o material dos seis dias anteriores e use alguns dos textos estudados como base para discussões durante as refeições do Shabat:

Dia 253. Rabeinu Guershom e a proibição de ser bisbilhoteiro
Dia 254. Seja generoso com o poder
Dia 255. Quando o silêncio vale ouro
Dia 256. Aprenda até com aqueles de quem você discorda
Dia 257. A vingança e o mandamento de amar o próximo
Dia 258. Quem é um herói? Uma perspectiva judaica

Shabat Shalom!

SEMANA 38

Dia 260 — Domingo

Acidentes acontecem

Dennis Prager é professor de Torá em Los Angeles. Após cerca de três anos de estudos, a turma chegou a Êxodo 21, que contém, entre outros regulamentos, leis referentes aos danos causados por animais. Lê-se no versículo 35: "Quando o boi de um homem se ferir e ferir o boi do vizinho e morrer, eles venderão o boi sobrevivente e dividirão seu preço; também dividirão o animal morto". Em outras palavras, contanto que o boi não tenha agido previamente dessa maneira (vide o versículo 36), seu dono é obrigado a pagar somente metade dos danos.

Muitos membros da turma ficaram chocados: "Por que somente metade? Foi o boi dele que infligiu o dano. O dono não deveria ser responsável por todo o dano?".

"Os norte-americanos hoje em dia", respondeu Dennis, "recusam-se a acreditar em acidentes. Na nossa sociedade, uma pessoa que sofre um ferimento quer que alguém pague, e que pague muito, tendo a pessoa agido ou não de forma irresponsável".

A Torá raciocina de outra maneira. Se o boi tivesse um histórico prévio de ferir os outros animais, a recusa do dono em abater o animal ou mantê-lo encurralado constitui negligência. Nesse caso, o dono arcaria com toda a responsabilidade (Êxodo 21:36, vide o título de amanhã).

E se o boi não tivesse nenhum episódio de agressividade antes do incidente? E se o dono não tivesse motivos para supor que ele algum dia feriria outro animal?

Assim, conta-nos a Torá, o dono paga apenas metade. É verdade, aconteceu um acidente e há uma vítima (tanto o animal quanto o dono do animal) sofreu, mas, de certa forma, o dono também é uma vítima, não tendo motivos para prever esse comportamento de seu animal. Responsabilizá-lo por todos os pagamentos constituiria um tipo de julgamento de negligência contra ele. Portanto, a Torá divide o pagamento entre o dono do boi e o dono do animal.

Embora essa pareça não ser uma solução perfeita, as alternativas oferecidas pela nossa sociedade excessivamente litigiosa dificilmente parecem ser melhores. Um amigo confessou-me, envergonhado, que quando uma empregada tropeçou em sua casa (ela simplesmente perdeu o equilíbrio; não havia objetos no chão), sua primeira preocupação foi que ela o processasse. Quando se tornou aparente que ela não estava seriamente ferida, ele ficou aliviado tanto por ficar isento da responsabilidade de uma ação judicial quanto pelo fato de ver que a mulher ferida estava bem. A própria natureza litigiosa da nossa cidade muitas vezes nos leva a ver os outros como litigantes em potencial, em vez de parceiros ou semelhantes à imagem de Deus.

A Torá compreendia que acidentes acontecem. Às vezes, algo triste ocorre, com ferimento. Contudo, o fato de haver uma vítima não significa que haja um vilão.

Dia 261 Segunda-feira

Quando um acidente não é acidente

Motoristas bêbados que matam pessoas frequentemente se defendem com o argumento de que foi um acidente. Da perspectiva do judaísmo, essa defesa é uma confusão absurda de acidente com negligência.

A lei bíblica distingue entre acidentes que uma pessoa não poderia ter previsto e ferimentos resultantes de negligência. No caso descrito ontem, quando um animal que nunca havia demonstrado quaisquer tendências violentas repentinamente ataca outra criatura, seu dono é obrigado a pagar por metade dos danos. Se, porém, o animal tivesse um histórico prévio de ferir outros, a responsabilidade do dono seria de 100%.

Por quê? Porque quando um animal fere outro (e a linguagem da Torá sugere que esse animal pode já tê-lo feito duas vezes), o dono sabe que seu animal tem tendências violentas. Se ele escolher mantê-lo vivo, tem a responsabilidade moral e legal por quaisquer futuros ferimentos que o animal venha a provocar.

Maimônides, em seu código legal, *Mishné Torá*, ordena: "Cinco espécies de animais são consideradas propensas a provocar danos desde o começo de sua existência. Isso se aplica até se tiverem sido domesticados. Portanto, se provocarem ferimentos ou morte ao ferir outros animais, mordê-los, esmagá-los, deitar-se sobre eles ou atos semelhantes, o dono é responsável pelo valor integral dos danos. São eles o lobo, o leão, o urso, o tigre e o leopardo. Da mesma forma, "uma cobra que pique ... Mesmo se tiver sido domesticada".*
Se você escolher criar um animal perigoso, a lei judaica o verá como negligente e responsável por quaisquer ferimentos que ele provoque, mesmo se você tiver tomado algumas precauções e tentado domesticá-lo. Da mesma forma,

---

* Maimônides, *Sefer Nezikin* (*O Livro dos Danos*), "Leis sobre danos à propriedade", 1:6; traduzido pelo Rabi Eliyahu Touger, página 16.

a lei judaica o verá como negligente e responsável se você dirigir depois de tomar alguns drinques e provocar um acidente.

Apenas será um acidente quando não puder ser previsto. Quando puder, não é acidente.

Dia 262 Terça-feira

Não seja o herói de uma mitzvá à custa de outra pessoa

A lei judaica ordena que uma pessoa lave as mãos e declame uma bênção antes de comer pão. Em certa ocasião, colegas observaram que o Rabi Israel Salanter era bem econômico ao derramar água sobre as mãos; na verdade, ele usava a quantidade mínima aceitável.

Quando foi questionado sobre por que ele cumpria esse mandamento de forma quase relutante, o Rabi Salanter respondeu: "A água é trazida até esta casa a partir de um poço, por uma serva. A água é pesada e não quero cumprir minha *mitzvá* à custa dela".

Era parte da nobreza do Rabi Salanter detectar questões morais onde os outros não detectavam. Em mais uma ocasião, um cidadão respeitado o convidou para o Shabat. O Rabi Salanter interrogou brevemente o homem sobre como o jantar de Shabat seria conduzido e descobriu que entre os pratos havia discussões extensivas sobre uma parte da Torá e o canto das *zmirot* (canções) de Shabat. O Rabi Salanter consentiu em ser um convidado, mas somente se o jantar fosse servido rapidamente e as discussões sobre a Torá e o canto fossem reduzidos ao mínimo ou adiados até depois da conclusão do jantar.

O anfitrião ficou aturdido pelo pedido, mas consentiu. O jantar foi servido rapidamente e sem interrupção. Quando terminou, o anfitrião perguntou ao rabino: "Você pode me dizer o que encontrou de errado na minha maneira habitual de conduzir o jantar de Shabat e por que insistiu nessa mudança?".

Em vez de responder, o Rabi Salanter chamou a cozinheira da cozinha: "Gostaria de lhe pedir desculpas", disse à mulher idosa: "Desculpe por ter lhe feito trabalhar tanto e ter lhe forçado a trazer quatro pratos, um após o outro. Por favor, perdoe-me".

"Perdoá-lo?", respondeu a mulher. "Quero lhe agradecer. Toda sexta à noite, depois de ter trabalhado aqui durante o dia inteiro, tenho que ficar até mais tarde e vou para casa exausta. Hoje terminamos em um horário razoável. Obrigada. Agora posso ir para casa e descansar um pouco".

Como o Rabi Abraham Twerski comentou, o Rabi Salanter era um homem que "compreendia não apenas o que está no Talmude, mas também o que acontece na cozinha".

Dia 263 Quarta-feira

Fale a verdade ao poder

Como sabemos que um discípulo sentado diante de seu mestre, que vê que o homem pobre está correto [em uma disputa judicial e que o homem rico está errado, não deveria permanecer em silêncio? Porque [a Torá ensina]: "Mantenha-se longe da falsidade" (Êxodo 23:7).

— Talmude Babilônico, *Shevuot* 31a

Como a tradição judaica enfatiza o respeito que um aluno deve mostrar por seu professor, os Rabinos temiam que os alunos segurassem a língua quando vissem seu professor, ao julgar um caso, favorecendo um lado. Assim, o Talmude sentiu que era necessário aconselhar aos alunos que quando essa situação acontecesse, a Torá, o documento mais sagrado da vida judaica, ordenasse que falassem. De forma bem simples, a ética judaica ensina que você não tem o direito de permanecer calado quando outra pessoa vai sofrer por causa do seu silêncio. Neste caso, no qual um professor incorretamente favorece um litigante rico, o aluno é obrigado a falar.* Na verdade, o fato de o aluno não fazê-lo talvez signifique cometer uma ofensa ainda maior do que a do professor, pois o erro deste provavelmente é inocente, enquanto o silêncio do aluno não é.

Essa regra também sugere que se você vir um chefe maltratando de forma injusta um outro empregado, deveria manifestar-se. Proteste em qualquer momento no qual você, assim como o aluno com o professor, tiver razões para acreditar que suas palavras terão impacto.

O Dr. Stephen Marmer, professor de psiquiatria na Faculdade de Medicina da UCLA, compartilhou comigo uma cara lembrança de seus dias de aluno da faculdade de medicina:

> Quando eu era aluno do segundo ano, durante uma palestra, um aluno se levantou para fazer uma pergunta bem básica. O professor o olhou fixamente e respondeu: "Essa é uma pergunta estúpida!". O aluno enrubescido sentou-se, mas outro aluno, um dos melhores da turma, levantou a mão. Esperando um comentário ou uma pergunta mais inteligente, o professor o reconheceu. O segundo aluno prosseguiu e disse: "Professor, nenhum de nós nesta turma é estúpido. Podemos ser ignorantes, mas é por isso que estamos aqui para aprender. Você deveria pedir desculpas ao meu colega e à turma". Naquele momento, todos os outros alunos aplaudiram. Para o seu crédito, o professor pediu desculpas antes de continuar sua palestra e até agradeceu ao aluno que o repreendeu.

Conforme concluiu o Dr. Marmer: "Nunca esqueci como foi moralmente corajoso da parte do meu colega ter feito isso".

A noção de falar a verdade para aqueles que são mais poderosos do que você ("falar a verdade ao poder") é uma doutrina há muito associada aos Quakers. A Bíblia (em suas histórias dos confrontos de Moisés com Faraó e os desafios dos profetas aos reis) e o Talmude (em sua insistência de que um aluno desafie um professor) nos lembram como é importante e duradoura essa tradição judaica.

---

* Outro versículo da Torá deixa claro que o mesmo seria aplicável se o professor favorecesse um homem pobre, em vez de um rico: "Não tome uma decisão injusta: não favoreça o pobre ou mostre respeito ao rico; julgue de maneira justa os seus semelhantes" (Levítico 19:15).

Dia 264 Quinta-feira

Até que ponto se deve temer a Deus?

Rabi Yochanan ben Zakkai era um mestre de bom senso. Ele se opunha aos judeus da Judeia do século I que se revoltavam contra Roma, argumentando que em uma rebelião do pequeno estado da Judeia contra o Império Romano seria impossível aquele sair vencedor. Quando as pessoas lhe disseram que Deus interviria do lado judeu, talvez até enviando o Messias, ele permaneceu insatisfeito: "Se você estiver segurando uma muda em sua mão quando lhe disserem que o Messias chegou, primeiro plante a muda, depois vá e cumprimente o Messias".

Anos mais tarde, após o fracasso da revolta e os romanos terem destruído Jerusalém e seu Grande Templo (no ano 70 da E.C.), o Rabi Yochanan teve papel fundamental na reconstrução da vida judaica. Enquanto os últimos rebeldes morriam em Masada, ele estabelecia uma nova academia de aprendizado judaico em Yavneh, que seria digna sucessora do Sanhedrin (o alto tribunal judaico) em Jerusalém. A tradição judaica credita a ele o estabelecimento de um modelo de judaísmo que conseguiu sobreviver sem o Templo, sem sacrifícios e até sem um Estado.

Quando Rabi Yochanan estava em seu leito de morte, demonstrou um bom senso em questões religiosas e políticas. Seus discípulos, cientes de que provavelmente esse seria seu último encontro com ele, pediram-lhe uma bênção de partida e ele respondeu: "Que o seu temor a Deus seja tão forte quanto o seu temor aos homens".

"Isso é tudo?", perguntaram os alunos, surpresos com o conselho trivial.

"Espero que você consiga atingir isso tudo", respondeu Rabi Yochanan. "Saiba que quando um homem comete um crime, ele diz: 'Que nenhum homem me veja' [o tempo todo indiferente ao fato de que Deus a tudo vê]" (Talmude Babilônico, *Berachot* 28b).

Os alunos entraram no quarto do rabino moribundo esperando palavras inspiradas e grandiosas. Em vez disso, obtiveram o que deveriam ter aprendido a esperar do Rabi Yochanan: a sabedoria do senso comum. Ele lhes disse a verdade que é óbvia, mas raramente percebida, de que as pessoas, de modo geral, até aquelas que se dizem religiosas, temem os seres humanos mais do que a Deus. Quando agem de forma antiética, tomam cuidado para que ninguém testemunhe seu comportamento, esquecendo a realidade mais importante de que Deus vê o que estão fazendo.

Rabi Yochanan nos lembra de que se temermos a Deus tanto quanto às pessoas, se mantivermos uma consciência de que Deus está sempre lá ("Saiba o que está acima de você: um olho que tudo vê", *Ética dos Pais* 2:1), vamos cometer pouquíssimos atos de maldade.

Dia 265 Sexta-feira

Não diga banalidades religiosas

Certa vez, quando uma criança se feriu enquanto brincava na rua, o Rabi Shlomo Shwadron, o sábio de Jerusalém, pegou-a no colo e saiu em disparada até o hospital mais próximo. Uma senhora idosa, vendo a expressão bem preocupada no rosto do rabino, gritou para ele: "Não se preocupe, Rabi. Deus cuidará de tudo".

Todavia, enquanto o rabino passava por ela, a mulher viu que a criança que ele carregava era seu neto. "Chaim! Chaim!", começou a gritar histericamente, apertando as mãos: "Ele vai ficar bem? Ele vai ficar bem?".

Declarações religiosas ou que parecem religiosas feitas quando as pessoas estão sofrendo nem sempre são expressões de fé profunda. Para algumas, talvez sejam, mas para outros, são banalidades. Portanto, quando você estiver tentado a expressar uma banalidade que não lhe custará nada, como dizer a uma pessoa que precisa de dinheiro que "Deus proverá", ou dizer a alguém que sofreu uma perda trágica que "O que quer que Deus faça, é para o bem", lembre-se da avó que falou de forma tão impensada com o Rabi Shwadron.

O que você gostaria de que alguém dissesse, ou de como reagisse se fosse o seu filho ferido e em perigo? Certamente não seria dessa maneira.

Há momentos em que precisamos aprender a ficar em silêncio.

Shabat Shalom!

Dia 266 Shabat

Ao longo deste Shabat, analise o material dos seis dias anteriores e use alguns dos textos estudados como base para discussões durante as refeições do Shabat:

Dia 260. Acidentes acontecem
Dia 261. Quando um acidente não é acidente
Dia 262. Não seja o herói de uma *mitzvá* à custa de outra pessoa
Dia 263. Fale a verdade ao poder
Dia 264. Até que ponto se deve temer a Deus?
Dia 265. Não diga banalidades religiosas

Shabat Shalom!

SEMANA 39

Dia 267 Domingo

Faça um favor... para o seu inimigo

Como o judaísmo foi originado e desenvolvido em uma sociedade agrícola, muitas das regras da Torá dizem respeito a animais. Por exemplo, se você vir um animal sofrendo com uma carga pesada nas costas, você deve ajudar o dono a tirar a carga, minimizando, assim, o desconforto dele (Êxodo 23:5). E, se você vir uma pessoa carregando produtos em seu animal, você também deve ajudá-la. No entanto, se duas pessoas precisarem de ajuda ao mesmo tempo, uma que está carregando e outra que está tirando a carga, você deve ajudar primeiro a pessoa cujo animal está sendo descarregado, pois aquela criatura está sofrendo mais.

Contudo, as leis judaicas oferecem uma exceção curiosa. O Talmude ensina: "Se um amigo precisar de ajuda para descarregar, e um inimigo para carregar, sua obrigação é primeiro para com seu inimigo, de forma que domine a inclinação ao mal". Quando um rabino levanta a objeção lógica de que para minimizar o sofrimento de um animal, a descarga deve ser feita primeiro, o Talmude responde: "Mesmo assim, 'dominar a inclinação ao mal' é mais importante" (*Bava Mezia* 32b).

É muito difícil fazer as pazes com uma pessoa de que você não gosta; mesmo se vocês se sentarem juntos e conversarem, a conversa tende a ser corrompida por lembranças amargas referentes a insultos e ofensas passados. Uma piada judaica fala de dois homens que brigavam havia dois anos. Um ano, logo antes do Kol Nidre na véspera de Yom Kippur, o rabino chama os homens até seu escritório e, então, os adverte: "É um absurdo que vocês venham perante Deus pedindo por perdão, quando nem ao menos conseguem se perdoar". Envergonhados pelas palavras do rabino, os homens apertaram as mãos e fizeram as pazes. Mais tarde, após o fim do serviço, eles se veem e um deles diz: "Quero que saiba que eu rezei pedindo para você tudo aquilo que você pediu para mim rezando".

O outro homem respondeu: "Já vai começar?".

Na verdade, como reconciliar-se com o inimigo é muito difícil, o Talmude insiste que você aproveite qualquer oportunidade de fazer um favor a um inimigo; o favor pode fazê-lo ver você de uma maneira mais positiva.

Essa é, precisamente, o tipo de ação ética difícil de preparar; a oportunidade de ajudar o seu inimigo normalmente aparece quando menos se espera. Mesmo assim, o conhecimento desse texto talmúdico poderá fazer você agir de forma diferente quando a oportunidade surgir. Então, se você vir uma pessoa de que você não gosta em uma situação difícil, quebre o padrão de hostilidade e ofereça-lhe ajuda.

Dia 268 Segunda-feira

Maimônides, Art Buchwald e a importância de cada ação

Uma impressionante passagem nas "Leis do Arrependimento" de Maimônides sugere que passemos a vida toda sentindo que nossas boas e más ações estão em equilíbrio perfeito, de forma que nossa próxima ação fará a balança pender para um lado. Maimônides, então, nos pede que imaginemos que o mundo também está em perfeito equilíbrio, de forma que nossa próxima ação pode fazer o mundo inteiro pender para um lado ou outro ("Lei do Arrependimento", 3:4).

Rabi Jack Riemer encontrou uma ideia semelhante em uma coluna escrita pelo humorista Art Buchwald. Siga o conselho de Buchwald, e não apenas *você* irá tornar-se uma pessoa melhor, o mundo também um lugar melhor, e rapidamente. Buchwald escreve:

> Outro dia eu estava em Nova York e peguei um táxi com um amigo. Quando saímos, meu amigo disse ao motorista: "Obrigado, você fez um ótimo trabalho dirigindo".
>
> O taxista ficou chocado por um segundo. Então, ele disse: "Você é algum tipo de espertinho?".
>
> "Não, meu caro, e eu não estou zombando de você. Eu admiro o modo como você se mantém calmo no congestionamento".
>
> "Sei", disse o taxista e foi embora.
>
> "O que foi isso?" Eu perguntei.
>
> "Eu estou tentando trazer o amor de volta a Nova York", ele disse. "Eu acho que é a única coisa que pode salvar a cidade".
>
> "Como pode um único homem salvar Nova York?"
>
> "Não é um único homem. Eu acredito que fiz o dia do taxista. Imagine que ele pegue vinte passageiros. Ele será gentil com os 20 passageiros, porque alguém foi gentil com ele. Esses passageiros serão mais gentis

SEMANA 39

com seus empregados, atendentes, garçons ou até com suas famílias. Com o tempo, a bondade se espalharia para pelo menos mil pessoas. Isso não é ruim, é?"

"Mas você está dependendo daquele taxista para passar sua bondade aos outros".

"Eu não estou dependendo disso", disse meu amigo. "Estou ciente de que o sistema não é infalível, então eu irei lidar com dez pessoas diferentes hoje. Se, de dez pessoas, eu conseguir fazer três felizes, então, com o tempo, eu serei influenciado indiretamente pelas atitudes de mais três mil".

"Parece bom no papel", eu admiti, "mas não tenho certeza de que funciona na prática".

"Se não funcionar, nada foi perdido. Não tomou nada do meu tempo dizer ao homem que ele estava fazendo um bom trabalho. Ele não recebeu uma gorjeta grande nem pequena. Se entrou por uma orelha e saiu pela outra, e daí? Amanhã será outro taxista que eu poderei tentar fazer feliz".

"Você é meio maluco", eu disse.

"Isso mostra como você se tornou cético. Eu fiz um estudo sobre isso. As coisas que parecem estar faltando, além de dinheiro para os funcionários do correio, é claro, é que ninguém diz a esses funcionários que eles estão fazendo um bom trabalho nos correios".

"Mas eles não estão fazendo um bom trabalho".

"Eles não estão fazendo um bom trabalho porque sentem que ninguém se importa se estão fazendo bem ou não. Por que alguém não poderia dizer algo gentil a eles?"

Nós passamos por uma construção e, em seguida, passamos por cinco operários almoçando. Meu amigo parou. "É um trabalho incrível que vocês fizeram. Deve ser um trabalho difícil e perigoso".

Os cinco homens olharam para meu amigo desconfiados.

"Quando acaba?"

"Junho", grunhiu um dos homens.

"Nossa, é realmente impressionante. Vocês devem estar muito orgulhosos".

Fomos embora. Eu disse a ele: "Eu nunca vi ninguém como você desde 'O Homem de La Mancha'."

"Quando aqueles homens digerirem as minhas palavras, se sentirão melhor. De alguma maneira, a cidade se beneficiará da felicidade deles".

"Mas você não pode fazer isso sozinho!", eu protestei. "Você é só um".

"O mais importante é não ficar desmotivado. Fazer as pessoas da cidade ficarem bondosas não é fácil, mas se eu puder recrutar outras pessoas na minha campanha..."

"Você acabou de piscar para uma mulher sem graça nenhuma", eu disse.

"Sim, eu sei", ele respondeu. "E, se ela for uma professora, sua aula será fantástica".

Dia 269 Terça-feira

Quando pecarem contra ti: sua obrigação

As leis judaicas exigem que uma pessoa que tenha ferido outra – física, monetária ou verbalmente – peça perdão. Se o ofensor não o fizer, então, as tradições judaicas ensinam que nem mesmo Deus pode perdoá-la (vide Dia 276).

Então, qual é a sua responsabilidade caso você seja a vítima do pecado? O que as leis judaicas esperam que você faça quando quem o feriu implora por perdão?

Elas esperam que você perdoe.

Com exceção de males odiosos e relativamente raros (como pedidos de perdão por parte de um estuprador, sequestrador ou assaltante)*, a visão

---

* Não é possível identificar bases textuais para tal posição, ainda que pareça evidente por si só no campo lógico que, por exemplo, uma mulher que tenha sido estuprada não é obrigada a perdoar seu estuprador. Por outro lado, o professor Louis Newman, em *Past Imperative: Studies in the History and Theory of Jewish Ethics*, argumenta que sua leitura das tradições judaicas sugere que nenhum crime cometido contra outrem está

judaica é que você deve sempre perdoar, caso o pedido pareça sincero, e tente perdoar de coração.

E se você estiver com muita raiva para perdoar?

Então você deve trabalhar isso. Tente entrar na mente da outra pessoa e imaginar por que ela agiu de tal maneira. Ela o decepcionou em um acordo de negócios? Talvez ela estivesse em meio a uma pressão financeira e não pôde pensar com clareza. Ela contou um segredo seu? Talvez ela tenha contado para outros em razão de uma necessidade desesperada de se sentir importante.

Alguns anos atrás, eu e minha esposa contratamos uma senhora como babá. Um dia, quando Dvorah sugeriu que nossas filhas pegassem algumas Barbies para dar um passeio de carro, nossa filha, Naomi, disse "Ruth [não é o nome verdadeiro da senhora] nos disse para dar a ela todas as nossas bonecas para que ela pudesse dar a crianças pobres".

Nós confrontamos a mulher, que admitiu ter dado algumas bonecas a suas netas; outras nós suspeitamos que ela tenha vendido. Ficamos furiosos.

Pouco tempo depois de termos conseguido algumas bonecas de volta, a mulher nos pediu perdão. Nós lutamos contra nossa raiva por ter manipulado as emoções de nossas filhas, mas a perdoamos. Eu e Dvorah julgamos que aquilo tinha sido uma necessidade de parecer uma avó generosa e dedicada.

Na verdade, a lei judaica define como cruel aquele que rejeita três pedidos de perdão (*Mishné Torá*, "Leis do Arrependimento", 2:9-10).* Apenas porque você foi a vítima da desonestidade e crueldade de alguém, isso não permite

---

além do perdão. Destacando que Deus é descrito diversas vezes nas fontes judaicas como alguém aberto a perdoar pecados cometidos contra Ele, Newman escreve: "Essa visão do perdão divino implica, logicamente, que o dever de um indivíduo de perdoar o outro é ilimitado" (página 92). Eu não estou convencido pela analogia de Newman, uma vez que Deus, sendo Deus, não sofre de um pecado cometido contra ele da mesma maneira que uma mulher estuprada sofre. E Newman destaca que as fontes judaicas clássicas nunca abordam explicitamente pecados interpessoais tão hediondos a ponto de serem imperdoáveis. Eu não incluí nesta discussão, bem como Newman (vide seu livro, página 244, nota de rodapé 1), pedidos de desculpa feitos por assassinos, uma vez que a única pessoa que pode conceder o perdão é o morto.

* A lei sugere que o ofensor deve ser persistente ao buscar o perdão do ofendido.

que você aja de forma cruel em resposta, principalmente quando a pessoa estiver tentando fazer as pazes. A vingança é doce apenas na teoria, durante o auge da fúria. No entanto, ela, definitivamente, não é doce, é apenas cruel.

Um exercício: há alguém que tenha tentado pedir perdão para você, mas que você rejeitou? Já chegou o momento de você reconsiderar?

Dia 270 Quarta-feira

Uma oração noturna antes de ir dormir

Quando eu era jovem, tinha um amigo que sempre estava ressentido com alguém. No ensino fundamental, sua raiva foi direcionada contra um colega de escola que ele achava ser fofoqueiro; na faculdade, ele ficou furioso com um colega de classe que ganhou uma bolsa de estudos; meu amigo achava que ele não merecia. Mais tarde, eu o ouvi confrontar a mãe por causa de uma mentira que ela havia contado muitos anos antes.

Ainda que ele fosse abençoado com uma ótima capacidade intelectual, meu amigo nunca conquistou o sucesso que se esperaria dele enquanto jovem. Por quê?

Eu não sou psicólogo, mas a minha teoria é de que muita de sua energia intelectual e suas emoções foram direcionadas para "criar caso" com quem quer que fosse o alvo de sua raiva. Ele gastou centenas, talvez milhares, de horas dissecando, com pouca simpatia ou empatia, os motivos e as ações daqueles que o antagonizaram.

Ironicamente, mesmo sendo um judeu praticante, meu amigo nunca se beneficiou de uma oração que a tradição judaica sugere que cada pessoa faça antes de ir para a cama. O ritual noturno da hora de dormir de um judeu deve incluir a recitação do *Shemá*, a declaração de fé judaica. Antes de recitar, deve-se dizer o seguinte:

Mestre do universo, por meio desta oração eu perdoo qualquer um que tenha me irritado ou hostilizado ou que tenha pecado contra mim – seja contra meu corpo, minha propriedade, minha honra ou contra o que quer que seja meu; tenha ele feito acidental, deliberada, descuidada ou propositadamente; seja por meio da fala, da ação, do pensamento ou da ideia; seja nessa transmigração ou em outra transmigração ... Que nenhum homem seja punido por minha causa. Que essa seja a Tua vontade, meu Deus e o Deus de meus antepassados, que eu não peque mais. Quaisquer pecados que eu tenha cometido perante Ti, que sejam esquecidos em Tua abundante misericórdia, mas não por meio do sofrimento ou doenças. Que as expressões de minha boca e dos pensamentos do meu coração encontrem auxílio perante Ti, minha Rocha e meu Redentor.*

A oração segue uma fórmula de senso comum da teologia judaica. Primeiro você perdoa as ofensas que outros cometeram contra você; então, você tem o direito de pedir perdão a Deus pelas ofensas que tenha cometido contra Ele (vide Dia 187).**

Recite essa oração, internalize a mensagem e você dormirá tranquilo. Eu estou pensando em tirar uma cópia dela e mandar para o meu amigo. No entanto, seria melhor eu fazer isso no anonimato, senão ele ficará bravo comigo.

---

* Talvez, a característica mais surpreendente dessa oração seja a frase "seja nessa transmigração ou em outra transmigração", que parece constituir uma rara afirmação da crença judaica na reencarnação. Eu omiti no meio da oração, seguida pelas palavras "outra transmigração", as palavras "eu perdoo todos os judeus", uma vez que essa limitação não parece ser condizente com a lógica da oração.

** Eu entendo que essa oração obriga que perdoemos aqueles que infligiram contra nós o tipo de ofensas que seres humanos normalmente infligem uns nos outros. Não me parece que essa oração abrange o perdão de extremos atos de maldade e terríveis ofensas (se tais atos malignos podem ser perdoados, vide Dia 193, e as observações na entrada de ontem).

Dia 271 Quinta-feira

Não deixe seu filho humilhar outra criança

Há muitos anos, eu soube que, no ônibus escolar da minha filha, algumas crianças estavam ridicularizando uma aluna nova da escola, que estava um pouco acima do peso e fora de forma. Algumas crianças até inventaram músicas para insultá-la e elas a cantavam na presença da garota.

Quando eu me sentei com minha filha para explicar quão errado era isso, percebi que havia sido arrebatado com tamanha emoção que não conseguia falar. Minha filha me olhou espantada, impressionada que algo que parecia ser tão pequeno – algumas crianças provocando um de seus colegas – me houvesse aborrecido tanto.

Eu expliquei para ela que o judaísmo levava a sério a questão de humilhar outra pessoa. "Provocar", a palavra que crianças usam com frequência para descrever tal comportamento, escolhida para esconder e minimizar o mal acerca do que está sendo feito. Humilhar e ridicularizar outra criança é bem pior do que provocar. O judaísmo considera esse comportamento uma forma de assassinato, compreendendo que se tal humilhação durar por um período prolongado, ela poderá destruir a autoestima de uma pessoa, fazendo-a sentir-se ridícula e odiada, destruindo, assim, a vida dessa pessoa.

Depois de nossa conversa, minha filha ligou para a garota e a convidou para ir à nossa casa. Durante a conversa pelo telefone, confidenciou que apesar de tentar parecer forte no ônibus (dizendo às crianças que a ridicularizavam, "Eu não me importo com o que dizem. Isso não me incomoda"), na verdade, as humilhações constantes a fizeram sentir-se terrível.*

---

* Nós também alertamos o diretor da escola sobre o que estava acontecendo. Ele, imediatamente, prontificou-se a fazer as humilhações pararem.

Se você ensinar seu filho que ridicularizar e humilhar outro ser humano é um dos grandes males que uma pessoa pode cometer, você vai salvar não só a alma de seu filho, mas também outra criança, uma desconhecida, de uma vida de miséria e dor.

Dia 272 Sexta-feira

O que o Quinto Mandamento exige dos pais

Os rabinos entendem que as leis judaicas não obrigam apenas as crianças a honrar seus pais, mas também obrigam os pais a agir de tal maneira que seus filhos os honrem. Por exemplo, o Talmude condena um pai que bate em um filho com mais idade, uma vez que tal ato poderá fazer o filho revidar, violando, assim, a lei da Torá (Êxodo 21:15; vida *Mo'ed Kattan* 17a).

Quando testemunhamos uma criança agindo desrespeitosamente com os pais, é verdade que a culpa é da criança. No entanto, Abraham Joshua Heschel, o grande sábio rabínico e ativista humanitário, pede aos pais que considerem outra possibilidade: "Em muitos casos, são os pais que tornam impossível que os filhos obedeçam o Quinto Mandamento. Minha mensagem a esses pais é: Perguntem-se, todos os dias, a seguinte questão: 'O que há em mim que faça eu merecer o respeito de meu filho?'."

Shabat Shalom!

Dia 273 Shabat

Ao longo deste Shabat, analise o material dos seis dias anteriores e use alguns dos textos estudados como base para discussões durante as refeições do Shabat:

Dia 267. Faça um favor... para o seu inimigo
Dia 268. Maimônides, Art Buchwald e a importância de cada ação
Dia 269. Quando pecarem contra ti: sua obrigação
Dia 270. Uma oração noturna antes de dormir
Dia 271. Não deixe seu filho humilhar outra criança
Dia 272. O que o Quinto Mandamento exige dos pais

Shabat Shalom!

SEMANA 40

Dia 274 Domingo

Faça sua comemoração ser um motivo para todos celebrarem

Rabi Abraham Twerski conta sobre as preocupações que teve quando foi convidado para uma festa de casamento opulenta:

Eu estava preocupado com esse evento, não queria magoar o casal e os pais, que estiveram em minha congregação por muitos anos [antes de eu me formar em psiquiatria]. No entanto, o casamento estava tão, bem, luxuoso e caro – que outras palavras eu poderia usar – que eu pensei em todo o desperdício, enquanto havia outros em necessidade. Como eu poderia participar de tal evento? Como eu poderia aproveitar de coração e desejar o bem a eles, sinceramente?

Então, me veio uma ideia, uma bem óbvia, na verdade, que eu sabia que solucionaria o meu dilema. Eu pedi ao casal que desse as sobras de comida a uma instituição em Milwaukee que recebia as sobras e as distribuía aos necessitados. Para a minha felicidade, o casal já havia providenciado isso, e, sem dúvidas, muitos de seus amigos em seus "eventos sociais" costumavam doar as sobras dessa maneira.

A próxima ideia veio de Ida, uma mulher que acompanhou a minha esposa quando nossa filha nasceu. Ela sugeriu que as flores fossem doadas no fim da noite para o Mt. Sinai Hospital, onde ela trabalhava como enfermeira. Na verdade, a ideia parecia tão boa que eu queria que algumas das flores fossem doadas para um hospital psiquiátrico local, no qual muitos dos pacientes nunca receberam flores.

O casal adorou a ideia. Eu dancei e comemorei o casamento e, de manhã cedo, 30 estudantes de medicina na Marquette University foram buscar as flores para distribuí-las.*

Nos últimos anos, uma organização judaica, Mazon (hebraico para sustento), pediu que as pessoas doassem 3% do custo de uma festa (como um casamento, *Bar* ou *Bat Mitzvá*, ou uma festa de formatura), para que a organização, então, distribuísse para outras que alimentavam pessoas famintas. Que jeito maravilhoso de garantir que nossas comemorações continuem quando a festa houver terminado! Rabi Twerski afirma que uma semana após o casamento, ele recebeu uma carta de um casal recém-casado dizendo que doar a comida e as flores aos menos afortunados, trazendo alegria para eles, foi uma ótima maneira de começar sua nova vida, "e um bom alento para um casamento feliz".

Mazal tov!

---

* Twerski, *Do Unto Others: How Good Deeds Can Change Your Life*, páginas 37-39.

Dia 275 Segunda-feira

Sobre a importância de não constranger o beneficiário

Não basta doar para caridade, a tradição judaica ensina que os atos de caridade devem ser realizados da maneira mais ética possível. Infelizmente, o modo de cumprir isso nem sempre é óbvio. Às vezes, o que parece ser um ato de caridade, na verdade, não é o modo mais ético de realizar uma ação. Assim, o *Sefer Chasidim* (*Livro do Devoto*), o guia dos judeus devotos do século XIII na Alemanha, relata:

> Reuben, um homem honesto, pediu a Shimon que lhe emprestasse dinheiro. Sem hesitar, Shimon fez o empréstimo, mas disse: "Eu lhe dou isso como um presente".
> Reuben ficou tão envergonhado e constrangido que ele nunca mais pediu dinheiro emprestado para Shimon. Fica claro que, neste caso, teria sido melhor não ter dado um presente desse tipo para Reuben [parágrafo 1691].

Shimon, certamente, tinha um bom coração. Contudo, faltava nele um traço importante ao fazer uma boa ação: uma imaginação moral bem desenvolvida, a habilidade de usar a mente e o coração para garantir que ao realizar uma gentileza, ela seja feita de forma que atinja o bem maior.

Um mestre em fazer o bem da melhor maneira era Rabi Aryeh Levine, um dos *tzaddikim* (mestres) judeus preeminentes do século XX.

Durante muitas décadas, Reb Aryeh foi professor na escola Etz Chayyim em Jerusalém. A maioria dos alunos era pobre. Um dia, Reb Aryeh percebeu que um jovem ia para a escola calçando sapatos muito desgastados. Estava claro que ele precisava de um novo par, mas Reb Aryeh também sabia que o pai do garoto, um homem orgulhoso, ficaria humilhado e ofendido se seu filho fosse tratado como alguém que necessita de caridade. Como uma pessoa com imaginação moral poderia dar sapatos ao garoto sem atormentar a alma do pai?

Durante o recreio, Reb Aryeh pediu ao garoto que fosse até o seu escritório, com o pretexto de testar a proficiência talmúdica dele. Ele fez várias perguntas ao garoto, ao alcance do conhecimento dos jovens. "Magnífico!", disse Reb Aryeh quando o garoto respondeu corretamente. Ele deu dois bilhetes ao garoto: um para ser levado a um sapateiro local, com as instruções de dar um bom par de sapatos ao garoto, pelos quais Reb Aryeh iria pagar; o segundo, ao pai do garoto falando sobre o "prêmio" que seu filho ganhara.*

Tão importante quando fazer *tzedaká* (filantropia, justiça) àqueles que precisam, é fazê-la sem humilhar o beneficiário. *Como* você dá, muitas vezes, importa tanto quanto *o que* você dá.

Dia 276 Terça-feira

Há alguém que você está ignorando e a quem deveria pedir perdão?

De acordo com a lei judaica, se você houver trapaceado alguém, primeiro você deve pagar o que deve a ele e, então, implorar por perdão. Esse é o caminho judaico para o arrependimento. Como ensina uma citação comum da Mishná, "Yom Kippur redime pelos pecados contra Deus, não aqueles cometidos contra o homem, a menos que se tenha feito as pazes com a pessoa que foi prejudicada" (Mishná, *Yoma 8:9*).

Se você não tiver condições de devolver o dinheiro, explique as suas circunstâncias à pessoa que você defraudou e peça-lhe que seja paciente com você enquanto tenta pagar o máximo que consegue da dívida. Se a pessoa houver morrido, você deverá pagar aos herdeiros dela.

---

* Raz, *A Tazaddik in Our Time*, página 321.

Se você insultou alguém ou o prejudicou de qualquer outra forma, reconheça o que fez, pergunte se há algo que você possa fazer para compensar o dano ou a lesão que causou, peça perdão e expresse a sua vontade de reconciliação.

Se o dano que você infligiu à outra pessoa for grave, pode ser que ela não esteja disposta a perdoar. Caso isso aconteça, as leis judaicas instruem você a fazer mais duas tentativas para obter perdão. Depois de o terceiro pedido ser recusado, não é necessário que você busque por perdão novamente, pois a lei judaica não obriga que você passe o resto da sua vida implorando a alguém que o perdoe.

Antes de virar a página, chegando à conclusão de que esta entrada foi feita para outra pessoa que não você, pense mais por um momento. Há alguém que você machucou – um familiar, amigo ou alguém no trabalho – e com quem nunca se desculpou? Há muitos anos, o romance *Love Story – Uma história de amor* popularizou a frase "Amar significa nunca ter que dizer que você sente muito". A ética judaica acredita no contrário. Amor e bondade significam aprender como não machucar os outros e como pedir desculpas quando ferir alguém.

Dia 277 Quarta-feira

Não peça desculpas em nome de outrem

Nos Estados Unidos, muitas vezes se ouve falar sobre o assassinato de algum jovem, e, mais tarde, vemos os pais da vítima serem entrevistados na televisão, dizendo que eles perdoam o assassino. Na maioria das vezes, os pais são cristãos profundamente devotos a quem foi ensinado pela sua tradição que todos os pecados podem e devem ser perdoados.

O ponto de vista judaico no que diz respeito ao perdão, no caso de um crime ser cometido contra outra pessoa, é bem diferente. Pela perspectiva judaica, ainda que os pais possam perdoar o assassino pela dor que ele lhes causou, eles não podem perdoar pelo assassinato; apenas a vítima do crime – que, neste caso, não está em condições de fazê-lo – poderia perdoar o crime. Alguns anos atrás, o falecido Rabi Abraham Joshua Heschel foi convidado a dar uma palestra a um grupo de líderes de negócios não judeus. No fim da palestra, um dos executivos perguntou a ele: "Rabi Heschel, você não acha que já está na hora de você e o povo judeu perdoarem o resto do mundo pelo Holocausto?".

Rabi Heschel respondeu com uma história:

Há mais de 50 anos [Hayyim Soloveitchik], o rabino de Brisk, um sábio de renome extraordinário, respeitado também por sua gentileza, entrou em um trem em Varsóvia para voltar para sua cidade natal. O rabino, um homem de natureza simples e de aparência comum, encontrou um assento em um compartimento. Lá, ele estava rodeado de caixeiros-viajantes, que, assim que o trem se movimentou, começaram a jogar cartas.

À medida que o jogo progredia, a empolgação aumentava. O rabino permanecia alheio e absorto [no livro que estava lendo]. Tal desinteresse estava incomodando os outros. Um deles sugeriu, finalmente, que o rabino jogasse também. Ele disse que nunca havia jogado cartas. Conforme o tempo passava, o desinteresse do rabino se tornou ainda mais irritante, até que um dos homens disse a ele: "Ou você se junta a nós ou saia do compartimento". Pouco tempo depois, ele segurou o rabino pelo colarinho e o empurrou para fora do compartimento. O rabino teve de ficar de pé por muitas horas até chegar ao seu destino, a cidade de Brisk.

Brisk era o destino dos caixeiros-viajantes também. Quando o rabino deixou o trem, ele foi imediatamente cercado por admiradores dando as boas vindas e apertando sua mão. "Quem é esse homem?" perguntou o caixeiro-viajante [que o havia empurrado para fora do compartimento].

"Você não o conhece? Ele é o famoso rabino de Brisk".

O coração do homem afundou. Ele não havia percebido quem tinha ofendido. Ele foi rapidamente até o rabino pedindo perdão.

O rabino recusou perdoá-lo: "Eu adoraria perdoá-lo", ele disse, "mas eu não posso".

Em seu quarto de hotel, o caixeiro-viajante não conseguia encontrar paz. Ele foi até a casa do rabino, que permitiu sua entrada. "Rabino", ele disse, "eu não sou um homem rico, mas tenho economias de 300 rublos. Eu darei para caridade se você me perdoar".

A resposta do rabino foi breve: "Não!".

A inquietação do caixeiro-viajante era insuportável. Ele foi até a sinagoga em busca de consolo. Quando ele dividiu sua ansiedade com algumas pessoas da sinagoga, elas ficaram muito surpresas. Como pode o rabino, uma pessoa tão gentil, não perdoar? O conselho que lhe deram foi o de falar com o filho mais velho do rabino e dizer a ele sobre a atitude de seu pai.

Quando o filho do rabino ouviu a história, não pôde entender a obstinação do pai. Vendo a aflição do homem, ele prometeu falar com o pai sobre o assunto.

Não é adequado, de acordo com a lei judaica, que um filho critique seu pai diretamente. Então, o filho entrou na sala do pai e deu início a uma discussão geral sobre a lei judaica até chegar nas leis do perdão. Quando foi mencionado o princípio de que quando uma pessoa pede perdão três vezes, ele deve ser concedido, o filho disse o nome do homem com profunda aflição. Logo em seguida, o rabino de Brisk respondeu:

"Eu não posso perdoá-lo. Ele nunca me insultou. Ele não sabia quem eu era. Soubesse ele quem eu era, nunca teria agido daquela maneira. Ele quer perdão? Deixe-o encontrar um pobre judeu anônimo sentado em um trem, lendo um livro e peça perdão a ele".

"Ninguém pode conceder perdão por crimes cometidos contra outra pessoa", concluiu Rabi Heschel. "Assim, é um absurdo presumir que qualquer judeu vivo possa conceder perdão pelo sofrimento de qualquer um dos seis milhões de pessoas que morreram. De acordo com a tradição judaica, mesmo Deus pode perdoar apenas os pecados cometidos contra Ele, não contra o homem".*

---

* A primeira vez que ouvi essa história, ela foi contada pelo falecido Rabi Wolfe Kelman, que ouviu a história de Rabi Heschel; no texto aqui citado, eu segui, em grande parte, a versão da resposta de Rabi Heschel impressa em Wiesenthal, *The Sunflower*, páginas 164-66.

Dia 278 Quinta-feira

A punição de quem humilha outra pessoa

Eu conheço uma mulher cujos pais se mudaram com ela para um país estrangeiro quando ela tinha sete anos. Em sua nova escola ela era contínua e publicamente humilhada por uma professora que zombava dos erros gramaticais e de vocabulário que ela cometia. Essa experiência foi tão traumática que, décadas depois, a mulher ainda ficava paralisada antes de falar em público.

Enquanto essa jovem sofria terrivelmente, o Talmude afirma que a professora, que nunca se arrependeu nem implorou pelo perdão da garota, um dia sofreria com uma punição ainda pior: "Aquele que humilhar outra pessoa publicamente, mesmo que tenha estudado a Torá e tenha realizado boas ações, perde sua parte no Mundo Vindouro" (*Ética dos Pais* 3:11).

Por que os rabinos presumem que Deus impõe punições tão severas para essa transgressão? Porque, obviamente, eles veem a humilhação pública como uma ofensa que inflige um dano irrevogável. Uma pessoa que é humilhada (sobretudo se a humilhação ocorrer de forma contínua) normalmente se torna insegura, envergonhada de si mesma e constrangida na presença de outros.

Esse ensino rigoroso tem diversas implicações diárias. Professores não devem humilhar alunos (a ofensa é aumentada se a humilhação ocorrer na presença de outras pessoas), os pais também não devem agir assim com seus filhos; nem os chefes com seus empregados, e alguém envolvido em uma discussão não deve humilhar seu oponente.

Certo dia, eu li sobre um homem que se vangloriou para seu rabino dizendo que havia confrontado publicamente um pecador e que repreendera o homem tão severamente que o rosto do pecador ficou vermelho. "Além disso", continuou o aluno, que estava ciente de seus ensinamentos.

"Estou feliz por ter feito isso, mesmo que tenha custado minha parte no Mundo Vindouro".

O sábio rabino percebeu que o jovem, provavelmente, não estaria disposto a perder seu dedo mindinho pelo prazer de repreender outra pessoa. Tudo o que seu discurso revelou é que ou ele não acreditava nos ensinamentos rabínicos no que diz respeito à severidade com que Deus vê a humilhação de outro, ou que ele não valorizava a importância do Mundo Vindouro.

Se você humilhou outra pessoa, deve implorar por perdão e tentar encorajá-la em público para compensar quanto você a colocou para baixo. Por exemplo, se a professora descrita acima de fato se arrependesse, ela, primeiramente, deveria ir até a casa da garota, reconhecendo que fez um grande mal e pedir perdão à aluna. Então, em frente à classe, ela deveria admitir que o que fez era ruim e falar em nome da garota que ela humilhou.

Os rabinos estavam realmente preocupados com o horror da humilhação de outrem. O Talmude possui uma bênção dada de um sábio a outro. "Que você nunca cause constrangimento a ninguém e que nenhum constrangimento seja causado a você" (*Mo'ed Kattan* 9b).

Dia 279 Sexta-feira

Quando você não pode dar dinheiro

Para um judeu praticante dedicado a doar para caridade, o Shabat pode ser difícil. O que você faz quando vê pedintes famintos solicitando contribuições no dia da semana que a lei judaica proíbe dar dinheiro? Em razão dessa proibição, normalmente, eu digo aos pedintes que é Shabat, que eu sinto muito e que não tenho dinheiro comigo.

Recentemente, eu estava andando durante um Shabat com um amigo, Ari Goldman, e sua filha, Emma, que carregava uma caixa cheia de alimentos. Sempre que passávamos por um pedinte, ela dava algo a ele, me explicando: "Eu não me sentia confortável ao passar por um pedinte e não poder dar nada. Então, agora eu nunca saio de casa em Shabat sem levar comida comigo".*

A sugestão de Emma me surpreendeu, e me lembro de que quando uma pessoa usa suas habilidades intelectuais para encontrar um modo de agir de maneira mais ética, ela pode encontrar um jeito de fazê-lo, mesmo quando a pessoa, assim como Emma, tem apenas dez anos.

Shabat Shalom!

Dia 280 Shabat

Ao longo deste Shabat, analise o material dos seis dias anteriores e use alguns dos textos estudados como base para discussões durante as refeições do Shabat:

DIA 274. Faça sua comemoração ser um motivo para todos celebrarem
DIA 275. Sobre a importância de não constranger o beneficiário
DIA 276. Há alguém que você está ignorando e a quem deveria pedir perdão?
DIA 277. Não peça desculpas em nome de outrem
DIA 278. A punição de quem humilha outra pessoa
DIA 279. Quando você não pode dar dinheiro

Shabat Shalom!

---

* A *Halachá* (lei judaica) proíbe carregar qualquer coisa durante o Shabat, mas na região de Manhattan onde vivemos e centenas de outros lugares nos Estados Unidos, foi estabelecido um *eruv*, um lugar fechado que constitui um domínio no qual carregar coisas no Sabbath é permitido.

SEMANA 41

Dia 281 Domingo

Como evitar ceder à tentação

Siga um caminho sinuoso, Ó Nazireu, mas não se aproxime do vinhedo.
— Talmude Babilônico, *Shabat* 13a

No Livro de Números, a Torá descreve o voto de Nazireu, aquele que faz o voto de "consagrar-se para o Senhor". Ao fazer o voto de Nazireu, a pessoa não deve beber vinho ou comer uvas, cortar o cabelo ou entrar em contato com um cadáver (vide Números 6:1-21). Tal voto, normalmente, era feito por um período determinado.

Ao falar sobre esse voto, o Talmude ofereceu ao Nazireu um conselho prático. "Siga um caminho sinuoso, ó Nazireu, mas não se aproxime do vinhedo". Em outras palavras, uma vez que você está proibido de comer uvas, para evitar a tentação, não vá a lugares onde há uvas.

Em um contexto mais moderno, esse conselho pode ser expandido para se aplicar a pessoas com diferentes tentações. Por exemplo: "Siga um caminho sinuoso, ó alcoólatra em recuperação, mas não se aproxime de um bar". De forma semelhante, apostadores compulsivos devem evitar cassinos e hipódromos ou jogos de cartas; uma pessoa de dieta deve, entre outras coisas, evitar olhar o menu de sobremesas em restaurantes.

Em razão da natureza específica do voto que se tenha feito, é fácil para um Nazireu saber exatamente o que deve evitar, mas para muitos isso é difícil. Todos nós conhecemos alcoólatras que têm certeza de que conseguem parar em uma ou duas doses, ou apostadores que têm certeza de que pararão de jogar se começarem a perder muito dinheiro. É por isso que o autoconhecimento é o primeiro passo para o autoaperfeiçoamento. Apenas se a pessoa souber qual é sua fraqueza (como ultrapassar convenções sexuais adequadas, fofocar injustamente, exagerar ao cobrar um cliente) haverá esperança de que ela aprenderá como evitar fazer as coisas que mais a tentam.

Você sabe quais são as suas fraquezas? E se souber, você tem estratégias para se proteger contra elas?

Dia **282** Segunda-feira

Quando você é tentado a fazer algo errado

Reconheça o que está acima de você: um olho vigilante, ouvidos atentos, e todas as suas ações são registradas em um livro.

– ÉTICA DOS PAIS 2:1

Certa vez, em um evento que dominou a vida norte-americana por um ano inteiro, um presidente envolveu-se em um relacionamento de natureza sexual enquanto servia a Casa Branca. As ações dele foram muito indiscretas e repugnantes, de muitas maneiras. Por exemplo, ele falava ao telefone com um membro do congresso sobre o envio de tropas norte-americanas a locais de perigo no exterior, ao mesmo tempo em que se engajava em atos de natureza sexual com sua amante. Quando esse assunto se tornou público, o presidente e a mulher, bem como a esposa do presidente e sua filha, ficaram tremendamente constrangidos. Enquanto alguns argumentam que o público nunca deveria ficar sabendo de tal acontecimento, como eu acredito, em outros casos o presidente podia culpar apenas a si mesmo. Ninguém o forçou a fazer o que estava fazendo.

De maneira semelhante, algumas pessoas escolhem envolver-se em negócios desonestos e escusos e ficam extremamente constrangidas quando descobrem seu comportamento.

Todos esses episódios podem ser evitados seguindo o conselho que um amigo me disse que a mãe lhe dera. Se você for o tipo de pessoa que, geralmente, cede à tentação, seria sábio escrever as seguintes palavras e carregá-las com você a todo momento:

> Sempre que sentir-se tentado a envolver-se em algo ou em uma relação que você julga ser errada, imagine que seu envolvimento será a manchete dos jornais na manhã seguinte. Se esse pensamento não o preocupar, então prossiga com seus planos. Caso contrário, pare. Imediatamente.

Dia 283 Terça-feira

Quando não há Shalom Bayit em seu Bayit

Alguns anos atrás, quando um amigo meu estava se divorciando, o responsável por realizar o *guet* (divórcio judaico) foi um rabino ortodoxo nascido na Europa. Em certo ponto, ele comentou com meu amigo: "nos Estados Unidos, muitas pessoas se divorciam, na Europa a quantidade de divórcios é bem maior".

O *insight* do rabino foi profundo. Nos Estados Unidos, existem divórcios que parecem ser evitáveis, nos quais um acordo poderia ter salvo o casamento. No entanto, como a segunda parte do comentário do rabino indica, nem *todos* os casamentos podem ser salvos.

O judaísmo considera o casamento sagrado: *Kiddushin*, a palavra hebraica para a cerimônia de casamento, deriva da palavra judaica *kadosh* (sagrado). Contudo, há vezes em que a dor que um dos lados sofre em um casamento supera todos os seus benefícios e ele deve acabar.

Shalom Bayit, um lar cheio de paz, é muito valorizado no judaísmo, e os rabinos que aconselham casais com problemas normalmente mencionam isso (dizendo, por exemplo, "Quero que vocês vão para casa e restabeleçam *shalom bayit*"), esforçando-se para motivar o casal a resolver suas diferenças.

No entanto, de maneira irônica, a falta de *shalom bayit* é, precisamente, a razão pela qual alguns casais *devem* divorciar-se. Pois se o objetivo de um casamento é estabelecer uma ilha de paz em um mundo complicado, quando um lar não tem paz e tende a permanecer como está, o casamento *deve* acabar.

Obviamente, ainda que tal decisão não deva ser tomada de maneira leviana, ela também não deve ser evitada a todo custo. Não há dúvida de que quando houver abuso, o divórcio deve ser feito rapidamente. Como sugere o Talmude: "Não se deve esperar que alguém [homem ou mulher] compartilhe o lar com uma serpente" (*Yevamot* 112b). O Talmude também encoraja a mulher que está sendo maltratada pelo marido a não presumir que esse é o seu destino: "À mulher foi dada a vida, não o sofrimento" (*Ketubot* 61a).

Além dos casos de abuso, se você chegou ao ponto de ter aversão a seu cônjuge ou desprezá-lo (ou se este se sentir assim em relação a você), e você acha que busca, constantemente, por oportunidades de ficar longe dele, então você deve considerar o divórcio. Um homem ou uma mulher infeliz com o casamento não precisa presumir que foi sentenciado a uma vida de desespero. O Talmude nos diz que Rabi Yossi foi casado com uma mulher que o insultava em público, mesmo na presença de seus alunos. Quando um aluno o incitou a divorciar-se, ele disse que gostaria, mas que não tinha dinheiro para pagar os acordos de divórcio. Então, ele arrecadou o dinheiro necessário para permitir que o rabino pudesse sair daquela situação infernal (Talmude Palestino, *Ketubot* 11:3, vide Dia 318).

O judaísmo vê o divórcio como algo triste. Um texto poético diz: "se um homem se divorcia de sua primeira esposa, até o altar [do Templo] chora" (*Gittin* 90b). No entanto, o judaísmo nunca concluiu que o divórcio é sempre errado. Por quê? Primeiro, quando não há razão para sofrer, não se deve sofrer (principalmente quando não há filhos, ou se os filhos já forem crescidos). Segundo, após um casamento ruim, ainda há esperança para um bom. Como um amigo meu, um fã de beisebol que encontrou a felicidade no segundo casamento, depois de a felicidade ter escapado dele no primeiro, me disse: "Melhor ser um para dois, do que zero para um".

Dia 284 Quarta-feira

Quando a lei judaica permite que uma pessoa seja humilhada publicamente

O judaísmo é inflexível em sua posição sobre humilhar alguém em público: "Constranger o próximo em público é como derramar sangue" (Talmude Babilônico, *Bava Mezia* 58b). "Aquele que humilhar outra pessoa publicamente, mesmo que tenha estudado a Torá e tenha realizado boas ações, perde sua parte no Mundo Vindouro" (*Ética dos Pais* 3:11).

Contudo, essa regra, aparentemente, definitiva possui exceções:

> Quando um pai que recusou cuidar de seus filhos foi levado até Rabi Hisda, ele disse: "Faça o pai delinquente dizer em público: 'Mesmo um corvo cuida de seus filhotes, mas eu não cuido de meus filhos'."
> – Talmude Babilônico, *Ketubot* 49b

Por que a ética judaica permite a humilhação pública nesse caso? Rabi Hisda acreditava que um pai que se recusa a cuidar dos filhos que dependem dele perde o direito de ser tratado como um ser humano normal; como o rabino observa, o comportamento do homem mostra que ele é moralmente inferior a um animal. Além disso, o rabino esperava que a simples ameaça de tal humilhação o estimulasse a cuidar dos filhos, cujos direitos de comer, vestir-se e viver em uma casa decente ultrapassam o direito do pai de não ser humilhado.

Se você trouxe filhos a este mundo, você é obrigado a cuidar deles. Isso parece tão óbvio, e, mesmo assim, por todo o mundo há homens que fogem dessa responsabilidade moral básica. Minha esposa e eu conhecemos uma mulher cujo marido a abandonou e fugiu do país. Ele era um homem rico, mas nunca enviou dinheiro a ela desde que foi embora nem fez questão de contatar seus filhos. Se for verdade, que absurdo! Depois de cometer uma das ofensas pelas quais o judaísmo permite que uma pessoa seja humilhada publicamente, parece que ele presumiu que poderia comprar a bondade de Deus com algumas orações e rituais.

As responsabilidades de um pai para com seus filhos pequenos são absolutas (no que diz respeito a filhos mais velhos que agem de forma imoral, vide Dia 311), e não há relação alguma com o fato de ser ou não casado com a mãe de seus filhos.

Dia 285 Quinta-feira

Os limites do perdão de Deus

Deus é todo-poderoso? O judaísmo diz que sim, Ele pode fazer qualquer coisa. Por exemplo, Deus não apenas criou o mundo, como também trouxe os mortos de volta à vida (vide II Reis 4:32-35). E, mesmo assim, há um poder que o judaísmo ensina que Deus não quer e se recusa a exercer. Deus não perdoa injustiças que tenhamos cometido contra os outros.

A crença de que praticar piamente o Yom Kippur garante o perdão por *todos* os pecados é um mito. A Mishná ensina: "Yom Kippur redime pelos pecados contra Deus, não pelos pecados contra o homem, a menos que se tenha feito as pazes com a parte prejudicada" (*Yoma* 8:9). Nessas "Leis do Arrependimento", Maimônides elabora a seguinte regra:

> Arrependimento e Yom Kippur redimem apenas os pecados do homem contra Deus; por exemplo, uma pessoa que comeu algo proibido ... e coisas desse gênero. No entanto, pecados contra os demais, por exemplo, alguém que machucou, xingou ou roubou um colega, entre outros, nunca será perdoado até que devolva ao colega o que é dele e o apaziguar. É preciso enfatizar que mesmo que a pessoa devolva o dinheiro que deve ao dono, ela errou e deve compensá-lo e pedir perdão. Ainda que ela apenas

tenha magoado um colega dizendo certas coisas, ela deve compensá-lo e pedir perdão continuamente até ser perdoada...

– Maimônides, *Mishné Torá*,
"Leis do Arrependimento", 2:9*

Em outras palavras, se você pecou contra Deus, peça perdão. Se você pecou contra seus filhos, corrija a injustiça e peça perdão a eles. Se você pecou contra seu cônjuge, mude seu comportamento e peça perdão a ele/ela. Se você pecou contra alguém ao fazer negócios, corrija a injustiça e peça perdão à pessoa.

Sem dúvida, a vida seria mais fácil se pudéssemos simplesmente ir à sinagoga em Yom Kippur, alcançar o fundo de nossa alma e pedir perdão a Deus. No entanto, o objetivo de Yom Kippur não é tornar a vida fácil; é transformar nossos relacionamentos com os outros e com Deus, nos permitir começar de novo da maneira mais verdadeira possível, apagando, o máximo que pudermos, os erros que cometemos.

Dia 286 Sexta-feira

Ser bom não é o suficiente, o momento certo também importa

Boas intenções não são suficientes; é preciso certificar-se de que elas vão trazer bons resultados. Por isso é tão importante medir as palavras *antes* de falar. Rabi Meir do século II E.C. critica aqueles cujas palavras de consolo trazem mais dor do que conforto ao enlutado:

---

* Eu segui, em grande parte, a tradução do Rabi Eliyahu Touger, *Hilchot Teshuvah – The Laws of Repentance*, páginas 42-44.

Uma pessoa que se encontra com um enlutado após um ano e o consola, a quem ela pode ser comparada? A um médico que atende uma pessoa que quebrou a perna e diz, "deixe-me quebrar sua perna novamente, e arrumá-la, para que eu te convença de que meu tratamento é bom".
– Talmude Babilônico, *Mo'ed Kattan* 21b

Shabat Shalom!

Dia 287 Shabat

Ao longo deste Shabat, analise o material dos seis dias anteriores e use alguns dos textos estudados como base para discussões durante as refeições do Shabat:

Dia 281. Como evitar ceder à tentação
Dia 282. Quando você é tentado a fazer algo errado
Dia 283. Quando não há *Shalom Bayit* em seu *Bayit*
Dia 284. Quando a lei judaica permite que uma pessoa seja humilhada publicamente
Dia 285. Os limites do perdão de Deus
Dia 286. Ser bom não é o suficiente, o momento certo também importa

Shabat Shalom!

SEMANA 42

Dia 288 Domingo

Ajude não judeus como judeus

Em 1978, Rabi Shlomo Carlebach realizou um concerto em Dubrovnik, na antiga Iugoslávia. Quando o concerto terminou, Reb Shlomo foi dar uma caminhada e passou por um jovem que soluçava. "Santo irmão", ele disse, "por que está chorando assim?". O homem, não judeu, disse a Reb Shlomo que ele havia acabado de ganhar uma bolsa de estudos de uma escola de medicina em Paris, mas não tinha dinheiro para pagar a passagem de avião. Naquele mesmo dia, ele não conseguira obter um empréstimo.

"Quanto é a passagem de avião?", perguntou Reb Schlomo.

"Cento e cinquenta dólares".

Reb Shlomo procurou em todos os seus bolsos e tirou todo o seu dinheiro. Ele contou o dinheiro e deu ao homem, que ficou em choque. "Você nem ao menos me conhece. Como sabe se eu irei devolver o dinheiro?"

"Não é um empréstimo", respondeu Reb Shlomo. "É um presente".

O homem foi determinado ao dizer que não queria caridade, mas devolver o dinheiro. Reb Shlomo escreveu seu nome e seu endereço em um papel, então disse, "pague de volta apenas quando realmente puder".

Dez anos depois, um envelope vindo de Dubrovnik chegou no *shul* de Carlebach em Manhattan, com um cheque no valor de 150 dólares e um bilhete: "Por causa da sua bondade, hoje eu sou um médico bem-sucedido em Dubrovnik, com uma clínica próspera. Eu devo tudo a você e nunca me esquecerei pelo resto da minha vida".*

---

* Mandelbaum, *Holy Brother*, páginas 75-76.

Como todos os humanos, judeus e não judeus, são criados à imagem de Deus, faz sentido que a lei judaica obrigue os judeus a fazerem caridade tanto para judeus quanto para não judeus:

> Devemos ajudar os não judeus pobres assim como ajudamos os judeus pobres; devemos visitar os não judeus quando adoecem assim como visitamos nossos companheiros judeus; e devemos ir ao enterro de seus mortos assim como vamos ao enterro de nossos mortos; pois esses são os caminhos da paz.
>
> – Talmude Babilônico, *Gittin* 61a

Dia 289 Segunda-feira

As palavras finais que um judeu deve falar

O ritual conhecido como uma confissão é tão associado ao catolicismo que muitos judeus não sabem que o judaísmo também possui uma oração de confissão. No entanto, ao contrário da confissão católica, na qual a pessoa confessa seus pecados a um padre a quem foi conferido o poder de absolvição, a lei judaica determina que o *vidui* (confissão de pecados) deve ser recitado diretamente a Deus, e apenas quando a morte é iminente. Se Deus quiser, nem você nem ninguém querido precisará recitar o *vidui* em um futuro próximo. Contudo, ter conhecimento acerca do conteúdo da oração pode influenciar o modo como você viverá nos próximos anos.

O *Shulchan Aruch*, o código das leis judaica, ensina:

> Se alguém sentir sua morte se aproximando, deverá recitar o *vidui*. E as pessoas ao redor deverão confirmar a necessidade da oração: "Muitos recitaram o *vidui* e não morreram, e muitos não recitaram e morreram".

E se a pessoa não tiver condições de recitar em voz alta, deverá confessar em seu coração. E se não conseguir recitar sozinha, outros poderão recitar com ou por ela.

– *Yoreah Deah* 338:I

Segue abaixo o texto tradicional do *vidui*:

Ó meu Deus, Deus de meus ancestrais, aceite a minha oração e não rejeite minhas súplicas. Perdoa todos os pecados que cometi durante a vida. Estou envergonhado e constrangido por todos os erros que cometi. Por favor, aceite a minha dor e meu sofrimento como compensação e perdoe meus pecados, pois apenas contra Ti eu pequei.

Que essa seja a Tua vontade, Adonai, meu Deus e Deus de meus ancestrais, que a minha vida esteja em Tuas mãos. Com a Tua misericórdia, purifica-me de meus pecados, mas não por meio de sofrimento e dor. Envie uma cura total para mim e para aqueles que estão feridos.

Eu reafirmo, Adonai, meu Deus e Deus de meus ancestrais, que a minha vida está em Tuas mãos. Que seja a Tua vontade me curar. Mas se houveres decretado que eu não devo me recuperar desta doença, eu aceito o Teu decreto. Que a minha morte compense completamente todos os pecados e todas as transgressões que eu cometi perante Ti. Abriga-me na sombra das Tuas asas e me confira uma parte no Mundo Vindouro.

Pai de todos os órfãos e guardião das viúvas, proteja e esteja com a minha querida família, pois minha alma está ligada à deles.

Às Tuas mãos entrego minha alma. Tu me redimiste, Adonai, Ó Deus da verdade.

Sh'ma Yisra'el, Adonai Eloheinu, Adonai Echad (Ouça, Ó Israel, o Eterno é seu Deus, o Eterno é Um).

Dia 290 Terça-feira

Um judeu deve doar seus órgãos?

A lei judaica determina que o corpo humano é sagrado até depois da a morte; então, normalmente, opõe-se a autópsias, pois acredita que cortar um corpo e remover seus órgãos constitui um *nivul hamet*, uma desgraça ao morto.*

Como a lei judaica contrária a autópsias é bem conhecida, muitos judeus presumem que ela se opõe à doação de órgãos, uma vez que a extração envolve cortar e, de certa forma, mutilar o corpo.

Por muito tempo eu ficava – e ainda fico – nauseado com a ideia do meu corpo, ou o de alguém que amo, sendo cortado e os órgãos extraídos após a morte. Então, eu li uma carta que mudou a minha visão. Ela fora escrita para a família de um jovem que morrera de uma lesão e cujos órgãos foram doados. Quem a escreveu foi uma enfermeira encarregada dos transplantes em um hospital:

> Eu gostaria de agradecer novamente pela sua bondade e generosidade ao doar os órgãos do seu filho às pessoas que precisam de um transplante... O fígado foi transplantado em um homem de 27 anos de Pittsburgh ... Ele frequentava a faculdade, mas a gravidade da sua doença no fígado nos últimos meses ... o restringiram a ficar em casa. Ele está bem. O rim foi transplantado em um homem de 26 anos, casado e com três filhos pequenos. Ele também está bem. O coração foi transplantado em um homem de 34 anos em Minnesota, que está passando muito bem ...

---

* Autópsias *são* permitidas em casos em que a morte é suspeita e a polícia precisa que o cadáver seja examinado para poder obter possíveis evidências; também em casos em que a autópsia pode fornecer conhecimentos úteis a outros que sofrem da mesma doença que o falecido.

Ambas as córneas foram transplantadas. Uma em uma mulher de 88 anos e a outra em uma mulher de 79 anos.

Sei que não há nada que eu possa dizer para minimizar a tristeza sobre a morte de seu filho. Eu espero que vocês encontrem algum conforto em saber que graças à sua bondade e sua generosidade, outras pessoas podem ter vidas saudáveis e felizes.*

Depois de ler esta carta, pode alguém continuar a considerar os transplantes de órgãos como uma desgraça ao morto? Ou são eles, como sugere Dr. Ron Wolfson, um ato de *k'vod hamet*, uma honra ao morto, uma vez que ele traz cura aos vivos?

Wolfson ainda pergunta e, então, responde outra questão que perturba muitos religiosos: "E a exigência [da lei judaica] de que o corpo inteiro deve ser enterrado? Os tecidos transplantados serão enterrados quando o beneficiário do transplante morrer".**

Uma famosa passagem talmúdica ensina que "aquele que salva uma única vida, é como se houvesse salvado um mundo inteiro" (Mishná, *Sanhedrin* 4:5). Doar seus órgãos permite que você salve "diversos mundos" mesmo *após* sua morte.

Isso significa que eu não fico mais desconfortável em doar meus órgãos? Não, eu ainda fico. A única diferença é que agora eu sei como a minha náusea estava equivocada.

Um exercício: verifique sua carteira de motorista. Você gostaria de registrar que é doador de órgãos?

---

* Citado por Rabi Stanley Garfein em 1989 durante o sermão de Yom Kippur à sua congregação, Organic Immortality, impresso em Riemer e Stampfer, eds., *So That Your Values Live On*, páginas 197-202.

** Wolfson, *A Time to Mourn, a Time to Comfort*, página 55.

Dia 291 Quarta-feira

Ouça... De verdade, ouça

Quando jovem, Martin Buber (1878-1965) (autor de *I and Thou*, a obra de filosofia clássica sobre a importância do diálogo e da comunicação), trabalhava duro editando um texto místico, quando sua campainha tocou. Um homem ansioso e desesperado perguntou se poderia falar com ele, que o convidou para entrar e respondeu todas as suas perguntas. No entanto, como ele contou mais tarde, ele ansiava voltar ao seu trabalho e "eu não tentei responder as perguntas que ele não fez".

Tempos depois, Buber descobriu que o homem havia morrido: aparentemente, suicídio. "Não muito tempo depois, eu soube por meio de um de seus amigos que ele não havia ido me ver ao acaso, mas havia sido trazido pelo destino, não para uma conversa, mas para uma decisão". O triste desdobramento daquele encontro mudou Buber para sempre. A partir de então, ele concluiu, encontros com pessoas são mais importantes do que o conhecimento ou a especulação mística.

Hoje, e pelo resto da semana, quando alguém procurar por você, seja pessoalmente ou por telefone, ouça. Enquanto a pessoa estiver falando, preste atenção; não deixe sua mente divagar sobre outros assuntos ou preocupações pessoais.

Ouça – de verdade, *ouça*.

Dia 292 Quinta-feira

Como não ensinar a Torá

Aquele que é impaciente demais [ou "uma pessoa nervosa"] não pode ensinar.

– ÉTICA DOS PAIS 2:5

Por que o excesso de impaciência ou temperamento ruim de uma pessoa a desqualifica a ensinar alguém?

É comum que alunos não entendam um conceito que o professor explicou. Se ele tiver um mau temperamento, os estudantes terão medo de perguntar para tirar dúvidas; poucas pessoas desejam que gritem com elas ou zombem delas. No entanto, se o professor for afável, os alunos sentem-se confortáveis em fazer perguntas e buscar esclarecimento; eles sairão da sala sabendo a matéria e como incorporá-la em suas vidas.

Uma passagem talmúdica importante destaca a grave consequência de ter um professor de temperamento ruim: "Se você encontrar um aluno que tem dificuldade com os estudos, atribua isso à falta de capacidade do professor de ter um semblante agradável". (*Ta'anit* 8a).

Que frase! Um professor cuja impaciência faz um aluno permanecer ignorante é o responsável por tal ignorância.

O mesmo vale para os pais. Minha esposa me disse que sou muito paciente para explicar algo pela primeira ou segunda vez, mas na terceira vez, se a pessoa para quem estou explicando não houver compreendido o que para mim parece óbvio, eu fico impaciente. Foi o que aconteceu quando eu estava ensinando minha filha de seis anos, Naomi, a ler. De tempos em tempos eu ficava impaciente com ela por não entender ou lembrar algo que já havíamos visto várias vezes. Depois que percebi o que estava fazendo, eu disse a Naomi: "Às vezes eu fico bravo quando estamos estudando juntos e isso é errado. Eu peço desculpas e se eu ficar impaciente no futuro, pode me dizer 'Papai, você não deveria ficar bravo'" (vide Dia 339 para um exemplo de como minha perda injustificada de paciência me envergonhou).

Essas palavras encorajaram Naomi (ela não precisou ficar calada e passiva enquanto eu demonstrava impaciência) e isso teve um efeito positivo imediato no nosso relacionamento. Alertar seus alunos e filhos de que, às vezes, você pode ficar bravo injustamente e de que você deveria ser lembrado a não ficar, transfere a responsabilidade deles (isso é, eles são responsáveis por provocarem-no) para você. O Talmude tem como modelo de professor o grande sábio Hillel que nunca perdeu a paciência, mesmo quando perguntas tolas eram feitas com frequência (Talmude Babilônico, *Shabat* 30b-31a).

Finalmente, se você não puder controlar sua impaciência, busque ajuda profissional ou tente outra carreira, uma em que seu temperamento não possa danificar egos e almas de pessoas com quem você trabalha.

Dia 293 Sexta-feira

Caridade, idolatria e surdez

O Talmude é inflexível ao referir-se a pessoas não caridosas: "Se uma pessoa fechar os olhos para evitar fazer [qualquer] caridade, é como se houvesse cometido idolatria" (*Ketubot* 68b).

Não ser caridoso é repulsivo, mas qual é a lógica da comparação com idolatria? Rabi Adin Steinsaltz explica: "Uma pessoa que sabe que seu dinheiro vem de Deus dará seu dinheiro aos pobres. Aquele que não dá dinheiro aos pobres, no entanto, parece acreditar que a própria força [e sabedoria] são as únicas responsáveis por tudo o que possui. Essa é uma forma de idolatria, uma vez que ele se coloca em uma posição de ser a exclusiva fonte de tudo".

Normalmente, pode-se pensar que cometer idolatria e não ser caridoso são coisas totalmente diferentes. Contudo, enquanto a idolatria nos afasta de Deus, a falta de caridade nos afasta dos seres humanos. Ainda assim, como esse aforismo indica, negar *tzedaká* afasta as pessoas do Todo-Poderoso também. Rabi Shlomo Carlebach estava convencido de que colocamos nossa alma em risco quando ignoramos os pobres: "Se seus ouvidos não estiverem abertos para o choro dos pobres, então seus ouvidos estão surdos e você não ouvirá o chamado de Deus".

Shabat Shalom!

Dia 294 Shabat

Ao longo deste Shabat, analise o material dos seis dias anteriores e use alguns dos textos estudados como base para discussões durante as refeições do Shabat:

DIA 288. Ajude não judeus como judeus
DIA 289. As palavras finais que um judeu deve falar
DIA 290. Um judeu deve doar seus órgãos?
DIA 291. Ouça... De verdade, ouça
DIA 292. Como não ensinar a Torá
DIA 293. Caridade, idolatria e surdez

Shabat Shalom!

SEMANA 43

Dia 295 Domingo

Santificando o secular

Como abordado anteriormente (Dia 144), a Torá exige que uma pessoa que está construindo uma casa coloque um parapeito no telhado. No antigo Oriente Médio, as casas, normalmente, tinham telhados planos e era comum que as pessoas andassem e descansassem em seus telhados. A Torá explica a razão da construção desse parapeito "para que não traga sobre a sua casa a culpa pelo derramamento de sangue inocente, caso alguém caia do terraço" (Deuteronômio 22:8).

Mais de mil anos após a criação dessa regra da Torá, o Talmude citou essa lógica bíblica para proibir que uma pessoa criasse um cão raivoso ou tivesse em casa uma escada mal conservada.

Algum tempo atrás, enquanto eu estudava essa lei com a minha congregação em Los Angeles, pedi aos membros que pensassem em atividades contemporâneas que seriam obrigatórias ou proibidas pela prescrição bíblica. Durante a discussão, muitos congregados fizeram várias sugestões:

- Não mantenha uma arma carregada em casa.
- Torne sua casa segura para crianças; se você não tiver crianças pequenas, torne a casa segura antes da visita de crianças.
- Limpe a calçada em frente a sua casa após uma nevasca.
- Instale um sistema detector de fumaça.
- Coloque grades ou redes de proteção em janelas elevadas (do segundo andar de uma casa ou de prédios) para evitar que crianças caiam.
- Se sua casa tiver grades de janela ou cercas para impedir a entrada de ladrões, certifique-se de que os ocupantes possam abrir as grades por dentro, de forma que uma pessoa possa escapar em caso de emergência.

É claro que todas essas sugestões não passam de bom senso. No entanto, quando o bom senso é empregado no cumprimento de uma lei da Torá, o comportamento subsequente torna-se também uma atividade religiosa. Então, da próxima vez que for instalar cercas ou detectores de fumaça, você também poderá sentir que está cumprindo uma ordem divina. Eu não sei se isso facilitará o trabalho, mas deverá fazer você sentir que ele é sagrado.

Dia 296 Segunda-feira

Não seja racista

Como é possível acreditar que todos os humanos foram criados "à imagem de Deus" e, ao mesmo tempo, que algumas pessoas são mais a "imagem de Deus" do que outras?

Infelizmente, algumas pessoas nutrem tal crença. A história da intolerância racial mostra a participação de diversos religiosos em tais atividades. Por exemplo, a Ku Klux Klan tinha cristãos praticantes dentre seus membros. E há aqueles que acreditam que judeus, por natureza, possuem "almas mais elevadas" do que não judeus.

No entanto, a verdade é que não há lugar para racismo no judaísmo. Por exemplo, uma das lições importantes do Talmude deriva da afirmação em Gênesis de que Deus primeiro criou o mundo com uma pessoa, Adão, e que "em nome da paz entre a espécie humana, nenhum homem deve dizer ao seu companheiro: 'Meu pai é melhor que o seu'" (Mishná, *Sanhedrin* 4:5; ou seja, uma vez que todos descendemos da mesma pessoa, nenhum indivíduo ou raça pode afirmar ter uma linhagem superior).

Nos últimos tempos, algumas pessoas passaram a argumentar que a afirmação bíblica de que os judeus são o Povo Escolhido de Deus era uma forma de racismo. Pouco tempo após a ascensão nazista ao poder, o talentoso, porém, às vezes, antissemita, George Bernard Shaw afirmou que os nazistas, com sua doutrina de superioridade racial, estavam meramente imitando a doutrina judaica de "povo escolhido". A sugestão de Shaw de que a doutrina judaica era, em alguns aspectos, a base para o racismo nazista é uma monstruosa distorção. A doutrina de superioridade ariana era a justificativa nazista para a Alemanha explorar outras nações e assassinar aqueles que consideravam inferiores. Em contrapartida, a doutrina judaica de "povo escolhido" impunha obrigações especiais aos judeus. Além disso, o fato de que o judaísmo ensina que qualquer pessoa que aceitar seus princípios e suas práticas – seja ela branca, negra ou amarela – torna-se "escolhida" prova que o judaísmo não é baseado em raça. A tradição judaica defende que o Messias vai descender de Rei David, que é descendente de Rute, convertida ao judaísmo (vide Rute 4:16-17).

Aquele que acreditar na visão bíblica da criação, de que todas as pessoas descendem de Adão e Eva e são criadas "à imagem de Deus", não podem presumir que uma raça seja superior a outra e que mereça privilégios. A Bíblia ensina que todas as pessoas são iguais perante Deus: "Não sois vós, ó filhos de Israel, como os filhos da Etiópia?" pergunta o profeta Amós (9:7). "Racista religioso" pode não ser um paradoxo, mas da perspectiva judaica, deveria ser.

Dia 297 Terça-feira

Nunca pratique a ingratidão

Se algum dia houve uma nação que Israel tinha o direito de desprezar, era a egípcia. Por séculos, o governo e o povo egípcio escravizaram israelitas e, por um período curto de tempo, tentaram matar todos os judeus recém-nascidos do sexo masculino (Êxodo 1:22).

Mesmo assim, mais tarde, depois de os egípcios terem sido punidos com as Dez Pragas e os escravos israelitas terem sido libertos, a Torá ordenava: "Não abominarás os egípcios, pois estrangeiro foste na sua terra" (Deuteronômio 23:8).

Como explicar essa passagem bíblica, sem odiar os egípcios?

Rabi Joseph Hertz, o falecido Rabino-Chefe do Império Britânico e um grande comentarista da Bíblia do século XX, sugere que os israelitas foram intimados a se lembrar de que, originalmente, foi permitido que eles entrassem no Egito como convidados durante um período de grande fome em Canaã. Ainda que os egípcios tenham voltado-se contra eles mais tarde, esse primeiro ato de bondade não deve ser esquecido.*

Essa lei da Torá possui ramificações em nossa vida diária. Se você se beneficiou, de qualquer maneira, de outra pessoa cujo relacionamento piorou mais tarde, você não deve permitir-se esquecer do bem que ela já fez para você. Eu conheço uma mulher que achava que os pais a tratavam friamente e preferiam sua irmã mais velha; seu sentimento em relação a eles era de raiva – até ela ter o próprio filho. Levantando-se continuamente durante a noite para atender ao chamado da criança, ela percebeu que seus pais também foram muito gentis com ela.

A ingratidão não está proibida apenas no que diz respeito a favores e gentilezas pessoais, mas também a influências intelectuais. Assim, o Gaon de Vilna aconselha: "se você encontrar algo que valha a pena em um livro escrito por alguém, não ridicularize as partes com as quais não concorda".

---

* Hertz, *The Pentateuch Haftorahs,* página 847.

Outro exemplo: digamos que uma pessoa que está afastada do judaísmo há muito tempo se volta mais para rabinos reformistas ou conservadores e, logo depois, torna-se Ortodoxa. Ainda que essa pessoa discorde agora da Reforma, do Judaísmo Conservador e suas abordagens dos ensinamentos e das práticas judaicas, ela está moralmente obrigada a ser grata aos rabinos com quem aprendeu. Como ensina o Talmude: "Não atire lama dentro do poço do qual bebeu".

Dia 298 Quarta-feira

Criando crianças honestas

Não se deve fazer uma promessa a uma criança e, então, não cumpri--la, pois, como resultado, a criança aprenderá a mentir.

— Talmude Babilônico, Sukkah 46b

Se um dos pais prometer dar um presente ao filho e não der, ou se concordar em levar a criança para viajar e cancelar, a primeira reação da criança será o desapontamento. Como dito anteriormente, se tais promessas forem quebradas com frequência, a criança vai concluir que é dessa maneira que o mundo real funciona, e, mesmo quando você garante a uma pessoa que fará algo a ela, não há necessidade de cumprir sua palavra.

Pais podem dar diversas aulas aos seus filhos sobre os males da mentira, mas se a interação deles com os filhos não for honesta, os filhos seguirão o exemplo dos pais, em vez de suas palavras.

Em uma anedota amargamente humorística, um rabino ensina a importância de ensinar os filhos a serem honestos:

> Rav era [constantemente] atormentado por sua esposa. Se ele pedisse que ela cozinhasse lentilhas para ele, ela cozinharia ervilhas. Se ele pedisse por ervilhas, ela cozinharia lentilhas.

Quando seu filho Hiyya cresceu, ele deu uma mensagem do pai à sua mãe, mas inverteu o que o pai havia dito (se o pai quisesse lentilhas, o filho diria que ele queria ervilhas).

Um dia, Rav disse ao filho: "Sua mãe melhorou".

"[É porque] Eu inverti suas mensagens", disse Hiyya.

E Rav respondeu: "É o que as pessoas dizem, 'Sua própria prole ensina-lhe a razão'. No entanto, não faça mais isso, pois a Bíblia [é nossa maior autoridade e] diz: 'Ensinam a sua língua a falar mentiras'" (Jeremias 9:4).*

As mentiras de Hiyya à mãe eram de uma natureza mais inofensiva. Mesmo assim, Rav estava disposto a renunciar a conveniência que tais mentiras traziam a ele. Ele sentiu que era mais importante criar seu filho para que fosse honesto, compreendendo intuitivamente que "pessoas que contam mentiras demais podem ficar moralmente distorcidas".

Esse conto talmúdico ainda tem muito a nos ensinar, principalmente que pais não devem acostumar seus filhos a contarem mentiras, seja a ligações indesejadas ("Diga a ele que papai não está em casa"), ou incentivar os filhos a mentirem a idade, dizendo que são mais novos, para conseguir meia-entrada para eventos.

Se você prometer algo ao seu filho, cumpra a promessa, pelo bem do seu relacionamento com seu filho e pelo bem da alma dele.

Dia 299 Quinta-feira

Empatia não é algo natural

A Torá ensina que "o homem em seu íntimo é completamente inclinado para o mal, desde o nascimento" (Gênesis 8:21). Isso não quer dizer que as pessoas nascem más; na verdade, os humanos

---

* Talmude Babilônico, *Yevamot* 63a.

nascem moralmente neutros com fortes tentações ao mal. Essa situação impõe aos pais a responsabilidade de criar seus filhos para serem boas pessoas, pois, como ensina a Bíblia, eles não podem confiar na natureza humana para fazer esse trabalho. Portanto, os pais devem ser vigilantes e garantir que seus filhos não ridicularizem outras crianças (vide dia 271). Infelizmente, é comum que estas sejam intolerantes com quem é diferente e é por isso que os pais devem ensinar seus filhos a não zombar de crianças gordas, com retardo mental, tímidas ou socialmente diferentes.

É muito cruel quando crianças zombam de um colega por ele vir de uma família pobre. Certa vez, eu li no jornal uma reportagem sobre uma garota de 13 anos chamada Wendy, que morava com a família em uma área de baixa renda e ia a uma escola frequentada por crianças que moravam em bairros de maior renda. Ela era alvo constante de comentários ofensivos, vindos do garoto que insistia que ela desse seu assento no ônibus para ele ("Saia daí, maloqueira"), ou da garota que, rindo, respondeu à pergunta de Wendy sobre onde ela havia comprado a linda blusa: "Por que você quer saber?". Wendy explicou ao repórter que sabia que o preço da blusa estava além do que ela podia pagar, porém ela queria socializar, entrar na conversa.

Em outra ocasião, um colega de classe zombou de Wendy por causa de suas roupas, que não combinavam, e de sua casa humilde. Ele não parava, até que ela o chutou na canela. Quando ele foi reclamar à diretoria, eles não o puniram por ter zombado da garota, em vez disso, deram uma suspensão a Wendy.*

Como a maioria esmagadora dos norte-americanos, os alunos que zombaram de Wendy, provavelmente, também acreditam em Deus. No entanto, o que isso quer dizer? Eles acreditam que Deus aprova o que estão fazendo, ou acreditam que Deus existe, mas não se importam com o que Ele quer?

Se os pais não conseguem ensinar os filhos a ter compaixão pelo sofrimento de outra criança, então, todas as outras coisas boas que fazem por eles, como enviá-los para escolas de qualidade e passar um tempo com eles, tornam-se irrelevantes. Além disso, as crianças citadas nessa matéria não aprenderam sobre empatia com os pais, o que elas aprenderam (se não dos

---

* *The New York Times*, 14 de outubro de 1998, 1.

pais, então de outras pessoas) foi a arrogância; elas tinham certeza de que a pobreza que afeta a garota nunca os afetará. A visão judaica que os pais devem transmitir para os filhos é muito diferente e pode ajudar a gerar um senso de compaixão:

> Rabi Hiyya aconselhou à sua esposa: "Quando um homem pobre bater à sua porta, seja rápida ao lhe dar comida para que o mesmo possa ocorrer com seus filhos". Ela exclamou: "Você está amaldiçoando nossos filhos [ao sugerir que eles possam vir a se tornar pedintes]". No entanto, Rabi Hiyya respondeu: "Há uma roda que gira neste mundo".
> – Talmude Babilônico, *Shabat* 151b

Crianças que desde a tenra idade aprendem textos como esse têm menos chances de dar apelidos a alunos pobres como "maloqueira", ou zombar de suas roupas que não combinam; sem dúvida, elas poderão até pedir aos pais que deem roupas boas a esses alunos.

Contudo, tais textos *devem* ser ensinados, pois a empatia não é aprendida naturalmente.

Dia 300 Sexta-feira

Expresse sua gratidão às pessoas próximas a você... agora

Conheço pessoas que nunca sairiam de um restaurante ou deixariam um táxi sem agradecer o garçom ou o motorista e deixar uma gorjeta generosa. No entanto, às vezes, elas são mais econômicas com palavras de agradecimento àqueles que fazem uma grande diferença em suas vidas, como seu cônjuge, seus familiares e seus amigos. Elas sofrem do que eu chamo de "constipação emocional", uma inabilidade de expressar amor e gratidão, de agradecer pessoas queridas por favores e gentilezas.

O poema abaixo foi escrito por Rabi Jack Riemer, que percebe com clareza como palavras gentis podem curar o mundo e cujas palavras me inspiram com frequência:

COISAS QUE VOCÊ NÃO FEZ

Lembra-se do dia em que peguei emprestado seu carro novo e o amassei?
Pensei que você iria me matar – mas não matou.

E lembra-se da vez em que arrastei você para a praia,
e você disse que choveria e choveu?
Pensei que fosse dizer: "Eu avisei" – mas não disse.

E lembra-se da vez em que derrubei torta de blueberries
no seu tapete novo?
Pensei que, com certeza, iria me expulsar da sua casa – mas não expulsou.

Sim, há muitas coisas que você não fez,
Mas você me tolerou, me tratou com atenção e me protegeu;

E há tantas coisas pelas quais eu queria recompensá-lo quando
você voltasse da guerra –
Mas você não voltou.

Um exercício: em um momento do seu dia, pense em algo que alguém – uma pessoa próxima a você – fez por você e pelo qual você não expressou gratidão. Comprometa-se a agradecê-la antes deste Shabat ou durante ele.
Tenha um Shabat Shalom!

Dia 301 Shabat

Ao longo deste Shabat, analise o material dos seis dias anteriores e use alguns dos textos estudados como base para discussões durante as refeições do Shabat:

Dia 295. Santificando o secular
Dia 296. Não seja racista
Dia 297. Nunca pratique a ingratidão
Dia 298. Criando crianças honestas
Dia 299. Empatia não é algo natural
Dia 300. Expresse sua gratidão às pessoas próximas a você... agora

Shabat Shalom!

SEMANA 44

Dia 302 Domingo

Aprendendo a dizer "Eu preciso"

Há mais de um século em Vilna, um homem rico perdeu todo o seu dinheiro. Envergonhado de sua pobreza, ele não disse a ninguém como suas circunstâncias haviam mudado e, com o tempo, morreu de subnutrição.

As pessoas da cidade ficaram horrorizadas quando souberam que um de seus vizinhos havia morrido e que ninguém havia ajudado. Rabi Israel Salanter consolou os cidadãos envergonhados: "O homem não morreu de fome, mas de excesso de orgulho. Se ele estivesse disposto a assumir sua situação e pedir ajuda, não teria morrido de fome".

A afirmação de Rabi Salanter deixa isso claro: a tradição judaica obriga que a pessoa em necessidade peça ajuda, bem como obriga que as pessoas com condições ajudem. O código do século XVI da lei judaica, o *Shulchan Aruch*, formaliza essa obrigação de buscar a ajuda necessária da seguinte maneira: "Aquele que não puder sobreviver sem caridade, como idosos, doentes ou pessoas com grande sofrimento, mas que recusa com teimosia aceitar ajuda, é culpado por matar a si mesmo...".*

A história de Rabi Salanter ilustra como o orgulho excessivo pode impedir as pessoas de buscar ajuda quando precisam. Isso se aplica não somente a caridade. Conheço os pais de um adolescente que precisava de ajuda psiquiátrica. Isso aconteceu em 1950, quando muitas pessoas desdenhavam tal assistência. A família era orgulhosa demais para reconhecer que possuía um familiar "mentalmente perturbado". Além disso, eles temiam que os vizinhos descobrissem e os menosprezassem. Não tiveram, portanto, nenhuma assistência psiquiátrica. Um dia, o jovem cometeu suicídio. É óbvio que um importante fator que contribuiu para isso foi o orgulho da família.

Se você precisar de ajuda, sobretudo em uma situação de risco de vida, busque-a. Não é só seu direito, mas sua obrigação.

Dia 303 Segunda-feira

Quando a doação anônima é importante e quando não é

No que diz respeito a fazer caridade, o mais importante não é se suas intenções são puras ou se você a fez no anonimato, o que importa é se o dinheiro doado será para o bem. Por exemplo, alguém que acredita na causa anterior à guerra do Sul dos Estados Unidos e, anonimamente, doa para um museu que exalta os esforços bélicos da Confederação para manter a escravidão faz algo ruim. Em contrapartida, um egocêntrico que condiciona

---

* Rabi Joseph Karo, *Shulchan Aruch*, *Yoreah Deah* 255:2; em uma conclusão dialética que tipifica a discussão legal judaica, a mesma passagem continua: "Aquele que precisa de caridade, mas adia o momento de aceitá-la e vive em privação para não incomodar a comunidade, deve viver para dar aos outros". Em outras palavras, mesmo que seja louvável sofrer *alguma* privação em vez de aceitar caridade, é proibido colocar a própria vida em risco apenas para evitar aceitá-la.

sua doação para um centro de pesquisa sobre o câncer à exibição destacada de seu nome em todas as salas do prédio faz uma boa ação.

Há momentos em que é importante que a doação *não* seja feita anonimamente; por exemplo, se o anúncio da sua doação, em especial se for muito generosa, incentivar outros a darem mais dinheiro do que teriam dado.

Todavia, quando diz respeito a doações feitas a um indivíduo, uma doação privada é preferível; a dignidade da pessoa pobre determina que é melhor que outros não fiquem sabendo de sua doação. O Talmude ensina: "Quando Rabi Yannai viu um homem dando uma moeda a um homem pobre na frente de todos, ele disse: 'Teria sido melhor se você não houvesse dado nada a ele, ao invés de dar e deixá-lo constrangido' (*Hagigah* 5a)".*

Se você conhecer alguém que precisa de ajuda financeira, auxilie essa pessoa, mas em particular; não diga a ninguém (a menos que seja importante dizer a pessoas que podem, também, estar inclinadas a oferecer ajuda). Sim, o beneficiário saberá sua identidade, mas o conhecimento desse fato deve ser restringido a ele. Você saberá, ele saberá, Deus saberá. Por que mais alguém precisaria saber?

Dia 304 Terça-feira

Quando o silêncio é criminoso

De acordo com a lei norte-americana, você é obrigado a testemunhar sobre um caso quando for intimado a fazê-lo. De acordo com a lei judaica, se o juiz o intimar ou não, e mesmo se não tiver conhecimento da sua existência, você é obrigado a apresentar informações relevantes (vide Levítico 5:1), sobretudo se você puder ajudar uma pessoa acusada injustamente.** "Onde aprendemos que se você estiver em posição

---

* É claro que isso não se aplica no caso de alguém que pede em público e que, consequentemente, não fica constrangido por aceitar caridade.

** É importante testemunhar também se a pessoa for culpada, tanto para apoiar a vítima (como quando uma mulher foi estuprada, a defesa nega isso e seu testemunho pode apoiar a acusação dela), quanto para salvar futuras vítimas desse criminoso.

de oferecer testemunho em nome de alguém, não terá permissão de permanecer calado? Em 'Não ficarás parado enquanto o sangue do próximo é derramado'" (*Sifra Leviticus* em Levítico 19:16).

O mesmo se aplica a casos que ocorrem fora da esfera judicial. Por exemplo, se alguém da sua comunidade for alvo de rumores ofensivos que você sabe que são falsos, você é obrigado a tomar iniciativa e ajudar a limpar o nome da pessoa. Uma passagem talmúdica diz que quem possuir informações que podem ajudar o outro, mas não fala nada, é desprezado por Deus (*Pesachim* 113b).

Em resumo, se você tiver informações que podem salvar uma pessoa inocente da prisão, ajudar em uma condenação ou evitar que o nome de uma pessoa seja difamado, você é obrigado a tomar a iniciativa e revelar o que sabe. Permanecer em silêncio é "ficar parado enquanto o sangue do próximo é derramado".

Para mais exemplos de quando o silêncio é criminoso, vide o texto de amanhã.

Dia 305 Quarta-feira

Se você souber que alguém pretende machucar outra pessoa

Muitos anos atrás, minha mãe viu um adolescente entrar em sua casa e, em seguida, ouviu outro garoto, na rua, dizendo aos amigos: "Quando ele sair, vamos bater nele". Minutos depois, ela foi até a residência e, quando a mãe do adolescente atendeu a porta, minha mãe falou para ela o que havia ouvido. Ao fazer isso, minha mãe agira de acordo com a ética judaica, que ensina que quando você souber que alguém está planejando prejudicar outra pessoa, sua obrigação moral (e *legal*) é informar a potencial vítima da ameaça.

Em um famoso caso no final dos anos 1960, um psicólogo que trabalhava na Universidade da Califórnia, Berkeley, estava tratando um estudante, Prosenjit Poddar, que confidenciou suas intenções de matar outra estudante, Tatiana Tarasoff, por rejeitar suas investidas amorosas. Levando a ameaça a sério, o psicólogo informou a polícia do campus, que deteve o garoto para interrogatório, mas o liberou quando ele pareceu estar agindo racionalmente. Nesse momento, o supervisor do médico o alertou para não falar mais do caso com ninguém; dois meses depois, Prosenjit matou Tatiana.

A partir do que eu compreendo do judaísmo, a obrigação do médico seria, sim, informar a polícia, mas também ele deveria ter alertado a vítima. "'Não ficarás parado enquanto o sangue do próximo é derramado" (Levítico 19:16) significa que você está proibido de ficar parado quando possui uma informação que pode salvar outra pessoa; você deve informar essa pessoa que ela corre perigo. Com base nesse trecho, a lei judaica determina que se você estiver em posição de apaziguar e deter a pessoa que está planejando um crime, deverá fazê-lo.

No caso Tarasoff, os pais da garota processaram a universidade, o médico e o supervisor, e ganharam o processo contra eles. Na opinião do juiz, o médico tinha a obrigação de informar a possível vítima da ameaça contra sua vida.

Na maioria dos estados norte-americanos, no entanto, tal obrigação não é imposta a um indivíduo que fica sabendo que alguém planeja matar outra pessoa. Em um caso recente em Nevada (vide Dia 341), um homem de 19 anos testemunhou um amigo próximo se preparar para matar uma menina de sete anos. Ele saiu do cômodo e não informou ninguém, nem a polícia, do que ele viu. Quando o assassino foi pego e o comportamento do amigo veio à público, ele não foi preso, pois não havia violado nenhuma lei do Estado de Nevada. Foi permitido que o homem continuasse seus estudos na faculdade na Califórnia. Ironicamente, a faculdade que ele frequentava era Berkeley, a mesma de Tatiana Tarasoff quando foi assassinada.

No Livro de Ester, a Bíblia diz como Mordecai ouviu dois homens planejando assassinar o Rei Ahasuerus. Por ele ter informado sua prima, a Rainha Ester, acerca da conversa, a vida do rei foi salva (Ester 2:21-23). Esse evento bíblico serviu como um importante precedente para o *Shulchan Aruch*, o código da lei judaica: "Aquele que ouvir pagãos ou traidores planejando machucar uma pessoa é obrigado a informar a possível vítima. Se ele puder apaziguar o perpetrador e detê-lo de cometer tal ato, mas não o fizer, terá violado a lei 'Não ficarás parado enquanto o sangue do próximo é derramado'" (*Shulchan Aruch, Choshen Mishpat* 426:1).

Dia 306 Quinta-feira

"Você não é tão bom quanto pensa ser e o mundo não é tão ruim quanto você pensa ser"

Na tradição judaica, não há profeta mais amado que Elias, que é universalmente conhecido entre os judeus como *Eliyahu HaNavi* (Elias, o Profeta), o herói por excelência do folclore judaico. Ele é um convidado de todo Sêder de Pessach, no qual uma taça de vinho é preparada especialmente para ele (quando crianças, assistíamos tudo com atenção durante a "visita" para tentar identificar qualquer redução no conteúdo da taça). E em toda circuncisão, uma cadeira é reservada para Elias (*kisei shel Eliyahu*).

Logo, é um choque para a maioria dos judeus ao ler a Bíblia novamente, a fonte original sobre Elias, que não possui nenhuma relação com o senhor gentil do folclore judaico; ele foi um dos profetas mais beligerantes. Em uma ocasião, ele influenciou pessoas a matar 450 sacerdotes idólatras de Ba'al que estavam tentando afastar os israelitas do monoteísmo. Depois desse acontecimento, a idólatra Rainha Jezebel planejou matá-lo (I Reis 19:2), Elias fugiu para o deserto, onde orou para Deus deixá-lo morrer. Convencido de que ele era o único seguidor restante de Deus ("Os filhos de Israel esqueceram sua aliança e ... só eu fiquei"; I Reis 19:14), e que o povo israelita, enquanto entidade religiosa, estava chegando ao fim, Elias não desejava continuar vivendo.

Deus não permitiu que Elias chafurdasse em autopiedade; Ele lembrou Elias que pelo menos sete mil outros monoteístas estavam vivos, deu a ele novas tarefas e ordenou que ele seguisse com seus afazeres.

Meu pai e professor, Shlomo Telushkin, de abençoada memória, era um otimista por natureza, e explicou que a condenação exagerada de Elias em relação a todos os outros judeus era o cerne da razão de seus diversos reaparecimentos na vida judaica. Ele, que se viu como o último judeu, ficou fadado a testemunhar constantemente a eternidade de Israel, a estar presente sempre que um bebê do sexo masculino entra na aliança e quando toda família judaica celebra o Sêder (a circuncisão e o Sêder são os dois rituais judaicos mais praticados até hoje).

Elias faz parte de uma longa lista de judeus desesperados que erroneamente profetizaram o fim do povo judeu.

Da mesma maneira, sempre que estivermos tentados a fazer avaliações desastrosas sobre o futuro do judaísmo, ou previsões obscuras sobre o futuro de nossas crianças e de nossa nação, devemos sempre controlar o nosso pessimismo. Muitos de nós difamamos nossos tempos, bem como as pessoas dentre as quais vivemos. Momentos de crítica intensa podem, facilmente, transformar-se em momentos de crítica exagerada.

É em tais momentos que devemos ser sábios e nos guiar pelas palavras do Rebbe Chassídico Wolf de Strikov: "Você não é tão bom quanto pensa ser e o mundo não é tão ruim quanto você pensa ser".

Dia 307 Sexta-feira

Quando palavras devotas são irreligiosas

Um Rebbe Chassídico conhecido como Leover instruiu seus seguidores: "Se uma pessoa vir em busca de sua assistência e você disser 'Deus irá prover', você está sendo desleal com Deus. Pois você deveria entender que Deus mandou você para auxiliar a pessoa em necessidade, não para encaminhá-la de volta ao Todo-Poderoso".

Em outra história Chassídica, um rebbe ensinou a seus discípulos: "Tudo o que Deus criou neste mundo tem um propósito". Um seguidor levantou a mão. "Nesse caso, qual é o propósito da *apikorsus* (heresia)?" "A heresia tem um valor", o rebbe respondeu. "Quando uma pessoa pobre solicita seu auxílio, imagine que não há Deus para ajudá-la e que você sozinho pode prover assistência a essa pessoa".

Como as duas histórias mostram, a resposta irreligiosa quando alguém solicita ajuda é não fazer nada enquanto profere palavras devotas, como "Deus sempre ajuda", ou "O que Deus quiser é para o melhor". Como Rabi Louis Jacobs destacava: "A resignação devota à vontade de Deus é uma virtude praticada em seu próprio nome. Ela deixa de ser uma virtude quando praticada em nome de outros. Não há nada de heroico em ser estoico no que diz respeito ao sofrimento de outras pessoas".

E como a segunda história nos lembra, a ética judaica fornece até um modo de ser religioso quando você está sentindo-se um herege.

Tenha um Shabat Shalom!

Dia 308 Shabat

Ao longo deste Shabat, analise o material dos seis dias anteriores e use alguns dos textos estudados como base para discussões durante as refeições do Shabat:

- DIA 302. Aprendendo a dizer "Eu preciso"
- DIA 303. Quando a doação anônima é importante e quando não é
- DIA 304. Quando o silêncio é criminoso
- DIA 305. Se você souber que alguém pretende machucar outra pessoa
- DIA 306. "Você não é tão bom quanto pensa ser e o mundo não é tão ruim quanto você pensa ser"
- DIA 307. Quando palavras devotas são irreligiosas

Shabat Shalom!

SEMANA 45

Dia 309 Domingo

Quando uma meia verdade vira uma mentira completa

De acordo com a ética judaica, é errado exaltar as boas características do produto que você está vendendo enquanto permanece calado em relação aos seus defeitos. Da mesma forma que você se sentiria traído se alguém o enganasse dessa maneira, você não deve enganar o próximo:

> As pessoas, em sua maioria, não são ladras que roubam a propriedade dos outros... No entanto, em negociações diárias, muitas aproveitam a oportunidade de roubar quando, por exemplo, têm um lucro injusto às contas de outro, afirmando que tal lucro nada tem a ver com roubo. É bom e importante que se faça o possível para mostrar ao comprador o valor e a beleza reais do produto. Contudo, disfarçar e esconder os defeitos não passa de fraude e é proibido.
> – Moshe Chayyim Luzzatto (1707-1747),
> *Mesillat Yesharim*, Capítulo 11

Certa vez, um corretor conhecido de minha mãe ligou para ela e a incitou a comprar ações de determinada empresa. Ele foi muito enfático dizendo por que achava que esta estava prestes a prosperar. Minha mãe comprou as ações, que logo caíram e permaneceram desvalorizadas por muito tempo. Mais tarde, ela teve razões para suspeitar que a firma do corretor possuía uma grande quantidade de ações e instruiu seus corretores a encorajar os clientes a comprá-las. É claro que a empresa de corretagem e esse corretor em particular não sabiam que as ações cairiam definitivamente. No entanto, se minha mãe soubesse que eles estavam tentando se livrar da maior quantidade de ações possível, ela não as teria comprado. Esse era o "defeito" e a informação relevante que o corretor escondeu dela.

A Mishná destaca outro modo como compradores são enganados:

> Um vendedor não deve misturar diferentes qualidades de um produto em uma mesma caixa [em termos mais simples, não se deve colocar os morangos mais bonitos e vermelhos no topo se todos não tiverem a mesma qualidade]... Um vendedor cujo vinho foi diluído com água não deve vendê-lo, a não ser que isso seja informado ao cliente. E em hipótese alguma esse vinho deve ser vendido a outro revendedor, mesmo que as condições do vinho sejam informadas, pois o segundo revendedor poderá enganar *seus* clientes.
> – Mishná, *Bava Mezia* 4:11 (o exemplo dos morangos pode ser encontrado no artigo de Gordon Tucker, Jewish Business Ethics, 35)

A tradição judaica encontrou a justificativa para restringir comportamentos injustos em um verso bíblico, um que oferece orientação para todos nós em casos que uma lei específica não abrange: "Os seus caminhos [os caminhos da Torá] são caminhos de delícia e todas as suas veredas de paz" (Provérbios 3:17).

A crença capitalista "Cuidado, comprador" não é o ideal judaico. Em vez disso, as éticas judaicas ensinariam: "Cuidado, vendedor".

Dia 310 Segunda-feira

Seu sangue é mais vermelho?

> *Um homem foi até [o Rabi do século IV E.C.] Rava e disse a ele: "O governante da minha cidade ordenou que eu matasse alguém e que, se eu recusasse, ele me mataria. [O que devo fazer?]" Rava respondeu: "Deixe que o matem e você não mate alguém; você acredita que seu sangue é mais vermelho que o dele? Talvez o sangue dele seja mais vermelho que o seu".*
> – TALMUDE BABILÔNICO, PESACHIM 25B

Se Deus quiser, nenhum de nós terá que passar por essa situação terrível.* Ainda assim, a insistência do Talmude de que o sangue de outras pessoas é tão importante quanto o nosso próprio deveria afetar nosso comportamento diário, mesmo em situações onde não há risco de morte. Logo, antes de colocar seus interesses à frente dos outros e afirmar que seu tempo é mais valioso, faça a si mesmo a pergunta que Rava fez ao homem: "Você acredita que seu sangue seja mais vermelho que o dele?".

Dia 311 Terça-feira

Deve haver um limite para o amor dos pais?

Uma história famosa conta que um homem se aproximou do Baal Shem Tov, o fundador do Chassidismo no século XVIII, com um problema grave: "Meu filho afastou-se muito do judaísmo. Ele leva uma vida totalmente desregrada. O que devo fazer?".

A resposta do sábio foi tão simples quanto inesperada: "Ame-o ainda mais".

Essa, claro, é uma corrente de pensamento que diz respeito à relação pais/filho: O amor por um filho deve ser incondicional e não deve ter relação com o comportamento dele. Como o Baal Shem Tov parece acreditar, uma alta dose de amor dos pais também vai motivar o filho, até o mais imoral e alienado, a levar uma vida mais moral e judaica.

Nas últimas décadas, e na sociedade secular, a noção alternativa de "amor severo" (do inglês *tough love*) tem ganhado adeptos. Os proponentes

---

* De acordo com o ensinamento talmúdico: "Se alguém quiser matar você, acorde cedo e mate-o primeiro" (*Sanhedrin* 72a; vide Dia 222), a lei judaica determinaria que o homem tinha o direito de matar o governante, uma vez que era ele quem estava colocando sua vida em risco e não a vítima designada. Contudo, matar a pessoa designada pelo governante constituiria um assassinato.

dessa abordagem instruem os pais a não darem suporte emocional ou financeiro a filhos com mau comportamento, principalmente por amarem seus filhos. Por exemplo, se um viciado em drogas mora com os pais, estes são aconselhados a não permitirem a entrada do filho em casa se ele continuar com tal hábito. Permitir que ele permaneça em casa, a não ser que esteja envolvido em um programa de reabilitação, desencoraja-o a melhorar e ainda pode fazer com que outros jovens da casa sigam o exemplo do vício.

Essa abordagem parece ir ao encontro do conselho de Rabi Judah, o Chasid, autor do clássico texto do século XIII *Sefer Chasidim*. Ele escreve sobre a necessidade dos pais de protegerem a si e aos outros filhos contra o filho que escolheu um mau caminho:

> Se um pai tem um filho glutão e beberrão, não deve destruir a família inteira e seus outros filhos em prol desse um [gastando todo o dinheiro para alimentar o vício do filho rebelde]... Logo, o pai deve agir como se o filho nunca houvesse existido e expulsá-lo de casa, em vez de arruinar a si mesmo e a família por causa de um único filho.*

É importante destacar o que Rabi Judah, o Chasid, disse, bem como o que não disse. Ele não aconselha cortar todo o contato com o filho por ele violar as leis de rituais judaicos (por exemplo, houve um tempo em que pais judeus praticavam as leis do luto para um filho que se casasse com alguém não judeu). Em vez disso, o que os pais devem fazer é evitar demonstrar excesso de sentimentos e investir dinheiro no filho com comportamento mau ou autodestrutivo à custa de seus outros filhos.

---

* Tanto a história de Baal Shem Tov quanto o conselho de Rabi Judah, o Chasid, são citados no livro de Isaacs, *The Jewish Book of Etiquette*, páginas 139-40.

Dia 312 Quarta-feira

Ensine habilidades de sobrevivência ao seu filho

Talvez, a exigência mais surpreendente que rabinos fazem de um pai é que ele "deve ensinar seu filho a nadar" (*Kiddushin* 30b). Qual é a relação entre levar uma vida moral, sagrada e profissionalmente realizada (que o Talmude obriga os pais a ajudarem os filhos a conquistar; *Kiddushin* 29a; vide Dia 234 e 235) e ensinar a nadar?

O próprio Talmude responde essa pergunta: "[Porque] a vida dele depende disso".

Na época em que o Talmude foi escrito, a maioria das viagens de longa distância e mesmo as de curta distância exigia que parte da travessia fosse sobre a água. Era comum que os pequenos barcos usados para fazer tais viagens virassem; quem não soubesse nadar se afogaria.

Logo, a obrigação de ensinar a nadar não tinha relação alguma com transmitir habilidades recreativas ao filhos (como ensinar a jogar futebol ou basquete), mas com ensinar habilidades de sobrevivência. Em *How to Run a Traditional Jewish Household*, Blu Greenberg recorda-se de um terrível incidente em Riverdale, Nova York, em que diversos adolescentes judeus apanharam de antissemitas. A sugestão do rabino local, que está de acordo com os ensinamentos talmúdicos, foi: "Já é tempo de ensinar karatê às crianças judaicas".

A afirmação de 800 anos atrás se aplica a acontecimentos que os rabinos nunca poderiam ter previsto. Assim, um pai que ensina ao filho a importância de obedecer sinais de trânsito e a dirigir com cuidado não estará ensinando o senso comum; ele estará cumprindo uma antiga lei judaica – ensinar o filho a sobreviver em um mundo que, não raro, pode ser perigoso.

Dia 313 Quinta-feira

O ato de bondade mais perfeito

Certa vez, o pai de uma colega de escola que estava brincando com uma de minhas filhas atrasou-se para ir buscá-la. Como eu tinha um compromisso marcado, fiquei incomodado com seu atraso, até ele chegar e me informar a razão da demora: ele passava as últimas horas planejando o enterro de uma mulher que havia morrido e não tinha família. A tradição judaica se refere ao ato desse homem como *chesed shel emet* (um ato verdadeiro de bondade). Como Rashi, o comentarista do século XI da Bíblia, escreve: "A bondade demonstrada aos mortos é a bondade verdadeira, pois [nesse caso] não se espera retribuição" (comentário sobre Gênesis 47:29).

As palavras "[nesse caso] não se espera retribuição" expressam que, com frequência, quando fazemos favores para outras pessoas, parte de nós espera que o beneficiário de nossa bondade um dia estará em condições de nos ajudar.

Contudo, por razões óbvias, quando ajudamos os mortos, nossos motivos são puros.

A lei judaica tem muita consideração pela *mitzvá* de ajudar a enterrar os mortos. Assim, a lei da Torá, geralmente, proíbe que o sacerdote (um *kohen*) e o sumo sacerdote entrem em contato com um cadáver. Dentre os judeus praticantes, um *kohen* não pode comparecer a funerais e enterros, exceto se for o de sua esposa, seu filho, seus pais ou seus irmãos. De acordo com a lei bíblica, um sumo sacerdote nunca pode entrar em contato com um cadáver, mesmo o de parentes próximos (Levítico 21:11). No entanto, o respeito pelos mortos é tão grande que se um sumo sacerdote, enquanto estiver vagando sozinho, passar por um cadáver, ele torna-se responsável por cuidar de seu enterro (Maimônides, *Mishné Torá*, 'Leis do Luto', 3:8).

Além de ajudar a organizar o funeral de alguém que morreu, outra maneira de praticar o *chesed shel emet* é juntar-se à *chevra kadisha*, a organização judaica que existe em quase todas as comunidades judaicas e que realiza rituais de purificação do cadáver e o prepara para o enterro.*

Dia 314 Sexta-feira

Uma maneira ritualística de fazer cada um de seus filhos sentir-se especial

O ritual de Shabat mais conhecido é, provavelmente, aquele que exige que o Shabat seja iniciado com o acendimento de duas velas, acompanhadas por uma bênção especial. Em muitas casas judaicas, o costume é acender uma vela adicional para cada filho na família. Por exemplo, toda tarde de sexta-feira, minha mãe acendia quatro velas: as duas exigidas por lei, uma para minha irmã, Shalva, e uma para mim. A mensagem que essa vela adicional envia a cada criança é poderosa. Como o rabino e psiquiatra Abraham Twerski afirma: "Como era edificante para mim saber que nossa casa era mais iluminada nas noites de sexta-feira graças à minha existência!".**

Um exercício: hoje à noite, ao acender as velas do Shabat junto aos seus filhos, pense em algo que eles tenham feito durante a semana e que tenha trazido luz para a sua vida. Então, junto aos seus filhos e seu cônjuge pensem em algo que eles ou vocês fizeram nos últimos sete dias que trouxe luz ao mundo.

Tenha um Shabat Shalom!

---

* As atividades de uma *chevra kadisha* são descritas no livro de Lamm, *The Jewish Way in Death and Mourning*; vide também Chipman, *Hevra Kadisha*, em Strassfeld e Strassfeld, eds., *The Third Jewish Catalog*, páginas 136-39.

** Twerski e Shwartz, *Positive Parenting*, página 233.

Dia 315 Shabat

Ao longo deste Shabat, analise o material dos seis dias anteriores e use alguns dos textos estudados como base para discussões durante as refeições do Shabat:

DIA 309. Quando uma meia verdade vira uma mentira completa
DIA 310. Seu sangue é mais vermelho?
DIA 311. Deve haver um limite para o amor dos pais?
DIA 312. Ensine habilidades de sobrevivência ao seu filho
DIA 313. O ato de bondade mais perfeito
DIA 314. Uma maneira ritualística de fazer cada um de seus filhos sentir-se especial

Shabat Shalom!

SEMANA 46

Dia 316 Domingo

Um tempo para o silêncio

Al Smith, o ex-governador de Nova York e candidato à presidência pelo Partido Democrata em 1928, era enérgico e estava sempre pronto para todo e qualquer insulto. Certa vez, quando um homem o interrompeu dizendo: "Fale-nos tudo o que você sabe, Al, não vai levar nem um minuto", ele respondeu: "Eu direi a eles tudo o que nós dois sabemos e não vai levar nem um minuto".

Deixando o comentário de Al de lado, a verdade é que dizer tudo o que você sabe irá, na melhor das hipóteses, fazer você parecer chato e, na pior delas, causar um terrível sofrimento a outras pessoas. Ao menos era nisso que o sábio Rabi Yochanam do século III acreditava.

Sua opinião era amplamente baseada em sua interpretação da lei da Torá que determina que um filho nascido de um relacionamento adúltero ou incestuoso é considerado um *mamzer*, um bastardo. Tal filho não pode casar-se com judeus, exceto com outros bastardos (Deuteronômio 23:3).* Em razão da terrível punição da lei, rabinos, ao longo dos tempos, têm exercido grande criatividade para evitar declarar uma pessoa como um *mamzer*. No entanto, Rabi Yochanan foi além; ele acreditava que a lei judaica buscava livrar as pessoas da mácula bastardia – por meio do silêncio. Como ele disse aos seus colegas: "Está em meu poder [revelar as famílias de nascimento impuro em Jerusalém], mas o que devo fazer, quando vejo que um dos maiores homens de nosso tempo está entre essas famílias?" (Talmude Babilônico, *Kiddushin* 71a). Rabi Yochanan, aparentemente, pensava da seguinte maneira: "Por que deveria eu anunciar a presença de bastardos em uma família, destruindo, assim, suas perspectivas conjugais, causando sofrimento a pessoas boas e inocentes?".

Esse ensinamento deve servir como um severo lembrete àqueles que, casualmente, fazem fofocas ou falam coisas injustas sobre outras pessoas, informações que podem diminuir o *status* da pessoa e/ou da família dela. Ainda assim, seja por maldade, seja pelo desejo de parecer bem informadas, muitas pessoas compartilham verdades que podem causar grande sofrimento a outras, manchando a reputação delas.

O silêncio de Rabi Yochanan poupou a vergonha e o ostracismo de pessoas boas. Ele incorporou esse comportamento diário em seu ensinamento de Eclesiastes: "[Há] um tempo de calar e tempo de falar" (3:7).

---

* A maldição do *mamzerut* não tem fim; logo, se um judeu com *status* normal se casar com um *mamzer*, o filho dessa união e os filhos de seus filhos, por todas as gerações, serão *mamzerim*.

Dia 317 Segunda-feira

Quando elogiar alguém é a coisa errada a se fazer

Relatar as virtudes do próximo perante os inimigos da pessoa constitui o "pó da difamação".

— Moisés Maimônides, *Mishné Torá*,
"Leis do Desenvolvimento de Caráter", 7:4

Se você estiver conversando com um grupo de pessoas, dentre as quais se encontra uma que você sabe que não gosta de alguém específico, não fique elogiando esse alguém. Talvez você pense que ao elogiar essa pessoa em frente ao seu adversário você estará fazendo um favor a ela. A tradição judaica não concorda com isso.* É possível que o adversário escute suas palavras em silêncio assim que você começar a falar; esse silêncio poderá, até, perdurar enquanto você estiver presente. No entanto, quando você se afastar, é provável que o antagonista comece a dizer tudo o que não gosta sobre essa pessoa.

Se você quiser diminuir a hostilidade que uma pessoa tem em relação a outra, converse em particular com a antagonista. Não elogie alguém em um grupo que contém o inimigo dele. Isso só vai garantir que os outros integrantes do grupo escutem uma descrição de tudo o que o inimigo da pessoa não gosta sobre ela.

---

* Se, contudo, o adversário da pessoa começar a atacá-la na frente de um grupo, é recomendável que você se pronuncie em defesa da pessoa cujo nome estiver sendo ultrajado.

Dia 318 Terça-feira

Você e seu(sua) ex

Um conto talmúdico surpreendente nos ensina que uma das pessoas a quem devemos um ato de bondade especial é ao (à) nosso(a) ex-cônjuge.

> A esposa de Rabi Yossi costumava sujeitá-lo a muito sofrimento e o expunha ao ridículo. Rabi Elazar disse: "Mestre, divorcie-se dela, ela não lhe dá o respeito que você merece", Rabi Yossi respondeu: "Eu não tenho dinheiro suficiente para pagar pela *ketubá*" (o contrato de casamento). Rabi Elazar deu o dinheiro a ele para que se divorciasse da esposa.
>
> Então, ela casou-se com o vigia da cidade. Algum tempo depois, o guarda perdeu todo o seu dinheiro e ficou cego e sua esposa o guiava pela mão, implorando por caridade. Certa vez, ela o guiou por toda a cidade, mas ninguém lhes deu nada. Ele perguntou a ela: "Não há nenhum outro bairro nesta cidade para onde possamos ir?".
>
> Ela respondeu: "Ainda há outro bairro, mas meu primeiro marido mora lá e eu tenho muita vergonha de ir até lá". Ele bateu na esposa até que ela o levasse ao bairro de Rabi Yossi.
>
> Então, Rabi Yossi passou por eles. Ele viu como o marido estava abusando da mulher e forneceu casa e comida para eles, pelo resto de suas vidas.*

Até recentemente e, sem dúvida, na era talmúdica, o divórcio era muito mais raro do que na sociedade atual. Logo, pelos dois últimos milênios, essa história sobre Rabi Yossi pode ter atingido a maioria dos leitores mais de maneira curiosa do que significativa ou aplicável. Hoje, no entanto, o divórcio é comum, e essa história nos ensina que, normalmente, é errado dar

---

* Talmude, *Ketubot* 11:3.

fim a *todos* os sentimentos positivos que já sentimos por uma pessoa que um dia foi nossa família. Como ouvi certa vez uma mulher divorciada falar graciosamente sobre seu ex-marido: "Quem quer que eu tenha algum dia amado muito, ainda amo um pouco". Casais não são parentes de sangue, mas a Torá instrui que se deve considerar o cônjuge como tal. Por exemplo, as primeiras palavras da Bíblia sobre casamento são: "Por isso, deixa o homem pai e mãe e se une à sua mulher, tornando-se os dois uma só carne". (Gênesis 2:24). Na história citada, o Talmude, por meio de um verso bíblico, vai à raiz da bondade de Rabi Yossi no que diz respeito à sua ex-mulher: "não te escondas da tua carne" (Isaías 58:7). Podemos não compartilhar do mesmo sangue de nosso cônjuge, mas devemos vê-lo como tal. Mesmo após o divórcio, nem *todos* os sentimentos devem acabar.

É triste que seja comum que casais divorciados demonizem um ao outro. Enquanto tal atitude é infeliz e irresponsável quando o casal tem filhos, essa história nos ensina que isso é triste mesmo quando o casal não tem filhos. Seria muito melhor se o casal se livrasse da amargura, sobretudo com o passar do tempo, e demonstrasse ter um bom coração, como fez Rabi Yossi.

Dia 319 Quarta-feira

A espada de Salomão: como determinar o melhor interesse da criança

Na tradição judaica, o Rei Salomão é considerado o rei mais sábio que já viveu. A reputação de Salomão surgiu no início de seu reinado e foi descoberta por meio de um caso que pediram-no que julgasse. Duas mulheres deram à luz, cada uma a uma criança. Uma noite, enquanto dormiam, uma das mulheres sufocou o filho sem querer. Ela levantou de sua cama e trocou a criança morta pela criança que estava viva nos braços da outra mulher. No dia seguinte, ambas foram perante Salomão, cada uma alegando ser a mãe da criança viva.

Como nenhuma das mulheres podia provar que o filho era seu, Salomão ordenou que lhe trouxessem uma espada, ele cortaria a criança ao meio e cada metade seria dada a uma mãe. Uma das mulheres gritou desesperada: "Por favor, meu senhor, dê a ela a criança viva; mas não a mate". A outra mulher insistiu. "Não deve ser nem sua nem minha, corte-a ao meio". Nesse momento, tudo ficou claro para Salomão. Ele virou-se para a segunda mulher e disse: "Dê a criança viva a ela... Ela é a mãe" (I Reis, 3:16-27).

Eu ouvi e ensinei essa história com tanta frequência que fiquei convencido de que nada de novo poderia ser dito sobre ela, até assistir uma discussão de Rabi Michael Gold sobre esse conto. O modo como Gold interpreta esse antigo incidente ainda tem muito a nos ensinar: "A lição dessa história é que os interesses da criança deveriam ser o centro das atenções ao se tomar uma decisão".*

O juizado norte-americano, com frequência, devolveu ou deu a guarda de crianças a pais que até mesmo já abusaram delas anteriormente. Assim, estes tinham muito mais em comum com a mulher que disse "Corte-a ao meio", do que com a mãe compassiva. Convencidos de que o parentesco biológico deve ultrapassar todas as outras considerações, os juizados, às vezes, declaram que não têm obrigação de levar em conta as necessidades da criança.

Contudo, isso é, precisamente, o que Salomão nos lembra de que *deve* ser levado em conta. É a mulher que não deseja machucar a criança que deve possuir a guarda dela. Enquanto a maioria dos pais ama seus filhos e faz o possível para atender aos interesses deles, nos casos em que os pais não fazem isso (como aqueles que abusam física e emocionalmente dos filhos), o desejo de Deus, conforme personificado nessa história, é fazer o que é melhor para a criança. Logo, a partir da perspectiva judaica, a pessoa que demonstrar que o que mais importa a ela são os interesses do filho é quem deve possuir a custódia dessa criança.

---

* Gold, *God, Love, Sex and Family*, página 212.

Dia 320 Quinta-feira

A obrigação especial dos pais adotivos

Em uma passagem cheia de *insight* psicológico e sensibilidade moral, Maimônides fala sobre as obrigações especiais impostas àqueles que lidam com viúvas e órfãos:

> É preciso ser muito cuidadoso ao abordar viúvas e órfãos, pois suas almas estão em profunda tristeza e seu espírito, fraco. Mesmo que sejam ricos, mesmo que sejam viúvas e órfãos de reis, nos é alertado o seguinte, "Não maltratarás nenhuma viúva ou órfão".
> – *Mishné Torá*, "Leis do Desenvolvimento de Caráter", 6:10

Como Maimônides deixa claro, é necessária grande sensibilidade ao lidar com aqueles emocionalmente vulneráveis. Isso também se aplica no caso de pais que adotam crianças. Todas elas precisam saber que são especiais, mas as adotadas, que foram abandonadas por pais e mães biológicos ao nascer, têm uma necessidade especial de saberem quanto são preciosas. Daniel Mosesman, que é adotado, escreveu: "Eu gostaria de dizer algo a todos os pais adotivos. Por favor, deem aos seus filhos todo o amor que for possível. Por favor, abrace-os o tempo todo. Por favor, escute-os. Porém, acima de tudo, por favor, deixe-os saber que o nascimento e a vida deles abençoaram a vida de vocês".*

---

* Essa citação foi retirada de *Letter from an Adopted Child*, em *Ultimate Issues: A quarterly* por Dennis Prager, 1993.

Dia 321 Sexta-feira

Não fale lashon hara *sobre si mesmo*

Rabi Israel Meir Kagan (1838-1933), conhecido no mundo judaico como o Chaffetz Chayyim, escreveu diversos livros importantes sobre controlar a língua e não falar *lashon hara*, calúnias sobre outras pessoas (para a discussão desse tópico, vide Dia 43). Com frequência, ele viajava para comunidades judaicas por toda a Europa para dar palestras sobre esse e outros tópicos.

Durante uma de suas viagens, um homem sentou-se em frente a ele no trem. Os dois começaram a conversar e Rabi Kagan perguntou ao homem para onde ele estava indo. "Estou indo para a cidade para ouvir a palestra do Chaffetz Chayyim. Afinal de contas, ele é o maior sábio e santo no mundo judaico hoje em dia".

Acanhado pelas palavras do homem, Rabi Kagan fez uma objeção: "Às vezes as pessoas falam coisas, porém elas não são verdades. Ele não é um grande sábio como diz e, certamente, não é santo".

O outro homem respondeu enfurecido. "Como você ousa menosprezar um grande homem como ele?" e deu um tapa no rosto de Rabi Kagan.

Naquela tarde, o homem foi à palestra e viu, para o seu espanto, que o homem que havia estapeado era ninguém menos que o próprio Chaffetz Chayyim.

Ao final da palestra, ele foi até o rabino. "Por favor, por favor, me perdoe. Eu não tinha ideia de que era o senhor".

Rabi Kagan sorriu. "Não há razão para pedir perdão. Era a minha honra que você estava defendendo. Pelo contrário, eu aprendi com você uma importante lição. Durante décadas, eu ensinei as pessoas a não falarem *lashon hara* sobre os outros. Agora, eu aprendi que também é errado falar *lashon hara* sobre si mesmo".

Ainda que seja bom ser humilde, esta história de Chaffetz Chayyim nos lembra que ser modesto não significa negar as próprias virtudes ou menosprezar a si mesmo. O texto da Torá ordena, explicitamente: "Ama teu próximo como a ti mesmo" (Levítico 19:18), e, implicitamente, que amemos a nós mesmos. Assim como você não iria gostar que outras pessoas falassem mal de alguém que você ama, você também não deve falar mal de alguém que você deveria amar: você mesmo.

Tenha um Shabat Shalom!

Dia 322 Shabat

Ao longo deste Shabat, analise o material dos seis dias anteriores e use alguns dos textos estudados como base para discussões durante as refeições do Shabat:

DIA 316. Um tempo para o silêncio
DIA 317. Quando elogiar alguém é a coisa errada a se fazer
DIA 318. Você e seu(sua) ex
DIA 319. A espada de Salomão: como determinar o melhor interesse da criança
DIA 320. A obrigação especial dos pais adotivos
DIA 321. Não fale *lashon hara* sobre si mesmo

Shabat Shalom!

SEMANA 47

Dia 323 Domingo

Aprendendo a manter sua inveja sob controle

"Não cobiçarás a casa do teu próximo; não cobiçarás a mulher do teu próximo... nem coisa alguma que pertença ao teu próximo" (Êxodo 20:14) é o Décimo Mandamento.

Em sessões de estudo que conduzi acerca dos Dez Mandamentos, é comum que as pessoas demonstrem perplexidade sobre o já citado: "O que há de tão terrível em cobiçar? É apenas uma emoção, não uma ação. Por que Deus proíbe isso?".

Quando se trata da ética, frequentemente, as pessoas presumem que apenas comportamentos corretos importam. No entanto, o falecido estudioso da Bíblia, Nechama Leibowitz, percebeu que a preocupação da Bíblia vai muito além de apenas afetar as ações das pessoas. Os últimos seis dos Dez Mandamentos dizem respeito a relações entre pessoas. Do Quinto ao Oitavo Mandamento, exigem-se ações éticas (honrar os pais e proibir o assassinato, o adultério e o roubo). O Nono Mandamento proíbe o discurso nocivo (nesse caso, perjúrio), enquanto o Décimo, como já destacado, proíbe as emoções nocivas, cobiçar a propriedade e o cônjuge do próximo.

Ainda que esses mandamentos comecem lidando com comportamentos, sua progressão torna claro que o principal objetivo de transformar os comportamentos externos das pessoas é transformar o "eu interior" delas.

Por quê? Principalmente, porque o modo como nos sentimos e pensamos afetará nossa maneira de agir. Se você invejar o cônjuge ou a propriedade do próximo e não contiver seu desejo, há uma boa chance de você acabar cometendo adultério, roubo ou algo pior. Isso é o que aconteceu aos dois reis de Israel. David cobiçou Bathsheba, que era casada com Uriah, um comandante de seu exército. Ele dormiu com ela e a engravidou. Querendo evitar um escândalo, ele fez com que Uriah fosse morto em combate (II Samuel 11). Um século mais tarde, o Rei Ahab cobiçou um vinhedo adjacente ao seu palácio. Quando Navot, o proprietário, recusou vender-lhe o terreno, a esposa de Ahab, Jezebel, contratou duas pessoas para que testemunhassem que Navot cometeu traição ao amaldiçoar Deus e o rei para, assim, executá-lo. Uma vez que aqueles condenados por traição tem seus bens confiscados pelo rei, Jezebel presenteou o marido com o vinhedo de Navot. O profeta Elias, que descobriu as ações de Jezebel, confrontou Ahab no vinhedo e gritou: "Mataste e, ainda por cima, tomaste a herança?" (I Reis 21:19).

O que no início, no caso de Ahab, era apenas a violação da proibição da cobiça, logo o levou à violação do Nono Mandamento, que proíbe perjúrio; do Sexto, que proíbe assassinato; e do Oitavo, que proíbe o roubo.

Os dois homens que a Bíblia afirma que desobedeceram a proibição da cobiça não eram pobres (o tipo de pessoa que estaria mais propensa a cobiçar), mas reis ricos e poderosos.

Como você pode se proteger contra a tentação que aflige até os reis? No que diz respeito a cobiçar os bens do próximo, não é errado querer mais do que você tem – mas é errado querer isso à custa do próximo. Não há mal nenhum em desejar ter um Jaguar, só há mal desejar o Jaguar que pertence a outra pessoa. Qualquer um que tentar, de verdade, praticar o mandamento de "amar o próximo como a ti mesmo" vai sentir-se desconfortável de cobiçar o que pertence a outra pessoa.

Já no que diz respeito a cobiçar a mulher do próximo, o comentarista do século XIII da Bíblia, Abraham ibn Ezra, que escreveu no contexto de uma sociedade feudal, afirma que um homem não cobiçará a rainha; ela está tão distante dele, socialmente falando, que nunca passará pela sua cabeça que ele pode conseguir conquistá-la. Como ibn Ezra explica, Deus nos diz nesse mandamento que a mulher do próximo é tão proibida para nós quanto a rainha. E, da mesma forma que um homem comum não passará horas fantasiando sobre como conquistará a rainha, ele não deverá passar horas imaginando como poderia conquistar a mulher do próximo. Se ignorarmos essa proibição e nos permitirmos pensar como podemos seduzir o cônjuge do vizinho, logo estaremos planejando como cometer adultério. É melhor internalizar esse mandamento da Torá: o cônjuge do próximo está proibido para você. Ponto final.*

Dia 324 Segunda-feira

Não se acostume ao sofrimento de outras pessoas

"Quando eu era um jovem rabino", recorda Rabi André Unger, "acompanhei meu colega veterano, Harold Reinhart, a um funeral. Era um caso verdadeiramente trágico, um jovem foi morto em um acidente, deixando esposa, pais e filhos pequenos para trás. Eu fui soterrado pelo pesar da família, cheio de incompreensão, indignação, pena e as velhas questões teológicas. Pouco tempo depois, eu me peguei dizendo constrangido: 'Acho que depois de um tempo você se acostuma a esse tipo de coisa'. Ele olhou para mim e suspirou: 'André, o dia em que você se acostumar a isso, dê o fora do rabinato'."**

Rabi Stephen S. Wise estava visitando a China anos antes da Segunda Guerra Mundial, em um tempo em que os principais meios de transporte eram os riquixás. Os riquixás era puxados por trabalhadores frágeis, que tossiam constantemente à medida que carregavam a carga. Durante o primeiro dia de sua viagem, Rabi Wise ficou horrorizado que seu transporte fosse à custa de tal sofrimento. À noite, em seu hotel, ele ficou acordado, escutando às tosses roucas e penetrantes dos condutores do lado de fora. Quando ele mencionou isso aos seus anfitriões, eles lhe asseguraram: "Não se preocupe.

---

* Vide meu comentário acerca do Décimo Mandamento em *Biblical Literacy*, páginas 438-39.

** Blue e Magonet, *Kindred Spirits*, página 46.

Em duas semanas você se acostumará com isso. Em um mês você nem ao menos ouvirá".

"E assim aconteceu", lembrou-se Rabi Wise. Mais tarde, ele referiu-se ao dia em que parou de escutar as tosses como "o dia mais constrangedor da minha vida".*

Enquanto lê o jornal de hoje, enquanto anda pelas ruas da sua cidade, enquanto conversa com amigos que estão com problemas, lembre-se desse ensinamento:

Não se acostume ao sofrimento.

Não se acostume ao sofrimento.

Não se acostume ao sofrimento.

Dia 325 Terça-feira

O que há de errado com a sua vida?
E o que está dando certo?

Pense por um minuto em todas as coisas que o estão perturbando: sua saúde ou a de alguém que você ama; falta de dinheiro; sucesso e reconhecimento profissional insuficientes; problemas no casamento ou com os filhos; uma briga que teve com um parente, um amigo ou um colega.

Agora pense em todas as coisas boas da sua vida: seu amor pelo seu cônjuge, pelos filhos e pelos amigos; atividades que lhe dão prazer; satisfação no trabalho; orgulho dos filhos; conquistas profissionais; as boas ações que fez pelos outros. Então, considere todas as coisas boas da sua vida nas quais você raramente pensa – por exemplo, que você e as pessoas que você ama conseguem andar, falar, ouvir, cheirar e ver.

---

* Riemer, ed., *The World of the High Holy Days*, página 132.

As coisas boas na sua vida superam as ruins?* Se sim, você tem focado atenção desproporcional às áreas problemáticas, nas coisas que não estão dando certo?

Goethe conta que, certa vez, passou por um grupo de pedintes cegos em Roma, a maioria deles não recebia quase nenhuma contribuição dos transeuntes. Ele percebeu, contudo, que um dos homens estava recebendo constantes doações. Ele se aproximou do homem e viu a placa que o pedinte estava segurando: "É primavera e eu sou cego".**

Se é primavera, verão, outono ou inverno e você consegue enxergar, você não deveria estar agradecido?

Dia 326 Quarta-feira

Shiva, *o ato final de gratidão*

Alguns anos atrás eu realizei o funeral de um idoso. Em determinado momento, antes de o funeral começar, perguntei à filha dele onde ela iria praticar a *shiva* (os sete dias de luto) de seu pai. "Ah, eu não farei nada assim", ela respondeu. "Alguns amigos virão me visitar hoje à noite, mas eu não acredito no luto. Eu acredito em viver minha vida com alegria". Vendo minha frustração, ela acrescentou: "Além disso, meu pai era um homem muito positivo e otimista. Ele nunca iria querer que eu passasse por um período desagradável de luto".

Enquanto eu dirigia de volta para casa, fiquei pensando se a mulher conhecia seu pai tão bem quanto ela pensava. Será que ele realmente ficaria satisfeito se um dia após o funeral, sua filha, seu genro e seus netos seguissem a vida normalmente, trabalhando, relaxando em casa ou indo a jogos de

---

* O judaísmo encoraja o foco nas boas coisas, exigindo que a pessoa recite centenas de bênçãos diárias, incluindo a que agradece a Deus pelos órgãos estarem funcionando adequadamente (vide Dia 75), e pela visão e pelas roupas.

** Sherwin e Cohen, *How to Be a Jew*, página 16.

futebol ou ao teatro? Fiquei imaginando se a recusa dessa mulher de lamentar a morte de seu pai era o reflexo de um grande amor à vida ou uma expressão não intencional de descaso pelo homem que a criou e a apoiou por tantos anos.

Com o passar dos anos, descobri que muitos judeus norte-americanos consideram a prática da *shiva* um fardo. O pensamento de afastar-se do trabalho e das atividades normais por sete dias após a morte de um pai ou de um irmão parece ser, para muitas pessoas, excessivo e desnecessário. (O judaísmo também exige tal período de luto após a morte de cônjuge ou filho, mas, nesse caso, não parece ser excessivo para as pessoas.)

A partir da perspectiva judaica, recusar-se a lamentar a morte de um pai por sete dias é uma forma de desrespeito terrível. Seguir com a vida como se nada houvesse ocorrido é como afirmar que a vida e morte do falecido são insignificantes. Eu suspeito que poucos de nós, incluindo o pai dessa mulher, quereriam que nossos filhos reagissem à nossa morte dessa maneira.

A Torá nos diz que devemos tratar nossos pais com honra e respeito (vide Êxodo 20:12, Levítico 19:3 e Dia 127). O senso comum nos diz que também devemos ser gratos a eles por terem nos dado a vida, por terem levantado incontáveis vezes durante a noite para nos alimentar e confortar, por nos prover educação e orientação moral. A lei judaica exige, como ato final de gratidão, que paremos nossa vida por uma semana após o falecimento de nossos pais e não façamos quase nada além de pensar neles, falar sobre eles, lamentar sua partida.

Dia 327 Quinta-feira

Arrependimento é bom – arrependimento demais, não

Nossos rabinos ensinam: os pecados que confessamos [privadamente para Deus] em Yom Kippur não devem ser confessados novamente em outro. Se as ofensas foram repetidas, então elas devem ser confessadas em outro Yom Kippur. No entanto, se tais pecados não houverem sido cometidos novamente, e, mesmo assim, voltarmos a confessá-los, então, o seguinte verso da Bíblia é aplicável: "Como o cão que torna ao seu vômito, assim o tolo reitera a sua estultícia" (Provérbios 26:11)

— Talmude Babilônico, *Yoma* 86b

O objetivo do arrependimento é purificar a alma; assim que isso for alcançado, não se deve continuar a pensar nos atos que a mancharam.

Aparentemente, o objetivo desse ensinamento é ajudar pessoas com personalidades obsessivas (o tipo de pessoa apta a ser oprimida pelo sentimento de culpa) a seguirem em frente com sua vida. Meu avô, Rabi Nissen Telushkin, de memória abençoada, certa vez explicou o verso em Salmos: "Aparta-te do mal e pratica o que é bom", que significa "Afaste-se da obsessão pelos males que já causou; em vez disso, faça boas ações". Ele elaborou a seguinte analogia: imagine que você recebeu determinada quantidade de água salgada e você deve bebê-la. O que você deveria fazer? Há duas possibilidades. Uma é remover todo o sal. No entanto, esse é um processo árduo; sem o equipamento adequado, uma pessoa comum não conseguiria removê-lo. Em contrapartida, é possível adicionar água fresca à água salgada até que, em certo ponto, o gosto do sal não poderá mais ser sentido.

Existem certos tipos de pecadores, meu avô continuou, aqueles que ficam tão obcecados pelas suas tendências malignas ou pelos pecados que cometeram, que acabam ficando deprimidos. No entanto, em vez de tentar arrancar completamente o mal pela raiz, algo que é muito difícil de se fazer, é melhor tentar superar o mal por completo realizando boas ações. Como Maimônides nos lembra em suas "Leis do Arrependimento" (3:1, 2, 5), Deus julga as pessoas de acordo com a maioria de suas ações.*

---

* [Além disso] esse acerto de contas não é calculado com base apenas no número de méritos e pecados, mas também leva em conta a magnitude deles. Existem alguns méritos que ultrapassam muitos pecados... Contudo, um pecado pode superar muitos méritos. O levantamento [de pecados e méritos] é feito de acordo com a sabedoria de Deus. Ele sabe como medir os méritos e os pecados" (*Mishné Torá*, "Leis do Arrependimento," 1:2).

Se você houver pecado, faço o possível para desfazer as consequências de tais ações, confesse-as, então siga em frente com a sua vida – e faça o bem.

Dia 328 Sexta-feira

Não estereotipe grupos

Pode-se pensar que a tradição judaica considera *todas* as palavras dos profetas como sagradas e instrutivas. No entanto, esse nem sempre é o caso. Por isso, os rabinos ficam muito descontentes com a afirmação de Isaías: "Porque sou um homem de lábios impuros, habito no meio de um povo de impuros lábios" (6:5). O *Midrash* supõe que Deus disse a Isaías: "Apenas por si mesmo podes dizer, 'sou um homem de lábios impuros'. Isso eu posso tolerar. Mas como ousas dizer: 'habito no meio de um povo de impuros lábios'?". (*Cântico dos Cânticos* 1:38). Em uma passagem mais radical, o Talmude especula que Isaías teve uma morte de mártir pelas mãos do maligno Rei Menashe como punição por chamar os israelitas de "povo de impuros lábios" (*Yevamot* 49b).

Infelizmente, é comum que estereótipos, como boatos, sejam negativos (vide Dia 52). Ao condenar um povo inteiro, Isaías estava, ao mesmo tempo, condenando diversas pessoas que eram inocentes da ofensa que despertou a sua ira. Mesmo assim, muitos de nós, como Isaías, estereotipamos grupos diariamente. Nos Estados Unidos, pessoas que apoiam diferentes pontos de vista acerca de assuntos como aborto, porte de armas ou o papel da religião na vida pública, frequentemente, falam coisas cruéis e injustas umas sobre as outras. Dentre a comunidade judaica, estereótipos maldosos, comumente, odiosos são feitos por judeus reformistas e conservadores sobre judeus ortodoxos, e por judeus ortodoxos sobre seus irmãos teologicamente liberais. Tipos semelhantes de estereótipos são atribuídos entre judeus falcões (que defendem uma posição de maneira mais agressiva) e pombos (que defendem de maneira mais passiva) em Israel, e entre judeus de diferentes lugares. É claro, é igualmente errado descrever grupos e países não judeus com estereótipos.

É ainda mais lamentável que tais estereótipos sejam feitos com frequência durante o Shabat, pois as pessoas se reúnem para compartilhar conversas descontraídas e abrangentes durante a refeição de Shabat. É muito irônico que a mesa de Shabat, à qual convidamos anjos (a canção *Shalom Aleichem* é um convite aos anjos para juntarem-se a nós), seja um lugar no qual algumas das criaturas de Deus difamam outras. Para nós, essa ofensa pode parecer pequena. Contudo, para os Rabinos do Talmude tais estereótipos negativos merecem sérias punições. Vamos ponderar a esse respeito neste Shabat e tentar garantir que falemos de outros grupos com a mesma delicadeza e justiça que desejamos que os outros usem ao falar do grupo ao qual pertencemos.

Tenha um Shabat Shalom!

Dia 329　Shabat

Ao longo deste Shabat, analise o material dos seis dias anteriores e use alguns dos textos estudados como base para discussões durante as refeições do Shabat:

DIA 323. Aprendendo a manter sua inveja sob controle
DIA 324. Não se acostume ao sofrimento de outras pessoas
DIA 325. O que há de errado com a sua vida? E o que está dando certo?
DIA 326. *Shiva*, o ato final de gratidão
DIA 327. Arrependimento é bom – arrependimento demais, não
DIA 328. Não estereotipe grupos

Shabat Shalom!

SEMANA 48

Dia 330 Domingo

Criando os filhos para que amem tanto a si mesmos quanto aos outros

Muitos pais reservam seus maiores elogios aos filhos pelas suas conquistas intelectuais e atléticas. Logo, eles apreciam a criança mais efusivamente quando ela alcança distinção intelectual ("Estou muito orgulhoso de como você é inteligente"), e, ao falar com outras pessoas, é esse aspecto dos filhos que eles ressaltam ("Scott é tão inteligente, é incrível").

Que tipo de autoimagem uma criança desenvolve em relação a alguém que não tem dons intelectuais ou atléticos, e cujos pais vivem vangloriando-se das conquistas dela? Além disso, é saudável para crianças inteligentes ou atléticas serem criadas acreditando que esses talentos e habilidades são as coisas mais importantes que elas podem oferecer?

Uma simples sugestão, uma que tem a capacidade de fazer tanto o seu filho quanto o mundo mais feliz e gentil: *Reserve seus maiores elogios para seus filhos quando eles realizarem boas ações.* Dessa maneira eles vão aprender a associar a autoimagem elevada com ser uma boa pessoa. Crianças que crescem associando o elogio e o amor com a realização de atos éticos estão mais aptas a gostar de si mesmas quando estão fazendo algo bom. Pense nisso por um instante – uma geração de pessoas que gosta mais de si mesmas quando estão fazendo o bem. Seria um mundo incrível!

Vide Dia 101 para uma série de cinco perguntas que todos os pais deviam fazer a si mesmos.

Dia 331 Segunda-feira

Cuidado com os seus... elogios

Muitos judeus estão cientes de que o judaísmo proíbe fofocas maliciosas (vide Dias 43 e 44); contudo, poucos sabem que a tradição judaica alerta as pessoas para que tomem cuidado ao fazer elogios. O Talmude ensina: "Uma pessoa não deve elogiar [excessivamente] outra [quando ela não estiver presente], pois, ainda que ela tenha iniciado falando coisas positivas, a conversa logo vai abordar os traços negativos da pessoa" (*Bava Bathra*, 164b).

Qual é a lógica por trás disso? Perceber que a natureza humana, normalmente, acha mais interessante o que *não* é bom sobre uma pessoa ao invés do que *é*. Por isso, mesmo quando uma conversa sobre alguém for iniciada com elogios, e mesmo quando for conduzida por pessoas que gostam de quem está sendo elogiado, é possível que a conversa tome um rumo pouco lisonjeiro. Por exemplo, se você e eu estivéssemos conversando sobre alguém que conhecemos e eu dissesse: "Eu realmente gosto dele, mas tem uma coisa que eu não suporto sobre ele", e, então, sobre o que você acha que falaremos pelos próximos dez minutos? De maneira semelhante, se eu pedisse que você e um amigo conversassem por 20 minutos sobre alguém que vocês conhecem, é bem improvável que passem os 20 minutos dizendo, "Ah, você conhece aquela história que mostra quão legal ela é? Eu conheço uma ainda melhor". Além disso, Rabi Saul Weiss destaca que mesmo quando nossas intenções são puras, "apontar as boas ações e qualidades [normalmente] direciona a atenção... para suas más ações e defeitos".* Elogios podem gerar ciúmes ou inveja.

---

* Weiss, *Insights*, vol. 1, página 39.

A tradição judaica quer que nunca elogiemos os outros? Não, ela apenas quer nos lembrar como uma conversa rápida sobre alguém, mesmo que tenha começado com elogios, pode ser deteriorada por fofocas negativas. Se nós mantivermos essa percepção, poderemos nos proteger de tal deterioração.

Mesmo quando for elogiar alguém, é preciso tomar cuidado com o que se diz.

Dia 332 Terça-feira

Quando legal não é igual a moral

A maioria das leis da Torá é bastante específica, seja em passagens que exigem a devolução de algo perdido ao seu dono (Deuteronômio 22:3), a circuncisão de um bebê no oitavo dia de vida (Gênesis 17:12) ou a proibição de perjúrio (Êxodo 20:13).

No entanto, às vezes, a lei da Torá são formuladas de maneira genérica. Como é o caso do trecho "Farás o que é justo e bom perante o Senhor" (Deuteronômio 6:18). A tradição judaica interpreta isso como uma obrigação de agir moralmente, principalmente em casos nos quais agir sobretudo de acordo com a lei poderia levar à injustiça.

Ao escrever para o *Publishers Weekly*, a principal revista da indústria editorial norte-americana, Thomas McCormack percebeu muitos modos pelos quais editores, agentes e autores em certas ocasiões agem legalmente, mas de forma antiética. Por exemplo, em geral, autores recebem direitos autorais, um valor entre 10% e 15% do preço de venda de seus livros. No entanto, em muitos contratos, os editores incluem uma cláusula que afirma que se o livro for vendido para livrarias com um desconto de 51% ou mais, os direitos autorais do autor caem para 4,9% (10% em relação ao que o editor recebe). McCormack conhece casos em que editores ofereceram desconto de 51% em livros que estavam vendendo bem, apenas para diminuir o valor dos direitos autorais do autor.

Em outro exemplo, McCormack relata um caso em que um agente recebeu um manuscrito completo de um autor. Embora o assunto do livro fosse comercialmente atraente, o manuscrito estava mal escrito. O agente contratou um bom escritor para escrever uma excelente proposta para o livro, garantiu um bom pagamento adiantado de um editor e, então, enviou o manuscrito original e mal escrito.

Em outro caso, um editor teve uma grande ideia para um livro e pediu à agente que sugerisse um de seus escritores. Quando a agente o fez, o escritor produziu uma proposta fraca e o editor recusou. Logo em seguida, a agente anunciou que tomou a liberdade de vender a ideia, com outro escritor, para outro lugar.

Como as pessoas justificam tais comportamentos? De acordo com McCormack, muitas pessoas são habilidosas ao justificar o que quer que estejam fazendo:

- "Estou apenas tentando manter meu negócio funcionando para que as crianças dos meus empregados possam comer".
- "Minha primeira responsabilidade é com o meu autor, estou apenas tentando fazer o melhor para ele."
- "Meu agente disse que não tinha problema".

Como McCormack, tristemente, observa: "Abençoados sejam os amorais; tudo o que eles fazem é justo".*

A lei judaica e o senso comum reconhecem que o legal e o moral, normalmente, são iguais, mas nem sempre. A inovação da lei da Torá – "Farás o que é justo e bom" – nos lembra que, aos olhos de Deus, o imoral é *sempre* errado.

---

* *Publisher's Weekly*, 6 de julho de 1998, página 24.

Dia 333 Quarta-feira

Use seu impulso maligno para fazer o bem

"E viu Deus tudo quanto tinha feito, e eis que era muito bom" (Gênesis 1:31). [Rabi Nachman disse em nome de Samuel: "As palavras 'muito bom'] referem-se ao yetzer hara, a inclinação ao mal".

"Mas é a inclinação ao mal uma coisa muito boa? [outro rabino desafiou Rabi Nachman]. Que coisa absurda de se dizer!"

"Não fosse pela inclinação ao mal," ele respondeu, "os homens não teriam construído casas, casado, tido filhos ou desenvolvido negócios".

— Gênesis Rabbah 9:7

A Bíblia tem uma visão sóbria acerca da natureza humana: "o coração do homem é mau desde a mocidade" é a avaliação inicial de Deus sobre a natureza humana (Gênesis 8:21). Se você acredita que essa descrição é injusta, pense sobre si mesmo: seus pensamentos são sempre puros? Por exemplo, seus pensamentos finais antes de dormir dizem respeito ao que você poderá fazer no dia seguinte para aliviar a fome e o sofrimento no mundo? Ou você é como a maioria das pessoas: ao deitar na cama, sua mente vaga livremente, seus pensamentos, com frequência, desviam-se para direções que você não gostaria que outros soubessem?

Se sim, você está em boa companhia. A tradição judaica ensina que todos nós temos uma inclinação ao mal; o que diferencia as pessoas boas das más é que as pessoas boas resistem às suas inclinações. Quando não conseguem resistir completamente, elas tentam canalizá-las em boas direções.

Apenas porque alguém tem inclinações ao mal ou, pelo menos, ao pecado, isso não significa que as ações geradas por elas sejam más também. Por exemplo, o principal motivo para um casal ter relações pode ser a luxúria, mas isso não significa que eles, necessariamente, serão pais ruins ao filho resultante de seu ato. De maneira semelhante, um médico pesquisador que busca a cura de uma doença apenas para poder ficar rico não faz dele uma pessoa ruim. Mesmo que o desejo de ter riquezas não seja nobre, se alguém se tornar rico fazendo o bem, então esse alguém terá se aproveitado da sua inclinação ao mal para o propósito correto. Se você quiser ficar famoso, tente ficar fazendo algo bom. Se você for rico, não fique famoso por dar festas extravagantes; em vez disso, doe para que um hospital seja construído e nomeado em sua homenagem.

Quase todos nós desejamos riqueza e fama, e todos nós temos desejos. Se você tiver tais impulsos vis, não seja desmoralizado por eles, pois a ética judaica ensina que mesmo quando nossos motivos são impuros, as ações resultantes desses motivos podem ser puras.

Dia 334 Quinta-feira

Deixe a sua palavra, não seu juramento, ser seu vínculo

A cultura judaica tradicional há muito tem desencorajado a realização de juramentos, que são, geralmente, proferidos em nome de Deus, com uma mão em cima da Bíblia. Uma vez que associar Deus a uma mentira, mesmo uma não intencional, é um crime grave, muitos judeus evitam fazer juramentos, pois percebem que seus testemunhos podem conter uma dose de inverdade. Por exemplo, se lhe pedirem que resuma uma conversa que você teve com outra pessoa, quão confiante você estará para dizer que sua recordação é totalmente precisa, mesmo que suas intenções sejam honráveis? É por isso que alguns judeus renunciam a reivindicações legítimas, caso o único modo de estabelecer sua causa seja testemunhando sob juramento.

Como a tradição judaica deseja desencorajar a realização de juramentos, ela dá muita ênfase no que diz respeito a falar a verdade, mesmo quando não há juramento envolvido: "Rabi Yossi ben Judah disse: 'Faça com que seu *sim* seja sim, faça com que seu *não* seja não (ou, "Faça com que seu sim seja honesto, faça com que seu não seja honesto')" (Talmude Babilônico, *Bava Mezia* 49a).

Obedecer essa máxima pode ter claras ramificações na vida diária. Eu conheço uma mulher cuja primeira reação ao ser convidada para um evento era sempre dizer sim. Mais tarde, ao perceber que ir ao evento seria inconveniente, era comum ela dar alguma desculpa inventada. Esse é, precisamente, o tipo de comportamento que os ensinamentos judaicos julgam errado. Não se apresse em dizer sim, mas quando o fizer, você será moralmente obrigado a cumprir o que disse – mesmo se, mais tarde, tornar-se inconveniente.

De forma semelhante, se em uma negociação você se comprometer verbalmente, cumpra, mesmo se mais tarde você se sentir tentado a faltar com a palavra. A pessoa a quem você disse sim tem o direito de acreditar que seu comprometimento é final (seguir essa máxima também poderá fazer com que você seja mais cauteloso antes de dizer sim).*

É um triste sinal para uma sociedade se as pessoas só puderem confiar na palavra de outros apenas quando eles juram. Seria muito melhor seguir o padrão do Talmude: "Faça com que seu 'sim' seja sim, faça com que seu 'não' seja não".

Dia 335 Sexta-feira

Nunca insulte outra pessoa

O Talmude pode, às vezes, ser implacável ao descrever as falhas de seus sábios. Mesmo assim, poucas histórias são tão chocantes quanto a que fala sobre um certo Rabi Elazar ben Shimon. Um

---

* De acordo com a lei judaica, quem faltar com a palavra em um acordo verbal ao fechar negócio poderá ser formalmente censurado por uma corte, que vem na forma de uma maldição: "Ele que puniu a geração do Dilúvio e a geração da Dispersão (vide Gênesis 11:1-9) punirá aqueles que não cumprem com sua palavra" (vide Talmude Babilônico, *Bava Mezia* 49a).

dia, ele estava viajando em cima de seu burro ao lado da beira de um rio. Ele estava de bom humor e o Talmude acrescenta, "sentindo-se orgulhoso de si mesmo", pois ele havia acabado de aprender com sucesso mais trechos da Torá com seu professor.

De repente, um homem extremamente feio passou perto dele e disse, "Bom-dia, Rabino".

Rabi Elazar não respondeu a saudação do homem; em vez disso, ele disse, "Criatura vazia, todas as pessoas de sua cidade são tão feias quanto você?".

O homem respondeu: "Eu não sei, mas vá até o criador que me fez e diga: 'Como é feio esse corpo que fizestes'."

O rabino, percebendo, imediatamente, o grave pecado que cometeu, desmontou de seu burro, curvou-se e disse ao homem: "Eu não devia ter dito isso. Por favor, me perdoe".

O homem respondeu: "Eu não irei perdoá-lo até você ir ao criador que me fez e diga a ele 'Como é feio esse corpo que fizestes'."

Rabi Elazar seguiu o homem até chegarem a uma cidade próxima. Quando o homem ouviu as pessoas cumprimentando o rabino elogiando-o, ele disse: "Se este homem é um sábio, que não existam muitos como ele em Israel". Ele explicou à multidão o que Rabi Elazar havia feito.

As pessoas disseram a ele: "Perdoe-o, pois é um homem com grande conhecimento da Torá". O homem respondeu: "Pelo bem dele, eu o perdoo. Contanto que ele não faça disso um hábito".

Eu me lembro de como fiquei chocado ao ler essa história pela primeira vez, há mais de 25 anos. Eu pensei: "Como poderia alguém, ainda mais um sábio rabino, agir tão cruelmente? Esta história deve ter sido inventada pelos rabinos para ensinar as pessoas como é terrível zombar da aparência dos outros".

Agora, uma confissão, uma que me envergonho de fazer: recentemente, eu estava passeando com minhas duas filhas e, em um sinal fechado, vi um homem parado do lado oposto ao nosso. Ainda que ele não fosse, de modo algum, deformado, ele não era bonito; e eu me lembro do pensamento que estava passando pela minha cabeça. Um tempo depois, o farol de pedestres ficou verde e começamos a atravessar a rua. Conforme o homem passou por nós, nossos olhos se encontraram e ele me cumprimentou com um "Boa-tarde".

Eu me senti tão envergonhado e indigno. Ali estava um ser humano parado do lado oposto, que, como eu, fora criado à imagem de Deus. E mesmo que eu não tenha dito nada cruel a ele, eu o olhei e o julguei. Que vil! Julgar alguém tomando como base apenas a impressão superficial, com base em algo sobre o qual a pessoa não tem controle algum.

O Talmude conclui esse trecho nos mostrando a importante lição que Rabi Elazar aprendeu com esse incidente: "As pessoas devem ser sempre suaves como o junco e não duras como um cedro" [como ele fora com o homem não atraente; *Ta'anit* 20a-b].

Eu diria que essa é uma lição que todos nós precisamos aprender constantemente. Eu já ouvi homens dizerem coisas horríveis sobre mulheres não atraentes: "Ela é um dragão". Ou: "Se você procurar a palavra 'feia' no dicionário, verá a foto dela".

As crianças, em particular, são as mais afetadas por insultos e são, frequentemente, magoadas pelas pessoas que dizem amá-las: seus pais. Todos conhecemos crianças que já ouviram os pais dizerem: "Queria que você não tivesse nascido", ou "Você é burro. Nunca será nada na vida". Eleanor Roosevelt se lembra de como a mãe falava amorosamente com seus irmãos mais novos, mas não com ela: "Se tivéssemos visitas [em casa], minha mãe diria, "Ela é uma criança engraçada, tão fora de moda, nós a chamamos de Vovó.' Eu queria afundar no chão de vergonha".*

O judaísmo considera o insulto ou a humilhação de outra pessoa, principalmente quando feitos na presença de outros, como um pecado quase imperdoável. Ainda assim, quando bravas, muitas pessoas éticas dizem coisas extremamente ofensivas.

Então, quando estiver furioso com outra pessoa, ou tentado a zombá-la (um sentimento que críticos de cinema, de teatro e de livros, normalmente, têm), lembre-se da lição que Rabi Elazar aprendeu tão dolorosamente.

Tenha um Shabat Shalom!

---

* Goodwin, *No Ordinary Time*, página 93.

Dia 336 Shabat

Ao longo deste Shabat, analise o material dos seis dias anteriores e use alguns dos textos estudados como base para discussões durante as refeições do Shabat:

DIA 330. Criando os filhos para que amem tanto a si mesmos quanto aos outros
DIA 331. Cuidado com os seus... elogios
DIA 332. Quando legal não é igual a moral
DIA 333. Use seu impulso maligno para fazer o bem
DIA 334. Deixe a sua palavra, não seu juramento, ser seu vínculo
DIA 335. Nunca insulte outra pessoa

Shabat Shalom!

SEMANA 49

Dia 337 Domingo

Quando podemos revelar informações negativas sobre uma pessoa?

Se você tiver um empregado que realiza seu trabalho de maneira inadequada, é justo reclamar para seus amigos e para outras pessoas sobre os erros dele? De acordo com a ética judaica, a resposta é não. Essas pessoas não precisam saber sobre as falhas do seu empregado.

Quando, então, a lei judaica permite que você fale coisas negativas sobre alguém? Quando a pessoa com quem você estiver falando precisar saber sobre essas coisas.

Por exemplo, digamos que seu empregado incompetente esteja procurando trabalho em outro lugar e um empregador peça que você o avalie. Em tal situação, mesmo que seus comentários negativos possam magoar de verdade a pessoa em questão, a ética judaica permite e, segundo alguns pontos de vista, *obriga* que você diga a verdade, uma vez que a pessoa com quem você está falando precisa ter conhecimento dessas informações e pode sofrer danos caso você não fale. No entanto, *não* é permitido que você faça fofocas que nada têm a ver com o desempenho profissional da pessoa (como, "Ele tem um relacionamento ruim com os pais"); também é proibido que você faça afirmações difamatórias ("Ele realmente não é bom"). Você deve ser específico ao explicar o que esse empregado faz de inadequado; as características que incomodam você, podem não incomodar a pessoa com quem está falando. Por exemplo, dizer que um empregado "demonstrou falta de iniciativa" pode não ser um defeito para um empregador que espera que seu empregado siga instruções precisamente e não se afaste delas.

De maneira semelhante, a ética judaica permite que se revele informações negativas relevantes a alguém que planeja abrir um negócio com outra pessoa. Logo, se você sabe que essa pessoa costuma aparecer para trabalhar às dez horas da manhã e vai embora às duas da tarde, você deve revelar tal informação, pois ela é relevante e útil.

Relevante e útil. Esses são os critérios. Se não for relevante e útil, guarde a informação para si. Se for, fale.

Um terceiro caso em que é permitido revelar informações negativas relevantes é quando alguém está romanticamente envolvido com uma pessoa, sobre quem você tem conhecimento de informações importantes, um assunto que abordaremos amanhã.

Dia 338 Segunda-feira

Revelando informações negativas quando duas pessoas estão namorando: as quatro diretrizes do Chaffetz Chayyim

Rabi Israel Meir Ha-Cohen Kagan (1838-1933), conhecido na comunidade judaica pelo título de seu famoso livro, *Chaffetz Chayyim* ("aquele que deseja a vida"), foi o primeiro sábio a reunir e publicar, de maneira sistemática, os ensinamentos judaicos sobre a importância de pensar bem antes de falar. A maioria de seus estudos sobre esse assunto detalha os tipos de informações e comentários que se sabe sobre outra pessoa e que são proibidos de ser falados. Muitos consideravam a lista de proibições tão vasta que, certa vez, um homem reclamou ao Chaffetz Chayyim que seu livro tornava quase impossível de se falar qualquer coisa. "Pelo contrário", o rabino respondeu. "Assim como as leis da *kashrut* não fazem com que comer seja impossível, mas, em vez disso, faz com que as pessoas saibam o que podem comer, de forma semelhante, detalhar tudo o que você está proibido de falar permite que você converse sem pecar".

Em uma passagem, o Chaffetz Chayyim indica as circunstâncias em que é permitido revelar informações negativas para alguém que está romanticamente envolvido com outra pessoa. Suponha, por exemplo, que você sabe que uma das duas pessoas envolvida em um relacionamento sério está escondendo do parceiro uma informação sobre uma doença grave que ela tem. Você deveria dizer algo?

De acordo com o Chaffetz Chayyim, tal informação deve ser revelada, desde que as seguintes condições sejam atendidas:

1. O perigo é grave e real. Se a pessoa tiver sintomas de uma doença que não se manifestará por *muitos* anos, o Chaffetz Chayyim aconselha que você não diga nada.

2. Você deve ser muito preciso com a informação que revela e deve evitar exageros. Diga apenas o que sabe e nada mais.
3. Seus motivos devem ser apenas ajudar a pessoa para quem está passando a informação e não para se vingar da pessoa sobre quem está falando.
4. Você deve ter certeza de que a informação que vai fornecer afetará o relacionamento. Portanto, se tiver total certeza de que o casal está tão apaixonado que a pessoa para quem você fornecerá a informação vai ignorá-la, é melhor não dizer nada.

Por exemplo, considere um caso em que você sabe que um homem está guardando tal informação. O mais aconselhável a se fazer é aproximar-se dele e incitá-lo a, por conta própria, informar a mulher quem está namorando. Apenas no caso em que ele se recuse a fazer isto você deverá falar com ela. A consideração mais problemática a ser feita, e cuja resposta não encontrei nas fontes judaicas, é determinar o momento no relacionamento quando é necessário que tal informação seja revelada. Por exemplo, digamos que um amigo tem uma doença e você conta a todas as mulheres com quem ele sai sobre tal doença. A vida social do seu amigo, bem como a sua amizade, estarão arruinadas. Em contrapartida, uma mulher que souber tal informação *depois de* ter conhecido todos os aspectos positivos do homem estará em uma posição muito melhor para julgar a importância da doença por si mesma.

Essa regra do Chaffetz Chayyim se aplica a outros casos, não só quando diz respeito a doenças. Uma pessoa romanticamente envolvida com outra tem o direito de saber informações que possam afetar seu desejo de continuar com o relacionamento. Eu acredito que quem estiver namorando alguém com temperamento violento ou que foi infiel em um casamento anterior tem o direito de saber isso antes de decidir se quer ou não casar com o parceiro.

Se o infeliz trabalho de fornecer tal informação cair sobre seus ombros, lembre-se das condições do Chaffetz Chayyim: as informações que você fornecer devem ser significativas e reais; você não deve exagerar; seu motivo deve ser, puramente, ajudar a pessoa para quem passará tais informações; e as informações devem afetar o relacionamento.*

Dia 339 Terça-feira

Falando "me desculpe" aos seus filhos

Durante workshops sobre raiva conduzidos por mim, costumo perguntar à plateia quantos deles cresceram em um lar em que seus pais nunca se desculpavam com eles, mesmo quando faziam algo errado.

Trinta a quarenta por cento dos adultos levantam as mãos. Nas discussões posteriores, fica evidente que a ferida de seus pais nunca terem pedido desculpas continua aberta. As pessoas descrevem a humilhação de ser forçadas por seus pais a pedirem desculpas quando elas não haviam feito nada errado, ao mesmo tempo em que sabiam que nunca receberiam desculpas de seus pais quando fossem vítimas da raiva injustificada deles. Que mensagem terrível esses pais que nunca se desculpam passam para seus filhos: "Você não tem que buscar perdão quando maltrata alguém mais fraco do que você". Ou: "Como eu criei e apoiei você, eu posso tratar você da maneira que eu quiser. Eu não tenho que dizer 'me desculpe' mesmo quando estou errado".

Certa vez, em uma palestra em Denver, perguntei à plateia: "Quantos de vocês cresceram em um lar em que o mau humor de alguém teve um efeito ruim na família?". Naquele dia, minhas duas filhas estavam na plateia, e na época elas tinham seis e quatro anos. Para o meu constrangimento e para o

---

* Vide a discussão de Snitching and Telling Secrets, de Nachum Amsel em *The Jewish Encyclopedia of Moral and Ethical Issues*, páginas 272-75. Minha interpretação sobre esse assunto foi influenciada por Rabi Alfred Cohen, Privacy: A Jewish Perspective, em *Halacha and Contemporary Society*, páginas 213-18.

divertimento da plateia, minha filha de seis anos levantou a mão e a de quatro, vendo a irmã levantando a mão, fez o mesmo.

Mais tarde, quando fui conversar com minha filha, ela explicou que eu brigava com ela com frequência quando estava ensinando-a a ler. Eu pedi desculpas pelo que fiz ("É errado eu fazer isso. Me desculpe. Tentarei não fazer mais isso e espero que você possa me perdoar"). Então, eu disse a ela que no futuro, se eu perdesse a paciência, ela deveria me dizer: "Papai, você não deveria ficar bravo". Dar a ela uma frase que pudesse ser usada em tal situação garantiu a ela a autoridade de impedir que eu tivesse essa atitude.

Fazer ou dizer algo injusto aos seus filhos é errado, mas, querendo ou não, nós sempre dizemos coisas injustas para as pessoas com quem moramos. É por isso que aprender a se desculpar com seus filhos é importante. E, por favor, não espere por Rosh Hashanah ou Yom Kippur para buscar perdão. Muitas pessoas esperam e, então, reúnem todas as duas desculpas em uma frase genérica: "Me desculpe por qualquer coisa que eu tenha feito e que possa ter te magoado". Isso não é bom o bastante. Você deve desculpar-se assim que perceber que magoou a pessoa e seu pedido de desculpas deve ser específico ("Me desculpe por ter gritado com você na frente dos seus amigos ontem à noite").

Em última análise, os membros do seu lar são aqueles que sabem se você é ou não uma boa pessoa. E como minha experiência nesses workshops me demonstrou, de uma coisa podemos ter certeza: daqui a 30 anos, crianças que cresceram em lares em que os pais sabiam dizer "me desculpe" vão sentir-se muito melhor em relação a si mesmas e em relação aos pais.

Dia 340 Quarta-feira

Reserve tempo para seus filhos

Ainda que pais dedicados amem seus filhos mais do que o trabalho, muitos pais acham que seu trabalho é mais interessante que seus filhos, então passam tempo demais trabalhando e pouquíssimo tempo com suas crianças. Outros pais, que sofrem com pressões financeiras, justificam que o pouco tempo passado com seus filhos se deve ao fato de que eles já dedicam muitas horas para criá-los. E existem aqueles que reduzem o tempo passado com os filhos, porque acreditam que passar o tempo trabalhando é mais importante. Por exemplo, Rabi Chayyim de Volozhin, o principal discípulo de Rabi Elijah, o Gaon de Vilna, relata que a devoção de Gaon ao estudo da Torá era total: "Sua separação de todos os assuntos mundanos era incrível, a ponto de ele nunca perguntar sobre o bem-estar de seus filhos. Ele nunca escreveu cartas a eles e nunca leu as cartas que recebia deles".*

Golda Meir, a falecida primeira-ministra de Israel, refletiu acerca do dilema criança *versus* trabalho em sua autobiografia, *My Life*: "Eles [meus filhos] tinham orgulho de mim naquela época? Gosto de pensar que sim, mas não tenho certeza se ter orgulho da mãe compensa por sua ausência frequente".

Você passa tempo suficiente com seus filhos? Eles sentem que você passa tempo suficiente com eles? Se você não conseguir estar com seus filhos quanto gostaria, eles se sentem seguros de que você terá tempo para eles quando for realmente importante? Nesse caso, a percepção pode ser tão importante quanto a realidade. Você pode ter certeza de que estará lá para eles em momentos importantes, mas pergunte aos seus filhos se *eles* têm certeza de que você irá comparecer. Se eles não estiverem seguros disso, é sua responsabilidade convencê-los de que você estará lá.

Sobre este assunto, não pude encontrar palavras mais sábias que as de Rabi Mendel Epstein: "Se você estiver ocupado para passar um tempo com seus filhos, então está mais ocupado do que Deus quer que esteja".**

---

* Essa declaração pode ser encontrada na introdução de Rabi Chayyim para o comentário de Gaon sobre o *Sifra de-Tzeniuta*, e citado em *Holy Living*, de Jacob, páginas 51-52.

** Citado em Brawarsky e Mark, eds., *Two Jews, Three Opinions*, página 169.

Dia 341 Quinta-feira

"Você não deve ficar indiferente"

A sociedade norte-americana é guiada pelos direitos, enquanto a judaica tradicional, pelas obrigações. O judaísmo insiste que as pessoas façam o bem em situações nas quais a lei norte-americana permite que elas não façam nada. Por exemplo, nós já discutimos (vide Dia 85) a lei em Levítico 19:16: "Não ficarás parado enquanto o sangue do próximo é derramado". A justiça norte-americana já afirmou diversas vezes que oferecer ajuda a alguém cuja vida está em perigo é um direito (por exemplo, você não tem obrigação de salvar uma criança pequena que está se afogando em uma piscina rasa); a Torá, por sua vez, obriga que você salve a pessoa que corre risco de morte.*

A insistência do judaísmo em não sermos indiferentes às necessidades dos outros também se aplica a situações em que não há risco de morte. Logo, ainda que a lei norte-americana obrigue que um objeto perdido por alguém e encontrado por outra pessoa seja devolvido (contanto que tenha um valor significativo), Rabi Nachum Amsel destaca que a Torá é o único conjunto de leis que ele conhece que "afirma que o indivíduo *deve* pegar o objeto perdido". Nas palavras da Torá, quando você passa por um objeto perdido, "você não deve ficar indiferente" (Deuteronômio 22:1-3).

---

* No caso de Nevada citado no Dia 305, um estudante de 19 anos da Universidade da Califórnia em Berkeley entrou no banheiro e testemunhou seu amigo preparar o assassinato de uma garota de sete anos. Ele não tentou parar o amigo; em vez disso, foi embora e não relatou nada à polícia. Seu amigo foi pego e acusado de assassinato. No entanto, o garoto de 19 anos não foi acusado pelos policiais, pois, de acordo com a lei de Nevada, ele não cometeu crime algum. Além disso, as autoridades da universidade recusaram os pedidos de grupos de estudantes para que expulsassem o rapaz, também argumentando que ele não infringira a lei.

A crença de que "você não deve ficar indiferente" parece ser parte da justificativa subjacente à lei que exige que você ceda o seu lugar para um idoso que está de pé: "Diante dos idosos te levantarás e honrarás a presença do ancião" (Levítico 19:32). Mesmo assim, é muito comum vermos jovens sentados nos ônibus ou no metrô fingindo dormir para que não precisem olhar para o idoso que poderia se beneficiar de um assento.

Outro caso: se você tiver uma informação que possa ajudar outra pessoa em um caso judicial, você tem a obrigação de se apresentar mesmo que não tenha sido intimado (vide Levítico 5:1 e Dia 304).*

Resumindo, se você quiser ser uma boa pessoa, evitar fazer o mal não é o bastante, você deve fazer o bem.

Dia 342 Sexta-feira

Ao estudar a Torá, pratique os ensinamentos

Quando você terminar de estudar, reflita cuidadosamente sobre o que aprendeu; veja o que pode pôr em prática dentre as coisas que aprendeu.
— Iggeret ha-Ramban (Carta do Nachmânides) Século XIII

Ainda que a tradição judaica considere que o estudo dos textos judaicos seja um ato meritório, o objetivo de tal aprendizado é moldar o comportamento. Os rabinos afirmam que quem estuda, mas não tem intenção de praticar o que aprendeu, seria melhor que não tivesse estudado.

Alguns estudos da Torá são fáceis de ser colocados em prática. Por exemplo, a lei bíblica que exige que você construa um parapeito em seu telhado para que ninguém caia sugere muito mais do que a simples construção de uma estrutura segura. O modo como a lei judaica interpreta a advertência da Torá

---

* Amsel, *The Jewish Encyclopedia of Moral and Ethical Issues*, página 238.

"para que não traga sobre a sua casa a culpa pelo derramamento de sangue inocente, caso alguém caia do terraço", obriga que tiremos de nossas casas qualquer coisa que seja perigosa. Não devemos ter uma escada mal conservada da qual alguém possa cair, ou ter um cão feroz que pode morder alguém (Talmude Babilônico, *Ketubot* 41b). Aquele que estudar essa passagem pode aprender, por exemplo, a ter o cuidado de recolher os brinquedos das crianças que podem fazer com que alguém tropece neles (ou ensinar os filhos a terem responsabilidade e recolherem por si mesmos).

Os trechos da Torá que narram histórias costumam ter implicações práticas, mesmo que não estejam acompanhadas de leis específicas. Por exemplo, Gênesis, Capítulos 42-45, conta a história de como José perdoou seus irmãos depois de eles terem cometido graves ofensas contra ele. Vinte e dois anos antes, os irmãos de José, que o detestavam por vangloriar-se e ser o favorito do pai, o venderam como escravo para o Egito. Com o passar do tempo e por meio da intervenção de Deus, José tornou-se a mais alta autoridade no Egito, abaixo apenas do Faraó. A fome atingiu Canaã e os irmãos de José foram até o Egito para comprar comida. José os reconheceu, mas eles não o reconheceram. Na época em que fora vendido ele era um jovem de face lisa; agora tinha 39 anos, estava vestido em roupas adequadas para seu alto cargo e falou com os irmãos no idioma do Egito. No entanto, José não disse de pronto quem era. Em vez disso, ele submeteu os irmãos a uma série de testes para determinar se o caráter deles havia amadurecido com o passar das duas décadas. Quando ele descobriu que eles amadureceram, que estavam verdadeiramente arrependidos pelo que fizeram a José e, o mais importante, que nunca trairiam um irmão novamente (um detalhe que só é descoberto quando Judá, o irmão que sugeriu vender José como escravo, anunciou que estava disposto a se tornar escravo no lugar de seu irmão mais novo, Benjamin), José revela sua identidade aos irmãos e diz que os perdoa pelo que fizeram a ele.

Essa é uma valiosa lição que todos deviam aprender, sobretudo as pessoas (e não é um número pequeno) que têm parentes com quem não falam por causa de alguma briga que ocorreu há anos. De uma coisa eu tenho certeza: o quer que seja que os parentes tenham feito e que elas recusam-se a perdoar, foi muito menos grave do que a crueldade que os irmãos de José infligiram contra ele.

Como Nachmânides nos lembra na frase citada no início deste texto, quando estudamos a Torá, o Talmude ou a lei judaica, nós devemos estar sempre alertas sobre como podemos incluir esse ensinamento em nossa vida. Os rabinos prometem uma recompensa incomum para aquele que fizer isso: "Rabi Aha diz: 'Aquele que aprender com a intenção de praticar terá o privilégio de receber a Shechinah" (*Leviticus Rabbah* 35:7).

Um exercício: se você se dedicar a algum estudo judaico diária ou semanalmente, certifique-se de extrair algo da sua próxima sessão de estudo que tenha um impacto no seu comportamento diário.

Shabat Shalom!

Dia 343 Shabat

Ao longo deste Shabat, analise o material dos seis dias anteriores e use alguns dos textos estudados como base para discussões durante as refeições do Shabat:

DIA 337. Quando podemos revelar informações negativas sobre uma pessoa?
DIA 338. Revelando informações negativas quando duas pessoas estão namorando: as quatro diretrizes do Chaffetz Chayyim
DIA 339. Falando "me desculpe" aos seus filhos
DIA 340. Reserve tempo para seus filhos
DIA 341. "Você não deve ficar indiferente"
DIA 342. Ao estudar a Torá, pratique os ensinamentos

Shabat Shalom!

SEMANA 50

Dia 344 Domingo

Aquele que chamar outra pessoa por um apelido cruel

Um antigo provérbio judaico afirma: "Tudo depende da sorte; até um pergaminho da Torá na arca". A maioria das arcas das sinagogas contém diversos pergaminhos da Torá. Os "sortudos" são lidos toda semana; enquanto os "azarados" podem passar anos sem ser abertos.

De maneira semelhante, algumas advertências talmúdicas tornaram-se amplamente conhecidas e praticadas. Outras, com frequência, são ignoradas; por esse motivo os judeus ficam chocados ao descobrir que o Talmude considera como uma grave ofensa chamar outra pessoa por um apelido rude: "Todos aqueles que vão ao *Gehenna* [inferno] retornam, exceto três, que não retornam: aquele que dorme com uma mulher casada, aquele que humilha seu amigo em público e aquele que chama seu amigo por um apelido cruel" (Talmude Babilônico, *Bava Mezia* 58b).

Ainda que a execução rigorosa dessa prática talmúdica possa fazer com que o inferno fique superpovoado, a afirmação destaca quão grave os rabinos consideram chamar alguém por um apelido cruel. Mesmo assim, aquele que chama os outros por apelidos ofensivos prefere, com frequência, ficar alheio ao sofrimento da vítima. Certa vez, uma revista narrou o caso de uma adolescente com excesso de peso que cometeu suicídio como resposta aos apelidos dados a ela por seus colegas. Duas semanas mais tarde, a revista publicou a carta de outra vítima:

> Quando eu era adolescente, também fui torturada por meus colegas de classe. Eu tinha excesso de peso e era abusada constantemente. Eu não podia fugir daquilo. Os professores, tudo aquilo, repetidamente, e nada faziam. A diretora me disse que estava de mãos atadas. Eu pensei em suicídio, mas,

felizmente, eu nunca cometi... Eu gostaria que todos os adolescentes que provocam os outros conhecessem toda a dor e humilhação que eles causam. Estou assinando esta carta com o nome que eles escolheram para me torturar durante seis anos. Você gostaria de ser conhecida por toda a escola como:
Big Bertha (em português, Bertha Gorda), Portland, Oregon*

Durante palestras, costumo perguntar à plateia: "Quantos de vocês já foram chamados por apelidos de que não gostavam?". Em geral, um quinto ou mais das pessoas ergue as mãos (outras, tenho certeza que não levantam por medo que eu pergunte qual era esse apelido). Para a maioria dessas pessoas, o sofrimento foi infligido mais intensamente durante a infância por outras crianças. Por isso, os pais devem estar sempre atentos para impedir que seus filhos chamem outras crianças por apelidos hostis.

Poucas coisas importam às pessoas tanto quanto seu nome. Chamar alguém por um nome ofensivo raramente é reconhecido como uma forma de abuso, mas é uma forma de abuso bem real.

Dia 345 Segunda-feira

Quando a doação anônima não é boa

> Se uma pessoa der um presente a um amigo, ela deve informá-lo [e não dar o presente anonimamente].
>
> – TALMUDE BABILÔNICO, *SHABAT* 10B

---

* *People*, 10 de novembro de 1997, 6. Uma outra carta sobre o mesmo problema reflete a angústia de uma mulher que humilhara alguém impiedosamente e que reconhecera sua culpa tarde demais: "Eu li a história de Kelly Yeomans [a garota que cometeu suicídio] com lágrimas correndo pelo meu rosto, pois me lembrei que, quando eu era jovem, eu zombava de uma garota que era maior do que eu e minhas amigas. Hoje eu me sinto horrível e percebi qual é o efeito dessa humilhação. Essa garotinha sempre estará em minhas orações..."

O judaísmo é comumente visto como uma religião legalista, que dá ênfase às ações mais do que às emoções. É comovente e até incomum encontrar no Talmude a seguinte preocupação emocional: não dê um presente ao seu amigo anonimamente; em vez disso, deixe que a pessoa saiba que você tem apreço por ela. Os rabinos interpretam que o que mais importa ao presenteado é o carinho por trás do presente. Por isso, a maioria das pessoas lê o cartão que acompanha o presente antes de abri-lo.

De acordo com a *Ética dos Pais*, Deus foi o primeiro a dar um presente e ele se certificou de que a humanidade soubesse que foi Ele quem a presenteou: "Rabi Akiva costumava dizer: 'Amado é o homem, pois ele foi criado à imagem de Deus; conforme está escrito: Criou Deus, pois, o homem à Sua imagem'" (Gênesis 1:27; *Ética dos Pais* 3:18).

É claro que Deus deu o presente da vida a animais, peixes, pássaros, flores e árvores, bem como às pessoas. No entanto, duas coisas distinguem o presente dado à humanidade: Ele criou o homem à Sua imagem e certificou-Se de que soubessem disso. Graças a esse presente, todas as pessoas podem ter o orgulho de possuir um aspecto divino.

Contudo, o que a ética judaica dita no caso de você fazer caridade ao seu amigo? Nesse caso, não seria menos humilhante a ele se o presente fosse dado anonimamente?

Muitas pessoas acreditam que sim e, sem dúvida, se você tiver razões para presumir que dar o presente anonimamente será melhor para o bem-estar emocional do seu amigo, faça-o. No entanto, ao decidir se você deve ou não revelar a sua identidade, considere: digamos que você recebeu um presente em dinheiro; pode ser mais constrangedor não saber quem o deu, pois você iria olhar para todas as pessoas que você considera como possíveis doadoras e iria sentir-se envergonhado com o pensamento de que tantas pessoas conhecem a sua condição. Ao fazer seu amigo saber que é você quem o está ajudando, será menos provável que ele fique preocupado, achando que muitas pessoas sabem e, provavelmente, estão conversando sobre a sua pobreza.*

---

* Meu amigo, David Szonyi, tem dúvidas em relação à minha justificativa: "A pessoa pobre poderá, também, preocupar-se menos em pensar que outros sabem a respeito de sua pobreza do que pensar que outros sabem que ela está emocionalmente em dívida

Além disso, poder associar um presente a uma pessoa específica fará o presenteado sentir o carinho que o doador tem por ele. O presenteado também saberá a quem recorrer caso sua situação fique difícil novamente.

No entanto, tais casos de caridade são exceções. A maioria dos presentes que damos tem a intenção de trazer alegria, não necessidades básicas, à vida de nossos amigos. Essa alegria é maximizada quando nossos amigos sabem quem os ama o bastante para ter gasto dinheiro e tempo para sair em busca de um presente para eles.

Dia 346 Terça-feira

Você deve uma herança a seus filhos?

Certa vez, um amigo me disse que não tinha esperanças de que seus pais ricos deixariam a ele ou a seus irmãos mais do que uma herança de valor nominal: "Isso não me incomoda. Eu só gostaria que meus pais gastassem o que têm com eles mesmos. Eu não acho que pais têm a responsabilidade moral de deixar dinheiro aos seus filhos adultos".

Enquanto parte de mim suspeita que a visão generosa de meu amigo em relação às necessidades de seus pais *versus* as próprias necessidades tem relação com o fato de que ele e seus irmãos estão financeiramente bem, outra amiga me confidenciou uma reação bem diferente. Quando seu pai morreu, ela descobriu que durante os últimos anos da vida dele, o estilo de vida ostentatório que ele levava diminuiu consideravelmente o tamanho de sua herança. A mulher, que tinha todos os motivos para acreditar que receberia uma grande herança, ficou chateada com o pouco que fora deixado para ela e os irmãos.

---

com alguém, o que é estranho com um amigo. Por isso, é preferível que as doações sejam feitas anonimamente". A justificativa de Szonyi destaca por que é importante considerar os casos antes de tomar a decisão.

De acordo com a visão judaica, é esperado que os pais deixem herança para seus filhos?

Ainda que seja difícil isolar um ponto de vista judaico definitivo sobre esse assunto, uma maravilhosa história sugere, pelo menos, a visão de um sábio notável: "Certo dia, [Rabi Chone] estava andando pela estrada e viu um senhor plantando uma alfarrobeira. Ele perguntou: 'Quanto tempo vai demorar para essa planta dar frutos?' O senhor respondeu, 'Setenta anos.' Então, o rabino perguntou: 'Você tem certeza de que irá viver mais setenta anos para comer seus frutos?'. O senhor respondeu: 'Eu encontrei alfarrobeiras totalmente desenvolvidas no mundo; pois meus ancestrais as plantaram para mim, então, estou plantando para meus filhos'" (Talmude Babilônico, *Ta'anit* 23a).

A importância dos legados para os filhos tornou-se mais evidente nos últimos anos. Durante as primeiras gerações da vida judaica nos Estados Unidos, era tido como certo que cada geração teria melhores condições financeiras do que a anterior; logo, a quantia que os pais poderiam deixar aos filhos não seria significativa. No entanto, esse não é mais o caso. Hoje, vivemos a geração de filhos que podem, em muitos casos, levar vidas menos abastadas do que seus pais. Ao mesmo tempo, a renda de muitas pessoas está crescendo lentamente, o custo de viver uma vida judaica devota cresceu drasticamente (para pais com três filhos e renda média, o custo de uma escola judaica de meio período pode, com facilidade, consumir de 15% a 20% de seu salário).

Essa situação fez com que pais judeus devotos apresentassem heranças mais criativas do que as do passado. Conheço um homem cujo avô deixou uma quantia considerável com a condição de que os juros e dividendos deveriam ser utilizados para pagar a escola judaica de seus netos e descendentes (pais que enviassem os filhos para escolas não judaicas não receberiam o estipêndio) e a universidade de *todos* os seus descendentes. As prioridades desse homem são claras e, a meu ver, louváveis: ele queria permitir que seus descendentes obtivessem o conhecimento judaico necessário, para serem judeus moralmente educados e devotos, e a educação laica necessária para adquirir habilidades profissionais.

Dois mil anos depois de Rabi Choni ter encontrado o senhor trabalhando no campo, plantar alfarrobeiras para seus descendentes continua sendo uma história muito importante.

Dia 347 Quarta-feira

"Aquele que é tímido nunca aprenderá"*

Normalmente, a tradição judaica considera que a timidez e o comportamento passivo são bons traços** – mas não quando diz respeito ao estudo da Torá (ou ao aprendizado em geral). Conforme ensina a *Ética dos Pais*, um estudante envergonhado, tímido demais para fazer perguntas, permanecerá ignorante.

Para que um aluno aprenda, ele deverá estar disposto a fazer perguntas e desafiar seus professores. A lei judaica dita que você também deve ser respeitoso, mas isso não significa que você não deva ser ativo. O Talmude nos diz que o aluno preferido de Rabi Yochanan, posteriormente companheiro de aprendizado, era Rabi Shimon ben Lakish, conhecido como Resh Lakish. Quando ele morreu, Rabi Yochanan entrou em depressão, os outros rabinos deram um jeito de Elazar ben Pedat estudar com ele. Toda vez que Rabi Yochanan dava sua opinião, Rabi Elazar acrescentaria: "Eu conheço outra fonte que dá respaldo ao que você está dizendo".

Certo dia, Rabi Yochanan disse a ele: "Você acha que é como Resh Lakish? Toda vez que eu dava minha opinião, Resh Lakish faria 24 objeções ao que eu disse... Ele me forçava a justificar tudo, de forma que, no fim, o assunto fosse totalmente esclarecido. No entanto, tudo o que você me diz é que conhece outra fonte que dá respaldo ao que eu estou dizendo. E eu não

---

* *Ética dos Pais* 2:5.

** Por exemplo, o Talmude ensina: "Esse povo (Israel) é diferenciado por três características: ele é piedoso, reservado e realiza atos de bondade" (*Yevamot* 79a).

sei que o que eu disse está certo?" (Talmude Babilônico, *Bava Mezia* 84a). De acordo com a perspectiva de Rabi Yochanan, um aluno que sempre está concordando, que é respeitoso demais para desafiar e questionar seu professor, faz com que este pare de crescer.

Mais importante, apenas o estudante assertivo e questionador pode crescer. O Talmude nos diz que Resh Lakish cresceu em meio a gladiadores e bandidos e que, quando jovem, era ignorante. No entanto, após alguns anos de estudo questionando e desafiando Rabi Yochanan, ele acabou evoluindo como um dos maiores sábios de sua época.

Às vezes, um estudante permanece em silêncio por medo de que sua pergunta possa ofender o professor caso soe antagônica ou herética. Se um professor tratar os questionamentos dessa maneira, então o aluno está sendo ensinado pela pessoa errada.

Em outras ocasiões, pessoas tímidas ou envergonhadas não dizem nada por medo de expor sua ignorância na frente de outros alunos. Contudo, se você assistir uma aula e não esclarecer uma matéria confusa, ou você deixará a sala de aula perplexo e terá desperdiçado seu tempo, ou irá formar uma impressão errônea e, provavelmente, passará sua ignorância ou visão incorreta para outras pessoas. O *Shulchan Aruch* aborda esse dilema:

> Um estudante não deve ficar constrangido se um colega entendeu algo após a primeira ou a segunda vez e ele não tenha compreendido após diversas tentativas. Se ele ficar constrangido por causa disso, resultará que ele entrará e sairá da casa de estudos sem aprender nada.
>
> – *Shulchan Aruch, Yoreh Deah* 246:11

Se sua tendência natural é conter-se, você deve descobrir um jeito de superar isso – pelo menos na sala de aula. Quando você tiver uma dúvida, pergunte. Como ensina um antigo provérbio judaico: "Ninguém nunca morreu de perguntar".

Dia 348 Quinta-feira

Estude o judaísmo 15 minutos por dia...
Começando agora

> *Um estudante tolo dirá: "Quem consegue aprender toda a Torá...?".*
> *Um estudante sábio dirá: "Eu irei aprender duas leis hoje, e duas amanhã, até que eu tenha dominado toda a Torá".*
>
> – CÂNTICO DOS CÂNTICOS RABBAH 5:11

Se você estiver esperando por um tempo conveniente para começar a estudar textos judaicos, um tempo quando sua carga de trabalho diminuir e seus filhos e seu cônjuge não demandarem tanto, você não vai aprender nem mesmo o mais básico do judaísmo. Se você estiver ocupado agora, é provável que continue assim pelas próximas décadas. É por isso que Rabi Hillel adverte: "Não diga: 'quando eu tiver tempo livre, irei estudar', com receio de que você nunca tenha tempo livre" (*Ética dos Pais* 2:4).

Certa vez, um homem aproximou-se de Rabi Israel Salanter, disse a ele que ele tinha apenas 15 minutos disponíveis por dia para estudar e perguntou: "Devo usar esse tempo para estudar textos como *O Caminho dos Justos* (um livro de exortação moral do século XVIII) ou obras como a Torá e o Talmude?".

"Estude o texto moral", respondeu Rabi Salanter.

"Por quê?"

"Porque ele fará com que você perceba que há algo errado com sua vida se você possuir apenas 15 minutos por dia para se dedicar ao estudo e ao crescimento espiritual".

Uma resposta incisiva. Mesmo assim, se você puder dedicar apenas 15 minutos por dia para estudar, é importante que comece agora.

Meu pai era contador. Quando ele começou a ficar ocupado demais com seu trabalho, meu avô, que tinha muito medo de que meu pai parasse de estudar, sugeriu a ele que toda manhã, depois de terminar suas orações, estudasse duas leis da Mishná (uma atividade que, ele sabia, ocuparia de dez a quinze minutos do tempo de meu pai). Fazendo isso pelos últimos 35 anos de sua vida, meu pai conseguiu finalizar os seis volumes da Mishná diversas vezes. Um amigo meu, há vários meses, tem lido dois capítulos por dia dos livros proféticos da Bíblia e já leu a maioria deles.

Quinze minutos por dia, seja devotando-se à Torá (iniciando pelo Gênesis ou seguindo diferentes partes da Torá por semana) ou livros posteriores da Bíblia, estudando as leis da Mishná, uma pequena seção do Talmude ou textos morais judaicos vai garantir um grande – e rápido – crescimento judaico. E Rabi Salanter estava certo – logo você começará a reordenar sua vida de modo que tenha mais do que 15 minutos por dia para estudar.

Dia 349 Sexta-feira

*Atos aleatórios de bondade**

Rabi Israel Baal Shem Tov, o fundador do século XVIII do Chassidismo, certa vez estava sentado em uma sala com seus seguidores quando um homem pobre entrou. Ainda que não houvesse nada impressionante sobre o homem, o Baal Shem o convidou a sentar-se com ele na ponta da mesa. Mais tarde, depois de o homem ter ido embora, os Chasidim, atônitos, perguntaram ao Baal Shem por que ele honrara tanto o homem. O Baal Shem respondeu: "Um dia, quando eu quiser um lugar de honra no Mundo Vindouro e me perguntarem o que fiz para merecer isso, o que irei responder? Eu direi que um dia também dei um lugar de honra a um homem pobre, talvez indigno".

---

* *Random Acts of Kindness* (em português, Atos aleatórios de bondade) é o título de um livro de Daphne Rose Kingma.

Se você examinar alguém de maneira cuidadosa e crítica o bastante, como fizeram os seguidores de Baal Shem Tov, você poderá encontrar algumas razões para a pessoa ser indigna. É por isso que Rabi Shmaelke de Nikolsberg (d.1778) advertiu: "Quando um homem pobre pedir ajuda a você, não use as falhas dele como desculpa para não ajudá-lo. Pois quando Deus olhar para você, Ele certamente encontrará muitas".

Então, durante os próximos dias, não examine os outros com muita cautela antes de decidir se a pessoa merece ou não sua ajuda ou seu ato de bondade. O mundo está cheio de atos aleatórios de violência; preencha-o com atos aleatórios de bondade.

Shabat Shalom!

Dia 350 Shabat

Ao longo deste Shabat, analise o material dos seis dias anteriores e use alguns dos textos estudados como base para discussões durante as refeições do Shabat:

DIA 344. Aquele que chamar outra pessoa por um apelido cruel
DIA 345. Quando a doação anônima não é boa
DIA 346. Você deve uma herança a seus filhos?
DIA 347. "Aquele que é tímido nunca aprenderá"
DIA 348. Estude o judaísmo 15 minutos por dia... Começando agora
DIA 349. Atos aleatórios de bondade

Shabat Shalom!

SEMANA 51

Dia 351 Domingo

Uma maneira especialmente maligna de roubar

> *É muito pior roubar de muitos do que roubar de um indivíduo, pois quem rouba de um indivíduo pode apaziguá-lo devolvendo o que foi roubado; aquele que rouba de muitos, no entanto, não pode.*
>
> – Tosefta, *Bava Mezia* 10:14

Uma pessoa que defrauda outra e, em seguida, se arrepende de seu ato, pode ir em busca da vítima e devolver a ela o que foi roubado. No entanto, alguém que roubar de muitos (por exemplo, que usa balanças intencionalmente desreguladas em sua loja ou se envolve em uma fraude no mercado de ações) nem ao menos conhece a identidade de todas as suas vítimas; logo, defraudar o público torna-se, assim como o assassinato e a difamação, um erro irrevogável.

Contudo, e se tal sujeito estiver arrependido *de verdade*, há algo que ele possa fazer para mitigar a sua ofensa?

A lei judaica instrui que alguém que trapaceou vários "devolva para aqueles que sabe ter defraudado e dedique o restante para necessidades públicas" (Tosefta, *Bava Mezia* 8:26). Em tempos antigos, ajudar o público poderia abranger pagar os custos da construção de um poço; hoje, tal pessoa pode ajudar a construir um parque, uma biblioteca ou outras coisas que possam beneficiar a comunidade da qual ela roubou.*

---

* Isso não justifica aqueles que ficam ricos por meios desonestos e, então, limpam a consciência com grandes doações para boas causas.

Dia 352 Segunda-feira

A obrigação de um marido para com sua esposa

A *ketubá*, um documento de dois mil anos, é um contrato de casamento que os noivos apresentam a suas noivas nos casamentos judaicos. Um documento legal, ele detalha as obrigações do marido para com sua esposa, bem como suas responsabilidades financeiras para com ela em caso de morte ou divórcio.

De acordo com Êxodo 21:10, o noivo promete à noiva: "Eu lhe darei comida, roupa e o necessário, e viverei com você como marido e mulher de acordo com o costume universal". Assim, no momento do casamento, o homem aceita prover à sua esposa necessidades econômicas básicas como comida e roupas. A ultima frase, "e viverei com você como marido e mulher de acordo com o costume universal", o obriga a ter relações sexuais regulares com ela.

A lei judaica sentiu a necessidade de codificar essa obrigação, pois acredita que a maioria das mulheres é sexualmente mais tímida do que os homens e, logo, teria vergonha de iniciar o sexo. Sem tal frase, os rabinos temiam que uma mulher casada com um homem sexualmente indiferente poderia vivenciar semanas e meses de negligência sexual.

O noivo também promete: "Eu irei amá-la, honrá-la, apoiá-la e mantê-la de acordo com o costume dos maridos judeus que amam, honram, apoiam e mantêm suas esposas fielmente". Logo, um homem que zomba e humilha sua esposa (principalmente na presença de outros), ou que a trata com pouco apreço e respeito, não é apenas cruel, mas também está violando uma obrigação contratual que ele aceitou no momento do casamento. De maneira semelhante, as palavras "mantê-la de acordo com o costume dos maridos judeus" sugere que é uma obrigação legal do marido fazer tudo o que for possível para manter sua mulher e sua família além das necessidades básicas. Se ele não fizer esforço suficiente para fornecer esse apoio, ele estará violando a obrigação legal que aceitou.

Prover as necessidades da esposa, amá-la e honrá-la é o que um marido judeu aceita fazer no dia de seu casamento. Fazer menos que isso é, em termos judaicos, definir-se como menos do que um homem.

Dia 353 Terça-feira

Não insulte seu cônjuge

Eu conheço uma mulher cujo primeiro casamento foi assolado por diversos problemas. Ela e o marido consultaram um terapeuta, a quem ela disse, na presença do marido: "Eu estou disposta a colocar de lado todas as nossas outras dificuldades: eu apenas peço que, quando ele ficar bravo comigo, não me chame de 'retardada'. Se ele concordar, eu continuarei casada com ele".

O homem concordou, mas não cumpriu o acordo. Seja por não conseguir controlar a língua, por não querer ou apenas por não ter tentado o bastante, quando eles brigavam, ele continuou a chamá-la de "retardada". Não surpreendentemente, eles se divorciaram.

Enquanto estava em uma turnê de palestras, Rabi Israel Salanter do século XIX aceitou o convite de um homem para o jantar de Shabat. Quando ele e seu anfitrião se preparavam para sentar para a refeição, o homem ficou muito bravo com a esposa por ela ter esquecido de cobrir as *challot*.* Ferida pelas palavras do marido e humilhada na presença do convidado ilustre, a mulher correu até a cozinha e permaneceu ali. Rabi Salanter, chocado com o comportamento do homem, inclinou-se sobre a mesa e disse a ele: "Com licença, mas eu estou ficando velho e a minha memória está enfraquecendo. Você poderia me lembrar a razão de cobrirmos as *challot* até terminarmos de recitar o *kiddush* [sobre o vinho]?".

---

* Plural de *challah* (pão doce trançado); é um costume judaico cobrir os *challot* até a bênção sobre o vinho terminar de ser recitada.

O homem, orgulhoso de poder ajudar o sábio proeminente, explicou o simbolismo por trás do costume; as *challot* são cobertas para que não fiquem "constrangidas" de estarem expostas enquanto toda a atenção está sendo dada ao vinho (normalmente, o pão é o primeiro item na mesa a ser abençoado). Depois de terminar, Rabi Salanter levantou-se e repreendeu o homem: "Você é tão meticuloso sobre o costume de não 'constranger' um pedaço de pão. Mesmo assim, estava pronto para desonrar sua esposa e ferir os sentimentos dela. Eu não posso comer com você". Apenas quando o homem se apressou a ir até a cozinha e implorar à mulher que o perdoasse, Rabi Salanter concordou em permanecer.*

É comum que as pessoas sejam muito mais cruéis com seus cônjuges do que com estranhos. Enquanto a Torá no obriga a "amar o próximo como a ti mesmo", no que diz respeito à sua esposa, o Talmude ensina, "e honra-a mais do que a ti mesmo" (*Yevamot* 62b).**

Dia 354 Quarta-feira

Judeus não deveriam ser mesquinhos; funerais judaicos devem ser modestos

Muitas pessoas acreditam que gastar quantias exorbitantes é o mesmo que demonstrar respeito. Essa é umas das razões que explica o porquê de enlutados normalmente gastarem milhares de dólares em caixões ornamentados. No entanto, a lógica indica que tais

---

* A história sobre Rabi Salanter foi contada por Rabi Shlomo Carlebach e citada no livro *The Place Where You Are Standing is Holy*, página 135, de Winkler e Elior.

** Na época em que a mulher tinha poucos direitos tanto na sociedade judaica quanto na laica, é importante que o judaísmo rabínico desse tal ênfase na honra à esposa. Hoje, na nossa era mais igualitária, o ditado deve funcionar nas duas direções ("e honra-o mais do que a ti mesma").

gastos são irracionais; os corpos são enterrados, eles não vivem ali. O judaísmo ensina que a alma sobrevive; o corpo simplesmente se decompõe.

Na antiga Israel, os cadáveres eram enterrados diretamente no chão e, mesmo assim, as pessoas encontravam maneiras de gastar demais em funerais. Grandes quantias eram gastas em vestes caras para sepultar o morto. Após o funeral, as pessoas, às vezes, levavam comida às casas dos enlutados em cestas de ouro. O Talmude nos diz que a despesa de funerais e do luto exerceu uma pressão financeira tão grande nos vivos que os rabinos decidiram aliviar essa situação:

> Antigamente, eles costumavam levar comida a uma casa enlutada, os ricos em cestas de prata e ouro, os pobres em cestas de galhos de salgueiro descascados; os pobres ficavam envergonhados. Por isso, foi estabelecida uma lei que determinava que todos deveriam levar os alimentos em cestas de galhos de salgueiro, em respeito aos pobres... Antigamente, eles costumavam servir bebidas em uma casa enlutada, os ricos serviam em copos transparentes e os pobres em copos coloridos [que eram mais baratos]; e os pobres ficavam envergonhados. Por isso, foi estabelecida uma lei que determinava que todos deveriam servir as bebidas em copos coloridos, em respeito aos pobres...
>
> Antigamente, eles costumavam trazer o morto para o enterro, os ricos em uma cama alta, ornamentada com ricas cobertas, os pobres em caixões simples; e os pobres ficavam envergonhados. Por isso, foi estabelecida uma lei que determinava que todos deveriam trazer seus mortos em caixões simples, em respeito aos pobres...
>
> – Talmude Babilônico, *Mo'ed Kattan* 27a-b

Antigamente, as despesas para enterrar os mortos era pior para a família suportar do que a morte propriamente dita; às vezes, membros da família deixavam o corpo e fugiam para escapar das despesas. E foi assim até Rabban Gamliel [o líder de sua geração e um homem rico] surgir e adotar um estilo simples; [quando ele morreu] o vestiram com simples vestes de linho e, então, todas as pessoas seguiram seu exemplo e passaram a vestir seus mortos com simples vestes de linho. Rabi Papa disse: "E, agora, é uma prática geral vestir os mortos até com tecidos ásperos que valem apenas um *zuz*" [uma pequena moeda de prata].

– Talmude Babilônico, *Ketubot* 8b

Infelizmente, apesar de a tradição judaica dar preferência a funerais simples e econômicos, alguns agentes funerários tentam explorar a culpa das pessoas (e que filho ou filha, marido ou mulher, não sente alguma culpa em relação a um pai ou cônjuge que acabou de morrer?) para influenciá-los a comprar um caixão caro. Quando Ed Koch, ex-prefeito de Nova York, perdeu sua mãe para o câncer, ele e seu pai disseram ao agente funerário que queriam um caixão simples de acordo com a tradição Ortodoxa. Em vez disso, o homem os conduziu até uma sala com um caixão extravagante: "Ele sabia que estávamos procurando por algo simples, mas percebeu que teria que usar uma técnica de venda mais agressiva, ignorando o que queríamos. Ele nos levou para diversas salas e, a cada sala, os caixões custavam menos. Ele não pulou nenhuma sala".

Koch logo percebeu que, o agente funerário estava tentando constrangê-los para que comprassem um caixão caro. O homem finalmente os levou para o porão, onde mostrou a Koch e ao seu pai dois caixões simples de pinheiro. Contudo, mesmo ali, um era mais caro que o outro. "Nós fomos tão humilhados pela provação que acabamos dizendo sim [ao mais caro]. Não conseguíamos resistir mais. Eu nunca me esqueci daquilo. O homem fez nós nos sentirmos avarentos e nós sucumbimos".*

Quando um membro querido da família morre, nós devemos lamentar a sua perda, não os custos de um funeral.

---

* Koch, *Citizen Koch*, páginas 60-61.

Dia 355 Quinta-feira

Uma lei que precisa ser modificada

Moisés Maimônides do século XII é o codificador por excelência da lei judaica. Ele foi considerado um sábio e filósofo rabínico tão notável que, após sua morte, seus companheiros judeus egípcios escreveram em sua lápide: "De Moisés para Moisés, não houve ninguém como Moisés". Nos quase 800 anos após a sua morte, Maimônides continua a ser tratado com respeito e por uma boa razão; além de sua obra filosófica clássica, *O Guia dos Perplexos*; seus escritos da lei, codificados em seus 14 volumes da *Mishné Torá*, tornaram-se a maior influência de todos os códigos de lei judaicos subsequentes.

Por isso, é muito perturbador encontrar um ensinamento na obra de Maimônides, embora baseado em um texto talmúdico, que pode ser usado para causar e justificar crueldade e, até, morte. Em sua "Lei do Assassinato e Proteção à Vida", Maimônides discute o *status* de um assassino não intencional, um que matou outra pessoa por meio da negligência. A Torá determina que, em tal caso, o assassino deve fugir para uma "cidade de refúgio" especialmente designada e permanecer nela até a morte do sumo sacerdote. Se ele deixar a cidade antes, os parentes imediatos da vítima têm a permissão de matá-lo (Números 35:22-28). Na época em que Maimônides escreveu esse código, as cidades de refúgio já não existiam havia dois mil anos, mas como ele considerava a *Mishné Torá* como a legislação básica para um futuro estado judaico, ele codificou nela as leis relativas a essas cidades. Por isso, no Capítulo 5, parágrafo 5, ao discutir quais pessoas tinham que fugir para lá e quais não tinham, ele escreve:

> Quando um pai mata um filho sem ter a intenção de fazê-lo, ele deve ser exilado (para uma "cidade de refúgio"). Quando é que isso se aplica? Quando [o pai] mata o filho quando ele não está no meio de um estudo...

Se, no entanto, ele impuser uma punição ao seu filho enquanto ensina a Torá, conhecimento [laico] ou uma profissão a ele, e o filho morrer, o pai não está sujeito [a exílio ou, aparentemente, a nenhuma punição].

Logo, de acordo com Maimônides, matar um filho enquanto o está disciplinando deve ser considerado como um acidente, mas, é claro, que nenhuma criança morre por uma pequena punição física. Para isso, ela precisa ser muito brutal. Além disso, no parágrafo seguinte, Maimônides, de maneira semelhante, exonera um professor que mata uma criança enquanto a está punindo. Maimônides explica que os pais e professores não são punidos em tais casos, "pois eles mataram sem intenção, ao realizar uma *mitzvá* (mandamento)".

Os escritos de Maimônides sobre esse assunto têm estado entre as fontes citadas por pais e professores para justificarem terem batido em crianças. Só é possível imaginar quantos jovens do passado que tinham dificuldades de aprendizagem acabaram sendo cruelmente espancados ou que suportaram abusos físicos. Eu acredito que é justo dizer que professores que batiam em alunos no passado tinham grande responsabilidade pela deserção em massa das práticas judaicas um século atrás.*

O grande poeta hebreu, Hayyim Nachman Bialik, recorda-se amargamente de como se sentia por estudar em uma escola judaica na qual batiam nos alunos:

[Os professores] sabiam apenas como machucar, cada um à sua maneira. O rebbe costumava bater com um chicote, com os punhos, cotovelos, com o rolo de macarrão da esposa ou com qualquer outra coisa que causasse dor. No entanto, seu assistente, sempre que eu dava uma resposta errada para sua pergunta, avançava até mim com os dedos da mão estendidos, ele se curvava diante do meu rosto e me agarrava pela garganta. Ele me olhava como um leopardo ou um tigre ou qualquer outra fera selvagem e

---

* Muitos desses professores, por outro lado, também eram vítimas de alguma forma. Normalmente, eram muito mal pagos; esperava-se que eles ensinassem, disciplinassem e inspirassem sem terem tido qualquer tipo de treinamento para professor.

eu morria de medo. Eu tinha medo de que ele fosse arrancar meus olhos com suas unhas sujas e o medo paralisava a minha mente de tal forma que eu esquecia tudo o que havia aprendido no dia anterior.*

Tais são as crueldades resultantes do fato de um grande e influente sábio escrever com tranquilidade sobre pais e professores que matam uma criança "enquanto realizam uma *mitzvá*".**

Dia 356 Sexta-feira

A santidade do riso

Alguns anos atrás eu escrevi um livro, *Jewish Humor* (em português: humor judaico), no qual tentei explicar a vida e a psique judaicas por meio de 200 piadas e histórias humorísticas. Particularmente, eu gostei muito de escrever esse livro, mas como o assunto era o

---

* Citado em M. Z. Frank, "Hayyim Nachman Bialik", em Noveck, ed., *Great Jewish Personalities in Modern Times*, páginas 175-76.

** Um amigo ficou muito desconfortável com esta entrada, argumentando ser injusto culpar Maimônides, que estava, afinal de contas, citando regras escritas no Talmude. Contudo, eu concentrei minha crítica em Maimônides, pois ele escolheu citar essa regra talmúdica quando ele também poderia ter escolhido equilibrá-la citando o conselho do Talmude: "Se você precisar bater em uma criança, bata nela apenas com um cadarço" (*Bava Bathra* 21a; vide Dia 135). Uma vez que nenhuma criança nunca morreu por apanhar com um cadarço, eu suspeito que o autor rabínico dessa máxima não considerava correto pais e professores que matavam crianças enquanto as disciplinavam. É verdade que, nas "Leis do Estudo da Torá" (2:2), Maimônides afirma que professores devem bater nos alunos, mas sem crueldade, e devem usar pequenas cintas e não varas. Meu amigo também argumentou que era injusto esperar que Maimônides estivesse tão a frente de seu tempo, uma vez que ele viveu em uma época em que a disciplina brutal era imposta a crianças e estudantes; sem dúvida, tal crueldade persistiu no século XX. Meu amigo pode estar certo; talvez minhas expectativas em relação a Maimônides sejam injustas. Eu só gostaria de destacar que a vida de muitos indivíduos poderia ter sido poupada de dor física e humilhação se esse sábio do século XII houvesse escolhido citar uma fonte talmúdica diferente, mais benevolente.

humor, sempre considerei esse como um dos meus trabalhos menos importantes. Então, eu conheci um psiquiatra, um judeu religioso, que me disse como esse livro havia sido importante para ele. Seu primo, que tinha câncer terminal, havia ficado profundamente desanimado. O psiquiatra costumava falar com seu primo todos os dias, mas percebeu que suas conversas estavam tornando-se cada vez mais depressivas. Então ele desafiou o homem: "Eu continuarei a conversar com você diariamente, mas quero que todo dia nós contemos pelo menos uma piada".

Para o homem doente, procurar todos os dias por uma piada o ajudou a perceber que a vida era muito mais do que apenas dor. Enquanto para o psiquiatra, meu livro virou uma fonte de muitas piadas que ele contava para seu primo. Ele me disse que durante os meses finais da vida de seu primo, "você foi responsável por muitas risadas que compartilhamos".

Eu fiquei profundamente comovido. Percebi que mesmo quando sentimos que estamos fazendo nosso melhor trabalho ao falar sobre assuntos de significado e espiritualidade, isso não acontece necessariamente. Anteriormente (Dia 79), eu relatei a história de Rabi Israel Salanter, que foi visto por seus alunos parado na rua e conversando a uma longa distância com um conhecido. Estava claro para os espectadores que a conversa era de natureza secular e humorística, de alguma forma, pois os dois homens estavam rindo. Eles ficaram surpresos, pois Rabi Salanter costumava evitar conversas desnecessárias e tagarelices. Mais tarde, quando o questionaram sobre seu comportamento, ele explicou: "Esse homem estava muito amargurado e era um grande ato de bondade animar a sua triste alma e fazer com que ele esquecesse suas preocupações e tristezas. Como eu poderia animar sua alma? Iniciando uma conversa sobre o temor a Deus e autoaperfeiçoamento ético? [Não!] Apenas uma conversa agradável sobre assuntos genéricos".*

Rabi Nachman de Bratslav (1772-1810) foi outra grande figura judaica que apreciava a importância do humor no momento adequado. Um homem descrito por seu biógrafo como um "mestre atormentado", Reb Nachman

---

* Etkes, *Rabbi Israel Salanter and the Mussar Movement*, página 166.

escreveu: "Há homens que sofrem de terríveis angústias e são incapazes de dizer o que sentem em seu coração, eles seguem seu caminho e sofrem e sofrem. No entanto, se conhecerem uma face risonha, ela poderá reanimá-los com sua alegria. E reanimar alguém não é uma coisa pequena".*

Que Deus lhe conceda a oportunidade de reanimar alguém com risadas e alegria.

Tenha um Shabat Shalom!

Dia 357 Shabat

Ao longo deste Shabat, analise o material dos seis dias anteriores e use alguns dos textos estudados como base para discussões durante as refeições do Shabat:

- DIA 351. Uma maneira especialmente maligna de roubar
- DIA 352. A obrigação de um marido para com sua esposa
- DIA 353. Não insulte seu cônjuge
- DIA 354. Judeus não deveriam ser mesquinhos; funerais judaicos devem ser modestos
- DIA 355. Uma lei que precisa ser modificada
- DIA 356. A santidade do riso

Shabat Shalom!

---

* Biografia de Nachman de Bratslav escrita por Arthur Green, intitulada *Tormented Master* (em português, mestre atormentado); a frase de Reb Nachman pode ser encontrada no livro *Kindred Spirits*, página 242, de Blue e Magonet.

SEMANA 52

Dia 358 Domingo

Competição injusta

"A competição desperta o que há de melhor nos produtos e o que há de pior nas pessoas", declarou David Sarnoff, o lendário fundador da RCA, a grande empresa de rádio e precursora da NBC. Ciente de quão implacáveis algumas pessoas poderiam se tornar, os ensinamentos da ética judaica tentaram condicioná-las a refrear suas tendências à competitividade extrema: "Se um homem pobre estiver examinando um bolo [com a intenção de comprá-lo] e outro [sabendo que o homem pobre está prestes a realizar a compra] chega e [o compra]... ele é chamado de homem perverso" (Talmude Babilônico, *Kiddushin* 59a).

Enfatizar o fato de o possível comprador do bolo ser pobre tem o propósito de destacar que ele não tem a opção de comprar outro bolo caso esse acabe. No entanto, a tradição judaica acredita que esse princípio vai além desse caso. Ele considera imoral chegar quando alguém está quase concluindo um negócio (o contrato ainda não foi assinado) e "roubar" o negócio: "Se alguém estiver negociando para comprar ou alugar uma propriedade móvel ou imóvel e outra pessoa se adiantar e comprar [ou alugar], essa pessoa é maligna. Isso também se aplica no caso de um trabalhador em busca de emprego" (*Shulchan Aruch: Choshen Mishpat* 237:1).

Em outras palavras, se alguém que você conhece está a procura de um emprego e parece ter boas chances de consegui-lo, é injusto que você se candidate para o mesmo emprego. Contudo, e se você acreditar que está mais qualificado para o emprego? Essa norma é tão idealista a ponto de ser ingênua e irreal? Eu não sei a resposta para essas perguntas, mas me parece que se você souber da abertura de uma vaga de emprego por meio de um dos candidatos, seria injusto tentar se antecipar e se candidatar para o mesmo cargo.

No que diz respeito a adiantar-se para fechar negócio que outra pessoa já fechou, uma amiga minha me perguntou se a lei judaica teria aprovado o comportamento dela em uma disputa na qual estava envolvida. Ela havia feito um acordo verbal para vender a determinado editor os direitos de um livro que a empresa dela havia publicado, quando outro editor a abordou e ofereceu mais dinheiro por esses direitos. O chefe dela argumentou que como nenhum contrato fora assinado, ela não tinha obrigação de honrar o acordo e deveria aceitar a maior proposta. Ela, no entanto, argumentou que era imoral dar sua palavra a alguém e voltar atrás.

Eu disse a ela que seu raciocínio estava em perfeita conformidade com a regra no *Shulchan Aruch*. Uma vez que você deu sua palavra, a lei judaica considera impiedosa a pessoa que pressioná-lo para faltar com sua palavra. E, enquanto a ética judaica aprova a competição, ela se opõe à competição implacável.

Dia 359 Segunda-feira

A ética judaica permitiria que um judeu fosse dono de uma loja de armas?

Sim, mas... Ainda que eu não tenha encontrado fontes rabínicas que abordem diretamente esta questão, parece-me que o direito de uma pessoa de vender armas para o público em geral depende da verificação *cuidadosa* do comprador. Sem essa constatação, o dono da loja compartilha a responsabilidade moral por qualquer dano gerado pela venda de armas a pessoas que não deveriam possuí-las (semelhante à culpa moral de uma pessoa que serve bebida alcoólica a alguém que terá que dirigir de volta para casa).

A regra judaica que mais se aproxima desse assunto pode ser encontrada na *Mishné Torá* de Maimônides. Ela determina que é proibido vender armas de agressão,* ainda que seja permitida a venda de armas de defesa (*Mishné Torá*, "Leis do Assassinato," 12:12; no entanto, não importa qual argumento o possível comprador dê, é errado vender armas para alguém com um histórico de agressões).** Essa regra parece proibir a venda de armas de assalto, bem como de balas que podem perfurar coletes à prova de balas utilizados pela polícia. Também seria preciso exigir um tempo de espera antes de vender a arma à pessoa. Durante esse tempo, o vendedor teria a obrigação moral (mesmo que não haja obrigação legal) de verificar o *background* da pessoa que deseja adquirir a arma.

Um conselho rabínico que se aplica a muitas outras situações da vida também pode ser aplicado aqui: "Quem é sábio? Aquele capaz de prever as consequências de seus atos" (Talmude Babilônico, *Tamid* 32a: vide Dia 30).

Dia 360 Terça-feira

Ofender com palavras

Quanto mais você conhece uma pessoa, mais consegue feri-la com palavras. Enquanto um estranho pode infligir dor emocional sobre você, para ferir alguém profundamente, você, em geral, precisa saber algo sobre essa pessoa.

---

* Tecnicamente, Maimônides proíbe a venda de "armas de guerra", mas é claro que ele está se referindo a qualquer arma de agressão, "uma faca... ou qualquer outro objeto que poderia oferecer risco às pessoas em geral". Como o judaísmo não está comprometido com nenhuma doutrina de pacifismo, Maimônides destaca que "é permitida a venda de armas para soldados do país [em termos atuais, ao exército]", uma vez que tais armas serão utilizadas para defender os cidadãos do país.

** David Szonyi argumenta que "aplicar as regras de Maimônides é algo complicado hoje em dia! Considerando que muitos compradores de armas vão argumentar que precisam delas por motivos de defesa, mas podem usá-las de maneira ofensiva, por exemplo, em uma briga conjugal.

A lei judaica considera um mal enorme utilizar informações que você sabe sobre outra pessoa para machucá-la. A Mishná cita diversos exemplos de como as pessoas fazem isso: "Se uma pessoa for uma pecadora arrependida, não se deve dizer a ela: 'Lembre-se de como você costumava se comportar'. Se uma pessoa for descendente de judeus convertidos, não se deve dizer a ela, 'Lembre-se das ações dos seus antepassados'" (Mishna, *Bava Mezia* 4:10).

O Talmude, ao comentar essa passagem da Mishná, adiciona mais exemplos:

> Se uma pessoa foi convertida e veio para estudar a Torá, não se deve dizer a ela: "A boca que comeu comida impura e proibida ... veio para estudar a Torá proferida pelo Todo-Poderoso?". Se uma pessoa for afligida por sofrimento, por uma doença ou houver enterrado seus filhos, não se deve dizer a ela o que os amigos de Jó disseram a ele: "Lembra-te agora qual é o inocente que jamais pereceu?" (Jó 4:7, Talmude Babilônico, *Bava Mezia* 58b).

Por que é maligno relembrar um pecador penitente sobre as ofensas cometidas?

Normalmente, as pessoas se arrependem pois querem um nome limpo e querem ser aceitas de volta na sociedade das pessoas de bem. No entanto, se você ficar lembrando um pecador penitente sobre suas antigas ações malignas, você enviará uma mensagem desmoralizante tanto ao penitente quanto às pessoas que desejam corrigir erros do passado: não importa o bem que ele faz agora, não importa quanto dinheiro ou trabalho ele ofereça para uma boa causa, ele sempre será associado ao pior ato de sua vida. Isso não faria com que a pessoa sentisse que não há motivo para mudar seus modos?

É impressionante que dois de quatro exemplos citados acima lidam com ofensas verbais a judeus convertidos. Enquanto se acredita que as conversões para o judaísmo ao longo da história tenham sido raras, o Talmude menciona dois exemplos de ofensas verbais contra convertidos, indicando quão maligno é esse comportamento e que as conversões devem ter sido mais frequentes do que imaginamos; caso contrário, por que tocar nesse assunto?

Talvez, a maior crueldade seja dizer a pais que acabaram de enterrar seu filho que ele mereceu morrer. Por incrível que isso possa soar, foi exatamente isso que os amigos de Jó sugeriram a ele.

O capítulo de abertura do Livro de Jó conta que uma série de calamidades atingiu o próspero protagonista, um homem justo que tinha dez filhos. Primeiro, Jó perde a sua riqueza, então, quase imediatamente, todos os seus dez filhos morrem quando uma construção desaba sobre eles. Enquanto ele lamentava a perda dos filhos, seus amigos chegaram e, depois de passarem alguns dias lamentando com ele, começaram a dizer coisas terríveis: "Lembra-te agora qual é o inocente que jamais pereceu?".

Como é possível que pessoas decentes digam coisas tão cruéis? Provavelmente, os amigos de Jó estavam aterrorizados pelo destino do amigo e desejavam acreditar que a culpa era dele e de seus filhos; caso contrário, suas vidas também poderiam estar em risco.

Contudo, os leitores do Livro de Jó sabem que o raciocínio deles está incorreto, pois no capítulo de abertura fica claro que os sofrimentos de Jó não foram impostos por causa de seus pecados. Infelizmente, como o texto destaca, Deus estruturou o mundo de forma que o mal, às vezes, tem um domínio temporário.

Lembre-se dessas advertências talmúdicas na próxima vez em que for tentado a utilizar uma informação que você sabe sobre alguém para feri-lo. Você sabe quão errado seria se fizessem isso com você. É igualmente errado quando você faz isso a outra pessoa.

Penitentes, convertidos e pessoas que sofreram perdas na família precisam de amigos. Amigos de verdade. Não amigos como os acusadores que visitaram Jó.

Dia 361 Quarta-feira

O telefone como um instrumento para o bem

Como já foi destacado diversas vezes, o judaísmo considera que a transmissão de *lashon hara*, uma conversa que diminui o *status* da pessoa sobre a qual falamos, é uma grave ofensa moral (vide, por exemplo, Dia 43). Nenhuma invenção facilitou a propagação de *lashon hara* como o telefone (e, mais recentemente, o e-mail). Um episódio constrangedor que acontece a uma pessoa, agora se torna conhecido por muitas outras em questões de horas, mesmo aquelas que moram em cidades distantes ou outros países.*

Alguns judeus ortodoxos mantêm uma foto do Chaffetz Chayyim, o famoso sábio que dedicou muito de sua vida para desencorajar as pessoas de falarem *lashon hara*, perto de seus telefones. Só de ver essa imagem, elas são lembradas de que não devem difamar ninguém.

Entretanto, o telefone pode ser utilizado como um instrumento para o bem maior. No decorrer da história, os judeus que desejavam cumprir o mandamento de *bikur cholim* (visitar os doentes) precisavam morar perto de onde o doente estava ou fazer um grande esforço para realizar a visita. Geralmente, aqueles que viviam muito longe do paciente podiam apenas escrever uma carta. O telefone permite que se "faça uma visita" ao doente (é óbvio que, caso ele more perto da sua casa, você deve ir visitá-lo). Ainda que seja preferível fazer companhia para a pessoa doente, não é muito melhor pegar um telefone do que não fazer nada?

O telefonema também permite que uma pessoa que já visitou o doente uma ou duas vezes mantenha contato. Quando você telefona, o doente pode ouvir a sua voz e sentir e saber que você se importa com ele.

Eu insisto que você faça ligações para pessoas que não têm família grande ou muitos amigos. Dê uma atenção especial àqueles que podem ser ignorados.

Usar o telefone para ajudar os necessitados pode parecer óbvio? É claro. Contudo, tenho certeza de que muitos leitores, assim como eu, utilizam o telefone com frequência para negócios, assuntos pessoais e até para fofocar, e costumam esquecer de utilizá-lo para realizar uma *mitzvá*.

Quando for usar o telefone, acostume-se a consultar sua agenda de contatos, veja se passa pelo nome de alguém com quem você não fala há muito tempo e faça uma ligação para ele. É um conselho óbvio, mas, se você o seguir, perceberá que vai reestabelecer conexões que nunca deveriam ter sido quebradas.

---

* A televisão e o rádio podem, certamente, fazer com que o assunto fique conhecido ainda mais rápido por milhões de pessoas, mas a mídia eletrônica em geral relata detalhes constrangedores e humilhantes apenas sobre pessoas famosas.

Dia 362 Quinta-feira

O estudo da Torá e a importância da revisão

Certa vez, o escritor e editor Clifton Fadiman observou: "Quando relê um clássico, você não vê mais no livro do que havia ali antes; você vê mais em si do que havia ali antes". É bem possível que tal raciocínio seja parte da lógica por trás da ênfase da tradição judaica em, sistematicamente, revisar os textos religiosos clássicos do judaísmo. Assim, um trecho da Torá é lido todo Shabat, de forma que a leitura completa da Torá seja efetuada ao longo do ano. Muitos judeus também a estudam em casa, durante a semana que precede a leitura em público na sinagoga. Ainda que eu já tenha lido a Torá muitas vezes, fico impressionado todos os anos pelo modo como minhas experiências de vida me fazem perceber coisas que eu não havia percebido antes.

O Talmude enfatiza de tal maneira a importância da revisão que os rabinos escrevem (talvez, com um toque de exagero): "Aquele que repetir o que aprendeu 100 vezes não se compara àquele que repetiu 101 vezes" (*Hagigah* 9b). Eles também destacam: "As palavras da Torá são esquecidas apenas por meio da negligência" (*Ta'anit* 7b).

Periodicamente, um amigo meu escreve citações inspiradoras de fontes judaicas em cartões, os carrega com ele e os revisa. De forma semelhante, eu sugiro que você considere ler este livro uma segunda vez, pois, com o passar do tempo, muitas lições podem ser esquecidas.

O rabino do século I, com o improvável nome de Ben-Bag-Bag, ensinou: "Estude-a e estude-a, pois tudo nela está" (isto é, a Torá e outros textos religiosos; *Ética dos Pais* 5:22). No entanto, para extrair a parte mais preciosa do judaísmo – ou de qualquer coisa que você estudar – você precisa estudar de novo e de novo e de novo.

Dia 363 Sexta-feira

Uma semana de bondade, uma semana de Gemilut Chesed

O livro de Kack Doueck, *The Hesed Boomerang*, é baseado na proposta talmúdica de que atos de bondade (em hebreu, *gemilut chesed*) são recompensados não apenas no Mundo Vindouro, mas neste mundo também (*Shabat* 127a; vide Dias 115-17). Infeliz pelo fato de a palavra *boomerang* ter uma conotação negativa ("I'm afraid it will boomerang", em português isso significa ter medo de que o resultado seja contrário ao esperado), Doueck cita um dado científico que documentou as vantagens médicas de realizar atos de bondade. Ele se refere a um estudo com 2.754 pessoas, iniciado na Universidade de Michigan entre 1967 e 1969, no qual indivíduos foram monitorados de perto por 12 anos. Os pesquisadores descobriram que as pessoas que não realizaram trabalhos voluntários pelo menos uma vez por semana tinham *duas vezes e meia* mais chances de morrer do que as pessoas que participaram de tais atividades. Esses resultados eram independentes de gênero, saúde e idade. Doueck conclui: "Se fosse um novo remédio [que levasse a uma redução considerável no número de mortes], teria sido considerado como um avanço revolucionário na medicina".

Ao citar tais dados, fica claro que Doueck não quer inspirar as pessoas a agir com bondade apenas por motivos egoístas ("Farei atos de bondade, assim viverei mais"). Em vez disso, ele está se apoiando em um ditado talmúdico muito conhecido que aconselha que as pessoas façam a coisa certa mesmo se sua motivação for impura: o processo de fazer o bem regularmente, ainda que por motivos escusos, acabará por fazer com que as pessoas realizem esses atos por si só. (*Pesachim* 50b).

Doueck apresenta diversos exemplos de atos de bondade que podemos realizar diária e imediatamente, atividades que não exigem que participemos de organizações voluntárias. Cito algumas de suas sugestões para nos motivar, tanto para esta semana quanto para as próximas:

- No supermercado, devolva seu carrinho quando terminar de utilizá-lo.
- Escreva um cartão de agradecimento para alguém que não está esperando.
- Ligue para alguém apenas para dizer: "Estou com saudade".
- Pegue o lixo da calçada e jogue-o em seu devido lugar.
- Dê uma gorjeta generosa ao garçom.
- Levante-se e ceda seu lugar a uma senhora no ônibus ou metrô.
- Ajude alguém a atravessar a rua (cegos, idosos, crianças).
- Permita que outro motorista entre na sua faixa na rodovia.
- Envie um buquê de flores para surpreender alguém.
- Pague o pedágio do carro que está atrás de você.
- Faça uma doação anônima para uma instituição de caridade.
- Sente-se com um desabrigado na rua e escute o que ele tem a dizer.
- Reúna todas as suas roupas que você não usa mais e doe-as para desabrigados.
- Passe uma hora em um hospital ou uma casa de repouso para visitar os doentes.
- Leve uma xícara de café para a sua secretária.
- Encontre alguém fazendo algo correto e o elogie.
- Encoraje seus filhos a doar alguns de seus brinquedos para crianças que precisam e que vão aproveitá-los mais.
- Seja o primeiro a cumprimentar alguém.
- Segure a porta aberta para alguém.
- Encontre lugares em que você possa oferecer seus serviços como voluntário.
- Controle suas críticas e tolere as fraquezas de outras pessoas.*

Tenha um Shabat Shalom!

---

* Doueck, *The Hesed Boomerang*, páginas 30-31 e 116-17. O estudo de Michigan foi relatado em *Reversing Heart Disease* pelo Dr. Dean Ornish, página 215.

Dia 364 Shabat

Ao longo deste Shabat, analise o material dos seis dias anteriores e use alguns dos textos estudados como base para discussões durante as refeições do Shabat:

Dia 358. Competição injusta
Dia 359. A ética judaica permitiria que um judeu fosse dono de uma loja de armas?
Dia 360. Ofender com palavras
Dia 361. O telefone como um instrumento para o bem
Dia 362. O estudo da Torá e a importância da revisão
Dia 363. Uma semana de bondade, uma semana de *Gemilut Chesed*

Shabat Shalom!

Dia 365 Domingo

Seu primeiro cheque para o Ano-Novo

Muitos anos atrás, um amigo, encontrando-se inundado de contas atrasadas para pagar, sentou-se em um dia de Ano-Novo e começou a escrever cheques. Ele olhou para as contas e ficou desencorajado. Então, ele encontrou um envelope de City Harvest, uma organização com base em Nova York que fornecia comida para desabrigados e pessoas pobres. Ele, prontamente, escreveu um cheque, o primeiro do ano, e o enviou para a organização.

Ele me confidenciou que ao escrever aquele cheque, iniciando o ano com um ato de *tzedaká* (justiça), caridade, fez o pagamento das outras contas parecer menos penoso. Agora, ele sempre se certifica de que o primeiro cheque que ele escreve seja para caridade.

Então, quando um ano acaba e outro começa, faça o primeiro cheque que você escrever esse ano ir para uma instituição de caridade. E, talvez, o seu último também. Finalize o ano com bondade e inicie o novo da mesma maneira.

Eu desejo a você *Shana Tova*, um ano doce e de bondade.

Índice por tópicos

༒

As referências indicam o dia da entrada, não a página na qual a entrada aparece (por exemplo, em "Honestidade intelectual," vide Dia 65, "Cite suas Fontes"). Algumas entradas abordam mais de um tópico e estão listadas em diferentes categorias (como Dia 146, "Não cause constrangimento ao seu convidado, não cause constrangimento aos seus filhos", que está listado em "Hospitalidade" e "Entre pais e filhos").

Aborto 179, 180
Abuso infantil 86
Agregados 19
Alegria 39
Ame seu vizinho 1, 99, 241, 257
Amizade 202, 211
Amor próprio 230, 321
Animais, tratamento de 94, 95, 171, 172, 173, 227, 228
Arrependimento 106, 107, 108, 110, 192, 193, 289, 327
Auto sacrifício 208
Autodefesa 222
Autoestima 130, 230
Bar mitzvah e bat mitzvah 54, 212, 274
Bikur cholim Ver "Visitando os doentes"
Boas maneiras 40, 102, 226, 310
Bondade 55, 111, 184, 216, 323, 233, 235, 295
Bondade, atos de 4, 5, 62, 83, 109, 111, 115, 116, 117, 118, 142, 151, 155, 183, 184, 188, 225, 233, 268, 313, 349, 356, 361, 363
Caridade 8, 9, 37, 38, 50, 169, 170, 174, 188, 236, 274, 275, 279, 293, 302, 303, 307, 345, 365
Celebrando 274
Compartilhando informações úteis 34
Comunicação 20, 29, 225, 291
Confortando o luto 136, 137, 255, 326
Confrontando os outros 46, 263
Construindo personalidade 82, 150, 198, 201, 239, 240, 244, 254, 258, 281, 282, 297, 324, 333

Crítica, como aceitar e como criticar os outros 211, 218, 263
Crueldade 237
Derech eretz Ver "Boas maneiras"
Deus 100, 138, 162, 163, 285
Devolvendo objetos perdidos 26, 348
Discurso ético 43, 44, 48, 52, 53, 96, 153, 204, 205, 209, 265, 318, 321, 328, 331, 334, 335, 337, 338, 344, 360, 361
Discutindo de maneira justa 51
Diversão 79, 356
Divórcio 283, 318, 319
Empatia 244, 299
Ensinando 292
Entre filhos e pais 127, 128, 132, 164, 165, 242, 243
Entre marido e mulher 17, 18, 148, 149, 157, 165, 202, 246, 247, 251, 283, 352, 353
Entre pais e filhos 10, 11, 13, 80, 81, 100, 101, 134, 135, 139, 146, 166, 185, 186, 197, 215, 234, 235, 249, 250, 253, 271, 272, 284, 298, 299, 311, 312, 314, 320, 330, 339, 340, 346, 355
Entre patrões e empregados 109, 122, 123, 158, 191, 195, 201
Ética nos negócios 2, 3, 6, 60, 113, 114, 194, 201, 260, 261, 309, 351, 358, 359
Ética profissional 33, 178
Gemilut chesed Ver "Bondade"
Gratidão 61, 64, 65, 69, 164, 167, 213, 268, 297, 300, 325, 326
Hachnasat orchim Ver "Hospitalidade"
Honestidade intelectual 65
Hospitalidade 129, 145, 146, 159, 160
Humildade 248
Humilhando os outros, importância de não fazer 271, 278, 284
Imaginação moral 62
Inimigos, tratamento dos 88, 97, 228, 267
Inveja 323
Irmãos 124
Judaísmo, essência 120, 152, 221
Julgamento justo às pessoas 24, 25, 219, 220, 223, 306

Justiça, lutando pela 12, 59, 121, 304
Kiddush Hashem Ver "Santificando e não blasfemando nomes sagrados"
Mais Velhos, tratamento dos 199, 200
Membros vulneráveis da sociedade 47, 57, 58, 60, 76, 113, 190
Morte 289, 290, 254
Mudando a si mesmo 27, 150
Não cobrança de juros 78
Não judeus 141, 194, 288
Nichum aveilim Ver "Confortando o luto"
Ódio 45
Oração 1, 75, 99, 213
Paz 229
Perdão 187, 269, 270, 276, 277, 285, 339
Prazer 67
Privacidade 215, 253
Racismo 296, 328
Raiva, controle da 22, 23, 87, 125, 156, 157
Reclamação 74, 214
Responsabilidade 232, 304, 305, 341
Revanche e rancor 205, 257
Riqueza verdadeira 66
Rituais 262, 314
Sábio, quem é 30, 144
Salvando vidas 85, 86, 90, 148, 149, 305
Santificando e não blasfemando nomes sagrados 103, 104, 194, 195
Saúde, mantendo-a 36, 41
Temor a Deus 162, 163, 264
Tentações 281, 282
Teshuva Ver "Arrependimento"
Tolerância 131, 256
Tolo piedoso, não seja um 143
Torá, estudo da 292, 342, 347, 348, 362
Tzedaka Ver "Caridade"
Verdades e mentiras 68, 71, 72, 73, 89, 263, 298, 309
Vida ética 55, 92, 207, 332
Visitando os doentes 31, 32, 176, 177, 181, 233
Vivendo pelo bom senso 15, 16, 66, 93, 202, 296, 316
Vontade ética 197

Glossário de textos judaicos citados

Ética dos Pais vide Mishná.

Kitzur Shulchan Aruch Código abreviado da lei judaica do século XIX de Rabi Shlomo Ganzfried.

Mechilta *Insights* e comentários rabínicos sobre Êxodo.

Midrash Rabbah Uma coleção de comentários, parábolas e reflexões rabínicas sobre os cinco livros da Torá, bem como sobre outros textos (Cântico dos Cânticos, Rute, Lamentações, Eclesiastes e Ester). Livros individuais são chamados de *Rabbah*: por exemplo, *Genesis Rabbah*, *Cântico dos cânticos Rabbah*.

Mishna Código de lei compilado por Rabi Judá, o Príncipe de Israel, por volta dos anos 200 da E. C. A Mishná classifica a lei judaica em 63 livros curtos, conhecidos como tratados. Por exemplo, o tratado de *Kiddushin* explica os procedimentos do casamento e o *Gittin*, do divórcio. O livro mais conhecido da Mishná, *Ética dos Pais* (*Pirkei Avot*), contém os ensinamentos e as máximas favoritos dos rabinos de muitas gerações.

Mishné Torá O resumo e a codificação abrangente da lei judaica em 14 volumes do século XII de Moisés Maimônides, talvez o livro mais influente publicado sobre lei judaica depois do Talmude.

Shulchan Aruch Código da lei judaica do século XVI, de Rabi Joseph Karo, um conhecimento necessário para aqueles que buscam a ordenação rabínica.

Sifra Insights e comentários rabínicos sobre o Levítico desde os primeiros séculos até a E. C..

Sifre Insights e comentários rabínicos da Escola de Rabino Ismael sobre Números e da Escola de Rabino Akiva sobre Deuteronômio.

Talmude Existem duas edições do Talmude, a primeira, escrita de forma definitiva pelos Rabinos da Palestina por volta de 400 da E. C., a segunda, pelos Rabinos da Babilônia cerca de um século depois. Elas são conhecidas, respectivamente, como o *Yerushalmi* (de Jerusalém; ou Talmude Palestino) e o *Bavli* (Babilônia em hebreu; conhecido também como Talmude Babilônico). O Talmude Babilônico é o mais longo e embasado dos dois, e também é o mais usado (se alguém lhe disser que está estudando o Talmude, ele, provavelmente, está estudando o Talmude Babilônico). A menos que tenhamos apontado, as citações neste livro derivam do Talmude Babilônico. Todas as edições impressas do Talmude Babilônico possuem a mesma paginação (se uma citação for identificada como *Bava Mezia* 32b, você poderá encontrá-la naquele volume na página 32, lado dois).

Tosefta Um tipo de apêndice muito grande da Mishná, a *Tosefta* consiste nas declarações rabínicas datadas no mesmo período em que a Mishná foi composta (os primeiros séculos da E. C.), mas que não foi incluída na Mishná.

CONHEÇA OUTROS LIVROS DA ALTA BOOKS!

egócios – Nacionais – Comunicação – Guias de Viagem – Interesse Geral – Informática – Idiomas

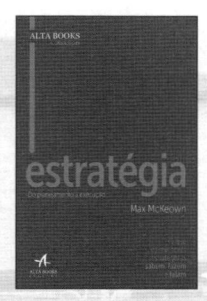

Todas as imagens são meramente ilustrativas.

SEJA AUTOR DA ALTA BOOKS!

Envie a sua proposta para: autoria@altabooks.com.br

Visite também nosso site e nossas redes sociais para conhecer lançamentos e futuras publicações!

ALTA BOOKS
EDITORA